中文版
Asset Valuation Theory
资产估值原理

〔美〕弗兰克·H. 科格三世 著
Frank H. Koger Ⅲ

李奕熹 罗莉莎 罗美钰 译

图书在版编目(CIP)数据

资产估值原理：中文版 /（美）弗兰克·H. 科格三世（Frank H. Koger Ⅲ）著；李奕熹，罗莉莎，罗美钰译. —北京：北京大学出版社，2018.6
ISBN 978-7-301-29583-0

Ⅰ. ①资… Ⅱ. ①弗…②李…③罗…④罗… Ⅲ. ①资产价值—估价—高等学校—教材 Ⅳ. ①F273.4

中国版本图书馆CIP数据核字(2018)第102826号

书　　　名	资产估值原理（中文版） ZICHAN GUZHI YUANLI
著作责任者	〔美〕弗兰克·H. 科格三世（Frank H. Koger Ⅲ） 著 李奕熹　罗莉莎　罗美钰　译
责任编辑	张　燕
标准书号	ISBN 978-7-301-29583-0
出版发行	北京大学出版社
地　　　址	北京市海淀区成府路205号　100871
网　　　址	http://www.pup.cn　新浪微博：@北京大学出版社
电子信箱	zpup@pup.cn
电　　　话	邮购部 62752015　发行部 62750672　编辑部 62762926
印　刷　者	北京市科星印刷有限责任公司
经　销　者	新华书店
	787毫米×1092毫米　16开本　19.5印张　403千字 2018年6月第1版　2018年6月第1次印刷
定　　　价	48.00元

未经许可，不得以任何方式复制或抄袭本书之部分或全部内容。
版权所有，侵权必究
举报电话：010-62752024　电子信箱：fd@pup.pku.edu.cn
图书如有印装质量问题，请与出版部联系，电话：010-62756370

致 Kelly、Lynn、Kiel

和 CQG、MM、YY

前言

我非常高兴能够在这样一个大家普遍感兴趣的领域提供这本教材。我撰写本教材的目的不仅在于为学生传授相关的金融知识,也希望借此提高他们解决相关问题的能力。除此之外,我还希望能够提升读者对这个学科和领域的热情。本教材不仅与金融领域的工作相关,还与个人的财富管理联系紧密。因此,学生应当有很大的动力与兴趣来学习本书。

本教材将提供一种数学的、严谨的资产估值方法,但并不意味着,本教材会过于技术化,我们并不会为了数学本身而提供数学方法。我们提供数学论证的目的是希望学生能够学会资产估值的技术方法,并且能够将其应用于本教材涵盖范围以外的资产。本教材的主要目的是提供资产估值理论,很少涉及当下的热点和话题。因此,我希望本教材能够不受时间的影响,保持长时间的有效性。

因为本教材更强调理论,所以对于数值例子的使用会比较审慎。它们将主要被用于向读者阐释相关的直觉推断以及其他教材中没有涵盖的概念。然而,为了满足那些更希望专注于应用的读者的需求,本教材的章后习题将主要提供数例。大量的图表让本教材更具吸引力,我认为它们能够很好地展示直觉和推断。同时,对于比较静态分析方法的自由使用,有助于培养学生提取价值及其驱动因素之间的重要关系的能力。

比较静态分析中将用到多变量微积分,因此对于多变量微积分知识的了解对学生大有裨益。同时,对于概率和统计知识的掌握也能够增强学生对本教材的理解,而关于随机过程的内容则超出了本教材的范围。

本教材是由我所讲授的"资产估值原理"这门课程的讲义衍生而成的。因为北京大学汇丰商学院的金融硕士和数量金融硕士具备较好的学术素养,所以我能够在这门课程中使用比当下大部分教材更高阶的数学处理方法。在这门 36 学时的课程中,我讲授了本教材的大部分内容;但实际上,本教材或许应该安排在两学期的课程中讲授。同样,因为北京大学汇丰商学院的研究生具备较好的学术素养,而且已经学过诸如金融经济学等先修课程，所以我才能够使用快速的节奏讲授本课程。这门课程受到学生的广泛好评，很多先后通过CFA（特许金融分析师）考试的学生认为本门课程对获得CFA证书很有帮助。

目标读者

本教材适合具备较好数学基础的本科生和研究生，也适合那些正在寻找工具和技能以增强应对新挑战的能力的从业者。正如前面所述，相较于许多其他金融教材，本教材会更多地使用严谨的数学方法。具备微积分、概率和统计知识的学生会更加容易理解结论的推导过程，从而在更深层次上受益。然而，即使对于那些数学基础较弱的读者，本教材对结论的全面阐述和细致讲解以及相关图表的展示对他们仍然有所帮助。

主要特色

资产估值的知识不仅对于想要在金融领域工作的人士至关重要，在个人财富管理方面也有重要作用。本教材为资产估值及其应用提供了坚实的基础。

第1篇复习金融学的基础知识，例如现金流贴现、现金流的终值和价值可加性；并介绍一些特殊的情况，例如增长型永续年金和增长年金。本篇还展示了衡量资产回报历史表现的常用指标。

第2篇讨论风险的衡量指标，以及这些指标如何影响投资者可能期望的相应回报。未来的资产收益率通过随机变量来模拟，而投资者的偏好则通过效用函数来模拟。本篇介绍了基于风险资产组合的投资者最优投资边界，以及在引入一个无风险资产之后的资本市场线的识别和确认。本篇还介绍了证券市场线的一种直觉的推导方式，并且引入市场模型。套利定价模型也将在本篇出现，并通过具体的数值示例得到演示。

第3篇主要聚焦于股权估值。在本篇，我们介绍了财务会计报表和许多用于分析公司财务健康状况的比率。我们讨论了公司股票的相对估值方法，以及几种基于贴现现金流的绝对估值方法。我们还详细介绍了结合这两种估值方法（基于市盈率的相对估值和基于贴现现金流的绝对估值）的估值模型，即收入乘数模型。

第4篇主要探究固定收益证券的估值，主要聚焦于固定票息债券。我们把债券的初始定价拆分为不同的价值组成部分，探讨不同的收益度量方法，使用比较静态的方法确定债券的价值驱动因素。基于这些关系的探讨，我们随后介绍了非常有用的、简化的、基于收益率的债券价格的近似计算方法，相比其他教材更详细地讲解付息日之间的债券定价。最后，我们讨论了在给定一组基础利率（例如美国国债利率）

时，有用的隐含未来周期利率（例如即期利率和远期利率）的确定。

第 5 篇介绍期权。本篇介绍期权、期权组合、包含期权的证券投资组合的到期日回报，以及利用至关重要的无套利原则推导出的买权–卖权等价理论等。本篇还利用二叉树股权定价模型，推导了基于复制组合、基于 delta 套期保值和基于风险中性定价理论的期权定价。多期二叉树模型在美式期权和路径依赖期权定价中的灵活性也会得到论证。本篇还展示 Black-Scholes 模型的简要推导过程，以及相对应的比较静态分析结果。

致谢

相当多的人士为本教材的出版做出了贡献。特别是，这些年来我的学生（包括很多优秀的助教）为这门课程提供了许多反馈，这些反馈对本教材的产生意义重大。在这里，我要特别感谢我的学生白婧，她完整地阅读了本教材的原稿，并提出了很多宝贵的意见；感谢我的学生李奕熹、罗莉莎、罗美钰将本教材翻译为中文；其他还要感谢的学生包括刘梦杰、相姜、马亚东、王心一、周沫等。

我要感谢北京大学汇丰商学院院长海闻教授为本教材的编写提供的鼓励和支持。此外，我还要感谢北京大学汇丰商学院的 Annie Jin 老师帮助协调本教材的出版，感谢北京大学出版社工作人员的热情和建议。

关于作者

Frank H. Koger，北京大学汇丰商学院副教授。他在美国路易斯安那州立大学获得化学工程学士学位，在校期间是 Phi Beta Kappa 和 Phi Kappa Phi 荣誉协会的成员；在南卡罗来纳大学达拉摩尔商学院获得国际 MBA 学位，以 92 名学生中第一名的成绩毕业，是唯一一位平均绩点（GPA）为 4.0/4.0 的学生；在杜兰大学获得金融学博士学位。同时，Koger 博士还是特许金融分析师。

Koger 博士拥有丰富的教学经验。他在杜兰大学攻读博士期间，教授财务管理、高级财务管理和管理会计等本科课程，以及公司财务政策和固定收益分析等硕士课程。

在北京大学汇丰商学院，Koger 博士目前开设的课程包括"资产估值原理""在 Excel 中的金融建模"和"高级金融建模"等，这些课程都是他来到北京大学汇丰商学院之后新开设的。之前，他还在北京大学讲授过"公司金融"课程。Koger 博士在北京大学享有很高的教学评价，他不仅获得过北京大学汇丰商学院的教学奖励，还获得过北京大学深圳研究生院的教学奖励。

Koger 博士在北京大学任职期间，受邀前往多所大学授课。他曾应邀在南方科技大学讲授"固定收益：模型和应用"课程；多次应邀在德国波鸿鲁尔大学国际暑期学校讲授"金融建模"课程，这门课程在国际暑期学校 2015 年的 16 门课程中获得最高评价。

Koger 博士一直积极服务于北京大学汇丰商学院。他在学院全权负责与 CFA 协会和全球风险管理协会（GARP）保持学术合作关系，并自愿开设 CFA 考试复习课程。他还在学院的课程委员会和教学质量委员会任职。Koger 博士与杜兰大学合作，创建了汇丰商学院的第一个交流项目，并协助开展了其他交流活动。他还在深圳中学自愿讲授金融学的介绍性课程。

在进入学术界之前，Koger 博士曾任 Filtration 集团技术材料部门的总经理，该部门生产空气过滤器材料，是 Filtration 集团的前独立部门。在此之前，他在 Hoechst A.G. 工作了 15 年，担任过多种职位，在美国（得克萨斯州、肯塔基州、新泽西州、密歇根州和南卡罗来纳州）与德国（巴伐利亚州）等多个国家和地区工作过。

常用变量定义

APr	年化复利收益率，每年复利期数为 m 期
c_0	当前欧式看涨期权价格
c_1^u	二叉树模型中处在第一期上升状态的看涨期权价值
c_1^d	二叉树模型中处在第一期下跌状态的看涨期权价值
C_0	当前美式看涨期权价格
C_T	在到期日 T 的看涨期权回报
C_t	在第 t 期获得的债券票息
CF_t	第 t 期的现金流
D_0	债券现值
d_t	在第 t 期获得的每股股利
E	净利润，或写为 NI
Eq_0	股票现值
EAr	离散的有效年利率
EV	企业价值，可简写为 V
$E[X]$	随机变量 X 的期望值
F	在到期日 T 获得的债券面值
FCF_t	第 t 期的自由现金流
$FCFE_t$	第 t 期的股权自由现金流
FV_t	第 t 期以前收到的现金流在第 t 期的终值
$f(x)$	$X=x$ 时，随机变量 X 的概率密度函数的值
$F(x)$	$X=x$ 时，随机变量 X 的累积概率分布函数的值
g^i	公司 i 的年化增长率，例如 g^{CF} 和 g^{Eq}
GMR	几何平均毛收益率
GMr	几何平均净收益率
$h'(x_0)$	$h(x)$ 的一阶导数，$x=x_0$
$h''(x_0)$	$h(x)$ 的二阶导数，$x=x_0$

符号	含义
IRR	内部收益率，由成本（价格）和未来现金流推导出的年利率
IV_0	现金流在当前的内在价值
K	期权行权价
M	所有风险资产的市场组合
NI	净利润，或写为 E
P_0	当前美式看跌期权价格
p_0	当前欧式看跌期权价格
p_1^d	二叉树模型中处在第一期下跌状态的看跌期权价值
p_1^u	二叉树模型中处在第一期上升状态的看跌期权价值
P_T	在到期日 T 的看跌期权回报
PV_0	当前（$t=0$）的未来现金流现值
R_t	第 t 期的年化毛收益率
r_t	第 t 期的年化净收益率或年化回报率
r^E	股权持有人要求的年化回报率
r^D	债权持有人要求的年化回报率
r^f	投资者要求的无风险资产的年化回报率
r^i	投资者要求的资产 i 的年化回报率
r^m	投资者要求的市场组合的年化回报率
$s(R^x)$	证券 x 毛收益率的历史标准差
$s^2(R^x)$	证券 x 毛收益率的历史方差
$s(r^x)$	证券 x 净收益率的历史标准差
$s^2(r^x)$	证券 x 净收益率的历史方差
S_0	股票现价
S_1^d	二叉树模型中处在第一期下跌状态的股票价格
S_1^u	二叉树模型中处在第一期上升状态的股票价格
T	证券的到期日或最终现金流的日期
T^C	公司税率
V_t	现金流、现金流组合、证券或者公司在第 t 期的价值
w^i	i 在加权平均计算中的权重
$WACC$	加权平均资本成本
y	年化到期收益率
β^x	证券 x 的回报率对市场回报率回归的斜率
$\sigma(R^x)$	证券 x 毛收益率的预期标准差
$\sigma^2(R^x)$	证券 x 毛收益率的预期方差

简要目录
Brief Contents

第1篇　基础知识

第1章　金融学基础知识　3
第2章　历史收益　10

第2篇　风险、回报、组合理论和资本市场均衡

第3章　未来（下一期）收益　27
第4章　寻找最优组合　35
第5章　资本市场线、市场模型和证券市场线　41
第6章　套利定价模型　51

第3篇　股权估值

第7章　财务报表回顾　65
第8章　财务报表分析与相对估值　78
第9章　绝对估值：现金流折现法　98
第10章　盈利乘数模型　122

第4篇　债券理论

第11章　债券导论　131
第12章　到期日收敛与马尔基尔结论　140
第13章　价格-收益率关系的近似计算　151
第14章　付息日之间的债券定价　161
第15章　利率与收益率指标　170

第5篇　期权

第16章　到期日期权的回报与收益　187
第17章　期权定价：单期二叉树模型　204
第18章　期权定价：多期模型　224
第19章　美式期权二叉树定价模型　231
第20章　期权定价：Black-Scholes模型　243

章后部分习题答案　255

参考文献　284

索引　287

目 录
Contents

第1篇 基础知识

第1章 金融学基础知识 3
1.1 时间轴、存量和流量 3
1.2 现金流在不同时点的转换 4
1.3 以速度 g 增长的等间隔现金流 6
本章小结 8
习题 8

第2章 历史收益 10
2.1 单期毛收益率和净收益率 10
2.2 多期历史收益率 11
2.3 历史收益率的均值和方差 12
2.4 两种资产历史收益率的线性相关性 14
2.5 资产组合历史收益率 15
2.6 连续复利收益率 17
2.7 资产组合历史连续复利收益率 18
2.8 现金流不进行再投资的收益率 18
2.9 不进行再投资的连续复利收益率 19
本章小结 21
习题 21

第2篇 风险、回报、组合理论和资本市场均衡

第3章 未来(下一期)收益 27
3.1 单一资产的未来(下一期)收益 27
3.2 未来收益的期望与方差 28
3.3 两种资产未来收益率的线性相关性 29

3.4 未来(下一期)组合收益 29
   3.4.1 组合内资产多样化的益处 30
   3.4.2 特例：两资产组合的未来收益 31
本章小结 33
习题 33

第4章 寻找最优组合 35
4.1 马科维茨风险资产有效组合理论 35
4.2 投资者对风险和期望收益的偏好 38
本章小结 40
习题 40

第5章 资本市场线、市场模型和证券市场线 41
5.1 资本市场线 41
5.2 特有风险、系统风险与市场组合 44
5.3 证券市场线 45
5.4 对比资本市场线与证券市场线 47
本章小结 49
习题 49

第6章 套利定价模型 51
6.1 要求收益率、期望收益率与隐含收益率 54
6.2 套利定价模型：如何盈利 55
6.3 根据套利定价模型构建套利组合 56
   6.3.1 举例：三种资产，两种系统风险因子 57
   6.3.2 举例：四种资产，两种系统风险因子 59
本章小结 60
习题 60

第3篇 股权估值

第7章 财务报表回顾 65
7.1 利润表 65
7.2 资产负债表 68
7.3 现金流量表 69
7.4 自由现金流与自由股权现金流 71
本章小结 75
习题 75

第8章 财务报表分析与相对估值 78
8.1 同比财务报表 78
8.2 内部流动性指标 81
8.3 营运指标 84
8.4 财务风险指标 86
8.5 经营风险指标 89
8.6 所有者权益的可持续增长率 92
8.7 外部流动性指标 93
8.8 相对估值法 94
  8.8.1 市销率 95
  8.8.2 股价现金流比率 95
  8.8.3 市净率 95
  8.8.4 市盈率 96
8.9 相对估值法与绝对估值法 96
本章小结 97
习题 97

第9章 绝对估值：现金流折现法 98
9.1 计算增长率 99
9.2 历史报表中的关系：利润表 100
9.3 历史报表中的关系：资产负债表 103
9.4 用于DCF分析的预测财务报表 107
9.5 资本成本：加权平均资本成本及其他 110
9.6 理论要求收益率：无债务的情况 113
9.7 现金流折现法 114

9.8 情境分析：加权平均资本成本和自由现金流增长率对企业价值的影响 120
本章小结 121
习题 121

第10章 盈利乘数模型 122
10.1 建立模型 122
10.2 比较静态分析 124
  10.2.1 初始股权价值的影响 125
  10.2.2 股东要求收益率的影响 125
  10.2.3 股权收益率的影响 125
  10.2.4 留存率的影响 126
本章小结 128
习题 128

第4篇 债券理论

第11章 债券导论 131
11.1 时间轴与基础知识 133
11.2 债券收益来源 134
11.3 承诺现金流与期望现金流 135
11.4 到期收益率、名义收益率、当期收益率 136
11.5 价格-收益率曲线 137
本章小结 139
习题 139

第12章 到期日收敛与马尔基尔结论 140
12.1 到期日收敛 140
12.2 马尔基尔结论 142
  12.2.1 到期收益率y的影响 143
  12.2.2 票面利率的影响 147
  12.2.3 到期期限T的影响 148
本章小结 149
习题 149

第13章 价格-收益率关系的近似计算 151
- 13.1 麦考利久期和修正久期 151
- 13.2 凸度 153
- 13.3 价格-收益率的近似计算 155
- 13.4 有效久期和有效凸度 156
- 13.5 经验久期 158
- 13.6 其他价格-收益率指标 159
- 本章小结 159
- 习题 159

第14章 付息日之间的债券定价 161
- 14.1 新的时间轴 161
- 14.2 全价交易 162
- 14.3 应计利息和净价交易 164
- 14.4 理论应计利息 167
- 本章小结 168
- 习题 168

第15章 利率与收益率指标 170
- 15.1 即期利率 170
- 15.2 远期利率 173
  - 15.2.1 单期远期利率 173
  - 15.2.2 多期远期利率 175
- 15.3 已实现持有期收益率 177
- 15.4 最差收益率 180
- 15.5 其他收益率指标 181
- 本章小结 182
- 习题 183

第5篇 期权

第16章 到期日期权的回报与收益 187
- 16.1 期权基础 187
- 16.2 买入看涨期权在到期日的回报与收益 188
- 16.3 卖出看涨期权在到期日的回报与收益 190
- 16.4 买入看跌期权在到期日的回报与收益 191
- 16.5 卖出看跌期权在到期日的回报与收益 192
- 16.6 包含期权的资产组合的到期日回报 194
  - 16.6.1 欧式保护性卖权 194
  - 16.6.2 持保看涨期权 195
  - 16.6.3 多头跨式期权 196
  - 16.6.4 空头跨式期权 197
  - 16.6.5 领子期权 198
- 16.7 买权-卖权等价关系 200
- 本章小结 201
- 习题 202

第17章 期权定价：单期二叉树模型 204
- 17.1 套利和期权费的边界 204
  - 17.1.1 欧式看涨期权的下边界 204
  - 17.1.2 欧式看涨期权的上边界 205
  - 17.1.3 欧式期权边界的总结 206
- 17.2 二叉树股价模型 206
  - 17.2.1 通过 delta 套期保值得出的看涨期权价值 207
  - 17.2.2 通过 delta 套期保值得出的看跌期权价值 209
  - 17.2.3 看涨期权复制资产组合 211
  - 17.2.4 看跌期权复制资产组合 213
  - 17.2.5 风险中性定价 214
  - 17.2.6 比较静态分析 216
- 本章小结 222
- 习题 222

第18章 期权定价：多期模型 224
- 18.1 两期二叉树股价模型 224
- 18.2 两期二叉树期权定价模型 226
- 18.3 多期二叉树股价模型 226
- 18.4 多期二叉树期权定价模型 227
- 本章小结 229
- 习题 230

第 19 章　美式期权二叉树定价模型　231

19.1　美式看涨期权定价　231
19.2　美式看跌期权定价　232
19.3　美式期权定价的总结　232
19.4　美式看跌期权定价：一个例子　232
19.5　可以提前行权的影响　236
　　19.5.1　价值的创造　237
　　19.5.2　更深入地讨论时间的推移　237
　　19.5.3　随着时间的推移，行权的概率　240
本章小结　241
习题　241

第 20 章　期权定价：Black-Scholes 模型　243

20.1　欧式看涨期权的价值　244
20.2　欧式看跌期权的价值　245
20.3　比较静态分析　247
本章小结　253
习题　253

章后部分习题答案　255

参考文献　284

索引　287

第1篇

基础知识

在第1章中，我们将首先回顾现金流的价值如何随时间变化。接着，我们将引入在全书都会用到的时间轴，并定义不同类型的变量，展示价值可加性原则如何应用于一系列现金流估值，并考虑一些特殊的情况，如年金和永续年金。

在第2章中，我们将学习衡量资产历史表现的不同类型的计算，风险和回报的度量指标将被提到。我们将展示如何针对单个资产和资产组合进行这些计算，并考虑离散收益率与连续复利收益率之间的差别。最后我们将探讨股利再投资对回报的影响。

第 1 章
金融学基础知识

本章回顾金融学的基础概念。首先,我们将研究在不同的时间点如何对现金流估值。为了进行这样的计算,我们需要用到投资者要求的收益率,即所谓的贴现率。在本章中,贴现率被认为是外生给定的。而在下章中,我们将探索如何得到贴现率,而贴现率取决于投资者在现金流贴现时所知到的风险。

1.1 时间轴、存量和流量

本书包含好几种时间轴,图 1.1 就是其中的一种,从当前的日期($t=0$)开始,在 T 年后,即日期 T 结束。图中的每条小竖线对应着一个日期,即第 t 年。除非特别说明,今天的日期(当前的时间)都是 $t=0$。因为时期 t 从日期 $t-1$ 开始、在日期 t 结束,时期(以年为单位)将根据需要标注在时间轴之下、两条小竖线之间。图 1.2 展示了一条更加完整的时间轴。

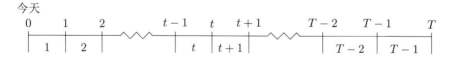

图 1.1 从今天 ($t=0$) 开始的 T 年的基础时间轴

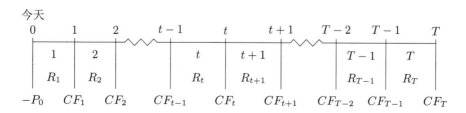

图 1.2 包含存量和流量的基础时间轴

时间轴下方显示的是各种变量。以日期为下标的现金流 (CF_t) 在表示收入时为正，表示支出时为负。注意，$-P_0$ 意味着在 $t=0$ 时以 P_0 的现价购买了一项资产。毛收益率 (R_t，稍后定义) 则以时期为下标。

除了无风险资产，资产未来的现金流是不确定的，所以我们虽然用 CF_t ($t>0$) 简单地表示未来现金流，但实际上应该将它们视为预期现金流。对于无风险资产来说，**预期现金流**和**承诺现金流**相等。而对于有承诺现金流的风险资产（例如风险债券）来说，预期现金流小于承诺现金流，即 $E[CF_t] = \int_0^{CF_t^P} f(x)x\mathrm{d}x < CF_t^P$。其中，$f(x)$ 是 CF_t 的概率密度函数，CF_t^P 是日期 t 的承诺现金流。因为 $f(x)$ 对小于承诺现金流的现金流也给予正的概率，所以 $E[CF_t] < CF_t^P$。

为了理解为什么一些变量在短竖线之下（代表日期）显示，而另外一些变量在短竖线之间（代表时期）显示，我们就必须理解**存量**和**流量**的区别。存量是在一个特定时间点（即一个日期）测量的，读者可以将之理解为拍摄静态的照片。相比之下，流量是在一段时间内（即一个时期）测量的，读者可以将之理解为拍摄动态的视频。举个例子，我们可以考虑一个国家的债务和财政赤字。其中，债务是存量，衡量的是在某个时点的累计净借款；与之不同，赤字是流量，衡量的是一段时间内（比如，一年内）债务的变化。在某种意义上，我们可以通过差分将存量"转变"为流量。因为流量是在一个时间段（即 Δt）内测量的，那么不同时间点的存量之差，即 $\frac{\Delta 存量}{\Delta t}$，"看上去"就像一个流量。继续我们刚才的例子，美国的债务在 t 年末和 $t-1$ 年末之间（对应时期 t）的差，即 $\frac{debt_t(\$) - debt_{t-1}(\$)}{end\ year_t - end\ year_{t-1}} = \frac{debt_t(\$) - debt_{t-1}(\$)}{1\ year_t}$，从定义上而言就等于第 t 年的赤字，单位为 $\frac{\$}{year_t}$。现在回到图 1.2，现金流是在一个特定日期获得的，是存量；而收益率对应的是一个特定的时期或时间段，是流量。[1]

1.2 现金流在不同时点的转换

现在让我们考虑一个一年后收到的现金流 CF_1。给定投资者要求的收益率（即贴现率）$r > 0$，那么如图 1.3 所示，投资者可以使用 $PV_0 = \frac{CF_1}{1+r}$ 计算 CF_1 的现值（$t=0$），其中 PV_0 就是 CF_1 的**现值**。

因为 $r > 0$，那么一年后获得的 1 美元就比今天的 1 美元价值低。那么为什么 $PV_0 < CF_1$ 呢？这是因为投资者是缺乏耐心的，宁愿在今天而不是一年后用掉这 1 美元。同样，一个潜在的储蓄者必须被诱以利益（即被给予 $r > 0$ 的收益率），才愿意将

---

[1] 常见变量中，现值 (PV_0)、日期 1 的价值 (V_1)、日期 2 的股权价值 (Eq_2)、日期 $t-1$ 的资产价值 (A_{t-1})、日期 t 的现金流 (CF_t)、日期 $t+1$ 资产 i 的权重 (w_{t+1}^i) 和日期 T 的终值 (FV_T) 都是存量。而第 1 期的净收益率 (r_1)、第 2 期的毛收益率 (R_2)、第 $t+1$ 期的销售额 (S_{t+1}) 和第 $T-1$ 期的净利润 (NI_{T-1}) 都是流量。稍后会定义这些变量。

资本储蓄（投资）一年而不是当下就消费（支出）。

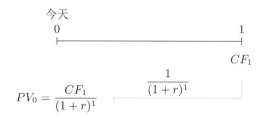

图 1.3 对一年后获得的单个现金流的贴现

现在考虑一个两年后获得的现金流 CF_2。如图 1.4 所示，与之前相同，在获得 CF_2 的前一年，我们的投资者对其的估值（即 $t=1$ 时的价值）是 $V_1 = \dfrac{CF_2}{1+r} < CF_2$。而根据 $PV_0 = \dfrac{V_1}{1+r}$，我们可以得出 $PV_0 = \dfrac{CF_2}{(1+r)^2}$。

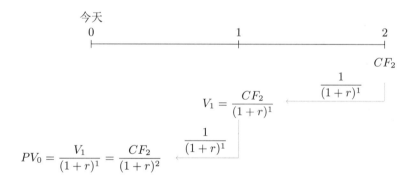

图 1.4 对两年后获得的单个现金流的贴现

同样，对于任何 CF_t，其现值 $PV_0 = \dfrac{CF_t}{(1+r)^t} < CF_t$。将这个过程反过来，我们可以计算给定当前价值 V_0 在日期 t 的**终值**：$FV_t = V_0(1+r)^t$。简而言之，因为投资者要求的收益率 $r > 0$，所以她预期在将来获得的价值 FV_t 要大于现在拥有的价值，即 $FV_t > V_0$。

一般而言，不同货币表示的现金流不可以直接比较。类似地，不同时间点的现金流也不可以直接比较。正如不可以直接将 1 美元和 1 元人民币相加得到"2 元"，我们也不可以直接将在 $t=1$ 获得的 1 美元和在 $t=0$ 获得的 1 美元相加得到 2 美元。在第一种情境中，我们必须将 1 美元转换为人民币（约 6 元人民币），然后与 1 元人民币加总，得到约 7 元人民币。或者，我们可以将 1 元人民币转换为美元（约 0.17 美元），然后与 1 美元加总，得到约 1.17 美元。在上述两种情况下，结果都是相同的：7 元人民币约等于 1.17 美元。

在第二种情境中，我们必须将 CF_1 转换为 $PV_0 = \dfrac{CF_1}{(1+r)^1}$，才能将之与 CF_0 加

总，得到 $\frac{CF_1}{(1+r)^1}+CF_0$。或者，我们可以将 CF_0 转换为 $FV_1=CF_0(1+r)^1$，才能将之与 CF_1 加总，得到 $V_1=CF_0(1+r)^1+CF_1$。因为这是在日期 1 的加总值，为了与之前算出的 $t=0$ 的价值相比较，我们必须将它除以 $(1+r)^1$。所以，$PV_0=\frac{V_1}{(1+r)^1}=\frac{CF_0(1+r)^1+CF_1}{(1+r)^1}=CF_0+\frac{CF_1}{(1+r)^1}$，这个结果和之前的计算结果是相同的。

以上讨论的关键结论是**价值可加性**（value additivity）这个概念。只要投资者将在不同时点收到的多个现金流转换到一个共同的时点（即被转换到一个共同的讨论基础上），那么就可以把它们相加。这与用不同货币表示的现金流是非常相似的。正如投资者在将以不同货币表示的现金流转换为同一种货币之后就可以将它们相加/相减，只要在不同时点发生的现金流被转换到共同的时点（即共同的日期），投资者就可以将这些现金流相加/相减。不同国家之间的"转换系数"是汇率，不同时点之间的"转换系数"是系数 $(1+r)^t>1$。在将现金流往未来转换时，我们需要乘以这个系数以增加价值；在将现金流往过去转换时，我们需要除以这个系数以减少价值。最后，当我们将不同时点发生的现金流转换到一个给定的时点之后，就可以将转换后的价值加总，得到单一的转换价值。这样，我们可以将这个单一的集合价值在时间轴上转换移动，而不必再将组成集合价值的单个现金流的价值在时间轴上转换。

1.3 以速度 g 增长的等间隔现金流

图 1.5 展示了一系列的等间隔现金流，它们中的每一个都在相应时期结束时发生，比如，第一个现金流 CF_1 就是在距今一期（年）后发生。

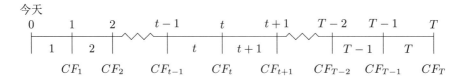

图 1.5 发生在时期末的一系列等间隔现金流

大体上，这 T 个现金流组成的**内在价值**（intrinsic value，IV）等于每一个现金流的现值之和，或者说，

$$IV=\sum_{t=1}^{T}\frac{CF_t}{(1+r)^t}=\frac{CF_1}{(1+r)^1}+\frac{CF_2}{(1+r)^2}+\cdots+\frac{CF_T}{(1+r)^T} \tag{1-1}$$

我们假设从现在开始一期后的第一个现金流是 CF_1，而且现金流以不变的速度 g（$g<r$）增长[2]，那么距今两期后的第二个现金流 $CF_2=CF_1(1+g)$。以此类推，$CF_3=$

---

[2] 如果现金流永远地持续下去，正如稍后会介绍的增长型永续年金的情况（$T\to\infty$），则价值会没有上界。

$CF_2(1+g)$, 等等。现在让我们定义 $Z \equiv \dfrac{CF_1}{1+g}$, 这意味着 $CF_t = Z(1+g)^t, \forall t \in 1, 2, \cdots, T$。所以

$$IV = \sum_{t=1}^{T} \frac{CF_t}{(1+r)^t} = \frac{Z(1+g)}{(1+r)} + \frac{Z(1+g)^2}{(1+r)^2} + \cdots + \frac{Z(1+g)^T}{(1+r)^T} \tag{1-2}$$

令 $z \equiv \dfrac{1+g}{1+r}$, 将表达式 (1-2) 除以 z, 然后在等式的右边同时加上和减去一个 z^T, 表达式 (1-2) 就变成 $\dfrac{IV}{z} = IV + Z(1-z^T)$。我们将 z 替换为 $\dfrac{1+g}{1+r}$, 将 Z 替换为 $\dfrac{CF_1}{1+g}$, 用代数方法求解 IV, 就可以得到**增长型年金** (T 是有限的; $g > 0$) 内在价值的表达式:

$$IV(\text{增长型年金}) = \frac{CF_1}{r-g} \left[1 - \left(\frac{1+g}{1+r} \right)^T \right] \tag{1-3}$$

在表达式 (1-3) 以外, 我们考虑三个特例。**年金** (T 是有限的; $g=0$)、**增长型永续年金** ($T \to \infty$; $g > 0$) 和**永续年金** ($T \to \infty$; $g = 0$) 的内在价值分别为:[3]

$$IV(\text{年金}) = \frac{CF}{r} \left[1 - \left(\frac{1}{1+r} \right)^T \right] \tag{1-4}$$

$$IV(\text{增长型永续年金}) = \frac{CF_1}{r-g} \tag{1-5}$$

$$IV(\text{永续年金}) = \frac{CF}{r} \tag{1-6}$$

其中, 在年金和永续年金的内在价值中, 现金流没有下标, 这是因为增速 $g=0$, 所有现金流的数值相同。

让我们再次回顾之前提到的要点。只要现金流被转换到一个共同的日期并且相加, 那么得到的单一集合价值就可以在其他任何日期被估值。这么做了之后, 单一集合价值在时间轴上的转换将远远比组成它的多个现金流的转换更方便。如图 1.6 所示, 我们考虑一个增长型年金在到期日 ($t=T$) 的终值。$FV_T = CF_1(1+r)^{T-1} + CF_2(1+r)^{T-2} + \cdots + CF_{T-1}(1+r)^{T-(T-1)} + CF_T(1+r)^{T-T}$。等式两边同时除以 $(1+r)^T$, 得到 $\dfrac{FV_T}{(1+r)^T} = CF_1(1+r)^{-1} + CF_2(1+r)^{-2} + \cdots + CF_{T-1}(1+r)^{-(T-1)} + CF_T(1+r)^{-T}$, 等式右边就是 PV_0。所以, 简而言之, $\dfrac{FV_T}{(1+r)^T} = PV_0$。正如我们刚才所说的, 只要计算出增长型年金的一系列现金流的集合现值 PV_0, 我们就可以通过 $FV_T = PV_0(1+r)^T$ 得到这一系列现金流在到期日的价值。将这个计算过程反过来, 我们可以先计算 $FV_T = \dfrac{CF_1}{r-g} \left[(1+r)^T - (1+g)^T \right]$, 然后通过 $PV_0 = \dfrac{FV_T}{(1+r)^T}$ 得到这一系列现金流的现值。[4]

---

[3]对于增长型永续年金, 因为 $g < r$, 所以当 $T \to \infty$ 时, $\left(\dfrac{1+g}{1+r} \right)^T \to 0$。

[4]FV_T 的表达式是通过 $PV_0(1+r)^T = \dfrac{CF_1}{r-g} \left[1 - \dfrac{(1+g)^T}{(1+r)^T} \right](1+r)^T$ 推导出的。同样, $FV_t = PV_0(1+r)^t, \forall t \in \{1, 2, \cdots, T\}$。

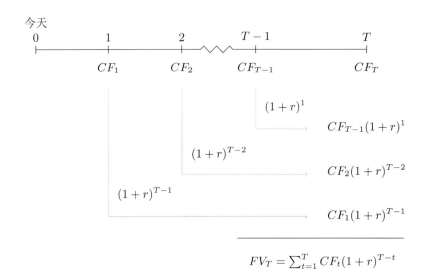

图 1.6　一系列等间隔现金流在日期 T 的终值

本章小结

本章中，我们复习了包括货币的时间价值在内的金融学基础概念。给定适当的贴现率 r，因子 $1+r$ 将日期 t 的金额转换到日期 $t+1$；反过来，将日期 t 的数额除以因子 $1+r$ 可转换为日期 $t-1$ 的对应金额。价值的可加性使我们能够将在不同日期获得的多个现金流相加；我们要做的仅仅是将所有的现金流转换到一个相同的时间点。作为价值可加性的应用，我们展示了一些关于等间隔现金流系列的特例，其中一些现金流每期相等，另一些现金流以恒定速度 g 增长。

习题

1. 假设今天是 2016 年的最后一天，你赢得了一场游戏，因此你可以选择在今天获得 10 000 美元的奖励，或者在 2026 年年末获得 30 000 美元。给定 10% 的贴现率，你更愿意选择哪一种奖励？（忽略税收的影响。）

2. 假设你正在评估一个新项目，这个项目的初始成本为 10 000 美元，在接下来的 2 年里，每年年末分别产生 5 000 美元和 6 000 美元的收益。如果贴现率为 10%，你会接受这个新项目吗？（该项目的内在价值是正的（接受）还是负的（拒绝）？）

3. （续第 2 题）当贴现率等于多少时可以使得该项目的内在价值为 0？该项目的内部收益率（IRR）是多少？

4. 假设本年年初你往银行账户里存了 5 000 美元。如果利率为 8%，需要多少年才能使得这笔存款金额翻倍？

5. 你计划在银行连续存款 5 年，并在距现在第 5 年年末获得 10 000 美元。如果银行利率为

5%，你需要在每年年末存入多少钱才能实现这个目标？（假设最终的 10 000 美元包含第 5 年年末的最后一笔存款。）

6. 老板交给你一项任务，要求你评估股票 A。这只股票昨天发放了 20 美元的股利，你认为其股利在接下来的 5 年会以 5% 的年增长率增加。如果投资者要求的收益率为 10%，那么这只股票的内在价值是多少？（假设股利是在每年年末发放的。）

7. 你投资了一种特殊的债券，这种债券没有到期期限（即永远产生现金流），并在每年年末支付固定息票 40 美元。假设该债券现价为 1 000 美元，这代表投资者对其使用的贴现率是多少？

8. 一只股票的现价为 100 美元，其对应的公司昨天发放了 10 美元的股利。投资者预期该股票的股利每年以恒定的增长率增加。如果投资者要求的收益率为 12%，那么投资者假定的恒定的股利增长率是多少？

第 2 章
历史收益

在金融学中有许多类型的收益。在本章，我们将用历史数据定义毛收益率、净收益率、收益率的均值（集中趋势）和方差（离散度）。而在下一章，我们将转向未来探讨相似的概念。

2.1 单期毛收益率和净收益率

毛收益率，或者简称**收益率**，是所获现金流和投资资本之间的比率。图 2.1 的左边部分展示的是这样一种情况：一年前以 P_{-1} 的价格购买一个单项资产（例如，1 股股票），今天每份该资产将支付现金流（例如，每股股利）d_0；在获得 d_0 后，我们将立即用现在的除息价格（即支付股利后或者不包含股利的价格）P_0 卖掉该资产。那么时期 0 的毛收益率就是 $R_0 = \frac{d_0 + P_0}{P_{-1}}$。不太严格地说，$R_t = \frac{初始投资_{t-1} + 利润_t}{初始投资_{t-1}} = 1 + \frac{利润_t}{初始投资_{t-1}}$。**净收益率**等于毛收益率减 1，即净收益率$_t = \frac{利润_t}{初始投资_{t-1}}$。一般而言，图 2.1 的右边部分展示的时期 t 的毛收益率 R_t 和净收益率 r_t 与资产的价格和现金流之间的关系是：

$$R_t = \frac{CF_t + P_t}{P_{t-1}} \quad \text{和} \quad r_t = \frac{CF_t + P_t - P_{t-1}}{P_{t-1}} = \frac{CF_t + P_t}{P_{t-1}} - 1 = R_t - 1 \tag{2-1}$$

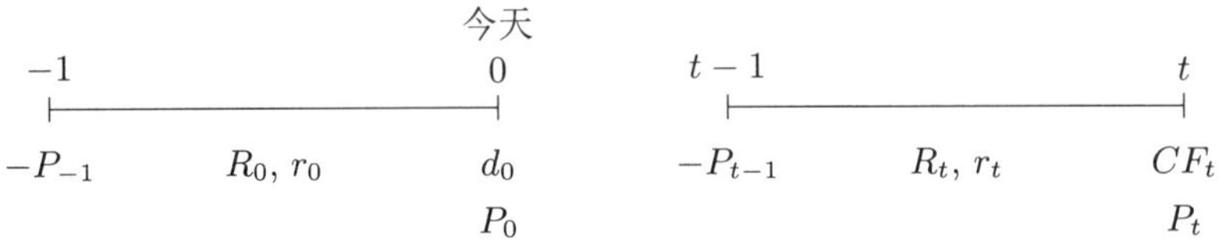

图 2.1 单期毛收益率和净收益率

2.2 多期历史收益率

图 2.2 展示了一个 T 期前购买的单项资产,每份资产有着如图所示的现金流(如每股股利)和事后价格——当每份资产的现金流发放后那一刻的价格(如支付股利后的价格)。

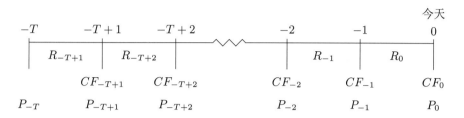

图 2.2 在今天 ($t=0$) 结束的 T 年的历史时间轴

因为我们讨论的是历史数据,所以日期都是负数,从 $-T$ 年开始,在今天(第 0 年)结束。在日期 $-T$,在 CF_{-T}(如果有的话)被支付后的那一刹那,投资者以事后价格 P_{-T} 对资产 i 做初始投资 I_{-T}^i。在接下来的讨论里,我们假设存在**现金流**(例如股利)**再投资**。举个例子,如果我们有 I_{-T}^i 的股票初始投资,那么在日期 t,我们**拥有的股票数量**就等于:

$$
\begin{aligned}
sh_{-T}^i &\equiv \frac{I_{-T}^i}{P_{-T}} \\
sh_t^i &\equiv sh_{-T}^i \prod_{n=-T+1}^{t} \left(1 + \frac{CF_n^i}{P_n^i}\right) \\
sh_t^i &= sh_{t-1}^i \left(1 + \frac{CF_t^i}{P_t^i}\right), \forall t \in \{-T+1, -T+2, \cdots, -1, 0\}
\end{aligned} \tag{2-2}
$$

其中,sh_t^i 的第一个计算公式使用的是外生变量(每份资产的现金流和价格),而第二个用 sh_{t-1}^i 表示 sh_t^i 的递归公式在实际操作中(例如 Excel 表格)更加方便。所以在初始日期 $-T$ 之后的任意日期 t,投资者拥有的资产数量 sh_t^i 就等于一开始购买的数量 sh_{-T}^i,加上截止到日期 t 用资产所提供的现金流进行再投资而购买到的数量。在资产数量确定之后,价值就等于数量和价格的乘积,即

$$
\begin{aligned}
V_{-T}^i &\equiv \left(P_{-T}^i\right) sh_{-T}^i = I_{-T}^i \\
V_t^i &\equiv P_t^i \left[sh_t^i\right] = P_t^i \left[sh_{-T}^i \prod_{n=-T+1}^{t} \left(1 + \frac{CF_n^i}{P_n^i}\right)\right] = P_t^i \left[sh_{t-1}^i \left(1 + \frac{CF_t^i}{P_t^i}\right)\right] \\
&\forall t \in \{-T+1, -T+2, \cdots, -1, 0\}
\end{aligned} \tag{2-3}
$$

所以,比率 $\dfrac{sh_t^i}{sh_{-T}^i}$ 就是表达式 (2-3) 中的乘积项。注意,如果该资产不提供现金流,比

率 $\frac{sh_t^i}{sh_{-T}^i}$ 就等于1：投资者持有的数量保持不变。通过以上的这些定义，我们可以把表达式 (2-1) 重写为[1]

$$R_t^i = \frac{V_t^i}{V_{t-1}^i} \quad \text{和} \quad r_t^i = \frac{V_t^i - V_{t-1}^i}{V_{t-1}^i} = \frac{V_t^i}{V_{t-1}^i} - 1 = R_t^i - 1 \tag{2-4}$$

考虑一个如图 2.3 所示的每股股利和每股价格的股票。假设投资者在 3 年前购买了 20 美元的该股票。首先，$I_{-3}^i = 20$ 美元，一开始购买的股票数量是 $sh_{-3} = \frac{20}{10} = 2$。根据表达式 (2-2)，$sh_{-2} = 2(1+\frac{1}{11}) = 2.18$ 股，$sh_{-1} = 2(1+\frac{1}{11})(1+\frac{6}{9}) = 3.64$ 股，以及 $sh_0 = 2(1+\frac{1}{11})(1+\frac{6}{9})(1+\frac{4}{12}) = 4.85$ 股。其次，根据表达式 (2-3)，$V_{-3} = 20$，$V_{-2} = 11(2.18) = 24$，$V_{-1} = 9(3.64) = 32.73$，$V_0 = 12(4.85) = 58.18$。最后，根据表达式 (2-4)，各个时期内的收益率为：$R_{-2} = \frac{24}{20} = 1.20$，$R_{-1} = \frac{32.73}{24} = 1.36$，$R_0 = \frac{58.18}{32.73} = 1.78$。[2]

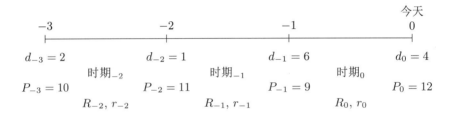

图 2.3　资产的多期现金流和价格

2.3　历史收益率的均值和方差

给定 T 个时期，我们可以计算 T 个不同的单期收益率。接下来的加总符号用 t 指代时期，**算术平均收益率**（AMR）等于

$$AMR = \frac{1}{T}\sum_{t=-T+1}^{0} R_t = \frac{1}{T}\sum_{t=-T+1}^{0} \frac{CF_t + P_t}{P_{t-1}} = \frac{1}{T}\sum_{t=-T+1}^{0} \frac{V_t}{V_{t-1}} \tag{2-5}$$

$$AMr = \frac{1}{T}\sum_{t=-T+1}^{0} r_t = \frac{1}{T}\sum_{t=-T+1}^{0} \frac{CF_t + P_t}{P_{t-1}} - 1 = \frac{1}{T}\sum_{t=-T+1}^{0} \frac{V_t}{V_{t-1}} - 1 \tag{2-6}$$

当然，$AMr = AMR - 1$。另外一个衡量多期平均收益率的指标是**几何平均收益率**（GMR），通过下式得到：

$$V_{-T}(1+GMR)^T = V_0,$$

---

[1]根据表达式 (2-3)，$\frac{V_t^i}{V_{t-1}^i} = \frac{P_t^i}{P_{t-1}^i}\left[1 + \frac{CF_t^i}{P_t^i}\right] = \frac{P_t^i + CF_t^i}{P_{t-1}^i}$，与根据表达式 (2-1) 对毛收益率的定义一样。

[2]同样，$r_{-2} = 1.20 - 1 = 0.20$，$r_{-1} = 1.36 - 1 = 0.36$，$r_0 = 1.78 - 1 = 0.78$。

或者[3]

$$GMR = \left(\frac{V_0}{V_{-T}}\right)^{1/T} = \left(\frac{P_0}{P_{-T}}\left[\prod_{n=-T+1}^{0}\left(1+\frac{CF_n}{P_n}\right)\right]\right)^{1/T} \tag{2-7}$$

当然，$GMr = GMR - 1$。注意，虽然 AMr 可以通过表达式 (2-6) 的计算直接得到，但 GMr 并没有相对应的直接计算方法，只能通过 $GMr = GMR - 1$ 得到。

和考虑了过渡时期的资产价值的 AMR 不同，GMR 只考虑初始和最后的价值。而且，因为 AMR 倾向于捕获价值变化的波动性，所以有 $GMR < AMR$。[4] 关于是使用 AMR 还是 GMR，一些从业者喜欢用 AMR 预测下一期的收益率，喜欢将 GMR 作为历史的衡量指标。举一个展示这两个指标有多么不同的简单例子。考虑两种资产，A 和 B，在过去两年的价格为：$P_{-2}^A = 10$，$P_{-1}^A = 5$，$P_0^A = 10$；$P_{-2}^B = 10$，$P_{-1}^B = 10$，$P_0^B = 10$。为了便于说明，我们假设资产 A 和 B 在过去两年没有支付现金流。因为 A 和 B 的价格都在相同的水平（10）开始与结束，所以 $GMR^A = GMR^B = (\frac{10}{10})^{1/2} = 1$。然而，与 $GMR^A = GMR^B$ 形成鲜明对比的是，$AMR^A > AMR^B$。这是因为在其他条件相同时，A 的波动性大于 B；或者说，$AMR^A = (\frac{10}{5} + \frac{5}{10})/2 = 1.25$，$AMR^B = (\frac{10}{10} + \frac{10}{10})/2 = 1$，由此 $AMR^A > AMR^B$。

持有期收益率（HPR）相当于多期毛收益率。

$$HPR = \frac{V_0}{V_{-T}} = (GMR)^T = \frac{P_0}{P_{-T}}\left[\prod_{n=-T+1}^{0}\left(1+\frac{CF_n}{P_n}\right)\right] \tag{2-8}$$

同时，$HPr = HPR - 1$。继续图 2.3 的例子，$HPR = \frac{V_0}{V_{-3}} = \frac{58.18}{20} = 2.91$，$GMR = HPR^{1/T} = 2.91^{1/3} = 1.43$，$GMr = GMR - 1 = 43\%$。

GMR 相对于 HPR（以及 GMr 相对于 HPr）的优势在于，GMR（GMr）将 HPR（HPr）标准化为年化指标。举一个简单的数例。考虑两笔投资 A 和 B。每笔投资的 HPR 均为 1.2，但是 A 购买于 1 年前，B 购买于 10 年前，所以 $(1.2)^{1/1} - 1 = 20\% = GMr^A > GMr^B \approx 2\% = (1.2)^{1/10} - 1$。虽然 $HPr^A = HPr^B$，但 A 的优越表现可以从 $GMr^A > GMr^B$ 反映出来，因为取得相同的 HPR，A 只需要 B 所花时间的一部分。

AMR 和 GMR 都是集中趋势的衡量指标。在金融领域，风险厌恶的投资者还特别关注衡量离散程度的指标。历史毛收益率的一阶矩是 AMR，二阶距就是毛收益率

---

[3]根据表达式 (2-3)，$V_0 = P_0 \frac{I_{-T}}{P_{-T}}\left[\prod_{n=-T+1}^{0}(1+\frac{CF_n}{P_n})\right]$。回想一下，$V_{-T} = I_{-T}$。

[4]唯一的例外是一种很少发生的情形，每一期的收益率 R_t 都相等，即 R，$\forall t \in \{1, 2, \cdots, T\}$。在这种情形下，$R = AMR = GMR$ 且 $r = AMr = GMr$。

的**方差** $s^2(R)$。给定资产 x 的历史数据，有[5]

$$s^2(R^x) = \frac{1}{T-1} \sum_{t=-T+1}^{0} (R_t^x - AMR^x)^2$$

$$= s^2(r^x) = \frac{1}{T-1} \sum_{t=-T+1}^{0} (r_t^x - AMr^x)^2 \geqslant 0 \quad (2\text{-}9)$$

其中，方差的维度是 $(R_t^x)^2$，而 AMR 的维度是 R_t^x。为了将方差和 AMR 放在同一个基础上，我们对方差取平方根得到收益率的**标准差**，即 $s(R^x) = \sqrt{s^2(R^x)}$。作为收益率的离散程度，$s(R^x)$ 是风险的指标；作为平均收益率，AMR^x 是回报的指标。所以，资产 x 的**变异系数**（cocfficient of variation），即 $CV^x = \dfrac{s(R^x)}{AMR^x}$，就是风险与回报的比率。在其他条件相同时，风险厌恶的投资者希望变异系数的值更小。

2.4 两种资产历史收益率的线性相关性

风险资产（收益率不确定的资产）价格的变动不完全一致。我们稍后将发现，资产的变动一致（或不一致）的程度对于决定资产组合的风险性是十分重要的。衡量资产 x 和 y 的收益率之间的线性相关程度的指标叫作**协方差**，表达式为：

$$\begin{aligned}
s^2(R^x, R^y) &= \frac{1}{T-1} \sum_{t=-T+1}^{0} (R_t^x - AMR^x)(R_t^y - AMR^y) \\
&= \frac{1}{T-1} \sum_{t=-T+1}^{0} R_t^x (R_t^y - AMR^y) \\
&= \frac{1}{T-1} \sum_{t=-T+1}^{0} (R_t^x - AMR^x) R_t^y \\
&= s^2(r^x, r^y) \\
&= \frac{1}{T-1} \sum_{t=-T+1}^{0} (r_t^x - AMr^x)(r_t^y - AMr^y) \\
&= \frac{1}{T-1} \sum_{t=-T+1}^{0} r_t^x (r_t^y - AMr^y) \\
&= \frac{1}{T-1} \sum_{t=-T+1}^{0} (r_t^x - AMr^x) r_t^y \quad (2\text{-}10)
\end{aligned}$$

其中，方程组的第五、六、七行使用了净收益率，分别与使用了毛收益率的第一、二、三行对应。因为净收益率等于毛收益率减 1，所以 $\sigma^2(R) = \sigma^2(r)$。[6] 第一、二、三行之

---

[5]除了每一期的 R_t^x 都相等的极小概率的情形，方差一般为正数。在这种情形下，$R_t^x = AMR^x, \forall t \in \{-T+1, -T+2, \cdots, 0\}$，此时 $s^2(R^x) = 0$。

[6]随机变量与一个常数相加不会影响它的方差和与另一个随机变量的协方差。

间（以及对应的第五、六、七行之间）的等号是通过 AMR 的定义得到的。[7]

如果 x 和 y 的资产价值倾向于朝相同方向（相反方向）变动，那么 R^x 和 R^y 的协方差为正（负）。资产价值的变动越一致或越相反，$s^2(R^x, R^y)$ 的幅度越大。如果资产价值的变动相对于彼此线性独立，那么 $s^2(R^x, R^y)$ 接近于 0。[8] 虽然协方差在接下来的计算中是有用的，但对它的解释有一点麻烦。所以，我们将计算作为独立指标的**相关系数**：

$$r(R^x, R^y) = \frac{s^2(R^x, R^y)}{s(R^x)s(R^y)} = r(r^x, r^y) = \frac{s^2(r^x, r^y)}{s(r^x)s(r^y)} \in [-1, +1] \tag{2-11}$$

在两个风险资产的价值变动完全线性一致的假设情形下，$r(R^x, R^y) = +1$；在两个风险资产的价值变动完全方向相反的假设情下，$r(R^x, R^y) = -1$。如果资产价值的变动相对于彼此几乎线性独立，则 $r(R^x, R^y)$ 接近于 0。[9]

2.5 资产组合历史收益率

考虑一个由 I 个资产组成的资产组合 P，每个资产用上标 i 指代。每个资产 i 在时期 t 的初始价值是 V_{t-1}^i，所以资产组合的初始价值[10] 就等于

$$V_{t-1}^P = \sum_{i=1}^{I} V_{t-1}^i \tag{2-12}$$

我们对每个资产 i 的**资产组合权重**做如下定义，当然，$\sum_{i=1}^{I} w_{t-1}^i = 1$。[11]

$$w_{t-1}^i \equiv \frac{V_{t-1}^i}{V_{t-1}^P} \tag{2-13}$$

使用资产的市场价值，每一个资产 i 的权重就是其在资产组合价值中的占比。因为

---

[7]注意：$\frac{1}{T-1}\sum_{t=-T+1}^{0}(R_t^x - AMR^x)(R_t^y - AMR^y) = \frac{1}{T-1}\sum_{t=-T+1}^{0} R_t^x(R_t^y - AMR^y) - \frac{1}{T-1}\sum_{t=-T+1}^{0} AMR^x(R_t^y - AMR^y)$。在后一个加总中，因为 AMR^x 不是 t 的函数，所以可以从以时期 t 为索引的加总中脱离出来。最后，根据 AMR^y 的定义，该加总等于 $\frac{AMR^x}{T-1}\sum_{t=-T+1}^{0}(R_t^y - AMR^y) = 0$。

[8]如果 R^x 和 R^y 相对于彼此独立，那么 $s^2(R^x, R^y) = 0$。然而，$s^2(R^x, R^y) = 0$ 并不一定意味着 R^x 和 R^y 是相对于彼此独立的。

[9]在 R^y 对 R^x 的线性回归中，拟合优度（goodness of fit）为 R^2，这个指标就等于 $[r(R^y, R^x)]^2$。

[10]我们继续使用表达式 (2-3) 关于价值的定义，假设资产产生的现金流都进行再投资。

[11]将表达式 (2-12) 除以 V_{t-1}^P，得到 $1 = \frac{\sum_{i=1}^{I} V_{t-1}^i}{V_{t-1}^P} = \sum_{i=1}^{I} \frac{V_{t-1}^i}{V_{t-1}^P} = \sum_{i=1}^{I} w_{t-1}^i$。因为 V_{t-1}^P 不是 i 的函数，所以我们可以将它放入加总中。同样，在这个加总中的任何一个与 i 无关的因子都可以被放到加总符号外。稍后，我们还会利用这样的操作。

$\frac{V_t^i}{V_{t-1}^i} = R_t^i$ 且 $\frac{V_{t-1}^i}{V_{t-1}^P} = w_{t-1}^i$,所以时期 t 的**资产组合毛收益率**就等于

$$R_t^P = \frac{V_t^P}{V_{t-1}^P} = \frac{\sum_{i=1}^I V_t^i \frac{V_{t-1}^i}{V_{t-1}^i}}{V_{t-1}^P} = \sum_{i=1}^I \frac{V_t^i}{V_{t-1}^i} \frac{V_{t-1}^i}{V_{t-1}^P} = \sum_{i=1}^I \left(R_t^i \right) w_{t-1}^i \tag{2-14}$$

当然,**资产组合净收益率**等于 $r_t^P = R_t^P - 1$。同样,资产组合的净收益率也可以根据 $r_t^P = \sum_{i=1}^I \left(r_t^i \right) w_{t-1}^i$ 直接算出。

现在考虑从 $-T$ 到 0 的 T 个时期。与之前单个资产的情况一样,因为 $\frac{V_0^i}{V_{-T}^i} = HPR^i$ 及 $\frac{V_{-T}^i}{V_{-T}^P} = w_{-T}^i$,所以**资产组合持有期收益率**为:[12]

$$\begin{aligned} HPR^P &= \frac{V_0^P}{V_{-T}^P} = \prod_{t=-T+1}^0 \frac{V_t^P}{V_{t-1}^P} = \prod_{t=-T+1}^0 R_t^P = \prod_{t=-T+1}^0 \left[\sum_{i=1}^I \left(R_t^i \right) w_{t-1}^i \right] \\ &= \frac{1}{V_{-T}^P} \sum_{i=1}^I V_0^i \frac{V_{-T}^i}{V_{-T}^i} = \sum_{i=1}^I \frac{V_0^i}{V_{-T}^i} \frac{V_{-T}^i}{V_{-T}^P} = \sum_{i=1}^I \left(HPR^i \right) w_{-T}^i \end{aligned} \tag{2-15}$$

其中,第一行的 HPR^P 被定义为资产组合的最终价值和初始价值之间的比率,也等于所有时期资产组合毛收益率的乘积。在第二行,我们可以看到,它也等于单个资产持有期收益率的加权平均,每个资产的权重就是其初始价值在整个资产组合价值中的占比。因此,HPR^P 可以先在资产组合层次上加总(计算每个时期的 R_t^P),再对时期进行加总(式 (2-15) 第一行);也可以先在单个资产的层次上对不同时期加总(计算每个资产的 HPR^i),再对资产进行加总(式 (2-15) 第二行)。

与其他计算一样,$GMR^P = (HPR^P)^{1/T}$,$GMr^P = GPR^P - 1$,$HPr^P = HPR^P - 1$。[13] 接着,资产组合的 AMR 为:[14]

$$\begin{aligned} AMR^P &= \frac{1}{T} \sum_{t=-T+1}^0 R_t^P = \frac{1}{T} \sum_{t=-T+1}^0 \frac{V_t^P}{V_{t-1}^P} = \frac{1}{T} \sum_{t=-T+1}^0 \frac{\sum_{i=1}^I V_t^i \frac{V_{t-1}^i}{V_{t-1}^i}}{V_{t-1}^P} \\ &= \frac{1}{T} \sum_{t=-T+1}^0 \left[\sum_{i=1}^I \left(R_t^i \right) w_{t-1}^i \right] \end{aligned} \tag{2-16}$$

---

[12] HPR^P 也可以写作 $\sum_{i=1}^I \left[\prod_{t=-T+1}^0 \left(R_t^i \right) w_t^i \right]$。

[13] 直接地,$HPr^P = \frac{V_0^P}{V_{-T}^P} - 1 = \prod_{t=-T+1}^0 \left[\frac{V_t^P}{V_{t-1}^P} \right] - 1 = \sum_{i=1}^I \left(HPr^i \right) w_{-T}^i$。

[14] AMR^P 也等于 $\frac{1}{T} \sum_{i=1}^I \left[\sum_{t=-T+1}^0 \left(R_t^i \right) w_{t-1}^i \right]$。

以及 $AMr^P = AMR^P - 1$。[15]

最后，毛收益率的**资产组合方差**和**资产组合标准差**的计算如下：$s^2(R^P) = \frac{1}{T-1}\sum_{t=-T+1}^{0}(R_t^P - AMR^P)^2$，$s(R^P) = \sqrt{s^2(R^P)}$。当然，因为 $r^P = R^P - 1$，所以有 $s^2(r^P) = s^2(R^P)$，$s(r^P) = s(R^P)$。[16]

2.6 连续复利收益率

到现在为止，我们在表达式 (2-1) 和 (2-4) 中计算的都是离散基础上的收益率。而在金融学里，我们经常使用的是连续复利收益率：$P_t + CF_t = V_t = P_{t-1}\mathrm{e}^{r_t|cc} = V_{t-1}\mathrm{e}^{r_t|cc}$。重排一下，有

$$r_t|cc = \ln\left(\frac{CF_t + P_t}{P_{t-1}}\right) = \ln\left(\frac{V_t}{V_{t-1}}\right)$$
$$R_t|cc = 1 + \ln\left(\frac{CF_t + P_t}{P_{t-1}}\right) = 1 + \ln\left(\frac{V_t}{V_{t-1}}\right) = 1 + r_t|cc \tag{2-17}$$

将上面的式子反过来，有 $V_0 = V_{-T}(\mathrm{e}^{r_{-T+1}|cc})(\mathrm{e}^{r_{-T+2}|cc})\cdots(\mathrm{e}^{r_0|cc})$。因为 $AMr|cc = \frac{1}{T}\sum_{-T+1}^{0} r_t|cc = \ln(\frac{V_0}{V_{-T}})/T$，所以 $V_0 = V_{-T}\mathrm{e}^{T(AMr|cc)}$。有趣的是，$AMr|cc$ 可以通过两个数值点 V_0 和 V_{-T} 计算得出，这和离散收益率的 AMr 明显不同，后者需要使用所有中间时期的资产价值。接着，$HPR = \frac{V_0}{V_{-T}}$ 也可以写作 $HPR = \mathrm{e}^{T(AMr|cc)}$。[17] 最后，$s^2(r|cc) = \frac{1}{T-1}\sum_{-T+1}^{0}(r_t|cc - AMr|cc)^2$，$s^2(r^x, r^y|cc) = \frac{1}{T-1}\sum_{-T+1}^{0}(r_t^x|cc - AMr^x|cc)(r_t^y|cc - AMr^y|cc)$，$r(r^x, r^y|cc) = \frac{s^2(r^x, r^y|cc)}{s(r^x|cc)s(r^y|cc)}$。

再次考虑图 2.3 的例子。对于连续复利收益率来说，$r_{-2} = \ln(\frac{1+11}{10}) = 18.23\%$，$r_{-1} = \ln(\frac{6+9}{11}) = 31.02\%$，$r_0 = \ln(\frac{4+12}{9}) = 57.54\%$。注意，$r_t|cc < r_t, \forall t \in \{-2, -1, 0\}$，这意味着 $AMr|cc = 35.59\% < 44.71\% = AMr$。最后，$s(r|cc) = 20.0\% < 29.8\% = s(r)$。

---

[15] 与计算资产组合的 HPR 不同，在计算资产组合的 AMR 时，先对时间加总再对资产加总没有意义，我们应该先对资产加总再对时间加总。关键的不同在于：在式 (2-15) 的最终表达式中，包含的是 w_t^i；而在式 (2-16) 中，包含的是 w_{t-1}^i。在计算资产组合的 HPR 时，w_{-T}^i 与 t 无关，所以它只在日期 $-T$ 被计算一次。与之不同的是，如果我们想要先在资产层次上对时间加总再对不同资产加总，以计算资产组合的 AMR，w_{t-1}^i 与 t 就是相关的，那么在每个时期 t 都要重新计算。

[16] 同样，$s^2(r^P) = \frac{1}{T-1}\sum_{-T+1}^{0}(r_t^P - AMr^P)^2$，$s(r^P) = \sqrt{s^2(r^P)}$。

[17] 和之前一样，$HPr = HPR - 1$，$GMR = (HPR)^{1/T}$，$GMr = GMR - 1$。

2.7 资产组合历史连续复利收益率

从 $V_{t-1}^P = \sum_{i=1}^{I} V_{t-1}^i = \sum_{i=1}^{I} w^i V_{t-1}^P$ 和 $r_t|cc = \ln(\frac{V_t}{V_{t-1}})$，可以得到

$$\begin{aligned}r_t^P|cc &= \ln\left(\frac{V_t^P}{V_{t-1}^P}\right) = \ln\left(\frac{\sum_{i=1}^{I} V_t^i}{V_{t-1}^P}\right) = \ln\left(\frac{\sum_{i=1}^{I} V_{t-1}^i e^{r_t^i|cc}}{V_{t-1}^P}\right) \\ &= \ln\left(\frac{\sum_{i=1}^{I} w_{t-1}^i V_{t-1}^P e^{r_t^i|cc}}{V_{t-1}^P}\right) = \ln\left(\sum_{i=1}^{I} w_{t-1}^i e^{r_t^i|cc}\right)\end{aligned} \quad (2\text{-}18)$$

与之前的单个资产的情况一样，$V_0^P = V_{-T}^P e^{T(AMr^P|cc)}$，$HPR^P = e^{T(AMr^P|cc)}$。同样，$s^2(r^P|cc) = \frac{1}{T-1} \sum_{t=-T+1}^{0} (r_t^P|cc - AMr^P|cc)^2$。

2.8 现金流不进行再投资的收益率

在本章，我们假设对资产产生的期中（interim）现金流（如股票股利）进行再投资。如果它们不被再投资，价值就会流失，我们得到的收益就会比之前计算出的要低。对所有的时期 $t \in \{-T+1, -T+2, \cdots, -1, 0\}$，表达式 (2-1) 仍然成立：$R_t = \frac{CF_t + P_t}{P_{t-1}}$ 及 $r_t = R_t - 1$。然而，如果不进行再投资，股票数量将不会发生改变，永远都等于初始值，那么表达式 (2-2) 将不再成立，其中的乘积项变为 1。所以，$sh_{-T}^i = \frac{I_{-T}^i}{P_{-T}} = sh_t^i|NR$，$\forall t \in \{-T+1, -T+2, \cdots, -1, 0\}$，其中 NR 代表不进行再投资。同样，表达式 (2-3) 将不再用于计算收益率。虽然 $V_t^i = P_t^i[sh_t^i] = P_t^i[sh_{-T}^i]$ 仍可以表示该笔投资在日期 t 的价值，但不能确认现金流不被再投资带来的价值流失。所以，$R_t|NR = R_t = \frac{CF_t + P_t}{P_{t-1}}$ 仍然有效，但 $R_t|NR \neq \frac{V_t}{V_{t-1}}$。

衡量集中趋势的指标 AMR，仍然可以像之前考虑现金流再投资时一样使用。与之前一样，

$$AMR|NR = \frac{1}{T} \sum_{t=-T+1}^{0} R_t = \frac{1}{T} \sum_{t=-T+1}^{0} \frac{CF_t + P_t}{P_{t-1}} \quad (2\text{-}19)$$

$AMr|NR = AMR|NR - 1$；但是，$AMR|NR \neq \frac{1}{T} \sum_{t=-T+1}^{0} \frac{V_t}{V_{t-1}}$。

在现金流不被再投资时，AMR 仍然有效的原因是它使用的是每一期的收益率，该收益率是与投资规模（拥有的资产份数）无关的。所以在某种意义上，每个时期的计算都是"重置"的。根据表达式 (2-1)，单期的收益率是包含现金流的，虽然它们很可能稍后就会被消费或投资于别处。接着，与 AMR 对应的衡量离散程度的指标——

收益率的方差 [见表达式 (2-9)]，在不进行再投资的情形中仍然适用。除此之外，衡量资产收益率之间协方差和相关系数的表达式 (2-10) 和 (2-11) 仍然有效。

虽然 AMR 仍然适用，但另一个衡量集中趋势的指标 GMR，在现金流不被再投资时并不适用。同样，因为 $HPR = GMR^{1/T}$，所以 HPR 也不再适用。正如之前在表达式 (2-7) 中定义的那样，GMR 假设没有价值流失，所以它无法解释在每次发放现金流时价值的下降。在类似于 GMR（也类似于 $HPR = GMR^T$）的计算中，一种处理这种价值流失的方法是忽略因资产所有权而收到的期中现金流的时间价值。因为这些现金流接下来并不会再投资于产生它们的资产，从而使资产价值增加。从这个角度来看，我们可以选择将它们看作是在持有期末（即今天）所获得的。把它们发生的时间"改变"到今天，那么截至今日，它们将没有机会创造额外的价值。我们将**不进行再投资的持有期收益率**定义为 $P_{-T}(HPR|NR) = (\sum_{t=-T+1}^{0} CF_t) + P_0$ 的解，即

$$HPR|NR = \frac{(\sum_{t=-T+1}^{0} CF_t) + P_0}{P_{-T}} \tag{2-20}$$

而且，$HPr|NR = HPR|NR - 1$。所以，**不进行再投资的几何平均收益率**等于 $GMR|NR = (HPR|NR)^{1/T}$，且 $GMr|NR = GMR|NR - 1$。再一次说明，表达式 (2-20) 将期中现金流当作是在估值期期末，即今天（$t = 0$ 时）获得的。[18] 最后，因为价值流失，所以 $HPR|NR < HPR$，$HPr|NR < HPr$，$GMR|NR < GMR$，$GMr|NR < GMr$。

继续图 2.3 中的例子，$HPR|NR = \frac{(\sum_{t=-T+1}^{0} CF_t) + P_0}{P_{-T}} = \frac{[(1+6+4)+12]}{10} = 2.30$，$GMR|NR = (HPR|NR)^{1/T} = 2.3^{1/3} = 1.32$，$GMr|NR = GMR|NR - 1 = 32\%$。注意，$2.30 = HPR|NR < HPR = 2.91$ 及 $32\% = GMr|NR < GMr = 43\%$。

2.9 不进行再投资的连续复利收益率

关于连续复利 $r_t|(NR, cc) = r_t|cc$，与不被再投资的期中现金流不影响单期收益率的离散的情形相似，$AMr|(NR, cc) = AMr|cc = \frac{1}{T}\sum_{-T+1}^{0} r_t|cc$，但是因为价值流失，所以 $AMr|(NR, cc) \neq \ln(\frac{V_0}{V_{-T}})/T$。[19] 接着，我们可以将**不进行再投资的平均连续复利收益率**

---

[18] 使用与内部收益率一样的计算方式是不合适的，因为它隐含地假设以内部收益率的再投资利率进行现金流的再投资。考虑式子：$P_{-T} = \sum_{t=-T+1}^{-1} \frac{(CF_t)}{(1+IRR)^t} + \frac{P_0 + CF_0}{(1+IRR)^T}$。将之与 $P_{-T} = \frac{(\sum_{t=-T+1}^{0} CF_t) + P_0}{(1+GMr^{NR})^T}$ 作比较，很明显 $IRR > GMr^{NR}$，这是因为内部收益率隐含地假设期中现金流再投资，错误地高估了资产的收益率。

[19] 与离散的情形类似，$s^2(r|NR, cc) = s^2(r|cc)$，$s^2(r^x, r^y|NR, cc) = s^2(r^x, r^y|cc)$，$r(r^x, r^y|NR, cc) = r(r^x, r^y|cc)$。

定义为[20]：

$$\bar{r}|(NR,cc) \equiv \frac{\ln(HPR|NR)}{T} = \frac{1}{T}\ln\left(\frac{\left(\sum_{t=-T+1}^{0}CF_t\right)+P_0}{P_{-T}}\right) \tag{2-21}$$

所以，$\bar{r}|(NR,cc) < AMr|(NR,cc) = AMr|cc$。[21]

对于一个资产组合，$AMr^P|(NR,cc) = AMr^P|cc = \frac{1}{T}\sum_{t=-T+1}^{0}r_t^P|cc$，但是因为价值流失，所以 $AMr^P|(NR,cc) \neq \ln(\frac{V_0^P}{V_{-T}^P})/T$。

最后，我们有 $s^2(r^P|NR,cc) = s^2(r^P|cc)$，以及 $\bar{r}^P|(NR,cc) = \frac{\ln(HPR^P|NR)}{T} = \frac{1}{T}\ln\left(\frac{\sum_{i=1}^{I}(\sum_{t=-T+1}^{0}CF_t^i)+P_0^i}{\sum_{i=1}^{I}P_{-T}^i}\right)$。

再次考虑图 2.3 的例子。因为价值流失，$\bar{r}|(NR,cc) = \ln(\frac{1+6+4+12}{10})/3 = 27.76\%$，小于 $AMr|(NR,cc) = AMr|cc = 35.59\%$。

在表 2.1 中，我们根据图 2.3 总结了一些单期毛收益率（或净收益率）指标的计算。

表 2.1　图 2.3 例子中计算的总结

指标	计算公式	值
离散收益率		
AMr	$= \frac{1}{T}\sum_{-T+1}^{0} r_t = \frac{1}{T}\sum_{-T+1}^{0}\frac{CF_t+P_t}{P_{t-1}} - 1$	44.71%
$AMr\|NR$	$= \frac{1}{T}\sum_{-T+1}^{0} r_t = \frac{1}{T}\sum_{-T+1}^{0}\frac{CF_t+P_t}{P_{t-1}} - 1$	44.71%
连续复利收益率		
$AMr\|cc$	$= \frac{1}{T}\sum_{-T+1}^{0} r_t\|cc = \frac{1}{T}\sum_{-T+1}^{0}\ln\left(\frac{CF_t+P_t}{P_{t-1}}\right)$	35.59%
$AMr\|(NR,cc)$	$= \frac{1}{T}\sum_{-T+1}^{0} r_t\|cc = \frac{1}{T}\sum_{-T+1}^{0}\ln\left(\frac{CF_t+P_t}{P_{t-1}}\right)$	35.59%
$\bar{r}\|(NR,cc)$	$= \frac{1}{T}\ln\left(\frac{\left(\sum_{-T+1}^{0}CF_t\right)+P_0}{P_{-T}}\right)$	27.76%
几何平均收益率		
GMr	$HPR^{\frac{1}{T}} - 1 = \left(\frac{V_0}{V_{-T}}\right)^{\frac{1}{T}} - 1$	42.75%
$GMr\|NR$	$\left(\frac{\left(\sum_{-T+1}^{0}CF_t\right)+P_0}{P_{-T}}\right)^{\frac{1}{T}} - 1$	32.00%

---

[20] 平均收益率由下式解出：$(\sum_{-T+1}^{0}CF_t) + P_0 = P_{-T}e^{T(\bar{r}|NR,cc)}$。

[21] 虽然 HPR 和 GMR 受期中现金流再投资的影响，但它们的区别与离散收益率和连续复合收益率的区别不同。

续表

指标	计算公式	值
收益率的离散程度		
$s(r)$	$=\sqrt{\dfrac{1}{T}\sum_{-T+1}^{0}(r_t-AMr)^2}$	29.8%
$s(r\vert NR)$	$=\sqrt{\dfrac{1}{T}\sum_{-T+1}^{0}(r_t-AMr\vert NR)^2}$	29.8%
$s(r\vert cc)$	$=\sqrt{\dfrac{1}{T}\sum_{-T+1}^{0}(r_t\vert cc-AMr\vert cc)^2}$	20.0%
$s(r\vert NR,cc)$	$=\sqrt{\dfrac{1}{T}\sum_{-T+1}^{0}(r_t\vert cc-AMr\vert NR,cc)^2}$	20.0%

本章关注的是衡量历史收益率均值与方差的指标。在下一章，我们将考虑衡量未来收益率的指标，即期望均值与方差。

本章小结

在本章中，我们回顾了历史收益率的指标，既包含毛收益率也包含净收益率。我们既在离散的基础上也在连续复利的基础上计算了单期收益率。多期收益率则既可以包含每一期之后的单个资产价值（例如，算术平均收益率），也可以只包含期末价值和期初价值（例如，持有期收益率和几何平均收益率）。除了衡量集中性的指标，我们还回顾了衡量离散程度的指标，如收益率的方差和标准差。此外，我们讨论了资产回报之间的线性关系，如协方差和相关系数。最后，在单个资产收益率的基础上，我们展示了如何为资产组合计算这些指标。

习题

在接下来的习题中：
（1）除非特别说明，假设中期现金流均进行再投资；
（2）除非特别说明，收益率均指毛收益率，回报率均指净收益率。

1. 一只现价 100 美元的股票在每年年末都发放股利 5 美元。如果上年你以 95 美元的价格买入这只股票且现在卖出，那么你的持有期收益率和回报率分别是多少？

2. （续第 1 题）如果 3 年前你以 98 美元的价格买入这只股票且现在卖出，那么你的持有期收益率和回报率分别是多少？

3. 一只股票的历史价格走势为：$P_{-3}=20$ 美元，$P_{-2}=25$ 美元，$P_{-1}=10$ 美元，$P_0=30$ 美元。假设你 3 年前购买了这只股票，请计算每个单个时期的回报率（假设该股票在此期间没有发放股息）。

4. (续第 3 题) 这只股票的算术平均收益率和几何平均收益率分别是多少？

5. (续第 3 题) 这只股票的收益率的方差和标准差分别是多少？

6. 现有两个资产 X 和 Y，它们的历史收益率数据如下表所示：

时期	r^x	r^y
−5	+10%	+20%
−4	−15%	−20%
−3	+20%	−10%
−2	+25%	+30%
−1	−30%	−20%
0	+20%	+60%

计算两个资产的算术平均收益率 AMr^x 和 AMr^y、收益的标准差 $s(r^x)$ 和 $s(r^y)$、收益的协方差 $s^2(r^x, r^y)$，以及收益的相关系数 $r(r^x, r^y)$。

7. 一个投资组合由 A、B 和 C 三项资产组成。这个组合包含两份 A 资产、一份 B 资产和三股 C 资产。它们过去的价格如下表所示（假设没有中期现金流）：

时期	P^A	P^B	P^C
−2	5	5	5
−1	6	4	4.33
0	7.5	8	3

对每一个时期，请计算三项资产在投资组合中的权重以及各自的净收益率。

8. (续第 7 题) 结合之前的答案，请计算投资组合在每一时期的净收益率。

9. (续第 7 题) 结合之前的答案，请计算投资组合的几何净收益率。

10. (续第 7 题) 用另一种方法计算投资组合的几何净收益率。（提示：先计算每一项资产的 HPR。）

11. 两年前，你以 15 美元投资于股票 A、20 美元投资于股票 B、15 美元投资于股票 C，每只股票都在每年年末发放股息。你用这些股票构造了一个投资组合。这三只股票过去的除息价格和股息如下表所示：

年	P^A	P^B	P^C	d^A	d^B	d^C
−2	5	4	3	3	2	1
−1	10	8	2	5	6	1
0	4	10	6	1	2	4

基于这些数据，对每一只股票，请计算它们的毛收益率、每个日期的持股数量、HPR、HPr、GMR、GMr、AMR、AMr、$s^2(R)$ 和 $s(R)$。除持股数量以外，计算整个投资组合上述指标对应的值。（提

示：对于投资组合收益的计算，可以先计算每一期的投资组合价值。）

12.（续第 11 题）假设中期现金流没有再投资，请计算每只股票（在第 −2 年和第 −1 年）的权重以及第 11 题要求计算的值。

第 2 篇

风险、回报、组合理论和资本市场均衡

在第 3 章中,我们先纵览如何用随机变量模拟未来资产回报,展示如何构建多样化资产组合以降低风险,尤其是组合收益不完全相关的风险资产以降低风险。

在第 4 章中,我们将介绍哈利·马科维茨(Harry Markowitz)的组合理论。我们寻找最优投资机会集,即在给定可接受风险水平下可以最大化期望回报的资产组合。通过引入投资者对风险和回报的偏好,我们可以确定每位投资者的理想投资组合。

在第 5 章中,我们将无风险资产引入投资机会集,并推导得到资本市场线。基于市场模型,我们直观地推导出证券市场线。我们也将讨论资本市场线和证券市场线的相同点与不同点。

在第 6 章中,我们将探讨套利定价模型。在简单描述套利定价模型的模型推导后,我们给出几个简单而详细的模型应用示例。

第 3 章
未来（下一期）收益

在第 2 章中，我们研究了过去的情况。现在，我们研究未来的情况，这里的计算更为有趣：投资者为了经风险调整后的未来收益而互相竞争。我们使用代表资产收益的随机变量及其概率分布模拟对未来的预期，展示如何为单一资产和资产组合估计下一期收益的均值与方差。

3.1 单一资产的未来（下一期）收益

设资产 x 的下一期毛收益为 $R^x \in [\underline{R^x}, \overline{R^x}]$，投资者对毛收益的预期符合**累积概率分布**（简称"分布"）$F_x(z) \equiv Pr(R^x \leqslant z)$。[1] 出于简化考虑，我们进一步假设 $F_x(z)$ 是连续的，从而它的导数**概率密度函数**（简称"概率密度"）是连续的且为正，记为 $f_x(z) = \dfrac{\mathrm{d}F_x(z)}{\mathrm{d}z}$，$\forall R^x \in [\underline{R^x}, \overline{R^x}]$。因此，$F_x(z)$ 在区间 $[\underline{R^x}, \overline{R^x}]$ 内是单调递增的。图 3.1 是一个标准正态分布的例子，其中 $(\mu, \sigma^2) = (0, 1)$，区间为 $R^x \in \Re$。

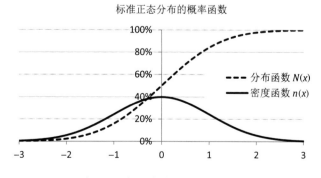

图 3.1 标准正态概率密度函数及其分布函数

---

[1] 等价地，我们可以模拟收益率 $r^x \in [\underline{r^x}, \overline{r^x}]$，即 $\underline{r^x} = \underline{R^x} - 1$ 和 $\overline{r^x} = \overline{R^x} - 1$；同样，$F_x(z) \equiv Pr(r^x \leqslant z - 1)$。

3.2 未来收益的期望与方差

下一期预期毛收益和**毛收益的方差**分别为:

$$E[R^x] = \mu(R^x) = \int_{z=\underline{R^x}}^{z=\overline{R^x}} f_x(z) z \mathrm{d}z$$

$$\sigma^2(R^x) = \int_{z=\underline{R^x}}^{z=\overline{R^x}} f_x(z)(z - E[R^x])^2 \mathrm{d}z \tag{3-1}$$

与历史收益率类比,毛利率的**标准差**为 $\sigma(R^x) = \sqrt{\sigma^2(R^x)}$。[2] 为了简化模型,收益率有时可以用离散随机变量模拟,即其分布为不连续的阶跃方程。在离散变量的模型中,对于给定的 S 取值,有 $s \in [1, 2, \cdots, S]$,状态 s 出现的概率记为 $Pr(s)$。记资产 x 在状态 s 下的收益率为 $R^x(s)$,有

$$E[R^x] = \mu(R^x) = \sum_{s=1}^{S} Pr(s) R^x(s) \tag{3-2}$$

$$\sigma^2(R^x) = \sum_{s=1}^{S} Pr(s)(R^x(s) - E[R^x])^2 \tag{3-3}$$

且 $\sigma(R^x) = \sqrt{\sigma^2(R^x)}$。将之前历史收益率的期望和方差表达式与用未来离散回报计算相同指标的表达式 (3-2) 和 (3-3) 分别对比,可以明显看出历史情况的指标和未来情况的指标十分类似,因为历史数据被"指定"为均匀分布,即每个数据被指定了一个相等的"概率"权重 $\frac{1}{T}$。图 3.2 是一个随机变量概率质量函数的例子,它可能有 5 个取值,每个取值的概率为 20%。

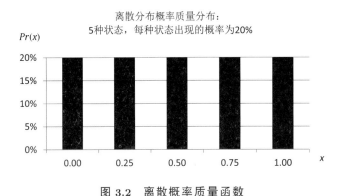

图 3.2 离散概率质量函数

图 3.3 展示了相应的分布函数。

---

[2]显然,$E[r^x] = \mu(r^x) = E[R^x] - 1 = \mu(R^x) - 1$,而 $\sigma(r^x) = \sigma(R^x)$。后者来自 $r^x = R^x - 1$。

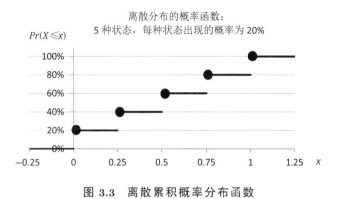

图 3.3 离散累积概率分布函数

3.3 两种资产未来收益率的线性相关性

假设两种资产 x 和 y 的收益率分别用连续随机变量 R^x 和 R^y 模拟。记它们的联合概率密度函数为 $f_{xy}(R^x, R^y)$，**毛收益的协方差**为：

$$\sigma^2(R^x, R^y) = \int_{z=\underline{R^x}}^{z=\overline{R^x}} \int_{v=\underline{R^y}}^{v=\overline{R^y}} f_{xy}(z,v)[z - \mu(R^x)][v - \mu(R^y)]\mathrm{d}v\mathrm{d}z \tag{3-4}$$

假设两种资产 x 和 y 的收益率用离散随机变量模拟，它们毛收益的协方差为 $\sigma^2(R^x, R^y)$ $= \sum_{s=1}^{S} Pr(s) \ [R^x(s) - \mu(R^x)][R^y(s) - \mu(R^y)]$。最后，这对资产的相关系数为 $\rho(R^x, R^y) = \frac{\sigma^2(R^x, R^y)}{\sigma(R^x)\sigma(R^y)}$。

3.4 未来（下一期）组合收益

通过历史收益率，我们证明了组合收益率是组合内单个资产收益率的加权平均。类似地，对于下一期，组合收益率为：

$$E[R^P] = \sum_{i=1}^{I} w^i E[R^i] \tag{3-5}$$

而下一期组合方差为：

$$\begin{aligned}
\sigma^2(R^P) &= \sum_{i=1}^{I}\sum_{j=1}^{I} w^i w^j \sigma^2(R^i, R^j) \\
&= \sum_{i=1}^{I}(w^i)^2 \sigma^2(R^i) + \sum_{i=1}^{I}\sum_{j \neq i}^{I} w^i w^j \sigma^2(R^i, R^j) \\
&= \sum_{i=1}^{I}(w^i)^2 \sigma^2(R^i) + 2\sum_{i=1}^{I}\sum_{j>i}^{I} w^i w^j \sigma^2(R^i, R^j)
\end{aligned} \tag{3-6}$$

其中，当 $i = j$ 时，$\sigma^2(R^i, R^j)$ 等价于 $\sigma^2(R^i)$。

3.4.1 组合内资产多样化的益处

我们来探讨表达式 (3-6) 的意义。在表达式的最后一行中,单个求和符号后为方差项,交叉求和符号内为协方差项。$\sigma^2(R^P)$ 中共有 I^2 个项:I 个方差项,以及 $I^2 - I = I(I-1)$ 个协方差项。[3] 图 3.4 展示了方差–协方差矩阵,其中方差项用下划线标示。

$$\begin{pmatrix} \underline{\sigma^2(R^1)} & \sigma^2(R^1, R^2) & \ldots & \sigma^2(R^1, R^I) \\ \sigma^2(R^2, R^1) & \underline{\sigma^2(R^2)} & \ldots & \sigma^2(R^2, R^I) \\ \vdots & \vdots & & \vdots \\ \vdots & \vdots & & \vdots \\ \sigma^2(R^{I-1}, R^1) & \sigma^2(R^{I-1}, R^2) & \ldots & \sigma^2(R^{I-1}, R^I) \\ \sigma^2(R^I, R^1) & \sigma^2(R^1, R^2) & \ldots & \underline{\sigma^2(R^I)} \end{pmatrix}$$

图 3.4 $\sigma(R^P)$ 计算中的方差–协方差矩阵

为了更好地说明,我们假设所有资产的权重相同,即每个 $w^i = 1/I$。进一步假设所有方差项 $\sigma^2(R^i)$ 都相同,以及所有协方差项 $\sigma^2(R^i, R^j) = \rho(R^i, R^j)\sigma(R^i)\sigma(R^j)$ 相等。结合这两个假设,对于每一对资产 i 和 j,得出 $\rho(R^i, R^j)$ 相等。为了简化此次推导的标记,令 $\rho(R^i, R^j) = \rho$ 及 $\sigma^2(R^i, R^j) = \rho\sigma(R^i)\sigma(R^j) = \rho\sigma^2(R^i)$。在表达式 (3-6) 的最后一行,$I$ 个方差项相加为 $I\left[(\frac{1}{I})^2\sigma^2(R^i)\right] = \frac{\sigma^2(R^i)}{I}$,$I(I-1)$ 个协方差项相加为 $I(I-1)\left[(\frac{1}{I})^2\rho\sigma^2(R^i)\right]$。根据这些假设,表达式 (3-6) 简化为:

$$\sigma^2(R^P) = \frac{\sigma^2(R^i)}{I}[1 + (I-1)\rho] \tag{3-7}$$

协方差项 $\sigma^2(R^i)\frac{(I-1)\rho}{I}$ 对整个组合方差的贡献与方差项 $\frac{\sigma^2(R^i)}{I}$ 部分之间的比值为 $(I-1)\rho$。在一个由足够多种资产(I 很大)组成的大型资产组合中,平均下来 ρ 一般为正。所以,随着我们不断地无限加入更多的资产(增大 I),那么 $(I-1)\rho$ 同样无限增大。在一个由足够多种资产组成的组合中,组合的方差主要由各对资产间的协方差决定。相应地,单一资产收益率的方差变得相对不那么重要。

从表达式 (3-7) 得到的另一个结论是,在其他条件不变的情形下,随着 ρ 降低,组合的方差也会降低。因此,将资产价格变化不同步(ρ 很小)的资产组合起来可以降低组合方差。图 3.5 描绘了表达式 (3-7) 及其含义,令 $\sigma(R^P)$ 是 I 的函数而 ρ 为参数。[4]

---

[3] 一共有 $\frac{I(I-1)}{2}$ 个不同的协方差项,对于每对资产 i 和 j,有 $\sigma^2(R^i, R^j) = \sigma^2(R^j, R^i)$。

[4] 对每个资产 i,有 $\sigma(R^i) = 15\%$。在所有的资产对之间,ρ 为常数。

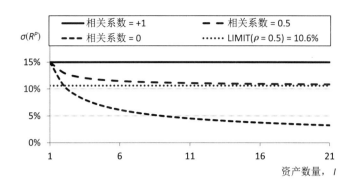

图 3.5 多样化：加入资产以降低收益率的方差

根据表达式 (3-7)，随着 $I \to \infty$，有 $\sigma(R^P) \to \sigma(R^i)\sqrt{\rho}$。在图 3.5 中，随着 $I \to \infty$，在 $\sigma(R^P|\rho=0.5)$ 的限制下得到 $15\%\sqrt{0.5} = 10.6\%$。因此，从一种资产 ($\sigma(R^P) = \sigma(R^i) = 15\%$) 增加到多种资产，可以使 $\sigma(R^P)$ 的绝对值降低 4.4%，即从 15% 降至 10.6%。请注意，只需要 5 种资产就可以实现总可降低风险的 77%。[5] 用 10（20）种资产可以实现总可降低风险的 88%（94%）。与图 3.5 中曲线（$\rho = 0.5$）对应的数值结果展示在表 3.1 中。因此，通过数个资产实现组合多样化（降低组合的特有风险）是可能的。

表 3.1 资产数量（I）对组合方差的影响 ($\rho = 0.5$)

资产数量 I	$\sigma(R^P)$	从 $\sigma(R^i) = 15\%$ 起降低的风险占总可降低风险的比例
5	11.6%	77%
10	11.1%	88%
20	10.9%	94%
∞	10.6%	100%

关于组合多样化存在两种不同的解读。第一，通过组合多种资产，如果其中一些资产可能由于公司自身的问题（公司特有风险）而表现得不如预期，那么其他的资产应当表现得比预期更好。这是**大数定律**的一种应用。第二，通过组合相关性较弱的资产（降低**系统风险**），可以降低收益率的方差。我们可以从图 3.5 中找到这两种解读。回到表达式 (3-6)，简单地说，方差项之和与特有风险相关，而协方差项之和与系统风险相关。

3.4.2 特例：两资产组合的未来收益

为了进一步说明之前的计算，假设一个组合内有两种资产 x 和 y。

$$E[R^P] = w^x E[R^x] + w^y E[R^y]$$
$$\sigma^2(R^P) = (w^x)^2 \sigma^2(R^x) + (w^y)^2 \sigma^2(R^y) + 2w^x w^y \sigma^2(R^x, R^y) \tag{3-8}$$

---

[5] 计算方法为 $\frac{15\% - 11.6\%}{15\% - 10.6\%} = \frac{3.4}{4.4} = 77\%$。

其中，$\sigma^2(R^x, R^y) = \rho(R^x, R^y)\sigma(R^x)\sigma(R^y)$。为了证明不同资产价格的移动更同步会导致组合方差提高，或者资产价格的移动更不同步会导致组合方差降低，假设我们持有 x 和 y 的长头寸，即 $w^x > 0$ 且 $w^y > 0$，有 $\dfrac{\partial \sigma^2(R^P)}{\partial \rho(R^x, R^y)} = 2w^x w^y \, \sigma(R^x)\sigma(R^y) > 0$。我们考察包含两种风险资产，使 $\sigma(R^x) > 0$ 和 $\sigma(R^y) > 0$ 的组合的三种特殊情况，即

$$\rho(R^x, R^y) = +1 \Rightarrow \sigma^2(R^P) = (w^x\sigma(R^x) + w^y\sigma(R^y))^2 > 0 \tag{3-9}$$

$$\rho(R^x, R^y) = 0 \Rightarrow \sigma^2(R^P) = (w^x\sigma(R^x))^2 + (w^y\sigma(R^y))^2 > 0 \tag{3-10}$$

$$\rho(R^x, R^y) = -1 \Rightarrow \sigma^2(R^P) = (w^x\sigma(R^x) - w^y\sigma(R^y))^2 \geqslant 0 \tag{3-11}$$

对于表达式 (3-11)，其中 $\rho(R^x, R^y) = -1$，有一种有趣的解读。给定两种风险资产，它们收益率的方差都为正，那么如果它们完全负相关，我们可以构建一个无风险组合，即方差为 0 的组合。[6]

除了图 3.5，图 3.6 同样用图形展示了 ρ 对 $\sigma(r^P)$ 的影响。[7] 图 3.6 中的三条曲线是通过变化 w^x ($w^y = 1 - w^x$) 得到的。点 x (y) 代表资产 x (y)，即 $w^x = 1$ ($w^y = 1$)。[8] 当 $w^i < 0$ 时，说明资产 i 被卖空。

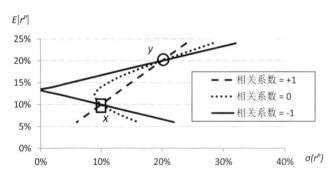

图 3.6 相关系数对组合方差的影响

如我们之前所证明的那样，对于任意一个由两种资产组成且对两个资产都持有长头寸的组合，在一个给定的期望收益率下（给定权重 $w^x > 0$ 和 $w^y > 0$，使 $E[r^P] \in (10\%, 20\%)$ 在这个例子里恒定），这个组合的方差是随着相关系数的增大而增加的。我们可以在给定 $E[r^P] \in (10\%, 20\%)$ 水平下，从左到右穿过图 3.6 证明这一点。请注意，期望收益率是与资产权重线性相关的。在 $(\sigma(r^P), E[r^P])$ 空间中，改变资

---

[6]令表达式 (3-11) 中的 $\sigma^2(R^P) = 0$，由于 $w^x = 1 - w^y$，有 $w^x = \dfrac{\sigma(R^y)}{\sigma(R^x) + \sigma(R^y)}$，因此 $w^y = 1 - w^x = \dfrac{\sigma(R^x)}{\sigma(R^x) + \sigma(R^y)}$。这些权重都很直观；一个资产的权重随着另一个资产的方差的增加而增加，而随着自身方差的增加而减少。为了构建一个收益率方差为 0 的组合，应当赋予方差更大（或更少）的资产更小（或更大）的权重。

[7]请注意，$(\sigma(r^x), E[r^x]) = (10\%, 10\%)$，且 $(\sigma(r^y), E[r^y]) = (20\%, 20\%)$。需要注意的是，$\sigma(R^i) = \sigma(r^i)$，所以我们可以等价地使用它们。类似地，$\rho(r^x, r^y) = \rho(R^x, R^y)$。

[8]我们令 $w^x(w^y = 1 - w^x)$ 在 -0.5 至 $+1.5$（$+1.5$ 至 -0.5）的区间内变化。

产权重得到的曲线称为一个**边界**（frontier）。假设在一个只有两种风险资产 x 和 y 的世界里，对于一个给定的 $\rho(r^x, r^y)$，这个边界代表着投资者的**投资机会集**（investment opportunity set）。请注意，它只考虑了给定的全部能够投资的资产所带来的可能性空间，而没有考虑投资者偏好。

在下一章中，我们将研究不仅仅包含两种风险资产的组合。为这样的组合确定边界或投资机会集将更有挑战性，因为这将涉及最优化问题。我们将引入一个无风险资产，它可以拓宽资产的机会集。通过把无风险资产和投资者偏好结合起来，我们可以确定每个投资者的最优组合。最后，通过分离特有风险和系统风险，我们将推导出著名的资本资产定价模型（CAPM）。

本章小结

在本章中，我们关注的重点转向未来。我们使用随机变量模拟资产的下一期回报。我们不仅回顾了连续随机变量（支集为连续的变量）的密度函数和分布函数，还回顾了离散随机变量的等价概念。集中性的关键指标是平均值，而离散程度的关键指标是方差。我们再次展示了如何测量线性关系的协方差和相关系数。我们将这些概念扩展到资产组合的情境下，这使我们能够清晰地展示多样化的强大，即通过组合不完全相关的资产可以降低资产组合的风险。

习题

1. 考虑一项资产，其未来收益率 r^x 是在 $[0,1]$ 范围内服从概率密度函数 $f_x(z) = 1$ 的连续随机变量。那么 r^x 的期望收益和标准差分别是多少？

2. 考虑一项资产，其未来收益率 r^x 是服从下表所示的概率质量函数的离散随机变量：

收益率	−20%	5%	30%
概率	0.2	0.5	0.3

r^x 的期望收益和标准差分别是多少？

3. 考虑两项资产 x 和 y。它们的收益率是在 $[0,1]$ 范围内服从相同密度函数 $f_x(z) = f_y(v) = 1$ 的连续随机变量。如果它们是相互独立的，那么两项资产收益率的协方差是多少？（提示：如果两个变量相互独立，那么它们的联合密度函数是各自密度函数简单相乘的积。）协方差关系式为：$\sigma^2(R^x, R^y) = E(R^x R^y) - E(R^x)E(R^y)$。

4. 一个投资组合由 x 和 y 两项资产组成。资产 x 的期望收益率和标准差分别是 10% 和 0.3；资产 y 的期望收益率和标准差分别是 20% 和 0.6。如果两项资产在投资组合中的权重相同（$w^x = w^y = 0.5$），且它们的收益率相互独立（两项资产收益率之间的相关系数为 0），请计算该投资组合的期望收益率和标准差。

5. （续第 4 题）如果两项资产的相关系数为 +1，那么该投资组合的标准差是多少？

6. （续第 4 题）如果两项资产的相关系数为 −1，那么该投资组合的标准差是多少？

对比第 4、5 和 6 题的结果，请对这三道题答案之间的关系作出评论。

7. （续第 4 题）我们在投资组合中增加一项资产 z，其期望收益率和标准差分别是 6% 和 0%。假设三个资产之间的收益率相互独立，且权重相同，均为 1/3。请计算该投资组合的期望收益率和标准差。

与第 4 题的答案进行对比，你得到了什么结论？

8. 一个投资组合由资产 x 和 y 组成，其中 $E[r^x] = 8\%$，$E[r^y] = 20\%$，$\sigma(r^x) = 0.1$，$\sigma(r^y) = 0.6$ 且 $\rho(r^x, r^y) = -1$。当 x 和 y 的权重分别为多少时，才能使得这个投资组合收益率的标准差最小？这个最小的标准差是多少？（假设 $w^x + w^y = 1$。）

9. 再次考虑第 4 题中的参数，其中 $\rho(R^x, R^y) = 0$。使得投资组合标准差最小的资产权重是多少？此时投资组合还能达到和前述问题答案一样的最小标准差吗？如果达不到，现在的最小值是多少？这个值比第 8 题的值更大还是更小？

请解释第 8 题和第 9 题答案之间的关系。

第 4 章
寻找最优组合

我们在第 3 章中推导了只由两种风险资产构成的投资机会集（边界）。在本章中，我们将研究多种风险资产构成的投资机会集。然后，我们将关注点转向投资者偏好。简单地说，即使所有投资者面临相同的投资机会集，他们也会根据不同的风险厌恶程度选择不同的组合。

4.1 马科维茨风险资产有效组合理论

回顾一下图 3.6。具体而言，考虑图 3.6 中相关系数为 0，即 $\rho(R^x, R^y) = 0$ 时的曲线。对于风险资产 x 和 y，我们引入风险资产 z，有 $(\sigma(r^z), E[r^z]) = (25\%, 15\%)$。为了便于说明，假设三种资产两两之间的相关系数为 0，即 $\rho(R^x, R^y) = \rho(R^x, R^z) = \rho(R^y, R^z) = 0$。图 4.1 中，我们继续两两选取资产构建组合，于是可以得到三条边界：xy（正如之前图 3.6 中 $\rho(R^x, R^y) = 0$ 的曲线）、xz 和 yz。

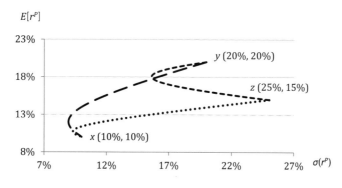

图 4.1 资产两两构成三条不同的边界

注意，在只由两种资产构成的组合中，$(\sigma(r^P), E[r^P])$ 空间的边界仅仅是通过改变组合权重得到的。构建这三个投资机会集不涉及最优化。我们要明晰：通常来讲，投资机会集包括所有可用的资产。因此，对图 4.1 的正确解读是考虑三种不同的世界，每个投资者只能投资于该世界中存在的资产。在第一种世界中，只存在资产 x 和 y，在第二（三）种世界中，只存在资产 x 和 z（y 和 z）。

现在假设三种资产都存在。当存在超过两种资产时，确定最优投资机会集会更困难，因为其中涉及最优化。图 4.2 在图 4.1 的基础上添加了三种资产同时存在时产生的边界。这张图是怎样得到的呢？我们将遵循诺贝尔经济学奖得主哈利·马科维茨的方法。我们需要解一个有限制条件的最优化问题。显然，在 $(\sigma(r^P), E[r^P])$ 空间中，一个理性的、风险厌恶的投资者希望"向西北（左上）方向移动"。我们默认投资者只关心投资组合收益的前两阶（$\sigma(r^P)$ 和 $E[r^P]$）。[1] 对于某个合意水平的期望回报 $E[r^P]$，风险厌恶的投资者希望承受尽可能低的风险 $\sigma(r^P)$，即在图 4.2 中尽量向"西（左）"移动。从另一个角度来说，对于某一既定的可接受的风险水平 $\sigma(r^P)$，风险厌恶的投资者希望收获尽可能高的回报 $E[r^P]$，即在图 4.2 中尽量向"北（上）"移动。[2] 因此，风险厌恶的理性投资者会毫不犹豫地采取任何在正北和正西方向形成的 90° 象限内的行动。

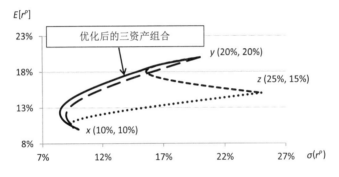

图 4.2　三种风险资产组成的最优组合

图 4.2 的整条外部边界可以由下式得到：

$$\min_{w^1, w^2, \cdots, w^I} \sigma^2(r^P) = \sum_{i=1}^{I} \sum_{j=1}^{I} w^i w^j \sigma^2(r^i, r^j)$$

$$\text{s.t.} \quad E[r^P] = \sum_{i=1}^{I} w^i E[r^i] \geqslant k_{E[r^P]}$$

$$\text{s.t.} \quad \sum_{i=1}^{I} w^i = 1 \text{（预算约束）}$$

$$\text{s.t.} \quad w^i \geqslant 0, \forall i \in \{1, 2, \cdots, I\} \text{（不可卖空）} \tag{4-1}$$

---

[1] 如果收益率默认服从正态分布，那么只用前两阶是合适的。在实际中，收益率并不一定服从正态分布，而是存在不对称性和（或）"长尾"。虽然投资者关心更高阶的特征，如第三阶（偏度或不对称性的度量）和第四阶（峰度，一种描述"长尾"程度的参数），但这些超过了本书的范围。

[2] 在同一期望收益水平下最小化风险可以得到图 4.2 的整条外部边界，在同一风险收益水平下最大化收益则仅仅得到该边界的上半部分（斜率为正的部分）。

其中，$k_{E[r^P]}$ 是预先设定的参数，反映了投资者能接受的最低期望收益水平。[3] 在上述讨论中，在给定的期望收益水平 $E[r^P]$ 下，最小化风险 $\sigma(r^P)$，相当于尽可能"向西（向左）移动"。预算约束说明投资者的投资总量是预先确定的（即投资者的投资量比自己拥有的资金既不多也不少），而不可卖空的约束条件禁止卖空（即借入资产并在无所有权的情形下出售资产）。[4]

在最外层包络线上方差最小的组合被称为**全局最小方差组合**（global minimum variance portfolio，GMVP），如图 4.3 所示。

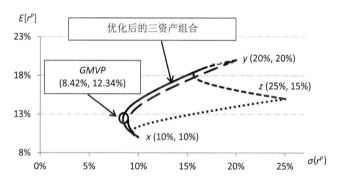

图 4.3 全局最小方差组合（GMVP）

与图 4.3 展示的一样，在全局最小方差组合以上的外层边界是严格单调递增的。因此，全局最小方差组合以上的边界上半部分是唯一可逆的，即 $\sigma(r^P)$ 和 $E[r^P]$ 之间为一一对应。我们同样可以通过最大化过程（相对于之前的最小化过程）得到马科维茨边界的上半部分：

$$\max_{w^1,w^2,\cdots,w^I} E[r^P] = \sum_{i=1}^{I} w^i E[r^i]$$

$$\text{s.t.} \quad \sigma^2(r^P) = \sum_{i=1}^{I}\sum_{j=1}^{I} w^i w^j \sigma^2(r^i, r^j) \leqslant k_\sigma$$

$$\text{s.t.} \quad \sum_{i=1}^{I} w^i = 1 \quad \text{（预算约束）}$$

$$\text{s.t.} \quad w^i \geqslant 0, \forall i \in \{1,2,\cdots,I\} \quad \text{（不可卖空）} \tag{4-2}$$

其中，k_σ 是预先设定的参数，反映了投资者能接受的最高风险水平。[5] 在之前的讨论中，在给定的风险水平（$\sigma(r^P)$）下最大化期望回报（$E[r^P]$）相当于尽可能"向北（向上）移动"。与第一次过程 [即在给定的期望水平 $E[r^P]$、预算约束和不可卖空条件下最小化 $\sigma(r^P)$] 相比，在约束条件下最大化 $E[r^P]$ 的好处是仅仅得到全局最小方差组合

---

[3] 在均衡情形下，$k_{E[r^P]}$ 的约束条件有约束力，即该约束等式成立。
[4] 当然，持有卖空头寸的投资者必须不但要归还持有期间资产产生的全部现金流，还要在未来某个时间点及时平仓（即在市场上购买一个被借入资产的替代品并归还给出借人）。
[5] 在均衡情形下，k_σ 的约束条件有约束力，即该约束等式成立。

以上部分的边界。该上半部分被称为**有效边界**，包括了所有的**有效组合**，它是**风险资产的最优投资机会集**。

4.2 投资者对风险和期望收益的偏好

由于有效边界是 $(\sigma(r^P), E[r^P])$ 空间中的连续函数，投资者可以在风险资产的无限多种组合中进行选择。投资者应当选哪一个呢？除了可供选择的资产构成的集，我们还需要模拟**投资者偏好**（对风险与回报的取舍），以确定投资者的"最佳"组合。我们使用**效用函数** $U(\sigma(r^P), E[r^P])$ 模拟投资者偏好。由于投资者是理性的（在其他条件不变的前提下，拥有的财富越多越好），即 $U'(E[r^P]|\sigma(r^P)) > 0$。经济学家常常假设财富的边际效用递减，即 $U''(E[r^P]|\sigma(r^P)) < 0$。与经济学的经典观念相一致，我们假设投资者是风险厌恶的，即 $U'(\sigma(r^P)|E[r^P]) < 0$；其边际风险成本是递增的，即 $U''(\sigma(r^P)|E[r^P]) < 0$。最后我们假设，在更高的风险水平下（$\sigma(r^P)$ 增加的情形下），风险厌恶的投资者对财富增加的敏感性会降低，即 $\dfrac{\partial^2 U(\sigma(r^P), E[r^P])}{\partial E[r^P] \partial \sigma(r^P)} < 0$。[6]

我们可以画出 $(\sigma(r^P), E[r^P])$ 空间中的图 3.6、图 4.1、图 4.2、图 4.3 和图 4.4。因此，为了在二维的 $(\sigma(r^P), E[r^P])$ 空间中画出三维的曲面 $U(\sigma(r^P), E[r^P])$ 投影，我们需要用到地图学家在绘制地形图时使用的技巧。在地形图里，人们用等高线代表距海平面相等的高差，这是一种将三维图像（距海平面的高度）投影到二维面（纬度和经度）的有效方法。类似地，由于有两个维度 $\sigma(r^P)$ 和 $E[r^P]$，我们可以通过线条表示"相同的高度"，即投资者的同等效用。由 $U(\sigma(r^P), E[r^P])$，有

$$dU = U'(\sigma(r^P)|E[r^P])d\sigma(r^P) + U'(E[r^P]|\sigma(r^P))dE[r^P]$$

设该表达式等于 0，得到一条**等效用线**（$dU = 0$），有

$$\frac{dE[r^P]}{d\sigma(r^P)} = -\frac{U'(\sigma(r^P)|E[r^P])}{U'(E[r^P]|\sigma(r^P))} > 0 \tag{4-3}$$

表达式 (4-3) 为正，因为 $U'(\sigma(r^P)|E[r^P]) < 0$ 且 $U'(E[r^P]|\sigma(r^P)) > 0$，因此风险厌恶的投资者所具有的等效用线是在 $(\sigma(r^P), E[r^P])$ 空间中递增的。下一步，表达式 (4-3) 对 $\sigma(r^P)$ 求偏导数，有[7]

$$\frac{d^2 E[r^P]}{(d\sigma(r^P))^2} = -\frac{1}{(U'(r))^2}\left[U''(\sigma)U'(r) - U'(\sigma)\left(\frac{\partial^2 U(r, \sigma)}{\partial r \partial \sigma}\right)\right] > 0 \tag{4-4}$$

此处的正号是从上述假设推导得出的。表达式 (4-3) 和表达式 (4-4) 联立意味着等效用线在 $(\sigma(r^P), E[r^P])$ 空间中是递增且凸性的。这是一个重要的结论，因为它意味着由

---

[6]我们进一步假设效用函数是连续的，有 $\dfrac{\partial^2 U(\sigma(r^P), E[r^P])}{\partial E[r^P] \partial \sigma(r^P)} = \dfrac{\partial^2 U(\sigma(r^P), E[r^P])}{\partial \sigma(r^P) \partial E[r^P]} < 0$。

[7]为了标记简便，在表达式 (4-4) 的右边，我们用 r 代表 $E[r^P]|\sigma(r^P)$，用 σ 代表 $\sigma(r^P)|E[r^P]$。

于效用函数在空间 $(\sigma(r^P), E[r^P])$ 内是凸性的，每位投资者可达到的最高等效用线唯一存在，且必与相同空间中凹性的资产最优机会集相切于一个点。换句话说，对于每个给定投资者，都可以确定一个最优组合。

图 4.4 展示了投资者 X（更风险厌恶）和 Y（更偏好风险）的等效用线与有效边界。我们如何得知在 $(\sigma(r^P), E[r^P])$ 空间中更厌恶风险的投资者的等效用线比更追求风险的投资者的等效用线更陡峭呢？令 $U'(E[r^P]|\sigma(r^P))$ 恒定，则更厌恶（或更喜好）风险的投资者 X（或 Y）的 $U'(\sigma(r^P)|E[r^P]) < 0$ 更小（或更大）。因此，对于表达式 (4-3)，更厌恶（或更喜好）风险的投资者的 $\dfrac{\mathrm{d}E[r^P]}{\mathrm{d}\sigma(r^P)}$ 会更大（或更小）。再一次，如果投资者希望得到尽可能高的效用，就应该选择能够达到的最"西北方向"（左上方）的等效用线，即与有效边界相交的等效用线。在图 4.4 中，投资者 X 和 Y 各有三条等效用线。对于每个投资者，其中两条等效用线是可以实现的，而最高的一条则不可以。所以，投资者 X（或 Y）能够实现的最高等效用线是 $x1$（或 $y1$），因为必然选择切点处的组合 x（或 y）。

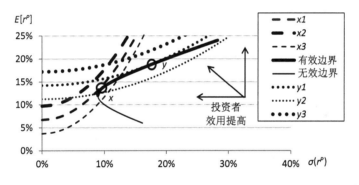

图 4.4　不同风险厌恶程度下投资者的等效用线

图 4.5 展示了均衡结果。请注意，从第 36 页最小化过程得到的外层包络线用两种不同的线段标注。上半部分为通过第 37 页的最大化过程得到的有效边界，用粗实线标注；下半部分为无效边界（只有通过第 36 页的最小化过程才能得到），用细实线

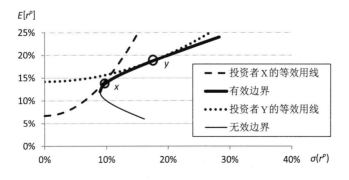

图 4.5　不同风险厌恶程度下投资者的最优组合

标注。两种线段的交点为全局最小方差组合。

本章小结

在本章中,我们讨论了马科维茨的资产组合理论。在已经学会如何计算资产组合的回报标准差(风险)及预期回报(收益)之后,我们可以看到,一个有效的风险资产的组合是通过给定可接受风险水平最大化收益来实现的。在多个风险水平上重复这一优化过程,并将标准差-预期收益空间中的风险收益组合相连,我们可以得到风险资产组合的有效边界。我们还通过效用函数展现了投资者的偏好。根据等效用曲线的特点,我们可以将它们放在风险-收益的空间中,这使我们能够找到投资者的最优风险资产组合,即最高等效用曲线与风险资产组合的有效边界的交点。

习题

1. 一个投资组合由 x、y 和 z 三种资产组成。资产 x 的期望收益和标准差分别为 10% 和 0.3(对于资产 y 为 20% 和 0.5,对于资产 z 为 35% 和 0.7)。这些资产两两之间收益率的相关系数均为 0,即 $\rho(r^x, r^y) = \rho(r^y, r^z) = \rho(r^x, r^z) = 0$。预算约束为 $w^x + w^y + w^z = 1$。那么对于需求收益率标准差为 45% 的投资者而言,最优的投资组合是什么?(即投资者最优的 w^x、w^y 和 w^z 分别是多少?)假设允许卖空。

最优投资组合的期望收益率是多少?

2. 给定第 1 题的资产和对应的参数,当卖空不被允许时,最优投资组合是什么?(即给定 $w^x \geq 0$,$w^y \geq 0$ 和 $w^z \geq 0$ 的条件下,最优的 w^x、w^y 和 w^z 分别是多少?)

这个最优组合的期望收益率是多少?

比较本题和第 1 题的投资组合的期望收益率,解释两个结果之间的关系。

3. 假设你的个人效用函数为 $u(\sigma, E[r]) = E[r] - a\sigma^2$。投资机会集有一个马科维茨有效投资组合前沿,表达式为 $E[r] = 4b\sigma^{0.5} + c$,其中 $\sigma > \sigma^{\min}$,且 a、b 和 c 都是正的参数。不存在可用的无风险资产。那么你的最优风险投资组合的期望收益率是多少?(你的答案应是基于参数 a、b 和 c 的表达式。)

4. 在第 3 题的结果下,你的最优期望收益率随着参数 a 是增加还是减少?随着 b 怎么变动?随着 c 怎么变动?解释每个结果。

第 5 章
资本市场线、市场模型和证券市场线

在之前的章节中,我们推导了风险资产有效组合的边界。继而,我们证明了投资者通过效用函数衡量自己对风险和收益的偏好并确定最优投资组合。在本章中,我们引入一个无风险资产。这会颠覆投资机会集,使投资者在可接受的任何风险水平下都能提高期望收益水平。如前所述,每一位投资者都会结合对风险与期望收益的偏好和因加入无风险资产而扩大的最优投资机会集来确定最优投资组合。最后,我们将分离系统风险和特有风险,并推导资本资产定价模型(CAPM)。

5.1 资本市场线

我们现在引入一个无风险资产。[1] 我们如何推导得到因将无风险资产引入风险资产有效边界而扩大的投资机会集呢?假设将无风险资产(在 $(\sigma(r^P), E[r^P])$ 空间记为 $(0, r^f)$)与一个特定的风险资产有效组合 e(记为 $(\sigma(r^e), E[r^e])$)组合。[2] 根据预算约束,两者权重分别为 w^e 和 $w^f = 1 - w^e$。通过之前推导的两资产组合关系,有 $E[r^P] = w^e E[r^e] + (1 - w^e) r^f = r^f + w^e(E[r^e] - r^f)$ 及 $\sigma^2(r^P) = (w^e)^2 \sigma^2(r^e) + (1-w^e)^2 \sigma^2(r^f) + 2w^e w^f \sigma^2(r^e, r^f)$。根据无风险资产的定义 $\sigma^2(r^f) = 0$,有 $\sigma^2(r^e, r^f) = \rho(r^e, r^f)\sigma(r^e)\sigma(r^f) = 0$。因此,$\sigma^2(r^P) = (w^e)^2 \sigma^2(r^e)$。将 $w^e = \dfrac{\sigma(r^P)}{\sigma(r^e)}$ 代入 $E[r^P] = r^f + w^e(E[r^e] - r^f)$ 中,有

$$E[r^P] = r^f + \frac{\sigma(r^P)}{\sigma(r^e)}(E[r^e] - r^f) \tag{5-1}$$

在 $(\sigma(r^P), E[r^P])$ 空间,表达式 (5-1) 为线性方程且截距为 r^f,斜率为 $\dfrac{E[r^e] - r^f}{\sigma(r^e)} > 0$。

---

[1] 例如,短期美国国债就是一个代表。
[2] 注意,$r^f < E[r^e]$,因为对于任何风险资产的有效组合 e,有 $0 = \sigma(r^f) < \sigma(r^e)$。换句话说,投资者对风险更高的资产要求更高的期望收益率。

但在无限多个有效组合中,投资者应如何选定组合 e 呢?由于投资者希望"向西北方向移动",并给定表达式 (5-1) 直线的截距点为 $(0, r^f)$,投资者应逆时针旋转直线使其尽可能向"西北方向"偏转。换句话说,在截距点恒定为 $(0, r^f)$ 时,投资者应最大化斜率 $\dfrac{E[r^e] - r^f}{\sigma(r^e)} > 0$。

由于 $(\sigma(r^P), E[r^P])$ 空间中风险组合的有效边界是凸的,因此它会与表达式 (5-1) 所代表的最"西北"方向的直线相切于一点。由于理性的、风险厌恶的投资者都会遵从这一最优化过程,他们会得到这个切点指代的同一个风险资产有效组合 e。[3]

表达式 (5-1) 的直线一定在风险资产有效边界的"西北方"(除了在切点处的有效组合 e 处,此时两函数相切于一点)。因此,所有投资者的投资都会落在这条直线上。求取投资者最优组合的过程与之前相同。投资者在这个线性展开的投资机会集上绘制其等效用线,以衡量对风险和期望的偏好。由于等效用线在 $(\sigma(r^P), E[r^P])$ 空间中是凸的,投资者能达到的最高等效用线应与这条直线相切,而切点就是投资者的最优组合。

每个投资者都会选取他的最优组合,即无风险资产和风险资产有效组合 e 的一个凸的组合。我们已经证明了 $w^e = \dfrac{\sigma(r^P)}{\sigma(r^e)}$ 和 $w^f = 1 - w^e = 1 - \dfrac{\sigma(r^P)}{\sigma(r^e)}$,因此对于无风险资产(或组合 e),有 $w^e = 0$($w^e = 1$)。权重 w^e 等于 $x\%$,意味着自坐标 $(0, r^f)$ 处的无风险资产沿直线向坐标为 $(\sigma(r^e), E[r^e])$ 的组合方向移动,距离为 $x\%$。例如,$w^e = 50\%$ 为在 $(\sigma(r^P), E[r^P])$ 空间中坐标为 $(\dfrac{\sigma(r^e)}{2}, r^f + \dfrac{E[r^e] - r^f}{2}) = (\dfrac{\sigma(r^e)}{2}, \dfrac{E[r^e] + r^f}{2})$,即在无风险资产与组合 e 之间距离的 50% 处。

对于所有在点 $(0, r^f)$ 和 $(\sigma(r^e), E[r^e])$ 之间直线上的点,权重 w^e 和 w^f 都在区间 $(0, 1)$ 内。在这一前提下,投资者会购买组合 e 和无风险资产(建立长头寸)。可能沿着这条线投资点 e 以外的组合吗?是的,并且这些组合隐含 $w^e = \dfrac{\sigma(r^P)}{\sigma(r^e)} > 1$,同时 $w^f = 1 - w^e < 0$。简单地说,投资者以无风险利率 r^f 借入资金(建立无风险资产的短头寸),同时将获得的资金和原有的资本金投资于组合 e。

图 5.1 展示了投资者 X(更风险厌恶)和投资者 Y(更偏好风险)在扩展后的投资机会集中得到的等效用线。注意,在空间 $(\sigma(r^P), E[r^P])$ 中,更风险厌恶的投资者 X 的等效用线比更偏好风险的投资者 Y 的等效用线更陡峭;而且,由于每位投资者都希望得到尽可能高的效用,投资者会选择能够达到的等效用线(与有效边界相交的等效用线)中最"西北方"的一条。因此在图 5.1 中,投资者 X(Y)能达到的最高等效用线为 $x1$($y1$)。

---

[3]这里的一个前提假设是,所有投资者对模型参数有相同的观点。具体地说,投资者对资产收益均值和方差的期望是同质的。如果投资者的期望是异质的,他们就会得到不同的马科维茨风险资产组合有效边界,因此不会得到相同的切点组合 e。

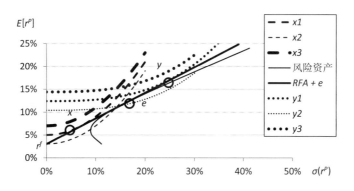

图 5.1 投资者的等效用线和投资机会集

此外，投资者 X 投资了 50% 在有效组合 e 中，即持有长头寸，使 $w^e = \frac{\sigma(r^x)}{\sigma(r^e)} = \frac{7.5\%}{15\%} = 0.5$；还投资了 50% 在无风险资产中，也是长头寸，使 $w^f = 1 - w^e = 1 - 0.5 = 0.5$。相比之下，投资者 Y 投资了 160% 在有效组合 e 中，即持有长头寸，使 $w^e = \frac{\sigma(r^y)}{\sigma(r^e)} = \frac{25\%}{15\%} = 1.60$；而且投资了 -60% 在无风险资产中，即持有短头寸，使 $w^f = 1 - w^e = 1 - 1.60 = -0.60$。对于投资者 Y 可用于投资的每 1 美元，她都以无风险利率借入 $\frac{6}{10}$ 美元并购入 1.60 美元的组合 e。正如预期的，投资者 Y（或 X），即更不（或更）风险厌恶的投资者，构建了具有更高（或更低）风险的最优组合，即 $25\% = \sigma(r^y) > \sigma(r^x) = 7.5\%$。由于投资者 Y（或 X）能接受更高（或更低）的风险，她能够享受更高（或更低）的预期收益，即 $17\% = E[r^y] > E[r^x] = 7\%$。

正如之前提到的，理性的、风险厌恶的投资者选择的投资组合是两种资产的组合：无风险资产和有效风险组合 e。[4] 这一点使我们认识到组合 e 一定是**市场组合** M，即理论上由所有风险资产构成的组合。我们可以使用反证法，假设组合 e 不包括任意一个风险资产 x。由于所有投资者的组合中风险资产的部分都只是由组合 e 构成，因此所有投资者均不持有资产 x 的头寸（无论长或短），那么资产 x 就根本无法存在。这样，任一风险资产 x 不在有效资产组合 e 中的前提假设即被证否，即组合 e 一定包含所有风险资产。因此，从定义上来说，组合 e 一定是市场组合 M。表达式 (5-1) 可以被重述为**资本市场线**（capital market line, CML）：

$$E[r^P] = r^f + \sigma(r^P)\left[\frac{E[r^m] - r^f}{\sigma(r^m)}\right] \quad (5\text{-}2)$$

其中，$E[r^m] - r^f$ 项被称为**市场风险溢价**，它是相对于无风险资产而言，投资者在投资有风险的市场组合时额外要求的收益率。资本市场线在空间 $(\sigma(r^P), E[r^P])$ 中的斜率 $\frac{E[r^m] - r^f}{\sigma(r^m)} > 0$，被称为**风险的市场价格**。它是相对投资于风险组合 M 的投资者而言，在无风险收益率以外额外要求的收益率 $E[r^m] - r^f$，除以额外承受的总风险

---
[4] 这是组合投资的**货币分离定理**（monetary separation theorem）。

$\sigma(r^m) - \sigma(r^f) = \sigma(r^m)$。资本市场线与此有关的风险指标是 $\sigma(r^P)$，即总组合风险。[5] 图 5.2 是资本市场线的图形。

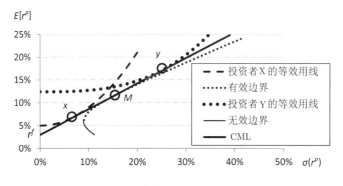

图 5.2 资本市场线（CML）

5.2 特有风险、系统风险与市场组合

资本市场线告诉我们，在由无风险资产和完全分散投资在所有风险资产的市场组合 M 所构成的组合中，$E[r^P]$ 与 $\sigma(r^P)$ 的关系。由于无风险资产或市场组合 M 都没有特有风险，因此资本市场线上的任何组合均没有特有风险。相反，单个资产则具有特有风险，显然，我们必须另寻方法以确定特定资产 i 的收益率 $E[r^i]$。

组合理论的一个重要概念是**分散化**。在一个具有很多风险资产的组合中，一些资产有可能因本公司特有的问题而表现较差。这种因某些问题而表现低于预期的风险被称为**特有风险**、**可分散风险**、**公司特有风险**或**基本面风险**。然而，如果将足够多的风险资产加入组合，那么其中一些资产就应当会因公司独有的特征而表现得好于预期。根据大数定律，在一个拥有足够多资产的组合中，相对较好和相对较差资产的表现大致上能互相抵消。因此，一个拥有足够多资产的组合应该具有较低的特有风险。

除了公司独有的特征，风险资产还可能被一些宏观经济因素影响，这些因素会在不同程度上影响所有资产。金融学上用于衡量这种影响的一个常用指标是市场组合 M 的收益率，即由所有收益率并不确定的风险资产组成的虚拟组合。[6] 在此背景下，市场回报率被称为**市场风险因子**（systematic risk factor），因为它会影响几乎所有收益率不固定的资产的收益率。换言之，如果一项资产的收益率受系统风险因子的影响，那么它就会暴露在系统风险中。

资产 x 的收益率对市场的敏感性反映在贝塔系数 β 中，有

$$\beta^x = \frac{s^2(r^x, r^m)}{s^2(r^m)} = \rho(r^x, r^m) \frac{s(r^x)}{s(r^m)} \tag{5-3}$$

---
[5] 后文会继续讨论，总风险水平等于系统风险加上特有风险。
[6] 实务中，分散化的股票指数收益率，如 S&P 500 收益率，常常被当作衡量市场回报率的工具。

它是资产 x 的收益率 r_t^x 对市场收益率 r_t^m、$t \in \{-T+1, -T+2, \cdots, 0\}$ 回归中的斜率系数。**市场模型**假定唯一影响风险资产收益率的系统风险因子是市场回报率,即

$$r_t^x = \alpha^x + \beta^x r_t^m + \epsilon_t^x \tag{5-4}$$

假定误差项 ϵ_t^x 服从正态分布 $N(0, \sigma^2(\epsilon^x))$,且独立于 $r_t^m, \forall t$。受市场风险影响较大(或较小)的资产,即资产收益率对市场收益率的敏感性较高(或较低)的资产,会具有较大(或较小)的 β。资产的 β 也是它对市场(系统)风险贡献大小的衡量指标。因此,β 较低(或较高)的资产会降低(或提高)组合的市场(系统)风险。

由于 $s(r^x) > 0$ 且 $s(r^m) > 0$,根据表达式 (5-3),β^x 的符号与 $\rho(r^x, r^m)$ 相同。因此,当资产 x 的收益率与市场回报率的相关系数为负时,资产的 β^x 可能为负。这样,收益率波动方向与市场相反的资产在分散化投资时是十分珍贵的。在市场回报表现较差的时期,这种资产的表现可能好于大部分其他资产的表现,毕竟大部分资产的 β 通常为正。总体而言,一个充分**分散化的组合**不仅包含大量资产以降低特有风险,还包含各种受系统风险影响程度不同的资产。[7]

一旦市场模型的参数 α^x 和 β^x 被回归方程 (5-4) 确定,资产 x 的下一期收益率就可以根据下一期市场回报率进行预测。对表达式 (5-4) 取期望,有

$$E[r_1^x] = \alpha^x + \beta^x E[r_1^m] \tag{5-5}$$

有 $E[\epsilon_1^x] = 0$。因此,我们现在有了衡量投资者对任何风险资产 x 所要求收益率的方法。

5.3 证券市场线

证券市场线(security market line,SML)是**资本资产定价模型**(capital asset pricing model,CAPM)的图像解释。CAPM 是由特雷诺、夏普、林特纳和莫辛共同构建的理论,建立于马科维茨的投资组合理论之上。图 5.3 展示了证券市场线,斜率为**特雷诺比率** $\dfrac{E[r^x] - r^f}{\beta^x} = E[r^m] - r^f$。资本市场线的风险指标为分散化组合风险 $\sigma(r^P)$,相比之下,证券市场线使用了对单个资产 x 的系统(市场)风险指标 β^x。

对于任一股票 x,**隐含收益率** IRR^x 是使公司现时价格等于未来现金流折现至现在之和的收益率,有

$$P_0^x = \sum_{t=1}^{T} \frac{E[CF_t]}{(1 + IRR^x)^t} \tag{5-6}$$

其中,T 为投资者预期持有资产的时间。[8] 再一次,根据定义,IRR^x 是投资者在购买资产时希望得到的收益率。

---

[7]例如,包含同一行业不同股票的组合并不是一个充分分散的组合,因为同一行业公司的收益率可能对市场风险具有相似的敏感性。

[8]可能是证券的到期日,即存续的时间,或者投资者希望出售它的时间。

在图 5.3 中，我们可以为任意资产 x 画出点 $(\beta^x, E[r^x])$ 和点 (β^x, IRR^x)。如果对于给定的 β^x 有 $IRR^x > E[r^x]$，那么 (β^x, IRR^x) 就落于证券市场线上方，即投资者认为资产价值被低估。相反，如果对于给定的 β^x 有 $IRR^x < E[r^x]$，那么 (β^x, IRR^x) 落于证券市场线下方，即投资者认为资产价值被高估。[9]

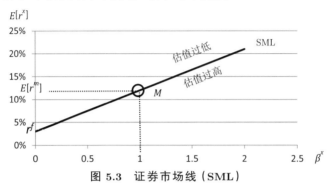

图 5.3 证券市场线（SML）

此后，我们"推导"资本资产定价模型，不是通过数学的方法，而是通过更接近资本资产定价模型经济学意义的方法。[10] 简单地说，资产 x 的投资者期望仅仅因他们所承受的市场风险而非特有风险而获得回报。由于投资者可以构建一个具有足够多资产的组合以降低特有风险（大数定律的作用），因此为承受这种可分散风险而获得回报是不合理的。

资本资产定价模型隐含着市场回报率是驱动风险资产收益率的唯一的系统风险因子。市场模型（资本资产定价模型的同类模型）也有同样的意义。因此，我们可以运用市场模型检验资产风险。具体来说，我们之前注意到资本市场线缺少特有风险的部分。我们的策略如下：通过市场模型，我们推导出单个资产总风险、市场（系统）风险和特有风险的指标。我们会证明总风险等于市场风险加上特有风险。在从这个等式中得到单个资产的市场（系统）风险指标后，我们将它代入资本市场线的市场（系统）风险指标 $\sigma(r^P)$，最后得到资本资产定价模型。[11]

通过表达式 (5-4)，我们计算得到资产 x 收益率的方差 $\sigma^2(r^x) = \sigma^2(\alpha^x + \beta^x r^m + \epsilon^x)$。在随机变量之和 $(\beta^x r^m + \epsilon^x)$ 中加入常数 (α^x) 不会影响方差，因此 $\sigma^2(r^x) = \sigma^2(\beta^x r^m + \epsilon^x) = (\beta^x)^2 \sigma^2(r^m) + \sigma^2(\epsilon^x) + 2\beta^x \sigma^2(r^m, \epsilon^x)$。下一步，最小二乘法回归的前提假设是独立变量 (r^m) 和误差项 (ϵ^x) 是线性相关的，即 $\sigma^2(r^m, \epsilon^x) = 0$。由此，

$$\sigma^2(r^x) = (\beta^x)^2 \sigma^2(r^m) + \sigma^2(\epsilon^x) \tag{5-7}$$

或 **总风险 = 系统风险 + 特有风险**。注意，根据市场模型，资产的系统风险是 $(\beta^x)^2 \sigma^2(r^m)$。在找到衡量市场（市场）风险的合适指标后，我们将它代入资本市场

---

[9] 我们将在第 6 章进一步讨论这个问题。
[10] 我们的推导很简略，因为完整的推导过程超出了本书的讨论范围。
[11] 再一次，我们的推导方法不是一种严格的证明，因为我们有一个重要的假设，即市场回报率是唯一的市场风险因子。虽然我们的关键"结论"有些得过且过，但我们的推导仍然能够说明资本市场线和证券市场线的风险指标之间的区别。

线。在此之前，注意一个技术性问题：资本市场线的系统风险指标是 $\sigma(r^P)$，它与组合收益率的单位相同。由于 $(\beta^x)^2\sigma^2(r^m)$ 的单位与收益率的平方相同（因为 β^x 没有单位），我们取 $(\beta^x)^2\sigma^2(r^m)$ 的平方根 $\beta^x\sigma(r^m)$ 作为衡量系统风险的指标。因此，在资本市场线中用 $\beta^x\sigma(r^m)$ 取代 $\sigma(r^P)$ 可以得到资本资产定价模型，即

$$E[r^x] = r^f + \beta^x(E[r^m] - r^f) \tag{5-8}$$

我们总结一下上面的推导过程。我们从通过马科维茨的组合理论寻找风险资产的有效组合开始，在效用函数中加入理性的风险厌恶投资者对风险和期望收益的偏好，借此确定了单个投资者的最优风险组合。此后，我们加入一个无风险资产并得到了一个更广的投资机会集；再次引入投资者偏好让我们得到了一个新的最优组合，即一个无风险资产和市场组合的凸性组合。此后，在给定的市场模型（即市场回报率是投资者资产收益率的唯一系统风险因子）下，我们将总风险分解为系统（市场）风险和特有风险。最后，通过将单个资产的系统（市场）风险指标代入资本市场线，我们得到了资本资产定价模型。

5.4 对比资本市场线与证券市场线

我们以对资本市场线与证券市场线两个模型的比较结束本章的讨论。资本市场线是结合无风险资产和充分分散的风险资产市场组合而得到的，两者都不包含特有风险的部分。因此，资本市场线上沿线的资产组合都不具有特有风险，即资本市场线上沿线的资产组合只有系统风险。因此，即使纵轴是 $\sigma(r^P)$，即衡量总风险（等于系统风险加上特有风险）的指标，资本市场线上的有效资产组合也不具有特有风险。总之，在资本市场线上，总风险等于系统风险。

将具有相同特有风险的单个资产和资产组合及资本市场线画在同一张图上可以带来新的启发。请看图 5.4，此处有效且充分分散的组合 a、d 和 f 没有特有风险，它们的图像正好落在资本市场线上。假设资产或资产组合 x 的期望收益为 $E[r^x]$，总风险即为 $(\sigma(r^P), E[r^P])$ 空间中资产点距纵轴的水平距离，即 $\sigma(r^x)$。对于给定的 $E[r^x]$，总风险可以分解为系统（市场）风险和特有风险。前者为从资本市场线到纵轴的距离，对于资本市场线上的有效组合 e 来说为 $\sigma(r^e|E[r^e] = E[r^x])$；而后者为从资本市场线到资产点的水平距离，即 $\sigma(r^x) - \sigma(r^e|E[r^e] = E[r^x])$。[12] 因此，具有相同特有风险的

---

[12]将特有风险指标 $\sigma(r^x) - \sigma(r^e|E[r^e] = E[r^x])$ 简记为 $\sigma(\epsilon^x)$。总风险可以分解为 $\sigma(r^x) = \sigma(r^e|E[r^e] = E[r^x]) + \sigma(\epsilon^x)$。用方差和协方差表示，$\sigma^2(r^x) = \sigma^2(r^e|E[r^e] = E[r^x]) + \sigma^2(\epsilon^x) + 2\rho(\epsilon^x, r^e|E[r^e] = E[r^x])\sigma(r^e|E[r^e] = E[r^x])\sigma(\epsilon^x) = \sigma^2(r^e|E[r^e] = E[r^x]) + \sigma^2(\epsilon^x)$，有 $\rho(\epsilon^x, r^e|E[r^e] = E[r^x]) = 0$。之前通过市场模型推导出的系统风险指标为 $(\beta^x\sigma(r^m))^2$，根据证券市场线，它等于 $(\beta^e|(E[r^e] = E[r^x])\sigma(r^m))^2$。由 $\rho(r^e, r^m) = 1, \forall e$，有 $(\beta^x\sigma(r^m))^2 = \sigma^2(r^e|E[r^e] = E[r^x])$，这与资本市场线中有效组合 e 的系统风险指标是一致的，因为 $E[r^e] = E[r^x]$。

资产 b、c 和 e 都落在资本市场线的"正东方"（正右方），资本市场线到资产的水平距离就是资产的特有风险。

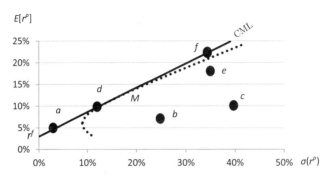

图 5.4　资本市场线与各种资产

资本市场线展示了给定总风险下的折现率（$E[r^P]$），但仅仅适用于不含特定风险的有效组合；与之相反的是，图 5.5 中的证券市场线则展示了对于任一资产或资产组合的折现率——无论是否有效、是否具有特有风险。证券市场线的相对风险指标 β 代表系统（市场）风险，即投资者可以因承受风险而获得回报的部分。[13] 因此，证券市场线上所有资产的定价是公允的。

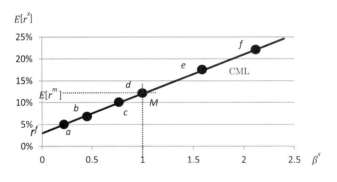

图 5.5　证券市场线与各种资产

根据证券市场线，投资者对具有较高（较低）系统风险 β 的资产会要求更高（更低）的回报，这样的资产会具有较低（较高）的总风险。例如，对于资产 c 和 f，根据证券市场线和图 5.5，资产 f（$\beta^f = 2.2$）的系统风险比资产 c（$\beta^c = 0.8$）更大。然而，根据资本市场线和图 5.4，资产 f（$\sigma(r^f) = 34\%$）的总风险实际上比资产 c（$\sigma(r^c) = 39\%$）更小。这种差别来源于资产 c 的特有风险比资产 f 更大，因为资产 f 没有特有风险。[14] 由此可以得出结论，投资者仅仅因承受由 β 代表的系统（市场）风险而获得回报，而

---

[13] 实际上，证券市场线的系统（市场）风险是 $\beta\sigma(r^m)$。但由于 β 是证券市场线的横轴，β 常常被认为是一种相对系统风险指标。这种说法并无错误，因为 $\sigma(r^m)$ 是一个外生变量。

[14] 例如，f 可能是一个由不同行业资产所构成的组合，每个行业（如奢侈品行业）都对宏观经济十分敏感；而 c 可能是一家拥有前途尚不明朗的新科技创业公司，因而它的未来与宏观经济关系不大。

不是因承受通常包含特有风险的总风险而获得回报。

最后，资本市场线和证券市场线都说明了资产回报和系统（市场）风险的关系。所有定价公允的资产均落在证券市场线上，只有不含特有风险的组合才落在资本市场线上。[15] 证券市场线适用于所有资产，而资本市场线仅仅适用于因充分分散而不具有特有风险的组合。

本章小结

本章扩展了前一章的结论。通过在投资机会集中加入一个无风险资产，风险-收益空间中的有效边界就变成一条连接无风险资产与市场组合的直线，这一线性关系被称为资本市场线。由于它仅仅是由两个"资产"——无风险资产和市场组合的凸组合产生，因此我们可以据此得到货币分离定理。具体来说，所有投资者只投资这两项资产。本章还介绍了市场模型，该模型假定影响风险资产收益率的唯一系统因子是市场回报率。使用市场模型，我们展示了证券市场线的直观推导，而证券市场线使我们能够计算出任何资产的内在价值。通过这一方法，我们还明确地展示了资本市场线如何捕捉总体风险，以及证券市场线如何捕捉系统风险。投资者不会因承担特有风险（总风险与系统风险之差）而获得补偿。

习题

本章所有问题均以下列参数为基础：无风险收益率 $r^f = 4\%$；市场期望收益率 $E[r^m] = 8\%$；市场收益率波动率 $\sigma(r^m) = 20\%$。

1. 以百分比（%）为单位的市场风险溢价是多少？

2. 市场风险价格是多少？

3. 你有一项投资组合 x，它包含一个由大量风险资产组成的、已充分分散风险的投资组合以及一个无风险资产，其收益率波动率 $\sigma(r^x) = 14\%$。这项投资组合的期望收益率是多少？
这项投资组合中风险资产的权重是多少？

4. 你的投资组合收益率和市场组合收益的相关系数 $\rho(r^x, r^m)$ 是多少？

5. 你的投资组合的贝塔值 β^x 是多少？
你的投资组合的期望收益率是多少？
你的投资组合的系统风险 $\beta^x \sigma(r^m)$ 是多少？

6. 如果你的朋友有一个充分分散化的投资组合 y，其收益率波动率 $\sigma(r^y) = 28\%$，那么他的期望收益率是多少？
他的投资组合中风险资产的权重是多少？

---

[15] 具有特有风险的组合会落在资本市场线的"正右方"，因为 $\sigma(r)$ 描述的是总风险（包含特有风险）。

为什么由无风险资产（$r^f=4\%$）和风险资产（$E[r^m]=8\%$）组成的投资组合的预期收益率可以大于8%?

7. 你的朋友的投资组合和市场组合的收益率的相关系数 $\rho(r^y,r^m)$ 是多少？

8. 你的朋友的投资组合的贝塔值 β^y 是多少？

你的朋友的投资组合的期望收益率是多少？

这项投资组合的系统风险 $\beta^y\sigma(r^m)$ 是多少？

9. 你的投资组合 x、你的朋友的投资组合 y 以及市场组合 M 的夏普比率分别是多少？

10. 你的投资组合 x、你的朋友的投资组合 y 以及市场组合 M 的特雷诺比率分别是多少？

11. 市场组合的系统风险 $\beta^m\sigma(r^m)$ 是多少？

第 6 章
套利定价模型

在第 5 章中,我们研究了证券市场线和相应的资本资产定价模型(CAPM),并说明了投资者在投资风险资产时要求的收益率与该资产的系统风险敞口有关。在资本资产定价模型中,后者是市场的期望收益率 $E[r^m]$。罗斯(Rose, 1976, 1977)提出的套利定价模型(arbitrage pricing theory, APT)是另一个能够用于确定投资者持有风险资产所要求的收益率的模型。套利定价模型假设投资者:(1) 处于完全竞争市场中;(2) 是理性的,即认为在其他条件一定的情况下,财富越多越好;(3) 厌恶风险。套利定价模型的假设条件远远少于资本资产定价模型,后者还需要假设:(4) 存在有效均值-方差市场模型;(5) 投资者效用函数为二次函数;(6) 股票收益率服从正态分布。[1]

资本资产定价模型专门指出了市场组合的收益率就是**系统风险因子**(SRF),套利定价模型假设资产收益率由一组未知的系统风险因子所驱动且为线性关系。实际工作中,常常利用经济学直觉和实证结果寻找这些系统风险因子,包括宏观经济因子(如 GDP、意外的通胀率变动、意外的信用利差变动等)和基于公司特征的微观经济因子等。

著名的**多因子模型**是套利定价模型的一种实际应用,它的一个例子是 1993 年提出的 **Fama-French 三因子模型**(简称为 $FF3$):

$$r_t^i - r_t^f = \alpha^i + \beta_m^i(r_t^m - r_t^f) + \beta_{cap}^i SMB_t + \beta_{bm}^i HML_t + \epsilon_t^i \quad (FF3) \qquad (6\text{-}1)$$

其中,ϵ^i 代表股票 i 的特有风险,SMB 是小市值股票组合和大市值股票组合的收益率之差(即"小减大"),而 HML 是高账面市值比股票组合和低账面市值比股票组合的收益率之差(即"高减低")。SMB 和 HML 这两种溢价在实际市场中都是正的,即在其他条件相同的条件下,小市值股票的收益率比大市值股票的收益率更高,而高

---

[1] 总体而言,经济理论的前提假设应当尽可能少,才能让理论的适用范围更广;然而假设数量较少则意味着结论较弱。因此,套利定价模型无法确定系统风险因素。

账面市值比股票的收益率比低账面市值比股票的收益率高。

Fama-French 三因子模型比市场模型的解释力更强，因为市场模型是一种**单因子模型**，与资本资产定价模型等价。对于市场模型而言，它代表了市场的整体收益率；而 Fama-French 三因子模型在市场模型的基础上额外加入了两种因子——SMB 和 HML。Fama 和 French 将股票根据它们的市盈率（P/E）分成几组，证明了 SMB 和 HML 这两种新的因子能更好地解释股票收益率。相比于单因子模型，Fama-French 三因子模型不仅缩小了高 P/E 股票和低 P/E 股票的预测收益率之差，还提高了模型 R^2 代表的解释力。此外，Carhardt（1997）证明了加入第四种因子（价格动量）能够进一步提高模型的解释力。[2]

总体而言，套利定价模型中各种因子的线性组合可以记作 $r^i = E[r^i|\delta_k = 0, \forall k] + \sum_{k=1}^{K} \beta_k^i \delta_k + \epsilon^i$，其中 δ_k 是 SRF_k，其均值为 0。此外，β_k^i 即资产 i 对 SRF_k 的响应程度或敏感度，称为 SRF_k 贝塔或 SRF_k **载荷**。再次地，ϵ^i 描述股票 i 的特有风险。$E[r^i|\delta_k = 0, \forall k]$ 是资产 i 在没有特有风险（$\epsilon^i = 0$）且没有 SRF 风险（$\delta_k = 0, \forall k \in \{1, 2, \cdots, K\}$）情况下的收益率。由于在一定时间区间内没有风险，有 $r^i = E[r^i|\delta_k = 0, \forall k]$。最后，基于以上假设和一些数学变换，资产 i 的期望收益率为：

$$E[r^i] = \lambda_0 + \sum_{k=1}^{K} \beta_k^i \lambda_k \quad k \in \{1, 2, \cdots, K\} \tag{6-2}$$

其中 λ_k 为**风险溢价**，对于 $SRF_k, k \in \{1, 2, \cdots, K\}$。因此，$\lambda_0$ 是没有系统风险敞口的资产收益率，即对于该资产有 $\beta_k^i = 0, \forall k \in \{1, 2, \cdots, K\}$。[3]

假设投资者是理性且风险厌恶的，根据套利定价模型的表达式 (6-2)，**套利者**将资产价格维持在合适的水平。这种投资者寻找的**套利**机会具有以下特征：

（a）无成本；

（b）无特有风险；

（c）无系统风险；

（d）有盈利空间。

套利者偶尔会扰乱市场。然而，在不是将资产价格向内在价值代表的理论价格方向推动时，他们提供了保证资产定价一致的宝贵服务。[4]确实，正常运行的资本市场不应当长期存在套利机会。然而在套利定价模型模型中，套利者应当不但保证价格一致，而且通过表达式 (6-2) 将资产价格推向正常水平。

---

[2]多因子模型还曾经使用收益率波动性、交易活动特征、盈利增长、资本结构等其他因子。

[3]市场模型假设存在一个单一的系统风险因子，它是套利定价模型的一个特例，有 $K = 1$ 且 $\lambda_1 = r^m - r^f$。因此，套利定价模型中的 β_1^i 与资本定价模型中的 β 对应。

[4]此处的"一致"有多重含义。例如，"单个"资产（即在特定市场的特定时间节点具有给定特征的资产）只能有一种价格。此外，在后续对期权的讨论中，我们还会了解到，买权-卖权等价关系将四种不同的资产价格联系起来。

如果存在套利机会，套利者如何发现机会并操作相关投资组合呢？对于 (a)，应当有 $\sum_{i=1}^{I} w^i = 0$，其中 $w^i = \dfrac{V_0^i}{V_0^P}$。然而，对于无成本组合 $V_0^P = 0$，我们需要通过不同的方式定义 w^i。我们定义

$$S \equiv \sum_{\text{长头寸} i} V_0^i = -\sum_{\text{长头寸} i} CF_0^i = -\sum_{\text{短头寸} i} V_0^i = \sum_{\text{短头寸} i} CF_0^i > 0 \tag{6-3}$$

其中，$V_0^i = -CF_0^i, \forall i \in \{1, 2, \cdots, I\}$。$S$ 是套利组合长头寸部分的总规模（总值），由于这是一个无成本组合，S 一定是短头寸部分的总规模。由此，我们可以定义"无成本"为：

$$\text{(a)} \quad \sum_{i=1}^{I} w^i = 0, \quad w^i = \frac{V_0^i}{S} = -\frac{CF_0^i}{S} \quad （无成本） \tag{6-4}$$

注意，$\sum_{\text{长头寸} i} w^i = -\sum_{\text{短头寸} i} w^i = 1$。

在本章对套利定价模型的讨论中，$w^i = \dfrac{V_0^i}{S}$。其中，在套利组合的资产中，做多的资产比重为正、资产规模为正、初始投资现金流为负，做空的资产比重为负、资产规模为负、初始投资现金流为正。在根据套利定价模型进行操作的过程中，我们先通过一种最优化过程计算出资产的比重，稍后会讨论这个过程；随后，我们通过上述对 w^i 的定义和组合总规模 S 计算出每种资产的仓位，即 $V_0^i = w^i S, \forall i \in \{1, 2, \cdots, I\}$。

对于 (b)，投资大量资产使每个资产的仓位相对于组合总规模 S 较小，可以消除特有风险。简单地说，

$$\text{(b)} \quad w^i = \frac{V_0^i}{S} \approx 0, \quad \forall i \in \{1, 2, \cdots, I\} \quad （无特有风险） \tag{6-5}$$

而对于每种资产 i，$w^i = \dfrac{V_0^i}{S}$ 应该"非常接近于 0"。请注意，投资大量的资产以提高资产数目 I 并不能保证满足条件 (b)。根据大数定律，在一个资产数量非常大的投资组合里，公司特性导致的期望收益率的正负向偏移应当能相互抵消，从而消除资产的特有风险，即对于某个较大的数目 I，有 $\epsilon^P = \sum_{i=1}^{I} w^i \epsilon_t^i \approx 0$。

对于 (c)，套利组合 P 的收益率是

$$\begin{aligned} E[r^P] &= \sum_{i=1}^{I} w^i E[r^i] = \sum_{i=1}^{I} w^i (\lambda_0 + \sum_{k=1}^{K} \beta_k^i \lambda_k) \\ &= \sum_{i=1}^{I} w^i \lambda_0 + \sum_{i=1}^{I} w^i \sum_{k=1}^{K} \beta_k^i \lambda_k = \lambda_0 \sum_{i=1}^{I} w^i + \sum_{i=1}^{I} \sum_{k=1}^{K} w^i \beta_k^i \lambda_k \\ &= \sum_{k=1}^{K} \sum_{i=1}^{I} w^i \beta_k^i \lambda_k = \sum_{k=1}^{K} \lambda_k \left(\sum_{i=1}^{I} w^i \beta_k^i \right) \end{aligned} \tag{6-6}$$

有 $k \in \{1, 2, \cdots, K\}$，$i \in \{1, 2, \cdots, I\}$。[5] 我们的套利组合只要不受 K 个系统风险因子的影响就没有系统风险。因此，根据表达式 (6-6) 的最后一个等式，我们选择资产权重使

$$\sum_{i=1}^{I} w^i \beta_k^i = 0, \forall k \in \{1, 2, \cdots, K\} \tag{6-7}$$

注意，如果我们选择的 $w^1, w^2, \cdots, w^I$ 满足表达式 (6-7) 的 K 个等式，那么这个无成本的套利组合不但没有系统风险，而且根据表达式 (6-6)，它的期望收益率为 0，即 $E[r^P] = 0$。那么套利者如何盈利呢？投资者首先认为资产价格与表达式 (6-2) 所推导出的价格不一致。在讨论关于盈利的条件（d）前，我们必须讨论套利者对预期资产收益率的看法。这个问题尤其重要，但它同时也常常给学生带来困惑，因此我们将用一整节的篇幅予以讨论。随后，我们回到以下问题：投资者如何运用套利定价模型实现盈利呢？

6.1 要求收益率、期望收益率与隐含收益率

之前我们定义**隐含收益率**（IRR^x）为使资产当前价格等于未来预期现金流折现之和的收益率，即

$$P_0^x = \sum_{t=1}^{T} \frac{E[CF_t^x]}{(1 + IRR^x)^t} \tag{6-8}$$

如前所述，IRR^x 是投资者买入资产预期可以获得的收益率。此外，如果 $IRR^x > E[r^x]$，投资者就会认为资产价值被低估；$IRR^x < E[r^x]$ 则为高估。因此，IRR^x 并不基于任何系统风险指标，而完全取决于资产当前价格和期望现金流在表达式 (6-8) 中的关系。

我们已经证明了 $E[r^x]$ 可以根据资本资产定价模型来定义。然而在本章中，我们利用套利定价模型对其进行定义。[6] 由于 $E[r^x]$ 是投资者的要求收益率，我们可以定义资产 x 的**内在价值**为：

$$IV^x = \sum_{t=1}^{T} \frac{E[CF_t^x]}{(1 + E[r^x])^t} \tag{6-9}$$

此时，根据资产定价模型，如资本资产定价模型或套利定价模型，$E[r^x]$ 为**要求收益率**。

---

[5] 由于 λ_0 是常数，它在表达式 (6-6) 第二行处可以提到求和号外。由于 $\sum_{i=1}^{I} w^i = 0$，第二行的第一个求和号可简化为 0，并在第三行处略去。在第二行中，由于 w^i 不是序号 k 的函数，它可以移到求和号内。在第三行中，我们变换求和顺序，即 $x + y = y + x$。对于第三行的最后一个等号，由于 λ_k 不是序号 i 的函数，它也可以提到求和号外。

[6] 在不同的理论定义下，价格高估或低估的定义是相同的。

总体而言，根据任意定价模型得到的期望收益率都不是投资者期望得到的收益率。有时，CAPM 和 APT 等模型中"期望"收益率的名称会带来一些困惑。两个模型使用"期望"收益率的名称是因为它们都指代未来，代表着期望。两个模型都可以基于模型各自的系统风险指标推导出给定资产的要求收益率。

虽然资本资产定价模型中计算得到的"期望中的"收益率是投资者根据资产的系统风险所要求的收益率，IRR^x 是投资者根据资产价格及其未来现金流认为应当得到的收益率。IRR^x 和 IV^x 都是 $E[CF_t^x]$ 的函数，对于 $t \in \{1, 2, \cdots, T\}$。然而，$IRR^x$ 是 P_0^x 的函数，IV^x 是 $E[r^x]$ 的函数。简而言之，在讨论资产持仓时，这些互相关联的概念是同一个硬币的两面。我们可以把 P_0^x 和 IV^x 或 $E[r^x]$ 和 IRR^x 放在一起比较，这是因为函数 $IRR^x(P_0^x)$ 对 P_0^x 是严格单调递增的，而 $IV^x(E[r^x])$ 对 $E[r^x]$ 是严格单调递减的。[7] 这种二元对立可以从表 6.1 的前两行得到，这很好地总结了本节的讨论。[8]

表 6.1 内在价值与价格关系的总结

P_0^x vs. IV^x	$P_0^x > IV^x$	$P_0^x < IV^x$	$P_0^x = IV^x$
IRR^x vs. $E[r^x]$	$IRR^x < E[r^x]$	$IRR^x > E[r^x]$	$IRR^x = E[r^x]$
观点	价格高估	价格低估	估值正确
交易	卖空	买入	无
仓位	债务	资产	无
如果资产价格 P_t^x 上升	所有者权益下降	所有者权益上升	所有者权益无变动

6.2 套利定价模型：如何盈利

我们现在来回答之前提出的问题：套利交易者如何盈利？总体而言，套利者希望组合得到的收益率为：

$$IRR^P = \sum_{i=1}^{I} w^i (IRR^i) \tag{6-10}$$

假设交易者构建了一个套利组合使其符合：(a) 无成本，使表达式 (6-4) 成立；(b) 无特有风险，使表达式 (6-5) 对 I 的定性限制成立；(c) 无系统风险，使表达式 (6-7) 对 K 的限制成立。那么正如前述表达式 (6-6)，有 $E[r^P] = 0$，所以

$$\begin{aligned} IRR^P = IRR^P - E[r^P] &= \sum_{i=1}^{I} w^i (IRR^i - E[r^i]) \\ &= \sum_{\substack{\text{长头寸} w^i}} w^i (IRR^i - E[r^i]) + \sum_{\substack{\text{短头寸} w^i}} w^i (IRR^i - E[r^i]) \end{aligned} \tag{6-11}$$

---

[7] 这两点均基于**有限责任**的假设，即投资者永远不会在自愿的范围外被迫增加投资。因此，持有长头寸投资者收到的投资现金流一定是非负的。

[8] 在表 6.1 中，有些组合可能会违反第 4、5、6 行，但这些关系在大多数情况下是成立的。在第 1、2 行成立的情况下，第 3 行自然成立。

如果资产估值都正确，即 $E[r^i] = IRR^i, \forall i \in \{1, 2, \cdots, I\}$，那么根据表达式 (6-11)，有 $IRR^P = 0$。这是符合逻辑的：如果不存在估值错误，那么一个无成本的无风险组合应该没有盈利。简而言之，如果所有资产估值均适当，就不存在套利机会。[9]

我们假设市场中存在估值错误的资产，其中对于估值过高的资产有 $E[r^i] > IRR^i$，对于估值过低的资产有 $E[r^i] < IRR^i$。在这样的市场中，假设存在一个无风险、无成本的组合。可以将表达式 (6-11) 重写为：

$$IRR^P = \sum_{\text{长头寸} w^i} w^i \underbrace{(IRR^i - E[r^i])}_{\text{通常} > 0} + \sum_{\text{短头寸} w^i} w^i \underbrace{(IRR^i - E[r^i])}_{\text{通常} < 0} \qquad (6\text{-}12)$$

注意，对长头寸而言，$w^i > 0$；对短头寸而言，则 $w^i < 0$。基于表达式 (6-12)，投资者对 $IRR^i > E[r^i]$ 的资产 i 建立长头寸，对 $IRR^i < E[r^i]$ 的资产建立短头寸，因此组合有 $IRR^P > 0$。[10] 这样就可以实现无成本、无风险的盈利。最后，将 $w^i = \dfrac{V_0^i}{S}$ 变换为 $V_0^i = w^i S$，那么组合盈利 π^P 为：[11]

$$\pi^P = \sum_{i=1}^{I} V_0^i (IRR^i - E[r^i]) = S \sum_{i=1}^{I} w^i (IRR^i - E[r^i]) = S(IRR^P) \qquad (6\text{-}13)$$

综上所述，套利投资者希望将 I 个资产无风险、无成本地组合起来并实现盈利。因此，投资者必须满足 $K+1$ 个限制条件：表达式 (6-7) 中没有系统风险的 K 个条件，以及表达式 (6-4) 中的 1 个无风险条件。投资者还必须满足表达式 (6-5) 中的 I 个无特有风险条件，以保证每个具有特有风险的资产仓位很小。在这些限制条件的基础上，投资者寻找市场中的估值错误，并对价值低估的资产建立长头寸，对价值高估的资产建立短头寸。

6.3 根据套利定价模型构建套利组合

在本章的最后，我们用几个简单的例子阐述套利组合的构建过程。投资者能够决定套利组合中 I 个资产的比重，即 $w^A, w^B, \cdots, w^I$。对于一个希望研究 $K+1$ 个系统风险因子的投资者来说，必须至少在套利定价模型组合中加入 $I = K+1$ 个资产。[12] 当 $I = K+1$ 时，我们只要解 $K+1$ 个对 I 个权重 $(w^A, w^B, \cdots, w^I)$ 的线性约束。然

---

[9] 估值错误是套利的必要不充分条件。

[10] 在实务中，组合中也可能对高估的资产建立长头寸，对低估的资产建立短头寸，因为这样能通过资产对系统风险因子的敏感性进行线性组合等方式来降低组合的系统风险。举一个简单的例子：假设存在两个价值高估、完全分散、系统风险相同的投资组合；它们的价格不同，两者的隐含收益率也不同，即存在一个组合的高估程度高于另外一个组合。因此，可以通过持有相对低价组合的长头寸和相对高价组合的短头寸来构造一个套利组合；相对低价组合仍然存在价格高估，只是高估程度低于相对高价组合。类似地，如果两个组合都是被不同程度上低估的投资组合，则投资者应当卖出低估程度较低的组合。

[11] 由于 S 不是 i 的函数，因此对于 i 它可以提到求和号外。

[12] 为了更清晰地说明，我们用字母标记资产，用数字标记系统风险因子。

而，实际中 I 常远远大于 $K+1$。[13] 在这种情况下，一个有限制条件的最大化过程就可以达到目的，如根据表达式 (6-11) 在相关的限制条件下最大化 IRR^P。[14]

由于 $K+1$ 个线性约束条件都等于 0，它们求解得出的资产权重都是相对值而不是绝对值。请注意，我们在本章中曾重新定义 w^i，即长头寸部分的组合市值 S 等于短头寸部分的组合市值。套利交易者不会投资较小的 S，而是希望 S 越大越好，不断地增大 S 直至套利机会消失。当投资者买入一个价值低估的资产或卖空一个价值高估的资产时，就同时对该资产价格施加了向上或向下的压力；这会使 IRR^i 不断向下或向上靠近 $E[r^i]$。构建套利组合的交易会推动资产价格，直到继续投资套利的获利为 0。[15] 然而，为了叙述简便，我们在计算中假设资产价格为外生的不变量。[16] 因此，我们将计算的前提限制在 S 的取值为外生量，这可以在最大化计算中再加入一个限制条件来实现。

我们在本节中假设 $K=2$，系统风险溢价分别为 λ_1 和 λ_2。我们展示了一个资产数目 $I=K+1=3$ 的例子和一个 $4=I>K+1=3$ 的例子。在这两个例子中，至少有一种资产估值错误，这也是套利定价模型的必要条件。换句话说，存在 $i \in \{A,B,\cdots,I\}$ 使 $IRR^i \neq E[r^i]$。对于给定的资产而言，根据表达式 (6-5)，$I \leqslant 4$ 并不足以消除特有风险。因此，我们假设资产都是完全分散的资产组合而不是某几个特定的资产以回避这个问题，这样每种资产都不再具有特有风险。

6.3.1 举例：三种资产，两种系统风险因子

在我们的第一个例子中，有 $I=K+1=3$，此时投资者本身并不打算对套利组合进行最优化[17]，而仅仅是在同时满足三个等式：两个等式意在消除两种系统风险，一个等式则保证组合是无成本的。[18]

$$\begin{aligned} z^A \beta_1^A + z^B \beta_1^B + z^C \beta_1^C &= 0 \quad (\text{消除对 } SRF_1 \text{ 的敞口}) \\ z^A \beta_2^A + z^B \beta_2^B + z^C \beta_2^C &= 0 \quad (\text{消除对 } SRF_2 \text{ 的敞口}) \\ z^A + z^B + z^C &= 0 \quad (\text{无成本}) \end{aligned} \quad (6\text{-}14)$$

---

[13] 通常情况下，$K<10$。为了消除表达式 (6-5) 代表的特有风险，即单个资产包含特有风险，I 必须远远大于 10。然而，如果构成这个套利定价模型组合的资产本身是没有特有风险的，即每个资产都是完全分散风险的投资组合，则 I 也可能很小。

[14] 最大化 IRR^P 等价于最大化 π^P，因为 S 默认为一个外生参数。在实际中，S 是一个由资产定价弹性决定的内生变量，套利交易者可以增加 S 直至资本市场中的套利机会消失。

[15] 由 $\pi^P = IRR^P S$，有 $d\pi^P = IRR^P dS + SdIRR^P$。在忽略交易成本的情况下，投资者会增加 S 直到 $d\pi^P=0$，或直到 $d\ln(S) = -d\ln(IRR^P)$。一般而言，如果我们不需要满足投资者接受市场价格的假设，那么当套利机会消失时，有 $d\ln(S) = -d\ln(IRR^P) > 0$。

[16] 如果该假设成立，则套利机会永远不会消失。

[17] 更确切地说，应当存在两组满足最优化约束的权重 (w^A, w^B, w^C) 和 $(-w^A, -w^B, -w^C)$，使 $IRR^P(w^A, w^B, w^C) > 0 > IRR^P(-w^A, -w^B, -w^C)$。

[18] 在这个特例中，我们只需解 $I=K+1$ 个同时成立的线性等式，通过限定 $z^A=1$ 使求解得到的权重是相对值（而不是绝对的资产价值），这样的解更具通用性。

其中，z^A、z^B 和 z^C 都是相对的资产权重。我们定义 $Z \equiv \sum_{\text{长头寸} i} z^i = -\sum_{\text{短头寸} i} z^i > 0$，它来自无成本的限制条件，于是有 $w^i = \dfrac{z^i}{Z}, i \in \{A, B, C\}$。最后，对每一个资产 i，有 $V_0^i = w^i S$。为什么我们不能直接在表达式 (6-14) 中使用 w^i 呢？记方程的解为 (z^A, z^B, z^C)。那么对任意常数 k，(kz^A, kz^B, kz^C) 也是一个方程的解，因为线性方程组 (6-14) 的右边是一个零向量。在之前的讨论中我们提到，假设投资者被动地接受市场中的资产价格，则 S 一定是一个外生参数。因此，我们先计算资产的相对权重，再还原回实际资产的投资权重。我们先计算相对权重 z^i，有 $Z = \sum_{\text{长头寸} i} z^i$；然后 $w^i = \dfrac{z^i}{Z}$，$i \in \{A, B, C\}$；最后 $V_0^i = w^i S, i \in \{A, B, C\}$。

当 $I = K + 1$ 时，解决上述问题的一个简单办法是假设 $z^A = 1$，可以满足约束 S。然后，我们再解 z^B 和 z^C。根据无成本条件，投资者要么卖空一种资产、买入两种资产，要么卖空两种资产、买入一种资产。另外，买入资产的权重之和一定等于卖空资产的权重之和的绝对值且等于 Z。对于三种资产，有 $w^i = \dfrac{z^i}{Z}$，那么根据表达式 (6-11) 得出 $IRR^P = \sum_{i=1}^I w^i (IRR^i - E[r^i])$ 一定为正，那么就可以求出各个权重。如果求出的 IRR^P 为负，则应当将求得权重的正负号反转，以保证在满足三个方程的前提下，将 IRR^P 的符号由负变为正。

在我们的第一个例子中，假设 $\lambda_0 = 5\%$，$\lambda_1 = 2\%$，$\lambda_2 = 4\%$。其他参数如表 6.2 所示。[19] 直接设定 $z^A = 1$，方程组 (6-14) 中的三个方程解得 $z^B|(z^A = 1) = -0.5$，$z^C|(z^A = 1) = -0.5$。然后，$z^A = -(z^B + z^C) = Z = 1$，由此 $w^A = 1, w^B = -0.5, w^C = -0.5$。于是，$IRR^P = w^A(IRR^A - E[r^A]) + w^B(IRR^B - E[r^B]) + w^C(IRR^C - E[r^C]) = 1(5\% - 5.25\%) - 0.5(9\% - 8.5\%) - 0.5(3\% - 2\%) = -1.00\% < 0$。由于这些权重计算得到的 IRR^P 为负，我们反转它们的符号，使 $w^A = -1, w^B = +0.5, w^C = +0.5$，得到 $IRR^P = +1\% > 0$。我们假设套利组合的长头寸价值和短头寸价值分别为外生参数 $S = 10\,000$ 美元。因此，投资者卖空了价值 10 000 美元的资产 A，并用卖空所得的资金分别买入了价值 5 000 美元的资产 B 和资产 C。因此，$V_0^A = -CF_0^A = -10\,000$ 美元，$V_0^B = V_0^C = -CF_0^B = -CF_0^C = +5\,000$

表 6.2　资产定价模型举例：三种资产，两种系统风险因子

	资产 A	资产 B	资产 C
假设			
	$\beta_1^A = 0.625$	$\beta_1^B = 0.75$	$\beta_1^C = 0.50$
	$\beta_2^A = -0.25$	$\beta_2^B = 0.50$	$\beta_2^C = -1.00$
	$IRR^A = 5.00\%$	$IRR^B = 9.00\%$	$IRR^C = 3.00\%$
得到			
	$E[r^A] = 5.25\%$	$E[r^B] = 8.50\%$	$E[r^C] = 2.00\%$
	$w^A = -100\%$	$w^B = +50\%$	$w^C = +50\%$

---

[19] 请注意，$E[r^A] = \lambda_0 + \lambda_1 \beta_1^A + \lambda_2 \beta_2^A = 5\% + 2\%(0.625) + 4\%(-0.25) = 5.25\%$。同理可以计算其他资产的收益率。

美元。请注意，如我们之前提到的那样，套利组合买入了两种资产（B 和 C），它们的 $IRR^i > E[r^i]$；卖空了资产 A，它的 $IRR^A < E[r^A]$。最后，根据表达式 (6-13)，有 $\pi^P = IRR^P S = 1\% \times 10\,000$ 美元 $= 1\,000$ 美元。

6.3.2 举例：四种资产，两种系统风险因子

在第二个例子中，有 $4 = I > K + 1 = 3$，即资产数超过系统风险因子数。在上一个例子中（$I = K + 1 = 3$），我们联立了三个线性约束方程，得到了两个可能的解，使 $\sum_{\text{长头寸} i} w^i = -\sum_{\text{短头寸} i} w^i = 1$，并在两个解中选择了能够使 $IRR^P > 0$ 的一个。然而，现在有 $I > K + 1$，我们的最优化过程将更为复杂，因为在 $K + 1 = 3$ 的约束下，$\sum_{\text{长头寸} i} w^i = -\sum_{\text{短头寸} i} w^i = 1$ 有无穷多个解。我们假设有相对权重 z^A、z^B、z^C 和 z^D，对应的是外生参数 S。[20] 我们直接设定相对权重在 $[-5, +5]$ 区间内。[21] 最大化过程为：

$$\max_{z^A, z^B, z^C, z^D} IRR^P = \sum_{i=A,B,C,D} z^i (IRR^i - E[r^i]) \quad \text{取决于}$$

$$z^A \beta_1^A + z^B \beta_1^B + z^C \beta_1^C + z^D \beta_1^D = 0 \quad (\text{无 } SRF_1)$$

$$z^A \beta_2^A + z^B \beta_2^B + z^C \beta_2^C + z^D \beta_2^D = 0 \quad (\text{无 } SRF_2)$$

$$z^A + z^B + z^C + z^D = 0 \quad (\text{无成本})$$

$$z^i \in [-5, +5], \, i \in \{A, B, C, D\} \quad (\text{限制 } S) \tag{6-15}$$

这种带限制条件的最优化过程可以通过拉格朗日法计算。[22]

假设 $\lambda_0 = 5\%$，$\lambda_1 = 2\%$，$\lambda_2 = 4\%$。其他参数如表 6.3 所示。

表 6.3 套利定价模型举例：四种资产，两种系统风险因子

资产 A	资产 B	资产 C	资产 D
假设			
$\beta_1^A = 1.00$	$\beta_1^B = 0.75$	$\beta_1^C = 0.50$	$\beta_1^D = 0.25$
$\beta_2^A = 1.00$	$\beta_2^B = 1.50$	$\beta_2^C = 1.50$	$\beta_2^D = 0.50$
$IRR^A = 12\%$	$IRR^B = 12\%$	$IRR^C = 13\%$	$IRR^D = 7\%$
得到			
$E[r^A] = 11\%$	$E[r^B] = 12.5\%$	$E[r^C] = 12\%$	$E[r^D] = 7.5\%$
$w^A = +33.3\%$	$w^B = -83.3\%$	$w^C = +66.7\%$	$w^D = -16.7\%$

方差的解为 $z^A = +2$，$z^B = -5$，$z^C = +4$ 和 $z^D = -1$。对此进行归一化，$Z =$

---

[20]之前，我们直接令 $z^A = 1$，再根据三个限制条件解得 z^B 和 z^C。我们选择 $z^A = 1$ 或 $z^A = -1$ 中可以令 $IRR^P > 0$ 的一组解。这次，我们直接求解各个权重。当然，也可以直接令 $z^A = 1$，再根据 $K+1$ 个限制条件解出最大化 IRR^P 的 z^B、z^C 和 z^D。这样需要再做一次最优化计算，使 $(IRR^P | z^A = -1)$ 最大，再选择 IRR^P 最高时对应的解。

[21]任意区间 $[-\alpha, +\alpha]$，$\alpha > 0$ 同样有效。

[22]在 Excel 软件中，可以使用 Solver 插件直接求解。

$2+4 = -(-5-1) = 6$,因此归一化后的权重为 $w^A = \frac{+2}{2+4} = +33.3\%$,$w^B = \frac{-5}{-(-5-1)} = -83.3\%$,$w^C = \frac{+4}{2+4} = +66.7\%$,$w^D = \frac{-1}{-(-5-1)} = -16.7\%$。[23] 然后,$IRR^P = w^A(IRR^A - E[r^A]) + w^B(IRR^B - E[r^B]) + w^C(IRR^C - E[r^C]) + w^D(IRR^D - E[r^D]) = 0.333(12\% - 11\%) - 0.833(12\% - 12.5\%) + 0.667(13\% - 12\%) - 0.167(7\% - 7.5\%) = +1.5\% > 0$。我们进一步假设组合的长头寸和短头寸仓位为外生的 $S = 10\ 000$ 美元。因此,投资者分别卖空 8 333 美元的资产 B 和 1 667 美元的资产 D,然后用卖空所得的资金买入资产 A(3 333 美元)和资产 C(6 667 美元)。因此,$V_0^A = -CF_0^A = +3\ 333$ 美元,$V_0^B = -CF_0^B = -8\ 333$ 美元,$V_0^C = -CF_0^C = +6\ 667$ 美元,$V_0^D = -CF_0^D = -1\ 667$ 美元。注意,这与我们之前的讨论一致,套利组合由买入两个 $IRR^i > E[r^i]$、$IRR^i > E[r^i]$ 的资产(A 和 C)和卖空两个价值高估、$IRR^i < E[r^i]$ 的资产(B 和 D)组成。最后,根据表达式 (6-13),有 $\pi^P = IRR^P S = 1.5\% \times 10\ 000$ 美元 $= 1\ 500$ 美元。

本章小结

本章先介绍套利的概念,然后提出通过套利组合理论构建资产组合所必需的数学计算结构。本章为这类计算详细给出了多个具体实例。本章的重要内容还包括,详细介绍了通过某一资产定价模型得出的预期收益率与投资者购买某一资产的预期收益率之间的差异。

习题

本章所有问题都以下列参数为基础:无风险利率 5%;在其他条件不变时,系统风险因子 1 的溢价为 2%,系统风险因子 2 的溢价为 4%。

1. 充分分散化的投资组合 x 的系统风险因子 1 的载荷为 1.025,系统风险因子 2 的载荷为 1.25。充分分散化的投资组合 y 的系统风险因子 1 的载荷为 2,系统风险因子 2 的载荷为 2。充分分散化的投资组合 z 的系统风险因子 1 的载荷为 0.7,系统风险因子 2 的载荷为 1。你预期在接下来的一年中,资产 x 的回报率为 11%,资产 y 的回报率为 17%,资产 z 的回报率为 10.4%。为了构造一个套利的投资组合,应持有资产 x、y 和 z 的权重分别为多少?

考虑将 100 美元用于投资组合 x,你可以选择投资 100 美元(多头头寸)或 -100 美元(空头头寸)。那么你会选择对组合 x 投资 100 美元还是 -100 美元?你会对组合 y 和 z 投资多少?你对 y 和 z 的头寸是空头还是多头?对于投资组合 x 的每 100 美元多头头寸或空头头寸,你的利润是多少?

---

[23] 正如之前所讨论的,套利者会不断按照这些比例增加投资,直到投资(买入资产 A 和 C、卖出资产 B 和 D)带来的价格变动使套利机会消失。投资者的行为导致资产 B 和 D 的价格下降,IRR^B 和 IRR^D 下降,资产 A 和 C 的价格下降,IRR^A 和 IRR^C 上升,直到 $IRR^P = 0$。然而,我们的计算假设投资者被动地接受市场价格。

2. 充分分散化的投资组合 x 的系统风险因子 1 的载荷为 0.75, 系统风险因子 2 的载荷为 -0.5。充分分散化的投资组合 y 的系统风险因子 1 的载荷为 1.5, 系统风险因子 2 的载荷为 -0.5。充分分散化的投资组合 z 的系统风险因子 1 的载荷为 1, 系统风险因子 2 的载荷为 -0.5。你预期在接下来一年资产 x 的回报率为 5%, 资产 y 的回报率为 7%, 资产 z 的回报率为 4.5%。为了构造一个套利的投资组合, 应持有资产 x、y 和 z 的权重分别为多少?

考虑将 100 美元用于投资组合 x, 即你可能选择投资 100 美元(多头头寸)或 -100 美元(空头头寸)。那么你会选择对组合 x 投资 100 美元还是 -100 美元? 你会对组合 y 和 z 投资多少? 你对 y 和组合 z 的头寸是空头还是多头?

对于投资组合 x 的每 100 美元多头头寸或空头头寸, 你的利润是多少?

3. 充分分散化的投资组合 x 的系统风险因子 1 的载荷为 2.05, 系统风险因子 2 的载荷为 2.5。充分分散化的投资组合 y 的系统风险因子 1 的载荷为 4, 系统风险因子 2 的载荷为 4。充分分散化的投资组合 z 的系统风险因子 1 的载荷为 1.4, 系统风险因子 2 的载荷为 2。你预期在接下来一年资产 x 的回报率为 18%, 资产 y 的回报率为 30%, 资产 z 的回报率为 15.8%。为了构造一个套利的投资组合, 应持有资产 x、y 和 z 的权重分别为多少?

考虑将 100 美元用于投资组合 x, 即你可能选择投资 100 美元(多头头寸)或 -100 美元(空头头寸)。那么你会选择对组合 x 投资 100 美元还是 -100 美元? 你会对组合 y 和组合 z 投资多少? 你对 y 和 z 的头寸是空头还是多头?

对于投资组合 x 的每 100 美元多头头寸或空头头寸, 你的利润是多少?

在接下来的两个问题中, 我们不但考虑三个投资组合 (x、y 和 z), 而且加入第四个充分分散化的资产 a。

4. 充分分散化的投资组合 x 的系统风险因子 1 的载荷为 0.25, 系统风险因子 2 的载荷为 0.5。充分分散化的投资组合 y 的系统风险因子 1 的载荷为 0.75, 系统风险因子 2 的载荷为 1.25。充分分散化的投资组合 z 的系统风险因子 1 的载荷为 0.5, 系统风险因子 2 的载荷为 -0.5。充分分散化的投资组合 a 的系统风险因子 1 的载荷为 -0.25, 系统风险因子 2 的载荷为 0.5。你预期在接下来一年资产 x 的回报率为 7%, 资产 y 的回报率为 12%, 资产 z 的回报率为 5%, 资产 a 的回报率为 7%。为了构造一个套利的投资组合, 应持有资产 x、y、z 和 a 的权重分别为多少?

考虑将 100 美元用于投资组合 x, 即你可能选择投资 100 美元(多头头寸)或 -100 美元(空头头寸)。那么你会选择对组合 x 投资 100 美元还是 -100 美元? 你会对组合 y、组合 z 和组合 a 投资多少? 你对 y、z 和 a 的头寸是空头还是多头?

对于投资组合 x 的每 100 美元多头头寸或空头头寸, 你的利润是多少?

5. 充分分散化的投资组合 x 的系统风险因子 1 的载荷为 0.25, 系统风险因子 2 的载荷为 1。充分分散化的投资组合 y 的系统风险因子 1 的载荷为 0.5, 系统风险因子 2 的载荷为 0.5。充分分散化的投资组合 z 的系统风险因子 1 的载荷为 0.75, 系统风险因子 2 的载荷为 0.25。充分分散化的投资组合 a 的系统风险因子 1 的载荷为 1, 系统风险因子 2 的载荷为 1。你预期在接下来一年资产 x 的回报率为 9%, 资产 y 的回报率为 9%, 资产 z 的回报率为 7%, 资产 a 的回报率为 11%。为了构造一个套利的投资组合, 应持有资产 x、y、z 和 a 的权重分别为多少?

考虑将 100 美元用于投资组合 x, 即你可能选择投资 100 美元(多头头寸)或 -100 美元(空头头寸)。那么你会选择对组合 x 投资 100 美元还是 -100 美元? 你会对组合 y、组合 z 和组合 a 投资多少? 你对 y、z 和 a 的头寸是空头还是多头?

对于投资组合 x 的每 100 美元多头头寸或空头头寸, 你的利润是多少?

第3篇

股权估值

在前几章里,我们探讨了如何根据现金流的风险性确定它们的贴现率。现在,我们转换视角,开始探讨如何从相对和绝对的角度对企业及其股权进行估值。相对估值涉及对比目标企业及其可比企业的相关指标,而绝对估值使用与计算内在价值一致的计算方法。

在第7章,我们首先研究三张财务报表:利润表、资产负债表和现金流量表。

在第8章,我们利用这三张财务报表中的科目比值分析相应的企业。下一步,我们计算企业的各种市值比率。在相对估值法中,我们对比同一行业内面临相似风险和投资机会的不同企业的比率指标。

在第9章,关于绝对估值法,我们根据三张财务报表计算不同类型的现金流。通过折现这些现金流,我们能够确定企业的整体价值和股权价值。

在第10章,我们探讨估值倍数法模型。它是常用的相对估值指标市盈率和常用的绝对估值方法股利折现模型的融合。

第 7 章
财务报表回顾*

在本章中，我们将简单地回顾三张财务报表，目的是计算：(a) 财务报表分析中的指标；(b) 相对估值法中的指标；(c) 第 7.4 节中绝对估值法用到的各种现金流。

在三大财务报表中，资产负债表是唯一使用了**存量**的报表，例如，在给定的年度报告期内，资产负债表通常展示当年最后一日的存量。相对而言，利润表和现金流量表使用**流量**，即在指定的一个时期（通常是一季度或一年）内积累的量。

设想一个一年的时间段，使这个时间段在连续的两个年末日（年末$_{t-1}$ 和年末$_t$）之间。从某种程度上说，这两张连续年度的资产负债表中的科目是通过两个年末日之间的年度 t 的利润表科目联系起来的。由于财务报表的目的在于反映企业财务状况，我们可以把它们类比于某种媒质。资产负债表可看作静态的相片（在年末日拍的一张快照），而另两张报表可看作长达一年的录像。

7.1 利润表

表 7.1 是一张简单的利润表示例，年度为 $t = 2015$。[1] 对于同一企业，表 7.2 列举了 2014 年年末和 2015 年年末这两个日期的资产负债表。而这两个日期是表 7.1 利润表对应时期，即 $t = 2015$ 年度的"开头"和"结尾"。

从更高的角度看，**利润表**用收入减去成本计算企业的利润。具体而言，主营业务成本是生产成本，而销售、一般和管理费用等是非生产成本。折旧与摊销是固定资产

---
*本书中所有财务报表均遵循美国通用会计准则（General Accepted Accounting Principles，GAAP），与中国现行企业会计准则有所区别。——译者注

[1] 此后所有图表的单位均为千美元。

原值随时间"抵减"带来的非现金会计科目。[2] 注意，利润表中的 $D\&A_{2015}$（3 998 美元）将两张相应的资产负债表联系在一起，即累计折旧$_{2015}$− 累计折旧$_{2014}$ = 11 528 美元 − 7 530 美元 = 3 998 美元 = $D\&A_{2015}$。

表 7.1 利润表 （单位：千美元）

利润表科目	2015 年
主营业务收入（NS*）	215 600
主营业务成本（COGS*）	129 364
毛利润（GP*）	86 236
销售、一般和管理费用（SGA*）	45 722
广告费用	14 258
折旧与摊销（D&A*）	3 998
维修与维护费	3 015
息税前利润（EBIT**）	19 243
其他收入（成本）	
利息收入（II*）	422
利息费用（IE*）	(2 585)
税前利润（EBT***）	17 080
所得税	7 686
净利润（NI*）	9 394
基本每股收益	1.96
稀释每股收益	1.93

* NS 英文全称为 net sales；COGS 英文全称为 cost of goods sold；GP 英文全称为 gross profit；SGA 英文全称为 selling, general and administration；D&A 英文全称为 depreciation or amortization；II 英文全称为 interest income；IE 英文全称为 interest expense；NI 英文全称为 net income。
** EBIT 英文全称为 earnings before interest income (expenses) and taxes。
*** EBT 英文全称为 earnings before taxes。

息税前利润是收入减去经营成本（主营业务成本，销售、一般和管理费用，广告费用，折旧与摊销，维修与维护）后余下的部分。从会计角度来看，息税前利润可以用于支付税金和回报金融资本提供者。息税前利润首先用于支付给债权人；其次，结算税金并支付给政府；最后，所有结余属于企业的所有者，即股东们。

债权人收到利息，即本金回报。只有在支付了利息以后，企业才能结算税金。因此，允许企业在计算应税收入前抵扣利息，相当于税务机关承认付给债权人的利息是一种合法的商业成本。（利息的支付不是随意的；它们代表着一种法律义务。[3]）

---

[2] 如果企业在购入固定资产当年将这一大笔投资款项费用化，就可以大幅降低应税收入。然而，税务机关要求企业按照与资产的使用年限和用途一致的方法来逐步"抵减"这笔投资。
[3] 毕竟，无法支付利息会最终导致企业破产并将企业的控制权从股东处转移给债权人。

表 7.2 资产负债表 （单位：千美元）

资产负债表科目	2015/12/31	2014/12/31
资产 (A*)		
流动资产 (CA*)		
现金	4 061	2 382
可交易证券 (MS*)	5 272	8 004
应收账款 **	8 960	8 350
存货	47 041	36 769
预付款项	512	759
流动资产合计	65 846	56 264
房屋、厂房与设备		
土地	811	811
建筑物与租入物维修	18 273	11 928
设备	21 523	13 768
固定净产原值	40 607	26 507
减：累计折旧与摊销	11 528	7 530
固定资产净值	29 079	18 977
其他资产	373	668
资产总计	95 298	75 909
负债与所有者权益		
流动负债 (CL*)		
应付账款 (AP*)	14 294	7 591
应付票据 (NP*)	5 614	6 012
一年内到期的长期债券 (CM*)	1 884	1 516
其他应付款	5 669	5 313
流动负债合计	27 461	20 432
递延所得税负债 (DIT*)	843	635
长期负债 (LTD*)	21 059	16 975
负债总计	49 363	38 042
所有者权益		
普通股（面值 1 美元）***	4 803	4 594
资本公积	957	910
留存收益 (RE*)	40 175	32 363
所有者权益总计	45 935	37 867
负债与所有者权益总计	95 298	75 909

*A 英文全称为 asset；CA 英文全称为 current asset；MS 英文全称为 marketable securities；CL 英文全称为 current liabilities；AP 英文全称为 accounts payable；NP 英文全称为 notes payable；CM 英文全称为 current maturities；DIT 英文全称为 deferred income tax；LTD 英文全称为 long term debt；RE 英文全称为 retained earnings。
**已减去坏账准备。
***发行在外 10 000 000 股；2015 年发行 4 803 000 股；2014 年发行 4 594 000 股。

企业向股东支付现金股利，记作 d，这从会计角度看是来源于净利润。此后净利润余下的部分，$NI_t - d_t = RE_t - RE_{t-1} \equiv \Delta RE_t$，留存于企业作为留存收益（retained earnings，RE）。[4] 正如我们之前在利润表的折旧科目和相应资产负债表的累计折旧科目中看到的那样，我们再次看到一个利润表与资产负债表相关联的例子，即利润表的 NI_t 通过 $NI_t - d_t$ 影响资产负债表的 $RE_t - RE_{t-1}$。在我们的示例中，$\Delta RE_{2015} = 7\,812$ 美元 $= RE_{2015} - RE_{2014} = 40\,175$ 美元 $- 32\,363$ 美元，等于 $NI_{2015} - d_{2015} = 9\,394$ 美元 $- 1\,582$ 美元。

比值 $b_t \equiv \dfrac{\Delta RE_t}{NI_t}$ 称为**利润留存率**，是企业管理层代股东决定的、将一部分属于股东的净利润留存在企业的比例。在这个例子里，$b_{2015} = \dfrac{\Delta RE_{2015}}{NI_{2015}} = \dfrac{7\,812\text{美元}}{9\,394\text{美元}} = 83.2\%$。与之互补的部分称作**股利分配率**，即 $1 - b_{2015} = \dfrac{d_{2015}}{NI_{2015}} = \dfrac{1\,582}{9\,394} = 16.8\%$。最后，基本每股收益为 $\dfrac{\text{净利润}_t}{\text{发行在外股份数}_t} = \dfrac{NI_{2015}}{SO_{2015}} = \dfrac{9\,394\text{美元}}{4\,803} = 1.96$ 美元。

7.2 资产负债表

如之前所示，表 7.2 展示了两个日期（2014 年年末和 2015 年年末）的资产负债表。**资产负债表**说明了资金的来源和用途。由于募集到的每 1 美元资金（即资金来源）都必须记录（即资金的用途），资产负债表表达了负债与所有者权益（资金来源）和资产（资金用途）的等价性。由此，这种等价性引申出报表的名称：资产负债表。资产负债表的负债与所有者权益"一侧"可以认为是融资侧，因为它说明了资本从何处募集以购买资产。另外"一侧"列示着企业现有的资产，可以认为是资产负债表的"资本预算"侧，因为它说明了企业的购买或出售资产决策所带来的累积效应。资产负债表中的数值称为**账面价值**。

流动资产是预期一年内将被耗用的资产。流动负债是预期一年内将被支付的负债。**固定资产**不会在一年内耗用完，它们衍生出企业的产品和服务。固定资产原值（GPPE）是过去累计为现有固定资产支付的金额。累计折旧与摊销是固定资产原值过去累计抵减的金额。固定资产净值（NPPE）是固定资产原值减去累计折旧的差值，即 NPPE = GPPE − 累计 D&A。递延所得税来自企业的两套财务报表：给税务机关的报表和向现有及潜在相关方公开的报表。[5] 最后，**负债**以三种科目出现：应付票据、一年内到期的长期债务和长期债务。[6] 前两者——应付票据和一年内到期的长期债务是流动负债，而长期债务显然不是流动负债。

在**所有者权益**项下的四个科目中，两个科目（普通股和资本公积）代表着过去发

---

[4] 再一次地，所有关于（部分）净利润转移的讨论是基于会计视角，因为**净利润**不是一种现金流。

[5] 企业在报税时通常采用比公开财务报表中更激进的折旧方法，这能帮助企业通过将部分应交税费延后到未来某个未定时点以减少现时的应付税款，因此这种方法在公开的财务报表中产生了债务。

[6] 在长期债务到期前，企业通常根据债务条款每年偿还债务的一部分。这部分将在一年内被偿还的长期债务计入"一年内到期的长期债务"科目。长期债务余下的部分保留在"长期债务"科目。

行新股时企业股东累计投入的资金。[7] 这些是"直接"股权投资,因为股东用现金购买股票。与之相比,"间接"股权投资是企业管理层代表股东作出的增加留存收益,是企业派发现金股利后留存的利润。因此,留存收益是过去每年留存在企业的净利润总量。最后,当从一个资产负债表日到下一个资产负债表日时,所有者权益下的科目都不会减少。这在编制预测资产负债表时一定要特别注意。

7.3 现金流量表

继续我们的例子,表 7.3 展示了企业的现金流量表,时间为日历年 $t = 2015$,与表 7.1 的利润表相同,**现金流量表**的目的是揭示本年现金的来源与用途。[8] 简单地说,等式为

$$(cash_t + MS_t) - (cash_{t-1} + MS_{t-1}) = OCF_t + ICF_t + FiCF_t \tag{7-1}$$

其中,$cash$ 为现金,MS 为可交易证券,OCF、ICF 和 $FiCF$ 分别为经营现金流、投资现金流和融资现金流。资产负债表科目 $cash_t$ 和 MS_t 中的下标 t 指代年末。相对地,OCF_t、ICF_t 和 $FiCF_t$ 中的下标 t 指代年度,即从年末$_{t-1}$ 到年末$_t$ 的时间。

现金流量表是具有逻辑的:现金和可交易证券在年末$_{t-1}$ 到年末$_t$ 的变化等于在年度 t 内产生的净现金,由三种活动带来——经营、投资和融资。**经营现金流**(operating cash flow, OCF)是最重要的,因为它代表着核心业务活动带来的现金。从某种意义上说,它是企业能否持续经营的一个指标。总体上,它等于净利润(经非现金科目调整后)减去非现金、非可交易证券、非债券营运资本项目的变动。[9,10] 紧接着,**投资现金流**(investing cash flow, ICF)反映了投资活动,即固定资产原值的变化;购买固定资产会减少投资现金流,而出售固定资产会增加投资现金流。最后,**融资现金流**(financing cash flow, FiCF)反映了与债务和股权资本有关的活动。发行对未来现金流具有求偿权的证券能带来正融资现金流;相反,偿还证券(如回购发行在外的债券或

---

[7]对我们来说,这两个科目的区别并不重要。每份新发行股票的"面值"计入普通股,超过面值的缴存资金计入资本公积。本例中没有列举,库存股(treasury stock, TS)是所有者权益的负向科目,是企业过去回购本企业股票的累计总额。通过回购股票,企业可以减少发行在外股份数,并缩减总股权价值。与其他股权科目相同,库存股不会随着时间减少。

[8]由于可交易证券几乎像现金一样可流通,可交易证券与现金的总和称为"现金",正如在现金流量表中的处理方式。

[9]由于折旧与摊销是一个非现金科目,在计算经营现金流时应当将其冲回,即将折旧与摊销加回到净利润中以冲抵利润表中它被减去的步骤。此外,递延所得税负债是一个"非现金"负债科目,它纯粹是两套报表记账差异产生的。因此,相对于"税务报表","公众报表"列示了当期因递延所得税负债增加(或减少)导致的现金流产生(或减少),后续将会介绍。

[10]**净营运资本**(net working capital, NWC)等于流动资产减去流动负债,或 $NWC \equiv CA - CL$。于是,$\Delta NWC = \Delta(CA - CL) = \Delta CA - \Delta CL = (CA_t - CA_{t-1}) - (CL_t - CL_{t-1}) = (CA_t - CL_t) - (CA_{t-1} - CL_{t-1})$。因此,$\Delta$(非现金、非可交易证券、非债券营运资本)不包括 Δ 现金、ΔMS、ΔNP 和 ΔCM,其中后两者为 Δ 非债券类科目。

股票）都需要现金，会减少融资现金流。向股东支付现金股利也需要现金，即减少融资现金流。

表 7.3 现金流量表 （单位：千美元）

现金流量表项目	2015 年
经营现金流相关活动	
净利润（NI*）	9 394
净利润的非现金调整项	
折旧与摊销（D&A*）	3 998
递延所得税（DIT*）	208
营运资金提供的现金	
应收账款	(610)
存货	(10 272)
预付款项	247
应付账款	6 703
其他应付款	356
经营活动现金流（OCF*）	10 024
投资现金流相关活动	
新增固定资产：PPE	(14 100)
其他投资活动	295
投资现金流（ICF*）	(13 805)
融资现金流相关活动	
发行普通股	256
增加（减少）短期债务**	(30)
增加长期债务	5 600
减少短期债务	(1 516)
支付股利（d*）	(1 582)
融资现金流（FiCF*）	2 728
增加（减少）的现金和可交易证券	(1 053)
现金/可交易证券：年初	10 386
现金/可交易证券：年末	9 333

*NI 英文全称为 net income；D&A 英文全称为 depreciation & amortization；DIT 英文全称为 deferred income tax；OCF 英文全称为 operating cash flow；ICF 英文全称为 investment cash flow；d 英文全称为 dividend；FiCF 英文全称为 financing cash flow。

**包括了一年内到期的长期债务和应付票据的变化量，即 $\Delta(CM+NP)$。

例如，按现行资本回报率回馈投资者需要现金，因此对企业而言是一种现金流出。然而，请注意依法向债权人支付利息和自行决定向股东支付股利的区别。由于前者是一种法定的合同义务，按照逻辑，它作为一种合法的商业成本反映在经营现金流内。简要地说，利息支出会减少经营现金流的核心项目——净利润。与此形成鲜明对比的是，股利不是一种义务，它只是企业股东资本金可能的而不是一定的回报。因此，股东的股利自然是融资现金流的一部分，而给债权人的利息支出则不被认为是融资现金流的一部分，而被认为是减少了经营现金流。

我们之前提到了资产负债表科目（存量）和利润表科目（流量）的重要区别。利润表科目对现金流自然有影响，因为利润表和现金流量表都包含流量。从逻辑上说，在现金流量表中，来自利润表的收入会增加现金流，而来自利润表的费用会减少现金流。然而，资产负债表对现金流量的影响十分微妙，因为**资产负债表**不是流量。因此，只有资产负债表科目的变化才会影响现金流。具体而言，资产科目增加需要现金，而负债或权益项目增加则产生现金流。前者显而易见；购买资产，即资产项目增加，需要现金。然而，负债项目增加的影响并不那么直截了当。如果负债按年增加（或减少），那么企业就增加（或减少）了欠相应"债权人"的金额。增加意味着企业从债权人口袋中掏出了更多，如企业留存了更多现金。类似地，债务总量减少说明企业欠债权人更少，如企业用现金偿还了债务，所以它欠债权人的钱比以前更少。总体而言，在其他条件不变的情况下，债务增加（或减少）能增加（或减少）现金流。[11]

从深层次看，由于资产负债表项目是存量而利润表项目是流量，它们有不同的量纲，因此我们不能把这两种财务报表的项目直接相加或相减，正如"苹果和橙子"一样不可直接类比。但是，通过把相邻两期的资产负债表项目间的差额除以两期的时间差可以让它们"看起来像"利润表中那样的流量。简单地说，$\frac{BS_t - BS_{t-1}}{t-(t-1)} = \frac{\Delta BS_t}{1} = \Delta BS_t$ 像是一种流量，与利润表项目代表的在年末$_{t-1}$和年末$_t$之间的变化一致。[12] 因此，所有现金流量表的项目要么是利润表项目，要么是资产负债表项目的差额。

7.4 自由现金流与自由股权现金流

有一种相对估值指标是 $\frac{P}{CF}$，我们需要计算现金流。在基于企业内在价值的绝对估值法中，我们把现金流按照风险性及其相应的回报率折现。因此，在这两大类估值模型中，我们需要核算现金流。

至少有两种企业估值模型是由自由现金流折现计算得到的，而**自由现金流**（free cash flow, FCF）为：[13]

$$FCF_t = OCF_t + IE_t(1-T^C) \underbrace{-\Delta(\text{毛 } GPPE_t + \text{其他资产}_t)}_{\equiv ICF_t}$$
$$= OCF_t + IE_t(1-T^C) + ICF_t$$

---

[11]同理，权益账户的增加（或减少）会导致现金流入（或流出）。

[12]我们把 $BS_t - BS_{t-1}$ 记为 ΔBS_t。请记得，资产负债表项目的下标代表日期t。但当我们求差的时候，ΔBS_t 中的 t 指代时间段 t（按年），它始于年末$_{t-1}$，相应的资产负债表日是 $t-1$，结束于年末$_t$，相应的资产负债表日是 t。

[13]再次说明，NP 是应付票据，CM 是一年内到期的长期债券，因此非债券 $CL_t = CL_t - NP_t - CM_t$。

$$= NI_t + IE_t(1-T^C) \underbrace{-\Delta(GPPE_t + OA_t)}_{\Delta(GPPE+OA)=-ICF} + \underbrace{D\&A_t + \Delta DIT_t}_{\text{非现金科目}}$$
$$\underbrace{-\Delta(\text{非现金、非可交易证券类}CA_t - \text{非债券类}CL_t)}_{\Delta \text{ 净经营资本,不包括现金、可交易证券、NP、CM}} \tag{7-2}$$

其中,$T^C = \dfrac{\text{所得税}_t}{\text{税前利润}_t}$ 是企业所得税税率,$GPPE_t$ 为第 t 年的固定资产原值,$\Delta(GPPE_t + OA_t) \equiv \Delta(\text{固定资产原值}_t + \text{其他资产}_t) = -ICF$,$OA_t$ 为第 t 年的其他资产。在最终的表达式中,FCF 的核心是利润表科目中税后"能够"分别分配给股东和债权人的数额。

如之前在讨论投资现金流(自由现金流的组成部分)时提到的那样,购买(或出售)固定资产消耗(或产生)现金。然后,在计算自由现金流时,我们必须抵消两种非现金科目。第一是折旧与摊销,它在计算净利润的过程中被减去,因此必须加回才能得到现金流。第二是来自两套平行记账规则的 $\Delta DIT_t = DIT_t - DIT_{t-1}$ 的正值(或负值),必须加入自由现金流的计算中。最后,流动负债(或资产)的增加会产生(或消耗)现金。[14]

我们在企业价值和股权价值的绝对估值模型里会用到两种不同的现金流。为了集中注意力,我们定义 $\phi_t \equiv -\Delta(GPPE_t + OA_t) + (D\&A_t + \Delta DIT_t) - \Delta(\text{非现金、非可交易证券类}CA_t - \text{非债券类}CL_t)$,即表达式 (7-2) 中最后一个等号后有下括号的三部分之和。[15]

请回忆一下,在利润表中,有[16]

$$NI_t = (EBIT_t - IE_t + II_t)(1 - T^C) \tag{7-3}$$

因此,定义 ϕ_t 和表达式 (7-3),有

$$FCF_t = \underbrace{NI_t + IE_t(1-T^C)}_{\text{会计科目:"能够"付给持券人}} + \phi_t$$
$$= \underbrace{(EBIT_t + II_t)(1-T^C)}_{\text{会计科目:理论上,如果企业没有债务,"能够"付给股东}} + \phi_t \tag{7-4}$$

其中,表达式 (7-4) 中的两个等式都是从企业的角度,让我们能够从两个完全不同的角度解读自由现金流,而且都能够发现企业整体价值和股权价值。自由现金流是:

---

[14] 在计算自由现金流时,我们排除了现金、可交易证券、流动负债(应付票据和一年内到期长期债务)的差额。后两者应予以排除,因为 ΔNP 和 ΔCM 是对融资现金流的贡献,而不是对投资现金流或经营现金流的贡献。

[15] 在表达式 (7-2) 的最后一个等号后,ϕ_t 代表 FCF_t 经它调整后表明会计师"能够"分配给证券持有人的税后金额:NI_t 分配给股东,而 $IE_t(1-T^C)$ 分配给债权人。

[16] 应税收入为 $EBT_t = EBIT_t - IE_t + II_t$,因此 $Tax_t = (EBIT_t - IE_t + II_t)T^C$,符合 $NI_t = EBT_t - Tax_t$。回忆一下,IE_t 是支付给债权人的利息费用,而 II_t 是来自可交易证券的利息收入。

- 能够支付给全部持券人（股东和债权人）的税后现金流；
- 理论上，如果企业没有债务，能够支付给股东的现金流。

上面第一点指的是表达式 (7-4) 的第一行，此处自由现金流等于净利润（属于股东）加上 $IE(1-T^C)$（属于债权人）加上调整项 ϕ。因此，如果使用考虑了能够支付给所有投资者（包括债权人和股东）的现金流"平均"风险程度的回报率对现金流进行折现，我们就可以得到整个企业（即本企业）的内在价值。[17]

第二点指的是表达式 (7-4) 的第二行，如果企业没有债务，$EBIT+II$ 就等于 EBT，此时利息费用等于零。这是企业没有债务的话，理论上能够分配给企业股东的现金流。因此，如果使用股东在假设企业没有债务时所要求的折现率对现金流进行折现，我们就可以得到整个无杠杆企业（没有负债的企业）理论上的内在价值。对于这个理论值，我们可以加上债务融资效应带来的价值变化以得到真实的企业内在价值。

在结束对自由现金流的讨论前，请注意，学生们常常忘记自由现金流是一个唯一值。根据表达式 (7-2) 和表达式 (7-4)，不同的方法可以求出同一个 FCF 值，即自由现金流有且只有一个。自由现金流不会有两个（或两个以上）的值，但会有两种解读方式；而且，自由现金流的第二种解读方式不是一个假设的现金流，而是一个有两种解释的真实数据，其中一种解释是基于假设的。

继续我们举的例子，FCF_{2015} 在表达式 (7-2) 第一行中的 FCF_{2015} 是 $OCF_{2015} + IE_{2015}(1-T^C) - \Delta(GPPE_{2015} + OA_{2015}) = 10\,024 + 2\,585(1 - \frac{7\,686}{17\,080}) - [(40\,607 - 26\,507) + (373 - 668)] = -2\,359$ 美元。[18]

由于自由现金流可以理解为支付给所有证券持有者的现金流，因此我们可以将支付给股东的现金流理解为自由现金流减去支付给债权人的现金流。为了把可以支付给股东的现金流和给债权人的现金流分离，我们引入 **净税后债权现金流**，即 $CF_t^D \equiv IE_t(1-T^C) - \Delta TD_t$，此处 $\Delta TD_t \equiv TD_t - TD_{t-1}$ 是 t 年度债券负债的增加额。再深入地看，根据资产负债表的三个债券类相关科目，有

$$\Delta TD_t \equiv TD_t - TD_{t-1} = \Delta(NP_t + CM_t + LTD_t) \tag{7-5}$$

其中，应付票据（NP）和一年内到期的长期债券（CM）为流动负债。由 $CF_t^D \equiv IE_t(1-T^C) - \Delta TD_t$，有

$$CF_t^D = IE_t(1-T^C) - \Delta(NP_t + CM_t + LTD_t) \tag{7-6}$$

延续我们的例子，由表达式 (7-5)，有 $\Delta TD_{2015} = (5\,614 - 6\,012) + (1\,884 - 1\,516) +$

---

[17]实际上，这个结果被称为企业价值，我们后续会讨论。

[18]本年的企业所得税税率为 $T^C = \frac{Tax_{2015}}{EBT_{2015}} = \frac{7\,686}{17\,080} = 45\%$。为了确认这一点，根据表达式 (7-4) 的第一行，有 $FCF_{2015} = NI_{2015} + IE_{2015}(1-T^C) + \phi_{2015} = 9\,394 + 2\,585(1-45\%) + (-13\,175) = -2\,359$ 美元；根据表达式 (7-4) 的第二行，有 $(EBIT_{2015} + II_{2015})(1-T^C) + \phi_{2015} = (19\,243 + 422)(1-45\%) + (-13\,175) = -2\,359$ 美元。

$(21\,059 - 16\,975) = 4\,054$ 美元。因此由表达式 (7-6)，有 $CF_{2015}^{D} = 2\,585 \times (1 - \dfrac{7\,686}{17\,080}) - 4\,054 = -2\,632$ 美元。

既然我们已经将可以支付给债权人的税后现金流记为 CF_t^D，把它从自由现金流中减去就得到**股权现金流**（FCFE），即[19]

$$\begin{aligned}
FCFE_t &= \{FCF_t\} - [CF_t^D] \\
&= \{FCF_t\} - [IE_t(1-T^C) - \Delta TD_t] \\
&= NI_t + \Delta TD_t + \phi_t \\
&= OCF_t + \Delta TD_t - \Delta(GPPE_t + OA_t) \\
&= OCF_t + ICF_t + \Delta TD_t
\end{aligned} \qquad (7\text{-}7)$$

延续我们的例子，由表达式 (7-7)，有 $FCFE_{2015} = FCF_{2015} - CF_{2015}^D = -2\,359 - (-2\,632) = 273$ 美元。[20]

股权现金流从某种意义上说可以派发给企业股东，是从股权现金流的来源（产生现金流的活动）计算得来的，这在表达式 (7-7) 的结构中尤其是该式最后一行可以明显看出。因此，它应当等于付给股东的现金流。简单地说，股权现金流的流入必须等于股权现金流的流出。正如我们在现金流量表这个更大层面上所做的，我们也可以对股权现金流对账。粗略地说，股权现金流的耗用等于**全股权现金流**（total equity cash flow，TECF），即

$$TECF_t = Dividends_t + EqI_t - EqR_t = \Delta TD_t - FiCF_t \qquad (7\text{-}8)$$

其中，EqI_t（EqR_t）是 t 期内通过股票发行（或回购股票，即归入库存股）的金额。因此[21]

$$FCFE_t - TECF_t = \Delta(cash_t + MS_t) \qquad (7\text{-}9)$$

有些业界人士更喜欢在利用现金流折现法计算股权价值时用全股权现金流折现，而不是用股权现金流折现。最后，请记住，资产负债表展示的是资金来源（负债和所有者权益）和用途（资产）的累计。类似地，股权现金流指的是股权现金流的来源，而全股权现金流指的是股权现金流的用途，并排除了现金与可交易证券的净增加。但是，两者的区别在于资产负债表项目是存量，因此资产和负债及所有者权益的等价关系存在于历史累计值中。相比之下，全股权现金流和股权现金流是流量，其大小取决于所选取的时间区间。

---

[19] 第三行能从第二行代入 $FCF_t = NI_t + IE_t(1-T^C) + \phi_t$ 得到。

[20] 用表达式 (7-7) 对此进行验证，$FCFE_{2015} = -2\,359 - [2\,585(1-45\%) - 4\,054] = 9\,394 + 4\,054 + (-13\,175) = 10\,024 + 4\,054 - [(40\,607 - 26\,507) + (373 - 668)] = 10\,024 + (-13\,805) + 4\,054$。

[21] 由 $FCFE_t = OCF_t + ICF_t + \Delta TD_t$，根据现金流量表，有 $FCFE_t - TECF_t = OCF_t + ICF_t + \Delta TD_t - [\Delta TD_t - FiCF_t] = OCF_t + ICF_t + FiCF_t = \Delta(cash_t + MS_t)$。

本章小结

在本章中,我们回顾了三类财务报表:利润表、资产负债表和现金流量表。利润表显示了作为收入与支出之差的净利润/亏损。资产负债表显示了资本来源(负债与所有者权益表示的融资侧)必须等于或"平衡"资本的使用(所有资产表示的资本预算侧)。现金流量表将连续两个报告期的资产负债表的现金和有价证券的变化等于企业经营、投资与融资这三项活动产生的现金。考虑到在计算内在价值时按贴现率折现现金流的需要,本章还界定了若干现金流的概念,如自由现金流、自由股权现金流等。

习题

本章习题的基础资料见表 7.4 和表 7.5。

1. 请填写利润表中缺失的数据。

表 7.4 利润表 (单位:千美元)

利润表科目	2015 年
主营业务收入	198 000
业务成本	111 000
毛利润	xx xxx
销售、一般及管理费用	38 000
广告费用	16 500
折旧与摊销	3 000
维修与维护	2 000
经营利润 (EBIT*)	xx xxx
其他收入(成本)	
利息收入	500
利息费用	(2 000)
税前利润 (EBT**)	xx xxx
所得税	6 000
净利润	x xxx
基本每股收益	z.zz
稀释每股收益	z.zz

*EBIT 英文全称为 earnings before interest income (expenses) and taxes。
**EBT 英文全称为 earnings before taxes (在计入利息收入或费用后)。
2015 年发放了 3 300 美元的现金分红。

表 7.5 资产负债表 （单位：千美元）

资产负债表科目	2015/12/31	2014/12/31
资产		
流动资产		
现金	2 500	2 000
可交易证券	12 700	8 000
应收账款*	8 000	8 000
存货	47 000	36 000
预付款项	500	700
流动资产总计	xx xxx	xx xxx
房屋、厂房与设备		
土地	800	800
建筑物与租入物维修	18 000	11 000
设备	21 000	13 000
固定资产原值	xx xxx	xx xxx
减：累计折旧与摊销	10 000	7 000
固定资产净值	xx xxx	xx xxx
其他资产	800	600
总资产	xx xxx	xx xxx
负债与所有者权益		
流动负债		
应付账款	14 000	7 000
应付票据	5 000	6 000
一年内到期的长期债券	2 000	1 000
其他应付款	5 000	6 000
流动负债总计	xx xxx	xx xxx
递延所得税负债	800	600
长期负债	21 000	16 000
总负债	xx xxx	xx xxx
所有者权益		
普通股，面值 1 美元**	4 800	4 500
资本公积	900	700
留存收益	52 800	36 100
减：库存股	5 000	4 800
所有者权益总计	xx xxx	xx xxx
负债与所有者权益总计	xx xxx	xx xxx

*已减去坏账。
**发行在外 10 000 000 股；2015 年发行 4 800 000 股；2014 年发行 4 500 000 股；2015 年稀释后总股份发行量为 4 867 000 股；2015 年 12 月 31 日的股价为每股 10.00 美元。

2. 请填写资产负债表中缺失的数据。
3. 该企业 2015 年的利润留存率是多少?
4. 该企业 2015 年的股利分配率是多少?
5. 完成该企业 2015 年的现金流量表。
6. 该企业 2015 年的自由现金流是多少?
7. 该企业 2015 年的自由股权现金流是多少?
8. 该企业 2015 年的全股权现金流是多少?

第 8 章
财务报表分析与相对估值

在第 7 章，我们简单回顾了三大财务报表：利润表、资产负债表和现金流量表。在此基础上，本章讨论财务比率并利用它们分析企业的财务状况与企业价值。这些财务比率在以下方面各有侧重：同比财务报表、内部流动性、营运效率与营运利润、杠杆财务风险、偿债财务风险、营运风险和外部流动性等。随后我们还会讨论利用财务比率对企业股权进行相对估值。

利用财务比率分析企业状况既是一门艺术，又是一门科学。计算出大量的财务比率并不代表能做好企业分析，关键在于寻找异常情况。同一行业内企业通常面临相似的风险和机遇。因此，在其他条件基本相同的情况下，假设各家企业运营状况理想，同一行业内不同企业的财务报表应当互相成比例。无论你是企业经理、股票投资者还是证券分析师，异常情况都应当是你关注的焦点。如果一家企业的某个指标远远高于或远远低于同行业企业，你就应当深入研究其背后的原因。通常情况下，异常情况说明企业存在问题；然而，它也可能反映企业存在某种比较优势。更复杂的是，许多财务比率存在内部最优值。如果某个财务比率单调地越高越好或越低越好，那么企业间的比较就会非常简单。然而，当财务比率存在最优值时，出现异常值就意味着企业可能存在问题。虽然本章主要关注同类企业间的比较，但财务报表分析也可以用于企业自身与过去的对比，从中可以发现企业财务状况或企业价值是如何随时间变化的。

8.1 同比财务报表

同比财务报表将利润表和资产负债表科目转化为比值，从而实现报表间的横向比较。我们不能直接比较两张销售收入不同的利润表。例如，如果 A 企业的销售收入是 B 企业的 10 倍，那么 A 企业利润表上的所有科目会远远大于 B 企业的相应科目,因此直接比较两者的利润表是没有意义的。同样,如果 A 企业的资产规模是 B 企业的 10 倍,那么 A 企业资产负债表的所有科目会远远大于 B 企业的相应科目,因此直接比较两者的资产负债表也没有意义。为了得到"苹果与苹果"之间的比较,我们把财务报表的每个科目都除以表中最大的数值,使每个科目都转化为小于 1 的比值。因此,利润表中的每个科目都除以销售收入,资产负债表中的每个科目都除以总资产。我们继续使用第 7 章中的财务报表。先来看看**同比利润表**(见表 8.1)。[1] 总体上,在其他条件相同的前提下,似乎 $\frac{生产成本}{销售收入}$ 越小,企业的生产过程越有效率。然而,假设企业的 $\frac{生产成本}{销售收入}$ 显著低于行业水平,或者显著低于企业的历史值。在这两种情况下,你都应该探究其背后的原因。如果你收集到的证据表明企业的生产技术优于行业水平,从而降低了成本,那么这个较低的比值就说明企业具有额外的价值。然而,相对较低的生产成本也可能说明企业在财务上捉襟见肘。这种情况下,产品质量问题将浮出水面。

表 8.1 同比利润表 (单位:%)

利润表科目	2015 年
销售收入	100.0
生产成本	60.0
毛利润	40.0
销售、一般和管理费用	21.2
广告费用	6.6
折旧与摊销	1.9
维修与维护费用	1.4
经营利润(EBIT*)	8.9
其他收入(或费用)	
利息收入	0.2
利息费用	(1.2)
税前利润(EBT**)	7.9
所得税	3.6
净利润	4.4

*EBIT 指息税前利润,也叫经营利润。
**EBT 指税前利润(考虑利息收入或利息费用之后)

较高的 $\frac{销售、一般和管理费用}{销售收入}$ 或 $\frac{广告费用}{销售收入}$ 可能源自新产品强劲的销售或广告活动,代表着大笔投资可能带来令人满意的预期回报。然而,它也可能表明企业无力控制非生产成本。升高或降低的 $\frac{利息费用}{销售收入}$ 可能警示企业在资本结构中使用了过多或过少的债务。

---

[1] 再次强调,我们既可以在企业之间横向比较,也可以和企业自身的历史报表进行纵向比较。

对于同一企业，**同比资产负债表**如表 8.2 所示。

表 8.2　同比资产负债表　　　　　　　　　　（单位：%）

资产负债表科目	2015/12/31	14/12/31
资产		
流动资产		
现金	4.3	3.1
可交易证券	5.5	10.5
应收账款*	9.4	11.0
存货	49.4	48.4
预付账款	0.5	1.0
总流动资产	69.1	74.1
房屋、厂房与设备		
土地	0.9	1.1
建筑物与租入物维修	19.2	15.7
设备	22.6	18.1
固定资产原值	42.6	34.9
减：累计折旧与摊销	12.1	9.9
固定资产净值	30.5	25.0
其他资产	0.4	0.9
总资产	100.0	100.0
负债与所有者权益		
流动负债		
应付账款	15.0	10.0
应付票据	5.9	7.9
一年内到期的长期负债	2.0	2.0
其他应付款	5.9	7.0
总流动负债	28.8	26.9
递延所得税	0.9	0.8
长期债务	22.1	22.4
总负债	51.8	50.1
所有者权益		
普通股，面值 1 美元**	5.0	6.1
资本公积	1.0	1.2
留存收益	42.2	42.6
总所有者权益	48.2	49.9
总负债及所有者权益	100.0	100.0

*已减去坏账准备。
**已发行 10 000 000 股；2015 年发行 4 803 000 股；2014 年发行 4 594 000 股。

较高的 $\frac{现金}{总资产}$ 和（或）$\frac{可交易证券}{总资产}$ 可能说明企业对资本利用的低效，因为现金和可交易证券的投资收益率一般远远低于投资者尤其是长期投资者的要求；而过低的 $\frac{现金}{总资产}$ 和 $\frac{可交易证券}{总资产}$ 则可能说明企业存在现金流问题。过高的 $\frac{应收账款}{总资产}$、$\frac{存货}{总资产}$

或 $\frac{\text{预付账款}}{\text{总资产}}$ 同样说明企业对资本利用的低效，因为它们吸走了资金。这三大比率过低的话，可能说明企业难以将营运资本维持在合理水平。例如，较低的 $\frac{\text{应收账款}}{\text{总资产}}$ 可能说明企业的信用期政策与同业相比并没有竞争力。如果企业要求客户支付账款的时间比同业短，如 30 天相比于 45 天，那么它就可能失去一部分客户，导致竞争劣势。较低的 $\frac{\text{存货}}{\text{总资产}}$ 可能说明企业发货的时间更长，同样成为竞争劣势。另一方面，企业的竞争优势可能来自较低的流动资产水平。例如，企业在账单条款谈判中具有优势时，$\frac{\text{应收账款}}{\text{总资产}}$ 较低。[2] 再举一个例子，具有更强谈判力的企业，其 $\frac{\text{存货}}{\text{总资产}}$ 更低，因为企业可以要求供应商在不付款的前提下为其预留原材料。再次强调，财务分析的目的是找出异常指标并分析其背后的原因。

流动负债比值 $\frac{\text{应付账款}}{\text{总资产}}$ 和 $\frac{\text{其他应付款}}{\text{总资产}}$ 较高，说明企业可能存在现金流问题（如无法准时支付账单）或竞争优势（如利用谈判优势增加了信用期融资）。长期债务融资比值（如 $\frac{\text{长期负债}}{\text{总资产}}$）较高会带来财务风险。当然，现金流良好的企业可以承受较高的债务水平。

8.2 内部流动性指标

内部流动性指标试图反映企业偿付到期债务的能力。一个关键的概念是**净营运资本**（net working capital，NWC），有 $NWC_t \equiv CA_t - CL_t$。企业需要足够的净营运资本以及时支付日常账单。[3] 内部流动性指标如表 8.3 所示。

流动比率、速动比率或现金比率越高，在所背负的流动负债到期时，企业就可以越轻松地应对。然而，这些比率过高说明企业并未有效地利用手上的营运资本，因为它们的回报远远低于投资者的要求。

这三种比率的分母都是流动负债。从各自的分子来看，它们依次越来越保守，因为流动性较低的资产不断地从分子上减去。流动比率的分子包含全部流动资产。速动比率则不能通过清算预付账款来偿付负债，还排除了存货，因为企业可能需要很长的时间才能把目前手上的存货以市场价格全部卖出。[4] 此外，大部分企业总是有一部分存货出于存在质量问题或不适应市场需求等原因几乎已经没有市场价值。最保

---

[2] 生产优质产品的市场领先者对潜在用户的吸引力较大。相对于同业而言，这样的企业在与供应商谈判时具有更强的谈判力。

[3] 正如我们之前学习现金流时提到的那样，除了现金和可交易证券，净营运资本的增减变化为 $\Delta NWC_t = \Delta(CA_t - CL_t) = \Delta CA_t - \Delta CL_t = (CA_t - CL_t) - (CA_{t-1} - CL_{t-1}) = (CA_t - CA_{t-1}) - (CL_t - CL_{t-1})$，这会消耗或产生现金流。

[4] 即使可以很快地清仓手上的存货，企业也可能不得不对价格大打折扣，这就是存货缺乏流动性带来的成本。

守的现金比率还进一步排除了应收账款。大部分企业都会有一些坏账,即一些客户出于各种各样的原因最终不会偿付其赊购账目。

表 8.3 内部流动性指标

指标	表达式	计算	结果
流动比率	$\dfrac{CA}{CL}$	$\dfrac{65\ 846}{27\ 461}$	2.40
速动比率*	$\dfrac{\text{现金}+MS+AR}{CL}$	$\dfrac{18\ 293}{27\ 461}$	0.67
现金比率	$\dfrac{\text{现金}+MS}{CL}$	$\dfrac{9\ 333}{27\ 461}$	0.34
现金流流动比率	$\dfrac{\text{现金}+MS+OCF}{CL}$	$\dfrac{19\ 357}{27\ 461}$	0.70
应收账款周转率($\dfrac{\text{次}}{\text{年}}$)	$\dfrac{NS}{\text{平均应收账款}}$	$\dfrac{215\ 600}{8\ 655}$	24.9
存货周转率($\dfrac{\text{次}}{\text{年}}$)	$\dfrac{COGS}{\text{平均存货}}$	$\dfrac{129\ 364}{41\ 905}$	3.09
应付账款周转率($\dfrac{\text{次}}{\text{年}}$)	$\dfrac{COGS}{\text{平均应付账款}}$	$\dfrac{129\ 364}{10\ 942.5}$	11.8
应收账款周转天数(DAR)	$\dfrac{365}{\text{应收账款周转率}}$	$\dfrac{365}{24.9}$	14.7
存货周转天数(DI)	$\dfrac{365}{\text{存货周转率}}$	$\dfrac{365}{3.1}$	118.2
应付账款周转天数(DAP)	$\dfrac{365}{\text{应付账款周转率}}$	$\dfrac{365}{11.8}$	30.9
现金循环周期(CCC)	$DAR+DI-DAP$	$15+118-31$	102.0

*速动比率也称"酸性测试比率"。
CA:流动资产;CL:流动负债;MS:可交易证券;AR:应收账款;OCF:经营性现金流;NS:销售收入;$COGS$:生产成本。

周转率表明企业对资产负债表项目的运用效率。周转率的形式为 $\dfrac{\text{利润表项目}(\text{美元}/\text{年})}{\text{资本负债表项目平均值}(\text{美元})}$,它的单位为 $\dfrac{1}{\text{年}}$。[5] 它代表了一种频率,通常形式为 $\dfrac{\text{周期数}}{\text{年}}$。然而我们一般不使用 $\dfrac{\text{周期数}}{\text{年}}$,而使用 $\dfrac{\text{周转次数}}{\text{年}}$,这可以说明资产负债表项目在一年内"周转"了多少次。[6] 至于分母,对连续两个年末(实际为期初和期末)资产负债表项目求均值的意义在于,利润表表达的期间是这两个日期(即年末$_t$与年末$_{t-1}$)之间的时间。

从比较静态分析来看,给定利润表项目,资产负债表项目的数值越小,计算得到的比率越大;而资产负债表项目的数值越大,计算得到的比率越小。对于资产负债表项目,如果是资产项目,周转率越大,企业对它的使用强度越大;如果是负债项目,

---

[5] 资本负债表项目平均值 $= \dfrac{\text{资产负债表项目}_t + \text{资产负债表项目}_{t-1}}{2}$。

[6] 例如,存货周转次数 $\dfrac{COGS}{Inv}=12$ 说明存货一年内"周转"了12次。与年度主营业务成本相比,存货停留在企业的时间为 $\dfrac{365}{12}=30.4$ 天。后者为"存货周转天数",我们稍后会讨论。

周转率越大，则使用强度越小。对于某个资产项目，更高的周转率说明企业使用资产更有效率。然而，过高的资产周转率说明企业该项资产的总额过小，可能存在现金流问题，以至于影响企业竞争力。[7] 相反，更低的负债周转率说明企业使用负债更有效率。然而，过低的负债周转率平说明企业负债水平过高，可能存在现金流问题，以至于影响企业竞争力。[8]

我们现在研究各个内部流动性周转比率。当企业收到某条应收账款记录所对应的账款时，该条应收账款记录被消去并最终归入销售收入。因此，对于应收账款周转率，我们用 NS_t 除以平均 AR_t（平均 $AR_t = \frac{AR_{t-1} + AR_t}{2}$）。应收账款与收入相关，而存货和应付账款与成本相关。在销售商品时，商品的成本从存货科目转出并最终反映在下一期利润表的主营业务成本科目中。类似地，在转出应付账款时，这些账目最终反映在下一期利润表的主营业务成本科目中。简而言之，存货和应收账款都是资产科目，而应付账款是负债科目。如前所述，在其他条件相同的情况下，较高的应收账款周转率和存货周转率则说明企业利用流动资产的效率较高，而较高的应付账款周转率说明企业利用流动负债的效率较低。然而，特别高或特别低的比率都说明存在问题。

三种"周转天数"指标传达的信息和刚才讨论的三种周转率完全相同，但更为直观。根据表 8.3，平均而言，企业从客户处收回赊购款项需要 14.7 天，产品完成生产到售出需要 118.2 天，而企业支付供应商的信用期为 30.9 天。最后，现金循环周期（cash conversion cycle, CCC）衡量企业通过应收账款和存货补充营运资本所需的时间。在其他条件相同的前提下，现金循环周期越短，企业使用营运资本的效率越高。[9] 原理是：当企业从供应商处获得原材料时，两条"时间线"同时启动，如图 8.1 所示。第一条时间线记录企业从购买产品的顾客处收到赊购款项所需的时间。第二条时间线则计算企业向供应商付款所需的实际时间。因此，第一条时间线记录现金的流入，第二

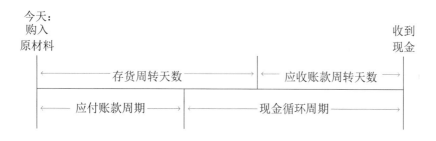

图 8.1 现金循环周期： $CCC = DI + DAR - DAP$

---

[7] 例如，存在现金流紧缺问题的企业可能具有极低的存货水平，相比于其他竞争品，顾客购买企业产品要等待更长的时间。这使企业处于竞争劣势。

[8] 例如，存在现金流紧缺问题的企业可能相对于其他同业而言有极高的 $\frac{应收账款}{生产成本}$。这会导致企业与现有的供应商合作出现困境，也更难在创新产品时吸引到新的供应商，从而带来竞争劣势。

[9] 然而，过低的周期可能说明企业难以及时支付账单，即存在现金流问题。

条时间线则记录现金的流出，即企业收到或支付现金所需的时间，两者之差就是企业通过营运资本支撑应收账款所需的时间，即现金循环周期。根据第一条时间线，从企业购入原材料开始，需要"存货周转天数 + 应收账款周转天数"后才能收到现金。然而根据第二条时间线，企业支付供应商的货款有"应付账款周转天数"的信用期。

8.3 营运指标

我们探讨两类营运指标。第一类营运指标是营运效率指标。前一节讨论的内部流动性指标包含了三种营运效率指标，即三大周转率。三种内部流动性指标说明的是流动资产的情况，我们现在讨论针对固定资产（即房屋、厂房与设备）和股权的类似指标。第二类营运指标是营运利润指标。这两类指标如表 8.4 所示。

正如之前提到的，这些指标大部分有最优值。在本章的几大类财务指标（包括同比财务报表、内部流动性指标、营运效率指标和营运利润指标、杠杆财务风险指标和偿债财务风险指标、营运风险指标和外部流动性指标）中，只有两类指标是越高越好的：营运指标和外部流动性指标。本节讨论营运指标。总体而言，企业营运效率越高或营运利润水平越高，企业效益就越好。[10]

在表 8.4 的四种营运效率指标中，前三种说明了企业使用相应资产的强度。在其他条件相同的情况下，指标值越高，企业使用相应资产就越有效率。例如，对固定资产周转率而言，分子（销售收入）不变，在其他条件相同的情况下，固定资产周转率更高的企业可以在对固定资产投资更少的情况下产出同样的销售收入。[11]类似地，更高的权益周转率反映了企业使用的权益资金可以产生更高的销售额。当然，过高的固定资产周转率可能来自更高的财务杠杆，这会带来更高的财务风险，我们后面会继续讨论这一点。

表 8.4 的三种营运利润指标——毛利率、经营利润率和净利率，基本上与企业价值正向相关。在其他条件相同的情况下，较高的毛利率反映了相对较低的生产成本。然而，这是来自较好的生产技术还是来自偷工减料？[12]经营利润率则部分反映了管理费用和广告费用的水平，两者都是"酌量性"成本（discretionary cost）。毛利率相近时，较高的经营利润率说明企业有序地控制了酌量性成本或存在偷工减料（如过度削减广告支出），这从长期来看可能会给企业带来损害。

股权收益率（ROE）和总资本收益率（ROTC）是重要的收益率指标，为各类投资者的收益率指标。对于这些指标，我们应当谨慎地将分子的"收益"和分母的"投资

---

[10] 再次强调，企业业绩和单个财务指标几乎不可能存在单调关系。任意指标出现极值都说明企业可能存在问题。

[11] 然而，过高的比值应当引起注意。比如，它可能说明企业资本不足，即企业应当建造更多的固定资产。

[12] 总体而言，偷工减料是以牺牲长期可持续发展为代价换取短期利益。例如，使用较差的原材料，减少生产维护支出，削减市场营销活动和广告投入等。

额"对应起来。例如,股权收益率是净利润(股东收益的会计科目)和所有者权益(股东投资额)的比值。类似地,总资本收益率汇总了股东和债券持有人的收益率,等于净利润加上利息费用,再除以两者投资总额,即所有者权益加上总债务。[13]在其他条件相同的前提下,这些指标值越高越好。然而,过高的比值也存在隐忧。例如,如果企业的资产收益率远高于同业,企业就可能存在资本不足、资产过少的问题。如果我们假设绝大部分企业是以最优的方式投资购买资产,相比之下,这家企业就存在投资不足的问题。

表 8.4 营运指标:营运效率指标和营运利润指标

指标	表达式	计算	结果
营运效率指标			
固定资产周转率	$\dfrac{NS}{\text{平均}NPPE}$	$\dfrac{215\,600}{24\,028}$	8.97
总资产周转率	$\dfrac{NS}{\text{平均总资产}}$	$\dfrac{215\,600}{85\,603.5}$	2.52
固定资产原值周转率	$\dfrac{NS}{\text{平均}GPPE}$	$\dfrac{215\,600}{33\,557}$	6.42
权益周转率	$\dfrac{NS}{\text{平均所有者权益}}$	$\dfrac{215\,600}{41\,901}$	5.15
营运利润指标			
毛利率	$\dfrac{GP}{NS}$	$\dfrac{86\,236}{215\,600}$	40.0%
经营利润率	$\dfrac{OP}{NS}$	$\dfrac{19\,243}{215\,600}$	8.9%
净利率	$\dfrac{NI}{NS}$	$\dfrac{9\,394}{215\,600}$	4.4%
现金流利润率	$\dfrac{OCF}{NS}$	$\dfrac{10\,024}{215\,600}$	4.6%
资产收益率	$\dfrac{NI}{\text{平均总资产}}$	$\dfrac{9\,394}{85\,603.5}$	11.0%
股权收益率	$\dfrac{NI}{\text{平均所有者权益}}$	$\dfrac{9\,394}{41\,901}$	22.4%
财务杠杆:$\dfrac{TA}{Eq}$	$\dfrac{\text{平均总资产}}{\text{平均所有者权益}}$	$\dfrac{85\,604}{41\,901}$	2.04
杜邦股权收益率	$NPM(TATO)\dfrac{A.TA}{A.Eq}$	$4.36\%(2.52)2.04$	22.4%
资产现金流回报率	$\dfrac{OCF}{\text{平均总资产}}$	$\dfrac{10\,024}{85\,603.5}$	11.7%
总资本收益率	$\dfrac{NI+IE}{\text{平均}(Eq+D)}$	$\dfrac{11\,979}{68\,431}$	17.5%

NS:销售收入;NI:净利润;GP:毛利润;OP:经营利润;OCF:经营现金流;$NPPE$:固定资产净值;$GPPE$:固定资产原值;OCF:经营现金流;TA:总资产;Eq:所有者权益;$TATO$:总资产周转率;IE:利息费用。
D:债务,包括长期债务和短期债务,即 $D = TD = LTD + (STD) = LTD + (NP + CM)$。

股权收益率非常重要,它可以分解为各种因子,如表 8.4 中杜邦公司提出的分析

---

[13] 总债务是长期债务加上短期债务,即 $TD = LTD + NP + CM$。

方法。除平均值以外，企业业绩随着净利率和总资产周转率的升高而升高。关键是杠杆比率 $\frac{\text{平均总资产}}{\text{平均所有者权益}}$，该比率明确地存在一个最优值，我们后续会讨论。

表 8.4 中最后两个指标（现金流利润率和资产现金流回报率）与其他利润指标相近，我们用现金流指标经营现金流代换净利润。[14] 当然，净利润是经营现金流的核心和基础。

8.4 财务风险指标

财务风险包括：当企业债务水平提高时，企业无法及时支付利息，导致破产概率增大。[15] 债务水平提高是把双刃剑：一方面，它会导致财务风险提高；另一方面，对于盈利的企业而言，提高债务水平可以提高企业股东的股权收益率。

在关注债务水平提高导致的劣势前，我们先来阐述为什么对于盈利的企业而言，提高债务水平是有好处的。参考表 8.5，在每种情形下，企业总价值等于 225 美元，或企业价值 = 债务价值 + 股权价值，即 $V = D + Eq$。

表 8.5 展示了三种情形，分别对应三种财务杠杆水平：低杠杆，$D = 100$，此时 $\frac{D}{Eq} = \frac{100}{125} = 0.80$；中杠杆，$D = 150$，$\frac{D}{Eq} = \frac{150}{75} = 2$；高杠杆，$D = 200$，$\frac{D}{Eq} = \frac{200}{25} = 8$。假设企业是盈利的（净利润 > 0），同时假设 $ROE > r^D$，则提高债务水平可以提升企业股东的股权收益率。在表 8.5 中，随着三种情形中债务水平的提高，股权收益率也以 13.0%、17.3%、39.0% 的顺序依次提高。最后，为了证明盈利的企业能够通过提高财务杠杆提升股权收益率，我们还计算了三种财务杠杆水平下销售收入每增加 1 美元股权收益率的变动。读者可以自行证明，当企业销售收入为 101 美元时，股权收益率的增长情况为：

- 低杠杆：$\Delta ROE = 13.4\% - 13.0\% = 0.4\%$
- 中杠杆：$\Delta ROE = 18.1\% - 17.3\% = 0.8\%$
- 高杠杆：$\Delta ROE = 42.3\% - 39.0\% = 3.3\%$

---

[14] 计算时需要注意，直接计算股权收益率，即 $\frac{\text{净利润}}{\text{平均所有者权益}}$，有

$$\text{股权收益率} = \text{净利率} \times \text{总资产周转率} \times \frac{\text{平均总资产}}{\text{平均所有者权益}}$$

$$= \frac{\text{净利润}}{\text{销售收入}} \times \frac{\text{销售收入}}{\text{平均总资产}} \times \frac{\text{平均总资产}}{\text{平均所有者权益}}$$

在上式中应当使用平均所有者权益，因为我们是用利润表项目——净利润——除以资产负债表项目。然而，在杜邦分析中，最后一个因子是 $\frac{\text{平均总资产}}{\text{平均所有者权益}}$，这是两个资产负债表项目，我们通常不应当用平均值计算。

[15] 破产概率增大会给企业带来额外成本，如企业与其他企业合作时的谈判能力、企业融资成本等。这会带来破产预期成本，也是一种财务风险。

因此，销售收入每增加 1 美元，股权收益率的增长幅度随财务杠杆提高而加大。再次强调，我们这些结论建立在企业始终盈利且 $ROE > r^D$ 的假设上。

表 8.5 对于盈利的企业，财务杠杆可以提高股权收益率 （单位：千美元）

利润表科目	假设	低杠杆*	中杠杆*	高杠杆*
销售收入		100	100	100
可变生产成本 (VC)	$VC = 40\%$	40	40	40
固定生产成本 (FC)	$FC = 10$	10	10	10
销售、一般和管理费用	常数 10	10	10	10
折旧与摊销	常数 5	5	5	5
息税前利润 ($EBIT$)		35	35	35
利息 (利息费用, IE)	$10\%D$	10	15	20
税前利润 (EBT)	$EBIT - IE$	25	20	15
减：所得税	$35\%EBT$	8.75	7.00	5.25
净利润 (NI)	$EBT-$ 所得税	16.25	13.00	9.75
债务价值 (D)		100	150	200
股权价值 (Eq)		125	75	25
企业价值 (V)	$D + Eq$	225	225	225
股权收益率	$\dfrac{NI}{Eq}$	13.0%	17.3%	39.0%

* 杠杆：财务杠杆，指资本结构中的债务水平。

我们下面讨论债务带来的负面影响。在表 8.6 中，我们展示了在给定企业价值 $V = 225$ 的情况下，上述三种情形下的企业债务和股权比例。然而，我们不假设 $NS = 100$，而是列举了三种杠杆水平下的**销售收入盈亏平衡点**，即使企业净利润 $NI = 0$ 的销售收入额。表 8.6 的计算中使用的假设和表 8.5 中的相同。三种情形下的

表 8.6 提高财务杠杆会提高财务风险 （单位：千美元）

利润表科目	假设	低杠杆*	中杠杆*	高杠杆*
销售收入		**58.3**	**66.7**	**75.0**
可变生产成本 (VC)	$VC = 40\%$	23.3	26.7	30.0
固定生产成本 (FC)	$FC = 10$	10	10	10
销售、一般和管理费用	常数 10	10	10	10
折旧与摊销	常数 5	5	5	5
息税前利润 ($EBIT$)		10	15	20
利息 (利息费用, IE)	$10\%D$	10	15	20
税前利润 (EBT)	$EBIT - IE$	0.00	0.00	0.00
减：所得税	$35\%EBT$	0.00	0.00	0.00
净利润 (NI)	$EBT-$ 所得税	0.00	0.00	0.00
债务价值 (D)		100	150	200
股权价值 (Eq)		125	75	25
企业价值 (V)	$D + Eq$	225	225	225
股权收益率	$\dfrac{NI}{Eq}$	0.00%	0.00%	0%

* 杠杆：财务杠杆，指资本结构中的债务水平。

销售收入盈亏平衡点分别为低杠杆下 58.3 美元，中杠杆下 66.7 美元，高杠杆下 75.0 美元。简而言之，随着企业债务水平的提高，企业的销售收入盈亏平衡点也随之提升。因此，财务杠杆提升会导致财务风险上升，即企业无法依法履行还本付息义务的可能性增大。在其他条件相同的情形下，当销售收入下跌时，高杠杆企业最先无法偿付利息，然后轮到中杠杆企业；同样，当销售收入继续下跌时，中杠杆企业在低杠杆企业之前无法偿付利息。

总而言之，虽然提高财务杠杆会导致财务风险上升（企业无法偿还债务的可能性上升），但只要企业能够偿还债务，就可以提高股东收益率。企业管理层的任务就是正确地处理债务提升之间的取舍。

读者应当注意：没有一家企业能够预先得知自己某一年的销售收入。因此，企业不应当将债务设定在零利润水平。实际上，企业应当将债务确定在一个除去利息费用后仍能预期实现大幅盈利的水平。当预期销售收入一定时，在其他条件相同的前提下，销售收入的变数越大，企业负担的债务水平应当越低；销售收入的变数越小，企业负担的债务水平应当越大。换句话说，企业的经营风险越高，能够承受的财务风险越小；企业的经营风险越低，能够承受的财务风险越大。

既然我们已经知道了增加债务的收益与成本，我们就可以来分析与企业资本结构中债务水平相关的指标了。表 8.7 列出了两类财务风险指标：杠杆财务风险指标和偿债财务风险指标。正如我们之前提到的，财务风险指标都有一个最优值。这说明存在一个最优的财务风险水平，因为支付利息可以抵税。**债务税盾**是由利息费用抵税带来的企业价值提升部分。[16] 另一方面，由于无法偿还债务利息会触发企业破产，过高的债务水平会导致企业破产的概率增大到无法承受的水平，过高或过低的财务风险水平都不是最优的。因此，当企业的财务风险指标出现过高或过低的异常值时，都应当引起我们的注意。

杠杆风险指标考察资本结构，即企业是由什么资金支持的。表 8.7 中的五个指标都随着财务杠杆（债务水平）的提高而提高。**偿债风险指标**则反映了企业"覆盖"债务相关费用的能力。与杠杆风险指标相反，偿债风险指标随财务杠杆而下降。较高的债务水平会导致偿债风险指标较低，而较低的债务水平会导致偿债风险指标较高。概括而言，表 8.7 中的前四个偿债风险指标是可以"用于"支付利息费用的现金流（加上/或经营利润）除以需支付的利息费用。[17] 注意，固定费用偿付比率中包括了租赁费用。粗略地讲，资产租赁是债务融资的一种"替代品"。因此，租赁费用在某种程度上可以被认为与利息费用相似。[18] 现金流覆盖率与其他四种偿债风险指标有些许区

---

[16] 请注意，向企业股东支付的现金股利不可以抵税。
[17] 现金利息保障倍数的分子加上了利息费用。原因为在计算经营现金流时，利息费用被从净利润中扣除，因此在分子中将利息费用加回。
[18] 这个类比受限于租赁和借债在法律与会计制度上的区别。

别,因为它的分母是一个资产负债表项目:平均总债务。最后,财务杠杆系数(FLI)衡量企业使用债务融资的效果。总而言之,财务杠杆指标越高则企业财务杠杆发挥的效率越高。两面地看,$FLI>1$ 说明企业有效地使用了债务融资,而 $FLI<1$ 则说明企业对债务融资的使用是无效的。

表 8.7 财务风险指标:杠杆风险指标和偿债风险指标

指标	表达式	计算	结果
杠杆风险指标			
资产负债比	$\dfrac{TL}{TL+Eq}$	$\dfrac{49\,363}{95\,298}$	51.8%
长期负债总资本比	$\dfrac{LTD}{LTD+Eq}$	$\dfrac{21\,059}{66\,994}$	31.4%
权益比率	$\dfrac{TL}{Eq}$	$\dfrac{49\,363}{45\,935}$	1.07
财务杠杆 $\left(\dfrac{A}{Eq}$ 杠杆$\right)$	$\dfrac{TA}{Eq}$	$\dfrac{95\,298}{45\,935}$	2.07
资产负债率	$\dfrac{TD}{TA}$	$\dfrac{28\,557}{95\,298}$	30.0%
偿债风险指标			
利息保障倍数	$\dfrac{EBIT}{IE}$	$\dfrac{19\,243}{2\,585}$	7.44
现金利息保障倍数	$\dfrac{OCF+IE+\text{所得税}}{IE}$	$\dfrac{20\,295}{2\,585}$	7.85
固定费用偿付比率	$\dfrac{EBIT+\text{租赁费用}}{IE+\text{租赁费用}}$		
现金流量充足率	$\dfrac{OCF}{CapEx+IE+Div}$	$\dfrac{10\,024}{18\,267}$	54.9%
现金流覆盖率	$\dfrac{OCF}{\text{平均总负债}}$	$\dfrac{10\,024}{26\,530}$	37.8%
调整资产收益率(对财务杠杆系数调整)	$\dfrac{NI+IE(1-T^C)}{\text{平均总资产}}$	$\dfrac{10\,816}{85\,603.5}$	12.6%
财务杠杆系数	$\dfrac{ROE}{\text{经调整的}ROA}$	$\dfrac{22.4\%}{12.6\%}$	1.77

TL:总负债;LTD:长期债务;Eq:所有者权益;TA:总资产;TD:总债务;Cap:总市值;$EBIT$ 也称经营利润(operating profit, OP);[19]
IE:利息费用;OCF:经营现金流;$CapEx$:资本支出,即 $\Delta GPPE$;Div:支付股利;NI:净利润;T^C:税率;ROE:股权收益率。

8.5 经营风险指标

在讨论经营风险指标前,我们先来学习一些背景知识。具体而言,我们要学习几种成本的概念,如固定成本与可变成本,它们反映了经营风险及其相关的指标。固定成本与可变成本之间的取舍是重中之重。从大处着眼,企业可以通过增加固定成本

---

[19] 在本例中,我们忽略了租赁费用。实际上,经营租赁是一种重要的经营方式。粗略而言,租赁是借债的一种替代品;然而,这种情况超出了我们的讨论范围。

（固定资产的自动化、弹性化改造）来降低可变成本（劳动力成本、原材料成本等），反之亦然。在此，我们讨论边际贡献利润表，它将成本按照特征而非发生成本的部门进行分类。然后，我们观察在不同的固定成本/可变成本比值下，总成本与产量之间的关系。

观察**边际贡献利润表**的上半部分（见表 8.8）。[20] 这张管理层经常在企业内部使用的利润表将成本按照成本特征进行分解，而不是像传统上根据成本发生的部门分类。**可变成本**是会随着产品生产量变化的成本，而**固定成本**则不会随产品生产量变化。在表 8.8 的三列中，我们先看第一列，边际贡献 $CM = NS - VC = Q(P) - Q(UVC)$，其中 VC 为总可变成本，Q 为产量，P 为单位产品的价格，UVC 为单位产品平均可变成本，即 $UVC = \dfrac{VC}{Q}$。[21]

表 8.8 边际贡献利润表

利润表科目	金额（美元）	每单位	金额（美元）	比率	数值
销售收入（NS）	215 600	价格（P）	10.00		100.0%
可变成本（VC）	65 245	单位平均可变成本（UVC）	3.03	可变成本占比（VCR）	30.3%
边际贡献（CM）	150 355	单位边际贡献（UCM）	6.97	边际贡献比（CMR）	69.7%
固定成本（FC）	131 112	单位平均固定成本	6.08	固定成本占比	60.8%
营业毛利（OM）*	19 243	单位营利占比（UOM）	0.89	营业毛利占比（OMR）	8.9%

*营业毛利 = 息税前利润 = 经营利润。

表 8.8 的中间一列将第一列数据除以产品产量，得到"平均单位"值；本例中假设产量 $Q = 21\,500$。**单位边际贡献**是一个重要指标：$UCM = \dfrac{CM}{Q} = P - UVC$。在这个例子中，管理者应当知道每售出单位产品，经营利润会增加 1 个单位边际贡献（3.03 美元）。类似地，第三列的**边际贡献比**（CMR）为 69.7%，意味着每新增 1 美元销售收入，经营利润会增加 0.69 美元，其中 $CMR = \dfrac{CM}{(Q)P} = \dfrac{UCM}{P} = \dfrac{P - UVC}{P} = 1 - \dfrac{UVC}{P}$。

为了进一步说明固定成本和可变成本的替代关系，假设企业正在考察两种生产技术 —— H（高度自动化同时具有**较高固定成本** FC^H 和较低单位可变成本 UVC^H）和 L（劳动密集因而具有**较低固定成本** FC^L 和较高单位可变成本 UVC^L），如图 8.2 所示。请注意上标 H 和 L 指代固定成本，而不是可变成本。因此，技术 H 有较低的单位可变成本 UVC^H，而技术 L 有较高的单位可变成本 UVC^L，即 $UVC^H < UVC^L$。在这幅总成本 TC 与产量 Q 的关系图中，$TC^i = FC^i + Q^i(UVC^i)$，$i \in \{L, H\}$，因此截距分别为 FC^H 和 FC^L 且 $FC^H > FC^L$。直线的斜率分别为 UVC^H 和 UVC^L 且 $UVC^H < UVC^L$。[22]

---

[20] 表 8.8 中只展示了边际贡献利润表的上半部分，因为下半部分（从 $EBIT$ 开始的部分）与传统的利润表相同。

[21] 为了简化问题，我们假设企业只生产一种产品，只有一种价格。

[22] 由于存在固定成本和可变成本的取舍，我们假设 $FC^H > FC^L \Rightarrow UVC^H < UVC^L$。

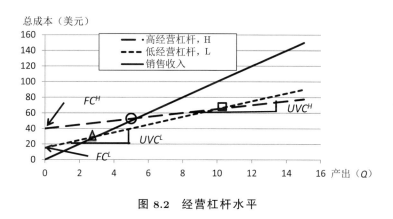

图 8.2 经营杠杆水平

盈亏平衡产量(Q^{BE})的一种定义为 $TC^H(Q^{BE}) \equiv TC^L(Q^{BE})$,所以有 $FC^H + Q^{BE}(UVC^H) = FC^L + Q^{BE}(UVC^L)$。在图 8.2 中,$Q^{BE} = 10$ 单位,由正方形表示。因此对于 $Q < Q^{BE}$,有 $TC^H > TC^L$;$Q > Q^{BE}$,有 $TC^H < TC^L$。[23]图 8.2 也显示了销售收入为产量 Q 的函数。三角形和圆形分别表示 L 和 H。

在之前针对财务风险的讨论中,表 8.6 说明,在其他条件相同的前提下,每年利息支出最高企业(杠杆水平最高的企业)的财务风险高于利息支出最低企业(杠杆水平最低的企业)。同理,前者脱离亏损要求的盈亏平衡销售额高于后者。再次强调,财务风险较高的企业仅仅为了实现利润不为 0 而要求的销售额高于财务风险较低的企业。

类似地,图 8.2 说明,在其他条件相同的前提下,与固定成本较低的企业相比,固定成本较高的企业具有更高的经营风险。同理,前者脱离亏损要求的盈亏平衡销售额高于后者。再次强调,经营风险较高的企业仅仅为了实现利润不为 0 而要求的销售额高于经营风险较低的企业。[24]

较高的财务风险和经营风险都说明企业需要实现较高的销售收入才能实现盈亏平衡。因此,在销售收入波动性及其他条件相同的情况下,经营风险较高行业(如固定成本较高的行业)的企业倾向于接受较低的财务成本;与此相比,经营风险较低行业的企业倾向于选择财务杠杆较高的资本结构。[25]

我们现在可以直接考察表 8.9 中的经营风险指标。这里的指标都随经营风险上

---

[23] 因此,如果企业预期平均产量低于 Q^{BE},那么企业倾向于选择技术 L;如果企业预期平均产量高于 Q^{BE},那么企业倾向于选择技术 H。

[24] 从另一个角度来看,经营风险为:按照比较静态分析,如果企业销售减少 1 个单位,可以降低 1 个单位可变成本。因此,每单位成本投入越高,单位可变成本越高。在同等条件下,单位可变成本较高的技术具有较低的经营风险。由于较低的单位可变成本对应较高的固定成本,它会带来较高的经营风险。类似地,我们可以直接考虑固定成本。固定成本是"黏性"的,因为在产量降低时无法立刻削减固定成本。因此,固定成本越高,经营风险越高。我们可以发现,财务风险和经验风险具有并行的特点。财务风险直接与债务融资中"无法逃脱"的利息费用相关;类似地,经营风险与企业"无法逃脱"的经营性固定成本相关。

[25] 这一作用常常被削弱:有形资产能够支持更高的债务融资水平,因为它们能够被用作抵押物。

升而提高。第一个指标（固定成本比率）直接说明了固定成本对经营风险的影响。第二个指标（**经营杠杆水平**）定义为：[26]

$$DOL \equiv \frac{\%\Delta EBIT}{\%\Delta NS} = \frac{\left(\frac{\Delta EBIT}{EBIT}\right)}{\left(\frac{\Delta NS}{NS}\right)} = \frac{NS}{EBIT}\frac{\Delta EBIT}{\Delta NS} \tag{8-1}$$

我们可以直接证明它也等于：

$$DOL = \frac{CM}{EBIT} = \frac{CM}{CM-FC} = 1 + \frac{FC}{EBIT} = \frac{CMR}{OMR} \tag{8-2}$$

其中，$OMR = \frac{OM}{NS}$ 是**经营边际比率**。请注意，DOL 直接反映了固定成本对经营风险的影响，因为 DOL 随固定成本的增加而提高，即 $\frac{\partial DOL}{\partial FC} = \frac{CM}{EBIT^2} > 0$。

表 8.9 经营风险指标

指标	表达式	计算	结果
固定成本比率 (FCR)	$\dfrac{FC}{TC}$	$\dfrac{131\ 112}{196\ 357}$	66.8%
经营杠杆水平 (DOL)	$\dfrac{NS-VC}{NS-VC-FC}$	$\dfrac{150\ 355}{19\ 243}$	7.81
经营杠杆水平 (DOL)	$1 + \dfrac{FC}{EBIT}$	$1 + \dfrac{131\ 112}{19\ 243}$	7.81
经营杠杆水平 (DOL)	$\dfrac{CMR}{OMR}$	$\dfrac{69.7\%}{8.9\%}$	7.81
$CV^*(NS)$	$\dfrac{\sigma(NS)}{\mu(NS)}$	$\dfrac{33\ 168}{201\ 020}$	16.5%
经营风险	$\dfrac{CV(EBIT)}{CV(NS)}$	$\dfrac{123.2\%}{16.5\%}$	7.47

*CV：变异系数。

商业风险体现在净利润的变异系数 $CV(NS)$ 上。我们假设 $\sigma(NS) = 33\ 168$，$\mu(NS) = 201\ 020$，有 $CV(NS) = 16.5\%$。我们进一步假设 $\sigma(EBIT) = 11\ 113$ 和 $\mu(EBIT) = 9\ 022$，有 $CV(EBIT) = \dfrac{11\ 113}{9\ 022} = 123.2\%$。最后，**经营风险** $\dfrac{CV(EBIT)}{CV(NS)} = \dfrac{123.2\%}{16.5\%} = 7.47$，与 $DOL = 7.81$ 紧密相关。

8.6 所有者权益的可持续增长率

股权可持续增长率 (g)，是企业在经营活动中自身产出的现金所能够支持的股权价值内部增长率。根据可持续增长率 g 的定义，计算时应排除外部股权融资，如发行新的股票。因此，可持续增长率 g 取决于企业自身产出（会计）利润的能力和它确

---

[26] 请注意，息税前利润也称经营利润或营业毛利。

定的内部留存率。简而言之，

$$g_t \equiv \frac{\Delta Eq_t}{Eq_{t-1}} = \frac{Eq_t - Eq_{t-1}}{Eq_{t-1}} = \frac{RE_t - RE_{t-1}}{Eq_{t-1}}$$
$$= \frac{b_t NI_t}{Eq_{t-1}} = b_t \frac{NI_t}{Eq_{t-1}} = b_t(ROE_t) \tag{8-3}$$

其中，$Eq_t = RE_t + (CS_t + APIC_t - TS_t)$ 为所有者权益。根据可持续增长率 g 的定义，$CS_t + APIC_t - TS_t$ 为常数，因此 $\Delta Eq_t = \Delta RE_t$。

为了简化问题，我们假设 b_t 和 ROE_t 为常数，因此 $g = b(ROE)$ 也是常数。最后一章会讨论盈利乘数模型（earnings multiplier model，EMM），届时我们会假设企业所有者权益每年按固定速率 g 增长。我们讨论盈利乘数模型以理解企业所有者权益及其他特征，而所有者权益的可持续增长率 g 将占据重要地位。

8.7 外部流动性指标

与之前针对企业业绩的指标相比，外部流动性指标直接影响持有企业股票的投资者。在其他条件相同的前提下，流动性缺乏对投资者而言是一种成本。某种资产的交易越不频繁，它就越缺乏流动性。流动性缺乏是一种成本，因为相对于流动性好的资产，售出流动性差的资产要求：(a) 在给定价格下成交需要的时间更长；(b) 如果想要快速售出资产，相对于流动性好的资产，必须在价格上大打折扣。

外部流动性指标如表 8.10 所示。做市商可以通过买卖价差来盈利。只要能在某一个时间点以比买入价高的价格卖出某只证券，做市商就能"低吸高抛"。某只证券的交易量越大，做市商愿意接受的买卖价差就越小，因为她可以通过大量的交易来放大较小的价差；相反，某只证券的流动性越差，做市商要求的买卖价差就越大，这样才能补偿她的做市活动。

表 8.10 外部流动性指标

指标	表达式	计算	结果
买卖价差	卖出价 − 买入价	30.45 − 29.55	0.90
交易换手率	$\dfrac{交易股份数/时间间隔}{平均发行在外股份数}$	$\dfrac{3\ 784\ 764}{4\ 698\ 500}$	80.6%
股东数量			
总市值	价格 × 发行在外股份数	30 × 4 803	144 090

与买卖价差不同，交易换手率与流动性直接相关。交易换手率越高，资产的买入卖出就越频繁。然后，在同等条件下，股东数量越多，股票的流动性越好。最后，总市值通过引入证券的总数量来直接反映资产的流动性。在同等条件下，股票数量越多，说明市场越大，即有更多市场参与者接触到该股票。

8.8 相对估值法

资产估值可以通过相对估值和绝对估值两类方法实现。后者通过内在价值计算估值，如现金流折现法，我们会在后面一章进行讨论。相对估值法则使用股票价格与能够反映企业特征的不同参数的比值。我们简单探讨四种估值指标：市销率（P/S）、股价现金流比率（P/CF）、市净率（P/BV）和市盈率（P/E）。简而言之，我们研究 $\frac{P_0}{\pi_t}$，其中 $t \in \{0, 1\}$ 且 $\pi \in \{S, CF, BV, E\}$。在同等条件下，$\frac{P_0}{\pi_t}$ 比值越大，企业的股票就越"昂贵"，即企业股票价格相对被高估；$\frac{P_0}{\pi_t}$ 比值越小，企业的股票就越"实惠"，即企业股票价格相对被低估。[27]

注意，不能比较不同行业间的企业指标。由于同一行业中的企业面对相似的风险和机遇，因此如果同行业中所有企业在融资决策和经营决策上采取最优决策，那么它们就应当具有相似的企业特征。由于面临相似的经营风险，它们应当具有相似的资本结构，即具有相似的财务风险。[28] 因此，同一行业内的企业应当具有相似的相对估值指标。

在对相对估值的讨论中，我们将 $t = 0$ 设为今天，而 $t = 1$ 为从今天起算的一个财务报表周期。因此，π_0 对应过去一年中的 S_0 和 CF_0（流量），而 BV_0 和 Eq_0 都是今天当天的值（存量）。类似地，π_1 是今天对未来一年 S_1 和 CF_1 的预期，而 BV_1 和 Eq_1 是今天对一年后的 BV 和 E 的预期。当然，严格地说，π_1 应当写作 $E[\pi_1]$，因为它是我们在今天对一年后的期望值。

选择 $\frac{P_0}{\pi_0}$ 还是 $\frac{P_0}{\pi_1}$ 是非常重要的。前者被称为"滞后" $\frac{P}{\pi}$ 比率，而后者被称为"领先" $\frac{P}{\pi}$ 比率。由于 P_0 目前已知，有些人倾向于选用"目前"的 π 值，即 π 的最新一期值 π_0。相对而言，喜欢使用 π_1 的人则认为：第一，股票的市场价值 P_0 反映了市场对企业未来的一致预期。[29] 因此，π 应当具有前瞻性，即使用 π_1 或者严格地说是 $E[\pi_1]$；第二，π_1 的波动性远远小于实际实现的 π_0 的波动性。[30] 因此，领先指标 $\frac{P_0}{\pi_1}$ 或者严格地说是 $\frac{P_0}{E[\pi_1]}$，其波动性远远小于滞后指标 $\frac{P_0}{\pi_0}$ 的波动性。

---

[27]相对估值指标都可以用每股价格计算，即 $\frac{P}{\pi} = \frac{P/股}{\pi/股}$。等价地，也可以使用股权总价值，即 $\frac{P}{\pi} = \frac{总市值}{总\pi} = \frac{(P/股) \times 发行在外股份数}{(\pi/股) \times 发行在外股份数}$，例如 $\frac{P_0}{BV_0} = \frac{11.12 \text{ 美元/股}}{2.56 \text{ 美元/股}} = \frac{11.12 \text{ 美元/股} \times 1001.2\text{万股}}{2.56\text{美元} \times 1001.2\text{万股}} = 4.35$。

[28]在同等条件下，行业经营风险高的企业倾向于接受较低的财务风险，即使用较低的财务杠杆；而行业经营风险低的企业则倾向于接受较高的财务风险，即使用较高的财务杠杆。

[29]确实，对内在价值而言，股票价格是未来预期现金流折现之和。

[30]简而言之，假设在时间 $t = 0$ 和 $t = 1$，π_0 和 π_1 服从同一分布。显然，实现的 π_0 的波动性远远高于 $E[\pi_1]$，因为后者是一个假设值。

8.8.1 市销率

市销率（P/S）受到许多投资者的欢迎，因为销售额的变化领先于其他指标，如销售额增加会带来利润增加、现金流增加等。确实，在稍后编制未来预期利润表时，我们会发现销售额是财务报表中其他科目的基础，这也说明了销售额的重要性。此外，在公认会计实务（如 GAAP）的范围内，销售额不容易被人为操纵。[31] 市销率的局限性在于无法比较行业间的数值，因为净利率会影响市销率，它在不同行业间大相径庭。我们再次强调，总体上，指标间的比较应当限于在同一行业的不同企业（具有相似风险和机遇的企业）之间。

8.8.2 股价现金流比率

股价现金流比率（P/CF）广受欢迎，毕竟"现金为王"。常用的现金流指标包括自由现金流和经营现金流。与市销率的情况相似，现金流和销售额一样，也不容易被人为操纵：企业要么能产生现金流，要么不能。此外，股价现金流比率之所以很受欢迎，是因为现金流是绝对估值法中计算内在价值的基础。粗略而言，用内在价值除以现金流能够反映投资者的要求收益率和现金流增长率，我们后续会继续讨论。因此，股价现金流比率应当是一种能够直接反映面临相似风险（如相似资本结构下相近的要求收益率）和机遇（如相近的现金流增长率 g）的企业间相对估值水平的指标。然而，这一指标的主要缺陷在于它不能应用于现金流为负的企业，比如初创企业。因此，这一指标应当只应用于处于成熟行业、能够为投资者在长期（至少是可预见的未来）产生稳定现金流的企业。

8.8.3 市净率

市净率（P/BV）是企业股票市值与企业所有者权益的账面净值之比的简称，即 $\dfrac{P}{BV} = \dfrac{P/股}{BV/股} = \dfrac{价格 \times 发行在外股份数}{所有者权益} = \dfrac{MV}{BV}$，其中 $BV = CS + APIC + RE - TS$。这个指标的一大优点是它代表了整个市场对企业管理层能否创造价值的观点：当市净率 >1 时，管理层在企业目前资产水平下创造了额外的价值；而当市净率 <1 时，则损害了企业价值。此外，它的倒数 $\dfrac{BV}{MV}$ 是 Fama-French 三因子模型的重要组成部分，因为它与股票的估值水平相关。这个指标的优点还在于，所有者权益的账面净值 BV 既难以被人为操纵，在时间维度上又相对稳定。而它的缺点则在于，它不能应用于账面价值过小的企业，如咨询企业。

---

[31] 相比之下，利润表的最后一项科目"净利润"的不确定性更大，因为在重重科目计算下存在大量"演绎"的机会。

8.8.4 市盈率

市盈率（P/E）常常见诸财经媒体；如无意外，我们一定会被它吸引住眼球。这个指标引人注意的另一个原因是，它的倒数是**盈利收益率**（earnings yield，E/P），即股权收益率的市场视角，是另一种"投资回报率"指标。[32] 因此，它可以与其他收益率指标互相比较，如债券的息票收益率，即 $\frac{票息}{价格}$。然而，尽管市盈率十分受欢迎，它和其他指标一样有缺陷。首先，由于净利润是利润表的最后一项，人们可以通过操纵利润表的其他科目来影响净利润。因此，即使在被普遍接受的会计规范下，净利润在很大程度上仍然可能受企业自主意志的影响。其次，初创期尚未盈利的小企业的市盈率为负。最后，由于净利润数额较小且受利润表其他项目的影响，它的变化幅度相对较大。由于净利润变化幅度远远大于销售收入的变化幅度，因此市盈率的变化幅度也大于市销率的变化幅度。

8.9 相对估值法与绝对估值法

如前所示，相对估值法用各种比率表示相对价值。[33] 因此，相对估值法的一个缺点是它完全不考虑企业的内在价值。在使用相对估值法时，应当尤其注意计算得到的各种比率与历史水平相比是否属于极端情况。当然，在时间维度上与历史数据比较本身就是十分有价值的：我们可以由此发现市场目前对股票的估值与过去有何不同。简而言之，相对估值法不仅可以比较股票间的价值水平，还可以比较过去与现在的估值情况。然而，它并不能说明目前的股票是否是合理的。在大牛市中，估值过低的企业可能有较高的比率；而在大熊市中，估值过高的企业可能有较低的比率。

绝对估值法相当受欢迎，因为内在价值实际反映了我们如何对未来现金流进行估值。[34] 然而，它不能反映目前的估值水平，因而无法与市场估值水平联动。此外，现金流的长期增长率和折现率是内在价值的决定因素。这是一把双刃剑：好的方面是，我们可以清晰地反映这两个参数如何影响股票价值；坏的方面是，由于内在价值对两者的敏感性很高，因此在计算内在价值时需要再三考虑，尤其是在我们对这两者的取值没有绝对信心的时候。

---

[32] 我们称之为股权收益率的"市场"视角是因为股票价格基于市场报价，而股票的账面价值是所有者权益的市场净值，因此可以比较 $\frac{NI}{MV\ Eq}$ 和 $\frac{NI}{BV\ Eq}$。如无特殊说明，我们的股权收益率指后者，即 $ROE = \frac{NI}{BV\ Eq}$。

[33] 因此，应当比较在风险和机遇上均比较相似的企业，如同一行业中的竞争对手。

[34] 下一章，我们将学习各种现金流的定义。

本章小结

本章回顾了分析师用来衡量企业财务状况的指标。在不同的讨论范畴，我们引入了多类不同的指标。我们强调，所有的指标只是整体分析的一小部分。相对于其他企业的可比指标的异常值需要进一步分析，以理解异常的原因。本章还简要介绍了相对估值法，即通过各种相对于竞争企业的指标确定企业价值。

习题

本章习题数据仍使用第 71 页的表 7.4 和表 7.5。再次提醒，所有项目以千美元为单位。

1. 仿照本章相应的图表，完成一张 2015 年同比利润表。

2. 仿照本章相应的图表，完成一张同比资产负债表（2014 年年末和 2015 年年末）。

3. 仿照本章相应的图表，计算 2015 年所有内部流动性指标。

4. 仿照本章相应的图表，计算 2015 年所有营运指标。

5. 仿照本章相应的图表，计算 2015 年所有财务风险指标。（可以忽略固定费用偿付比率的计算。）

6. 仿照本章相应的图表，完成 2015 年边际贡献收益表的上半部分。为简单起见，假设生产成本是可变成本，其他成本是固定的。

7. 仿照本章相应的图表，计算 2015 年所有经营风险指标。假设 $\sigma(NS) = 32\,670$ 美元，$\mu(NS) = 198\,000$ 美元，$\sigma(EBIT) = 11\,100$ 美元，$\mu(EBIT) = 27\,500$ 美元。

8. 在企业可能没有外部融资的情况下，股权的可持续增长率是多少？

9. 假设企业股票目前的交易价格为每股 10.00 美元。请计算以下指标：(a) 市销率；(b) 股价现金流比率；(c) 市净率；(d) 市盈率。

第 9 章
绝对估值：现金流折现法

在第 8 章中，我们探讨使用企业股票价值相关指标进行估值的相对估值法。现在，我们探讨如何利用相应的要求收益率折现现金流，从而得到企业的内在价值。

我们先来分析企业的历史利润表和历史资产负债表，进而理解企业报表过去的勾稽关系。[1] 对历史利润表和历史资产负债表，我们的目标是计算一些能够帮助我们理解企业业绩表现的财务指标，由此建模并制作未来五年的预测利润表、预测资产负债表和预测现金流量表。我们还可以计算能够用于各种现金流折现（discounted cash flow, DCF）方法的预测现金流。然后，我们还会计算一些辅助性指标，如各种要求收益率，包括加权资本成本。最后，我们会使用五种现金流折现模型，直接计算企业价值或股权价值。

我们不能在一片虚无中进行上述计算。这需要我们的专业判断和不会反映在历史报表中但十分相关的新信息，在编制预测财务报表时必须充分考虑它们的影响。比如，如果企业刚刚发布了会显著影响未来销售额的好消息，那么你就会在历史利润表的基础上相应地调高企业的增长率（至少是短期内的增长率）；如果是坏消息，则调低增长率。来看更多例子：最近生产技术的一种重大突破能够在同等条件下显著降低未来的生产成本；企业 CEO（首席执行官）最近发表声明，称企业会大幅削减非生产成本，说明销售、一般和管理费用未来会减少；企业最近宣布在长期内会采取更激进的广告营销策略，意味着在同等条件下未来的广告费用会高于历史水平。显然，这些新信息会影响企业未来财务报表中的勾稽关系。总的来说，这些没有反映在历史财务报表中的新信息在编制预测财务报表时都应该予以充分考虑。

---

[1] 为简化讨论，我们只使用过去三年的财务报表。通常，实际操作中会使用过去五年或十年的财务报表。

9.1 计算增长率

在开始探究绝对估值法之前，我们先离题一会儿讨论各种增长率。我们探究这些计算式是为了讨论以后编制预测财务报表时需要用到的一些勾稽关系。

我们先讨论相对增长率。通过计算销售额的集合平均增长率，我们已经隐含假设了销售额是按恒定的相对增长率增长的，即 $NS_t = NS_0(1+g^{GM})^t$。因此，NS_t 对 t 的时间序列是递增的（$\frac{\mathrm{d}NS_t}{\mathrm{d}t} = NS_t \ln[1+g^{GM}] > 0$），而且是凸的（$\frac{\mathrm{d}^2 NS_t}{\mathrm{d}t^2} = NS_t[\ln(1+g^{GM})]^2 > 0$）。这样，在给定 g^{GM} 的条件下，该模型可以推出 NS_t 的预测值，即 $NS_t|NS_{t-1} = NS_{t-1}(1+g^{GM})$。

在继续假设相对增长率恒定的前提下，我们可以通过时间序列回归产生更多的数据点。将 $\ln(NS_t)$ 对 t 回归，有 $\ln(NS_t) = \alpha + \beta(t) + \epsilon_t$。因此，给定 β 的估计值，可以推出 NS_t 的预测值为 $NS_t|NS_{t-1} = NS_{t-1}(\mathrm{e}^\beta)$。

上述两种相对增长率指标紧密相关。对比 $NS_t|NS_{t-1} = NS_{t-1}(1+g^{GM})$ 和 $NS_t|NS_{t-1} = NS_{t-1}(\mathrm{e}^\beta)$，可知 $g^{GM} \approx \mathrm{e}^\beta - 1$ 是两种相对增长率指标。[2]

现在，我们讨论绝对增长率。销售额 NS_t 与 t 的关系几乎是线性的而不是凸的，这意味着销售额每年是以恒定的绝对金额增长。因此，将 NS_t 对 t 回归，即 $NS_t = \alpha + \beta^a(t) + \epsilon_t$，那么给定 β^a 的估计值，可以推出 NS_t 的预测值，即 $NS_t|NS_{t-1} = NS_{t-1} + \beta^a$。

在图 9.1 中，我们用图形描述了恒定绝对增长率（恒定线性增长率）和恒定相对增长率的区别。将指标值对时间绘图，恒定线性增长模型呈直线，而恒定相对增长模型则呈凸曲线。在图 9.1 中，两种指标第 1 年的起始值为 1。两种"增长率"数值都是每年 10%，但恒定绝对（线性）增长率是 $\pi_{t+1} = \pi_t + g$，而恒定相对增长率则是

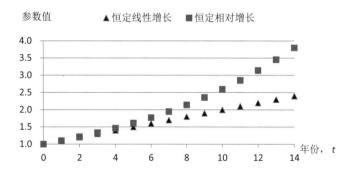

图 9.1 恒定线性（绝对）增长率与相对增长率

---

[2]它们仅仅为近似相等，原因是两个用于几何平均增长率计算的数据点 NS_{-T} 和 NS_0 几乎肯定不会同时准确地落在回归模型上。存在一些小概率情况，使两个数据点要么都正好落在回归方程上，要么以相等的距离同时落在回归方程的上方或下方，即 $g^{GM} = \mathrm{e}^\beta - 1$。否则，有 $g^{GM} \approx \mathrm{e}^\beta - 1$。

$\pi_{t+1} = \pi_t(1+g) = \pi_t + \pi_t g$。[3] 如果 π_t 对时间 t 的图像是凸的,那么用 $\ln(\pi_t)$ 对时间 t 作图;如果是线性的,则采用恒定相对增长率模型,使 $g = \left(\dfrac{\pi_0}{\pi_{-T}}\right)^{1/T}$,或 $\ln(\pi_t)$ 对 t 回归得到 $g = \beta$。

与绝对增长率相比,恒定相对增长率意味着绝对增长率上升。对恒定相对增长率 k^r,即 $\dfrac{\mathrm{d}\ln(\pi_t)}{\mathrm{d}t} = \dfrac{1}{\pi_t}\dfrac{\mathrm{d}\pi_t}{\mathrm{d}t} = k^r$。因此,绝对增长幅度逐年提高,即 $\dfrac{\mathrm{d}\pi_t}{\mathrm{d}t} = k^r \pi_t$ 随着 π_t 的增长而递增。等价地,恒定绝对增长率意味着相对增长率下降。[4] 请注意,还有其他的计算方法,如几何平均增长率。

9.2 历史报表中的关系:利润表

三张历史利润表列示在表 9.1 中。已支付的现金股利、发行股票募集现金和用于购买库存股的现金也列示在表中。如表 9.1 所示,2013 年发行了股票 2 224 美元,2015 年回购了股票 979 美元。

表 9.1 用于 DCF 分析的利润表　　　　　　　　　　　　　　(单位:千美元)

利润表科目	2015 年	2014 年	2013 年
销售收入	53 762	51 202	48 304
生产成本	38 440	36 609	34 537
毛利润	15 322	14 593	13 767
销售、一般和管理费用	4 892	4 659	4 396
广告费用	1 989	1 894	1 787
折旧与摊销	439	114	115
维修与维护费用	847	834	805
息税前利润	7 155	7 090	6 664
其他收入(费用)			
利息收入	5	8	7
利息费用	(693)	(945)	(1 158)
税前利润	6 467	6 153	5 512
所得税	2 199	2 092	1 874
净利润	4 268	4 061	3 638
发放现金股利	1 626	1 547	1 386
筹集现金:发行股份	0	0	2 224
使用现金:回购股份	979	0	0

---

[3] 在 $\ln(\pi_t)$ 对时间 t 的图像中,恒定相对增长率的图像呈线性,而恒定绝对增长率则呈凸性。我们应当首先以 pi_t 对时间 t 作图。如果图像呈线性,则采用恒定绝对增长率模型,使增长率 g 等于 $\pi_t - \pi_{t-1}$ 的平均值,$t = \{-T+1, -T+2, \cdots, 0\}$。

[4] 给定恒定绝对增长率 k^a,那么 $\dfrac{\mathrm{d}\pi_t}{\mathrm{d}t} = k^a$。因此,相对增长率逐年下降,即 $\dfrac{\mathrm{d}\ln(\pi_t)}{\mathrm{d}t} = \dfrac{1}{\pi_t}\dfrac{\mathrm{d}\pi_t}{\mathrm{d}t} = \dfrac{k^a}{\pi_t}$ 随着 π_t 的减小而递减。

表 9.2 则展示了将用于编制预测利润表的相关指标计算。大多数预测利润表是**销售驱动**的。假设销售收入按给定的增长率随时间增长，利润表的其他项目则随年销售收入而变化。因此，销售增长率是一个尤其重要的假设指标。在我们的例子中，我们简单地假设销售收入在未来五年内会以与最近三年相同的增长率持续增长。[5] 我们计算得到销售收入的平均增长率为 5.5%，如表 9.2 所示。

我们现在分析编制预测利润表所涉及项目之间的关联关系。生产成本与产品生产直接相关，因而在同等条件下，它与销售直接相关。因此，我们保持比例 $\dfrac{COGS}{NS}$ 恒定，即等于企业的历史均值。在模型中，我们假设销售、一般和管理费用与广告费用随销售收入同比增长。大部分企业的这些费用并不像生产成本一样与销售收入直接相关，因此假设 $\dfrac{SGA}{NS}$ 和 $\dfrac{广告费用}{NS}$ 恒定略微有些无力。[6]

折旧与摊销是固定资产原值的损耗，因此我们假设 $\dfrac{D\&A_t}{GPPE_{t-1}}$ 每年都是恒定的。请注意时间上的滞后，如年度 t 的 $D\&A_t$ 应当由年度 $t-1$（即年度 t 的起始时间）的财务报表科目计算得到。然后，维修与维护费用（R&M）应当与尚且"可用"的资产（如固定资产净值）成正比，因此我们假设 $\dfrac{R\&M_t}{NPPE_{t-1}}$ 每年恒定。再次强调，请注意报表间因果关系带来的时间滞后：$NPPE_{t-1}$ 存在于年末 $t-1$，它是年度 t 的起始，也是年度 t 中 $R\&M_t$ 费用的基础。至于利息收入，它来源于可交易证券，因此我们假定 $\dfrac{II_t}{平均MS_t}$ 恒定，其中平均 $MS_t = \dfrac{MS_t + MS_{t-1}}{2}$。下一步，由于利息费用是基于债务水平的支出，我们假定 $\dfrac{IE_t}{平均TD_t}$ 此后保持恒定，其中平均 $TD_t = \dfrac{TD_t + TD_{t-1}}{2}$，$TD_t = NP_t + CM_t + LTD_t$。同样，我们计算得到历史算术平均值 $\dfrac{所得税_t}{EBT_t}$ 为 34%，并在未来预测财务报表中使用这个结果。

显而易见，我们依旧保留以下利润表科目间的关联关系：

- 毛利润=销售收入−生产成本；
- 息税前利润=毛利润−销售、一般和管理费用−广告费用−折旧与摊销−维修与维护费用；
- 税前利润=息税前利润+利息收入−利息费用；
- 所得税=税前利润×所得税税率；
- 净利润=税前利润−所得税。

---

[5] 我们计算得出 $g^{销售收入} = 5.5\%$。我们随后假设，相应计算得到的现金流会以这个速率永续增长。在实际中，甚至对前途光明的企业而言，长期增长率很可能不会超过 2%–3%。现金流增长率的最大值不能超过经济整体的增长速度。

我们不会局限于假设现金流永续增长——我们在例子的最后会进行情景分析，从而考虑增长率取值范围内的所有情况。读者也应当进行这样的情景分析，后面我们会更细致地予以讨论。

[6] 也可以假设这些费用的相对增长率或绝对增长率保持恒定。

表 9.2 DCF 分析所用的利润表相关指标

利润表指标	关系	表达式	计算	结果
销售收入 (NS)	几何平均增长率	$\left(\dfrac{NS_{2015}}{NS_{2013}}\right)^{\frac{1}{3}}-1$	$\left(\dfrac{53\ 762}{48\ 304}\right)^{\frac{1}{3}}-1$	5.5%
生产成本 (COGS)	平均值 $\dfrac{COGS_t}{NS_t}$	$\dfrac{1}{3}\left[\dfrac{COGS_{15}}{NS_{15}}+\dfrac{COGS_{14}}{NS_{14}}+\dfrac{COGS_{13}}{NS_{13}}\right]$	$\dfrac{1}{3}\left[\dfrac{38\ 440}{53\ 762}+\dfrac{36\ 609}{51\ 202}+\dfrac{34\ 537}{48\ 304}\right]$	71.5%
毛利润: $GP=NS-COGS$				
销售、一般和管理费用 (SGA)	平均值 $\dfrac{SGA_t}{NS_t}$	$\dfrac{1}{3}\left[\dfrac{SGA_{15}}{NS_{15}}+\dfrac{SGA_{14}}{NS_{14}}+\dfrac{SGA_{13}}{NS_{13}}\right]$	$\dfrac{1}{3}\left[\dfrac{4\ 892}{53\ 762}+\dfrac{4\ 659}{51\ 202}+\dfrac{4\ 396}{48\ 304}\right]$	9.1%
广告费用	平均值 $\dfrac{\text{广告费用}_t}{NS_t}$	$\dfrac{1}{3}\left[\dfrac{Adv_{15}}{NS_{15}}+\dfrac{Adv_{14}}{NS_{14}}+\dfrac{Adv_{13}}{NS_{13}}\right]$	$\dfrac{1}{3}\left[\dfrac{1\ 989}{53\ 762}+\dfrac{1\ 894}{51\ 202}+\dfrac{1\ 787}{48\ 304}\right]$	3.7%
折旧与摊销 (D&A)	平均值 $\dfrac{D\&A_t}{GPPE_{t-1}}$	$\dfrac{1}{3}\left[\dfrac{D\&A_{15}}{GPPE_{14}}+\dfrac{D\&A_{14}}{GPPE_{13}}+\dfrac{D\&A_{13}}{GPPE_{12}}\right]$	$\dfrac{1}{3}\left[\dfrac{439}{19\ 287}+\dfrac{114}{18\ 907}+\dfrac{115}{18\ 210}\right]$	1.2%
维修与维护费用 (R&M)	平均值 $\dfrac{R\&M_t}{NPPE_{t-1}}$	$\dfrac{1}{3}\left[\dfrac{R\&M_{15}}{NPPE_{14}}+\dfrac{R\&M_{14}}{NPPE_{13}}+\dfrac{R\&M_{13}}{NPPE_{12}}\right]$	$\dfrac{1}{3}\left[\dfrac{847}{16\ 949}+\dfrac{834}{16\ 683}+\dfrac{805}{16\ 101}\right]$	5.0%
息税前利润: $EBIT=GP-\text{广告费用}-D\&A-R\&M$				
利息收入 (II)	平均值 $\dfrac{II_t}{\left(\dfrac{MS_t+MS_{t-1}}{2}\right)}$	$\dfrac{1}{3}\left[\dfrac{II_{15}}{\left(\dfrac{MS_{15}+MS_{14}}{2}\right)}+\dfrac{II_{14}}{\left(\dfrac{MS_{14}+MS_{13}}{2}\right)}+\dfrac{II_{13}}{\left(\dfrac{MS_{13}+MS_{14}}{2}\right)}\right]$	$\dfrac{1}{3}\left[\dfrac{5}{\left(\dfrac{526}{2}\right)}+\dfrac{8}{\left(\dfrac{750}{2}\right)}+\dfrac{7}{\left(\dfrac{656}{2}\right)}\right]$	2.0%
利息费用 (IE)	平均值 $\dfrac{IE_t}{\left(\dfrac{TD_t+TD_{t-1}}{2}\right)}$	$\dfrac{1}{3}\left[\dfrac{IE_{15}}{\left(\dfrac{TD_{15}+TD_{14}}{2}\right)}+\dfrac{IE_{14}}{\left(\dfrac{TD_{14}+TD_{13}}{2}\right)}+\dfrac{IE_{13}}{\left(\dfrac{TD_{13}+TD_{12}}{2}\right)}\right]$	$\dfrac{1}{3}\left[\dfrac{693}{8\ 659}+\dfrac{945}{11\ 813}+\dfrac{1\ 158}{14\ 479}\right]$	8.0%

$TD_{15}=3\ 733+1\ 880+722=6\ 335$ 美元; $TD_{14}=2\ 779+1\ 713+6\ 490=10\ 982$ 美元; $TD_{13}=2\ 666+1\ 677+8\ 301=12\ 644$ 美元;
$TD_{12}=2\ 535+1\ 588+12\ 191=16\ 314$ 美元

税前利润: $EBT=EBIT+II-IE$; 所得税 $=EBT(T^C)$

| 所得税率 (T^C) | 平均值 $\dfrac{\text{所得税}}{EBT}$ | $\dfrac{1}{3}\left[\dfrac{\text{所得税}_{15}}{EBT_{15}}+\dfrac{\text{所得税}_{14}}{EBT_{14}}+\dfrac{\text{所得税}_{13}}{EBT_{13}}\right]$ | $\dfrac{1}{3}\left[\dfrac{2\ 199}{6\ 467}+\dfrac{2\ 092}{6\ 153}+\dfrac{1\ 874}{5\ 512}\right]$ | 34.0% |

净利润: $NI=EBT-\text{所得税}$

9.3 历史报表中的关系：资产负债表

现在我们继续探讨预测资产负债表中所涉及科目间的关联关系。往期的几张资产负债表如表 9.3 所示。相对于前一章所使用的资产负债表，本章中使用的资产

表 9.3 DCF 分析中使用的历史资产负债表 （单位：千美元）

资产负债表科目	2015 年	2014 年	2013 年	2012 年
资产				
流动资产				
现金	255	920	910	890
可交易证券	111	415	335	321
应收账款	2 183	4 126	4 002	3 997
存货	10 336	12 528	12 323	12 111
预付账款	391	422	411	402
总流动资产	13 276	18 411	17 981	17 721
房屋、厂房与设备				
土地	21	18	17	16
建筑物与改造	4 636	3 809	3 888	3 607
设备	16 453	15 460	15 002	14 587
固定资产	21 111	19 287	18 907	18 210
减：累计折旧与摊销	2 777	2 338	2 224	2 109
净固定资产	18 334	16 949	16 683	16 101
其他资产	1 603	477	472	460
总资产	33 213	35 837	35 136	34 282
负债与所有者权益				
流动负债				
应付账款	879	567	709	698
应付票据	3 733	2 779	2 666	2 535
一年内到期的长期负债	1 880	1 713	1 677	1 588
其他应付款	252	222	237	213
总流动负债	6 744	5 281	5 289	5 034
递延所得税	158	141	135	122
长期负债	722	6 490	8 301	12 191
总负债	7 625	11 912	13 725	17 347
所有者权益				
普通股，面值 1 美元 *	12 080	12 080	12 080	11 180
资本公积	4 400	4 400	4 400	2 376
留存收益	10 641	7 999	5 485	3 233
减：库存股	1 533	554	554	554
总所有者权益	25 588	23 925	21 411	16 935
总负债与所有者权益	33 213	35 837	35 136	34 282
发行在外股份数 *	10 012	10 100	10 100	9 900

*总共 50 000 股。

负债表多了一个科目——库存股（treasury stock, TS），代表着企业过往回购发行在外股票所使用的现金总量。它是一个负向的权益科目，因此所有者权益 = 普通股 + 资本公积 + 留存收益 − 库存股。请注意，所有的四个权益科目（包括库存股科目）在金额上是不可能减少的。因此，我们在编制预测财务报表时应当小心注意，以保证这些科目的金额不会按年减少。

表 9.4 则展示了历史资产科目间的关联关系。为方便说明，我们将资产负债表分割为两部分。下一步我们会讨论表 9.5，它展示了历史负债和所有者权益科目间的关联关系。

由此可见，我们假设现金、可交易证券、预付账款及其他资产占总资产的比例是恒定的。[7] 由于应收账款（AR）与销售收入水平直接相关，假设其在预测财务报表中按 $\frac{\text{平均}AR_t}{NS_t}$ 历史算术平均值增长，其中，平均 $AR_t = \frac{AR_t + AR_{t-1}}{2}$。类似地，由于存货（$Inv$）与生产成本（$COGS$）直接相关，假设其在预测财务报表中按 $\frac{\text{平均}Inv_t}{COGS_t}$ 的历史算术平均值增长，其中平均 $Inv_t = \frac{Inv_t + Inv_{t-1}}{2}$。

土地、建筑物与改造、设备三者都是固定资产原值的组成部分，我们假设它们每年占固定资产原值的比例与历史算术平均值持平，从而它们之间的相对占比不变。至于预测财务报表中固定资产原值的年总值，我们进行如下推算。我们先计算固定资产净值的水平。由于固定资产净值大体上代表着企业账面剩余"可用的"固定资产，我们认为它们是生产产品以支持企业销售收入的根本。假设 $\frac{\text{平均}NPPE_t}{NS_t}$ 每年恒定，其中，平均 $NPPE_t = \frac{NPPE_t + NPPE_{t-1}}{2}$。最后，假设 $D\&A_t = $ 累计 $D\&A_{t-1} + D\&A_t$，那么我们就可以推出 $GPPE_t$：由于有 $NPPE_t = GPPE_t - $ 累计 $D\&A_t$，那么 $GPPE_t = NPPE_t + $ 累计 $D\&A_t$。

资产负债表其他资产科目之间的关系如下：
- 总流动资产 = 现金 + 可交易证券 + 应收账款 + 存货 + 预付账款；
- 固定资产原值 = 土地 + 建筑物与改造 + 设备；
- 总资产 = 总流动资产 + 固定资产净值 + 其他资产。

在完成资产负债表的资产端后，我们现在考察另外一侧。表 9.5 列示了负债和所有者权益科目的关联关系。

如前所示，假设 $\frac{\text{平均}AP_t}{COGS_t}$ 和 $\frac{\text{平均}AL_t}{COGS_t}$ 年恒定，即等于历史算术平均值。其中，平均 $AP_t = \frac{AP_t + AP_{t-1}}{2}$，平均 $AL_t = \frac{AL_t + AL_{t-1}}{2}$。两个假设都是符合逻辑的，因为这两个科目的费用最后都会按照产品出售的时间归集到当期生产成本中。假设应付

---

[7] 其他情况包括：(a) 假设这四个科目保持最近一期的数值，如在 2015 年 12 月 31 日的水平；(b) 分别按相对增长率的历史几何平均值增长。

表 9.4 DCF 分析中使用的资产负债表的关联关系：资产与所有者权益

资产科目	关联关系	表达式	计算	结果
现金	平均值 $\dfrac{\text{现金}}{\text{总资产}}$	$\dfrac{1}{3}\left[\dfrac{\text{现金}_{15}}{TA_{15}}+\dfrac{\text{现金}_{14}}{TA_{14}}+\dfrac{\text{现金}_{13}}{TA_{13}}\right]$	$\dfrac{1}{3}\left[\dfrac{255}{33\,213}+\dfrac{920}{35\,837}+\dfrac{910}{35\,136}\right]$	1.97%
可交易证券	平均值 $\dfrac{\text{可交易证券}}{\text{总资产}}$	$\dfrac{1}{3}\left[\dfrac{MS_{15}}{TA_{15}}+\dfrac{MS_{14}}{TA_{14}}+\dfrac{MS_{13}}{TA_{13}}\right]$	$\dfrac{1}{3}\left[\dfrac{111}{33\,213}+\dfrac{415}{35\,837}+\dfrac{335}{35\,136}\right]$	0.82%
应收账款	平均值 $\dfrac{\text{平均应收账款}}{\text{销售收入}}$	$\dfrac{1}{3}\left[\dfrac{\left(\frac{AR_{15}+AR_{14}}{2}\right)}{NS_{15}}+\dfrac{\left(\frac{AR_{14}+AR_{13}}{2}\right)}{NS_{14}}+\dfrac{(AR_{13}+AR_{12})}{NS_{13}}\right]$	$\dfrac{1}{3}\left[\dfrac{\left(\frac{2\,183+4\,126}{2}\right)}{53\,762}+\dfrac{\left(\frac{4\,126+4\,002}{2}\right)}{51\,202}+\dfrac{\left(\frac{4\,002+3\,997}{2}\right)}{48\,304}\right]$	7.36%
存货	平均值 $\dfrac{\text{平均存货}}{\text{生产成本}}$	$\dfrac{1}{3}\left[\dfrac{\left(\frac{Inv_{15}+Inv_{14}}{2}\right)}{COGS_{15}}+\dfrac{\left(\frac{Inv_{14}+Inv_{13}}{2}\right)}{COGS_{14}}+\dfrac{(Inv_{13}+Inv_{12})}{COGS_{13}}\right]$	$\dfrac{1}{3}\left[\dfrac{\left(\frac{10\,336+12\,523}{2}\right)}{38\,440}+\dfrac{\left(\frac{12\,528+12\,323}{2}\right)}{36\,609}+\dfrac{\left(\frac{12\,323+12\,111}{2}\right)}{34\,537}\right]$	33.0%
预付账款	平均值 $\dfrac{\text{预付账款}}{\text{总资产}}$	$\dfrac{1}{3}\left[\dfrac{\text{预付账款}_{15}}{TA_{15}}+\dfrac{\text{预付账款}_{14}}{TA_{14}}+\dfrac{\text{预付账款}_{13}}{TA_{13}}\right]$	$\dfrac{1}{3}\left[\dfrac{391}{33\,213}+\dfrac{422}{35\,837}+\dfrac{411}{35\,136}\right]$	1.17%

总流动资产 = 现金 + 可交易证券 + 应收账款 + 存货 + 预付账款

土地	平均值 $\dfrac{\text{土地}}{\text{毛固定资产}}$	$\dfrac{1}{3}\left[\dfrac{\text{土地}_{15}}{GPPE_{15}}+\dfrac{\text{土地}_{14}}{GPPE_{14}}+\dfrac{\text{土地}_{13}}{GPPE_{13}}\right]$	$\dfrac{1}{3}\left[\dfrac{21}{21\,111}+\dfrac{18}{19\,287}+\dfrac{17}{18\,907}\right]$	0.1%
建筑物与改造	平均值 $\dfrac{\text{建筑物}}{\text{毛固定资产}}$	$\dfrac{1}{3}\left[\dfrac{\text{建筑物}_{15}}{GPPE_{15}}+\dfrac{\text{建筑物}_{14}}{GPPE_{14}}+\dfrac{\text{建筑物}_{13}}{GPPE_{13}}\right]$	$\dfrac{1}{3}\left[\dfrac{4\,636}{21\,111}+\dfrac{3\,809}{19\,287}+\dfrac{3\,888}{18\,907}\right]$	20.8%
设备	平均值 $\dfrac{\text{设备}}{\text{毛固定资产}}$	$\dfrac{1}{3}\left[\dfrac{\text{设备}_{15}}{GPPE_{15}}+\dfrac{\text{设备}_{14}}{GPPE_{14}}+\dfrac{\text{设备}_{13}}{GPPE_{13}}\right]$	$\dfrac{1}{3}\left[\dfrac{16\,453}{21\,111}+\dfrac{15\,460}{19\,287}+\dfrac{15\,002}{18\,907}\right]$	79.1%

$GPPE_t = NPPE_t +$ 累计 $D\&A_t$。（这来源于固定资产原值 = 土地 + 建筑物与改造 + 设备）
累计 $D\&A_t =$ 累计 $D\&A_{t-1} + D\&A_t$

$NPPE_t$	平均值 $\dfrac{\text{平均}NPPE}{\text{销售收入}}$	$\dfrac{1}{3}\left[\dfrac{\left(\frac{NPPE_{15}+NPPE_{14}}{2}\right)}{NS_{15}}+\dfrac{\left(\frac{NPPE_{14}+NPPE_{13}}{2}\right)}{NS_{14}}+\dfrac{(NPPE_{13}+NPPE_{12})}{NS_{13}}\right]$	$\dfrac{1}{3}\left[\dfrac{\left(\frac{18\,334+16\,945}{2}\right)}{53\,762}+\dfrac{\left(\frac{16\,949+16\,683}{2}\right)}{51\,202}+\dfrac{\left(\frac{16\,683+16\,101}{2}\right)}{48\,304}\right]$	33.2%
其他资产	平均值 $\dfrac{\text{其他资产}}{\text{总资产}}$	$\dfrac{1}{3}\left[\dfrac{OA_{15}}{TA_{15}}+\dfrac{OA_{14}}{TA_{14}}+\dfrac{OA_{13}}{TA_{13}}\right]$	$\dfrac{1}{3}\left[\dfrac{1\,603}{33\,213}+\dfrac{477}{35\,837}+\dfrac{472}{35\,136}\right]$	2.50%

总资产 = 总流动资产 + 固定资产净值 + 其他资产

表 9.5 DCF 分析中使用的资产负债表的关联关系：负债与所有者权益

负债与所有者权益科目	关联关系	表达式	计算	结果
应付账款	平均值 $\dfrac{\text{应付账款}}{\text{生产成本}}$	$\dfrac{1}{3}\left[\dfrac{\left(\dfrac{AP_{15}+AP_{14}}{2}\right)}{COGS_{15}}+\dfrac{\left(\dfrac{AP_{14}+AP_{13}}{2}\right)}{COGS_{14}}+\dfrac{\left(\dfrac{AP_{13}+AP_{12}}{2}\right)}{COGS_{13}}\right]$	$\dfrac{1}{3}\left[\dfrac{\left(\dfrac{879+567}{2}\right)}{38\,440}+\dfrac{\left(\dfrac{567+709}{2}\right)}{36\,609}+\dfrac{\left(\dfrac{709+698}{2}\right)}{34\,537}\right]$	1.89%
应付票据	平均值 $\dfrac{\text{应付票据}}{\text{总资产}}$	$\dfrac{1}{3}\left[\dfrac{NP_{15}}{TA_{15}}+\dfrac{NP_{14}}{TA_{14}}+\dfrac{NP_{13}}{TA_{13}}\right]$	$\dfrac{1}{3}\left[\dfrac{3\,733}{33\,213}+\dfrac{2\,779}{35\,837}+\dfrac{2\,666}{35\,136}\right]$	8.86%
一年内到期的长期负债	平均值 $\dfrac{\text{一年内到期的长期负债}}{\text{总资产}}$	$\dfrac{1}{3}\left[\dfrac{CM_{15}}{TA_{15}}+\dfrac{CM_{14}}{TA_{14}}+\dfrac{CM_{13}}{TA_{13}}\right]$	$\dfrac{1}{3}\left[\dfrac{1\,880}{33\,213}+\dfrac{1\,713}{35\,837}+\dfrac{1\,677}{35\,136}\right]$	5.07%
其他应付款	平均值 $\dfrac{\text{应付款}}{\text{生产成本}}$	$\dfrac{1}{3}\left[\dfrac{\left(\dfrac{AL_{15}+AL_{14}}{2}\right)}{COGS_{15}}+\dfrac{\left(\dfrac{AL_{14}+AL_{13}}{2}\right)}{COGS_{14}}+\dfrac{\left(\dfrac{AL_{13}+AL_{12}}{2}\right)}{COGS_{13}}\right]$	$\dfrac{1}{3}\left[\dfrac{\left(\dfrac{222+237}{2}\right)}{38\,440}+\dfrac{\left(\dfrac{237+213}{2}\right)}{34\,537}\right]$	0.63%

总流动负债＝应付账款＋应付票据＋一年内到期的长期负债＋其他应付款
倒算项：长期负债＝总资产－（总流动负债＋递延所得税＋长期负债＋总所有者权益）
假设递延所得税总额每年持平；假设资本公积总额每年持平。
留存收益$(RE_t)=NI_t-$支付现金股利$_t$
假设库存股总股数每股数每年持平。
总所有者权益＝普通股＋资本公积＋留存收益－库存股
总负债与所有者权益＝总负债＋总所有者权益

票据和一年内到期的长期负债占总资产的比例不变。我们进一步假设递延所得税、普通股、资本公积和库存股的总量每年持平。

顾名思义，资产负债表的资产和负债（及所有者权益）两端是平衡的，即总资产＝总负债＋总所有者权益。因此，这个等式是我们必须考虑的一个条件。在我们的预测资产负债表中，一个科目是专门按此等式计算的。这一项被称为**倒算项**，因为其数值是按照报表平衡的条件倒算出来的。为简化问题，我们将长期负债当作财务模型中的倒算项。根据资产负债表中的总资产＝总负债＋总所有者权益＝（流动负债＋递延所得税负债＋长期负债）＋所有者权益，有长期负债＝总资产－流动负债－递延所得税负债－所有者权益。因此，长期负债科目数值的增加意味着新增相应的债务；而长期负债科目数值的减少意味着偿还相应的债务。

资产负债表其他负债与所有者权益科目的关系如下：
- 总流动负债＝应付账款＋应付票据＋一年内到期的长期债券＋其他应付款；
- 总负债＝总流动负债＋递延所得税负债＋长期负债；
- Δ 留存收益＝净利润－支付的现金股利；
- 总所有者权益＝普通股＋资本公积＋留存收益－库存股；
- 总负债与所有者权益＝总负债＋总所有者权益。

9.4 用于 DCF 分析的预测财务报表

在掌握了这些比例指标后，我们现在可以编制预测利润表（见表 9.6）和预测资

表 9.6 用于 DCF 分析的预测利润表　　　　　　　　　　（单位：千美元）

利润表科目	2016 年	2017 年	2018 年	2019 年	2020 年
销售收入	56 718	59 837	63 127	66 599	70 261
生产成本	40 554	42 784	45 136	47 618	50 236
毛利润	16 165	17 054	17 991	18 981	20 024
销售、一般和管理费用	5 161	5 445	5 745	6 060	6 394
广告费用	2 099	2 214	2 336	2 464	2 600
折旧与摊销	746	807	872	941	1 015
维修与维护费用	2 764	2 916	3 076	3 246	3 424
息税前利润	5 395	5 672	5 963	6 269	6 592
其他收入（费用）					
利息收入	4	6	7	7	8
利息费用	(651)	(798)	(803)	(809)	(814)
税前利润	4 749	4 880	5 166	5 467	5 785
所得税	1 615	1 659	1 756	1 859	1 967
净利润	3 134	3 221	3 410	3 608	3 818

产负债表（见表9.7）了。根据这些报表，我们还可以计算预测现金流量表（见表9.8）并计算用于多种DCF分析的未来现金流量表（见表9.9）。在编制这些预测财务报表（见表9.6、表9.7、表9.8和表9.9）时，我们考虑了之前讨论的各种科目之间的关系，包括利润表科目间关系（第101页），资产负债表的资产科目间关系（见第104页）、负债与所有者权益科目间关系（见第107页）。显然，表9.2、表9.4和表9.5中推导的关系已经包含在各张预测财务报表中。

表9.7 用于DCF分析的预测资产负债表 （单位：千美元）

资产负债表科目	2016	2017	2018	2019	2020
资产					
流动资产					
现金	764	806	850	897	946
可交易证券	315	333	351	370	391
应收账款	3 858	4 070	4 293	4 530	4 779
存货	13 084	13 803	14 562	15 363	16 208
预付账款	454	479	506	534	563
总流动资产	18 475	19 491	20 563	21 693	22 886
房屋、厂房与设备					
土地	21	23	25	27	29
建筑物	4 724	5 111	5 524	5 964	6 432
设备	18 012	19 488	21 062	22 738	24 525
固定资产原值	22 758	24 622	26 610	28 729	30 986
减：累计折旧与摊销	3 522	4 329	5 201	6 143	7 158
固定资产净值	19 235	20 293	21 409	22 586	23 828
其他资产	967	1 020	1 076	1 136	1 198
总资产	38 677	40 804	43 048	45 415	47 912
负债与所有者权益					
流动负债					
应付账款	796	840	886	934	986
应付票据	3 427	3 616	3 814	4 024	4 246
一年内到期的长期债券	1 961	2 069	2 183	2 303	2 430
其他应付款	264	278	293	309	326
总流动负债	6 448	6 803	7 177	7 571	7 988
递延所得税负债	158	158	158	158	158
长期负债	4 543	4 322	4 081	3 820	3 537
总负债	11 149	11 282	11 416	11 549	11 683
所有者权益					
普通股，面值1美元	12 080	12 080	12 080	12 080	12 080
资本公积	4 400	4 400	4 400	4 400	4 400
留存收益	12 581	14 574	16 685	18 919	21 282
减：库存股	1 533	1 533	1 533	1 533	1 533
总所有者权益	27 528	29 522	31 632	33 866	36 229
总负债与所有者权益	38 677	40 804	43 048	45 415	47 912

表 9.8 用于 DCF 分析的预测现金流量表　　（单位：千美元）

现金流量表科目	2016 年	2017 年	2018 年	2019 年	2020 年
产生经营现金流的活动					
净利润	3 134	3 221	3 410	3 608	3 818
非现金调整项					
折旧与摊销	746	807	872	941	1 015
递延所得税负债	0	0	0	0	0
营运资本使用（提供）的现金					
应收账款	(1 675)	(212)	(224)	(236)	(249)
存货	(2 748)	(719)	(759)	(801)	(845)
预付账款	(63)	(25)	(26)	(28)	(29)
应付账款	(83)	44	46	49	51
其他应付款	11	14	15	16	17
经营现金流	(678)	3 130	3 334	3 550	3 779
产生投资现金流的活动					
新增固定资产	(1 647)	(1 865)	(1 988)	(2 119)	(2 257)
其他投资	636	(53)	(56)	(59)	(62)
投资现金流	(1 011)	(1 918)	(2 044)	(2 178)	(2 320)
产生融资现金流的活动					
发行普通股	0	0	0	0	0
回购普通股	(0)	(0)	(0)	(0)	(0)
增加（减少）短期负债	(225)	296	313	330	348
增加长期负债	3 821	0	0	0	0
减少长期负债	0	222	241	261	282
发放现金股利	1 194	1 227	1 299	1 375	1 455
融资现金流	2 402	(1 153)	(1 227)	(1 306)	(1 389)
增加现金 + 可交易证券	713	59	63	66	70
现金 + 可交易证券 $_{t-1}$	366	1 079	1 138	1 201	1 267
现金 + 可交易证券 $_t$	1 079	1 138	1 201	1 267	1 337
资产负债表中的现金 + 可交易证券 $_t$	1 079	1 138	1 201	1 267	1 337

正如我们之前讨论的那样，未来五年（表 9.6 中的 2016—2020 年）的销售收入假设按照相对增长率过去三年的历史几何平均值（5.5%）增长。

给定企业过往的盈利能力（过去三年内 $NI_t > 0$）并假设销售收入按年 5.5% 的速度增长，可以预见企业的经营利润和净利润均为正且持续增长。

表 9.9　用于 DCF 分析的预测现金流计算　　　　　　　（单位：千美元）

现金流量表科目	2016 年	2017 年	2018 年	2019 年	2020 年
经营现金流	(678)	3 130	3 334	3 550	3 779
投资现金流	(1 011)	(1 918)	(2 044)	(2 178)	(2 320)
融资现金流	2 402	(1 153)	(1 227)	(1 306)	(1 389)
利息费用 $\times (1-T^C)$	429	526	530	534	537
Δ 长期负债 (ΔLTD)	3 821	(222)	(241)	(261)	(282)
Δ 短期负债 (ΔSTD)	(225)	296	313	330	348
Δ 负债 (ΔTD)	3 596	75	72	69	66
税后债权现金流 (CF^D)	(3 167)	452	458	465	472
自由股权现金流 (FCFE)	1 907	1 287	1 362	1 441	1 524
自由现金流 (FCF)	(1 259)	1 738	1 820	1 906	1 996
现金股利	1 194	1 227	1 299	1 375	1 455
全股权现金流 (TECF)	1 194	1 227	1 299	1 375	1 455
Δ(现金 + 可交易证券)	713	59	63	66	70
自由股权现金流	1 907	1 287	1 362	1 441	1 524

Δ 负债 $= \Delta TD = \Delta LTD + \Delta STD$；税后 $CF^D =$ 利息费用$(1-T^C) - \Delta$ 负债；

$FCFE = OCF + ICF + \Delta TD$；$FCF = FCFE +$ 税后CF^D；

现金股利 $=$ 留存率 $\times$ 净利润 $= b \times NI$；

$TECF =$ 现金股利 $+$ 通过发行股票获得的现金 $-$ 用于股票回购的现金；

此外，$FCFE = TECF + \Delta$(现金 $+$ 可交易证券)；

预测资产负债表如表 9.7 所示。请回想我们之前假设四个所有者权益科目中的三个（普通股、资本公积和库存股）保持不变。由于计算得到企业未来持续盈利（未来五年中净利润 > 0），有 $RE_t = RE_{t-1} + NI_t(b)$ 每年增长。[8]因此，企业对债务融资的需求是逐年下降的，使得倒算项（长期负债）也逐年下降。这说明企业（自 2016 年至 2020 年）每年会产生额外的现金，并用这些现金每年归还部分现有的债务。

最后，我们计算各种预测现金流。如表 9.9 所示，这些现金流稍后会用于各种 DCF 分析。

在得到预测利润表和预测资产负债表后，我们自然可以计算相应的现金流量表（见表 9.8）。

9.5　资本成本：加权平均资本成本及其他

得到各种现金流后，我们现在转而关注折现这些现金流时需要用到的要求收益

---

[8]请注意，全部四个所有者权益科目，包括留存收益，在总量上是不会减少的。因此，如果某年的净利润为负，则 b 当年必须为 0。

率。我们定义企业的**加权平均资本成本**（weighted average cost of capital，WACC）为：

$$WACC = \frac{D}{D+Eq}r^D(1-T^C) + \frac{Eq}{D+Eq}r^E \tag{9-1}$$

其中，D 和 Eq 分别是债权和股权的市场价值，而 r^E 和 r^D 则是企业股权投资人和债权投资人的要求收益率。请注意，加权平均资本成本考虑了利息支出的税盾效应。[9]

由于加权平均资本成本是股东要求收益率 r^E 和债权人要求收益率 r^D 的函数，我们先谈谈两者的计算方法。同样，我们需要先估计所得税税率 T^C、债权价值 D 和股权价值 Eq 才能计算加权平均资本成本。

我们可以使用多种模型计算股权价值 r^E。我们讨论过市场模型，它使用单一系统风险因子市场回报率，与资本资产定价模型的思想一致。在表 9.10 中，我们列举了企业和完全分散化股票指数的收市价（总共 61 对），其中完全分散的股票指数是用来模拟市场总体的工具。[10]

首先，连续复合收益率可据此计算：$r_t^i = \ln\left(\frac{P_t^i}{P_{t-1}^i}\right)$，$t \in \{1,2,\cdots,60\}$，$i \in \{E,m\}$，结果如表 9.10 所示。然后，根据市场模型进行回归：$r_t^E = \alpha^E + \beta^E r_t^m + \epsilon_t^E$，$t \in \{1,2,\cdots,60\}$，得到 $\beta^E = 1.42$。这个 β^E 可以用于资本资产定价模型。我们假设下一期的无风险收益率和市场收益率分别为 3% 和 8%，那么根据资本资产定价模型，有 $E[r^E] = r^f + \beta^E(E[r^m] - r^f) = 3\% + 1.42(8\% - 3\%) = 10.10\%$。

米勒和莫迪利亚尼（MM）第二定理是可用来计算 r^E 的另一种模型。在一个无摩擦的理想世界里，MM 证明了股东的要求收益率与企业的权益比率直接相关，即[11]

$$r^E = r^0 + \frac{D}{Eq}(r^0 - r^D)(1-T^C) \tag{9-2}$$

其中，r^0 是理论上当企业没有负债时股东的要求收益率。

下面，我们使用资本资产定价模型中的 $r^E = 10.10\%$。[12] 稍后，我们会利用表达式 (9-2) 计算 r^0。

---

[9]支付给债权人的利息比股东的剩余索取权更安全，因为：(a) 利息必须优先偿付；(b) 由于存在条款约定，利息的变动较小，甚至恒定不变，因此有 $r^D < r^E$。债权人为 1 美元的期望收益支付更多，股东则支付得更少，即 $\frac{E[1\text{美元利息}]}{1+r^D} = P_0^D > P_0^{Eq} = \frac{E[1\text{美元股利}]}{1+r^E}$。因此，根据加权平均资本成本的计算公式，即表达式 (9-1)，有人可能会认为 100% 的负债水平会使加权平均资本成本最小。然而，这并没有考虑到在财务杠杆提高时，股东的要求收益率会不断提高，这就是 MM 第二定理，即表达式 (9-2)。

[10]标准普尔 500 就是一种可以模拟市场的股票指数。

[11]当 $D = 0$ 时，根据 r^0 的定义有 $r^E = r^0$。

[12]其他计算 r^E 的模型包括 Fama-French（FF）三因子模型，即 $r_t^i = \alpha^i + \beta^m r_t^m + \beta^{HML}RP_t^{HML} + \beta^{SMB}RP_t^{SMB}$，其中 RP^{HML} 和 RP^{SMB} 是与企业 $\frac{BV}{MV}$ 指标（"高减低"）和企业规模（"小减大"）分别相关的溢价因子。根据 FF 模型，卡尔哈特（Carhart）加入了第四个因子——股票回报率的动量；也有加入第五个因子（股票流动性）的模型。

表 9.10　股票与市场指数的价格数据

Mo.	P^E	P^m	r^E	r^m	Mo.	P^E	P^m	r^E	r^m
0	1.26	4.41							
1	1.31	4.53	0.036	0.026	31	2.21	5.68	0.035	0.025
2	1.41	4.74	0.076	0.046	32	2.34	5.93	0.059	0.044
3	1.45	4.82	0.031	0.018	33	2.43	6.11	0.039	0.029
4	1.49	4.88	0.023	0.011	34	2.36	5.92	-0.030	-0.032
5	1.36	4.60	-0.091	-0.058	35	2.32	5.83	-0.019	-0.015
6	1.27	4.41	-0.067	-0.043	36	2.40	5.98	0.034	0.025
7	1.36	4.62	0.071	0.047	37	2.62	6.23	0.086	0.042
8	1.42	4.77	0.041	0.032	38	2.50	5.99	-0.044	-0.039
9	1.50	4.94	0.056	0.035	39	2.44	5.89	-0.024	-0.017
10	1.50	4.86	-0.002	-0.016	40	2.50	5.95	0.023	0.009
11	1.51	4.86	0.009	0.000	41	2.53	5.95	0.010	0.002
12	1.54	4.88	0.015	0.003	42	2.63	6.15	0.039	0.033
13	1.55	4.90	0.012	0.005	43	2.72	6.30	0.036	0.024
14	1.59	4.94	0.022	0.008	44	2.61	6.11	-0.043	-0.031
15	1.62	4.97	0.018	0.008	45	2.80	6.33	0.070	0.036
16	1.70	5.12	0.047	0.030	46	2.78	6.21	-0.006	-0.021
17	1.71	5.11	0.006	-0.003	47	2.93	6.35	0.053	0.023
18	1.68	4.96	-0.016	-0.029	48	3.00	6.47	0.024	0.019
19	1.75	5.11	0.043	0.030	49	3.03	6.46	0.008	-0.001
20	1.78	5.12	0.013	0.002	50	3.11	6.52	0.026	0.010
21	1.69	4.94	-0.047	-0.036	51	3.20	6.59	0.027	0.011
22	1.74	4.99	0.026	0.010	52	3.25	6.67	0.018	0.011
23	1.68	4.86	-0.034	-0.026	53	3.39	6.79	0.040	0.019
24	1.72	4.92	0.026	0.012	54	3.36	6.66	-0.008	-0.020
25	1.74	4.92	0.009	0.000	55	3.39	6.66	0.009	0.000
26	1.84	5.04	0.055	0.024	56	3.42	6.66	0.009	0.000
27	1.89	5.14	0.028	0.020	57	3.40	6.60	-0.008	-0.010
28	2.01	5.41	0.061	0.052	58	3.48	6.74	0.024	0.021
29	2.10	5.51	0.043	0.018	59	3.53	6.78	0.014	0.006
30	2.13	5.54	0.015	0.004	60	3.19	6.40	-0.100	-0.057

$Mo.$：月；P^E：股票价格；P^m：市场指数；

r^E：股票月连续复合收益率；

r^m：市场指数月连续复合收益率；

显然，有 $r_t^E = \ln\left(\dfrac{P_t^E}{P_{t-1}^E}\right)$ 及 $r_t^m = \ln\left(\dfrac{P_t^m}{P_{t-1}^m}\right)$，$t \in \{1, 2, \cdots, 60\}$。

价格数据四舍五入至两位小数，使得计算结果存在差异。

根据市场模型，有 $r_t^E = \alpha^E + \beta^E r_t^m + \epsilon_t^E$，$t \in \{1, 2, \cdots, 60\}$。

对这 60 对数据进行回归，得到 $\beta^E = 1.42$。

随后，将 $\beta^E = 1.42$ 用于资本资产定价模型，计算出 r^E。

我们需要用**债务成本** (r^D) 计算加权平均资本成本。这可以通过多种方式计算，

例如以下两种：[13]

$$r^D = \text{平均值}\frac{IE}{\text{平均}TD}, \quad \text{或} \quad r^D = \text{平均值}\frac{IE - II}{\text{平均}(TD - MS)} \tag{9-3}$$

其中，IE 是利息费用，TD 是总债务，$TD = LTD + STD = LTD + NP + CM$，而 II 是可交易证券赚取的利息收入。[14] 在本例中，我们从表达式 (9-3) 计算得到 $r^D = 8.00\%$，并从第二个等式得到 $r^D = 8.17\%$。由于企业向债权人支付的利息率高于从可交易证券赚取的利息率，表达式 (9-3) 中第二个等式计算得到的 r^D 高于第一个等式的计算结果。

$WACC$ 是 T^C、D 和 Eq 的函数。首先，企业的平均所得税税率为之前通过历史算术平均值计算得到的 34%。其次，企业债券的市场价值等于债券数量乘以债券价格。在本例中，我们假设债券的市场价值等于债券当前的账面价值，即 $TD_{2015} = NP_{2015} + CM_{2015} + LTD_{2015} = 3\,733 + 1\,880 + 722 = 6\,336$ 美元。最后，对于股权价值，给定发行在外股份数 10 012 股及股票价格 11.12 美元，企业股权的市场价值是 $10\,012 \times 11.12$ 美元 $= 111\,333$ 美元。

现在，我们终于可以根据表达式 (9-1) 计算出加权平均资本成本，即 $WACC = \frac{6\,336}{6\,366 + 111\,333} \times 8.00\% \times (1 - 34\%) + \frac{111\,333}{6\,366 + 111\,333} \times 10.10\% = 9.84\%$。

9.6 理论要求收益率：无债务的情况

在稍后讨论的调整现值法中，我们会需要当企业没有债务时股东要求的理论收益率 r^0。表达式 (9-2) 可以改写为：

$$r^0 = \frac{D(1 - T^C)}{D(1 - T^C) + Eq}r^D + \frac{Eq}{D(1 - T^C) + Eq}r^E \tag{9-4}$$

在本例中，根据表达式 (9-4)，有 $r^0 = 10.02\%$。

比较表达式 (9-1) 和 (9-4)，可得 $r^0 \geqslant WACC$；只要 $D > 0$ 且 $T^C > 0$，则不等关系严格成立，其中 $r^0 > r^D$。因此，$r^0 - WACC$ 的差额来自债务利息支出的税盾优势。$WACC$ 和 r^0 在计算上的相似之处十分明显：$WACC$ 是对 D 和 Eq 的加权，而 r^0 则

---

[13] 另一种计算 r^D 的方法是针对一组信用评分相近的债券，用债券的到期收益率 (y) 对债券的存续期 (ttm)、存续期的平方 (ttm^2) 和存续期的三次方 (ttm^3) 回归，即三阶多元回归方程。这可以构建适用于该信用级别的任一债券的模型。然后，我们可以用 y 作为 r^D 的工具。这是一个比较保守的估计，因为对有风险的债券而言有 $y > r^D$，用来计算 y 的承诺现金流大于用来计算 r^D 的预期现金流。对于评级较高的债券，$y - r^D > 0$ 很小，因此这种代用是可以接受的。然而对于评级较低的债券，我们需要十分小心，因为 $y - r^D > 0$ 并不小。因此，读者可能需要使用一个略小于 y 的数据估计 r^D。

[14] 例如，平均值 $\frac{IE}{\text{平均}TD} = \frac{1}{3}\left[\frac{IE_{15}}{(TD_{15} + TD_{14})/2} + \frac{IE_{14}}{(TD_{14} + TD_{13})/2} + \frac{IE_{13}}{(TD_{13} + TD_{12})/2}\right]$。

是对 $D(1-T^C)$ 和 Eq 的加权。此外，$WACC$ 和 r^0 都对 r^E 加权。然而，$WACC$ 也对 $r^D(1-T^C)$，即税后的 r^D 加权；r^0 则对 r^D 加权。[15]

9.7 现金流折现法

现在我们得到了现金流折现法所涉及的数据。最常见的现金流折现模型是**加权平均资本成本**（weighted average cost of capital, WACC）**法**，使用加权平均资本成本折现自由现金流。它的内在逻辑是显而易见的。自由现金流的一种含义是可以用来回报所有的证券持有人（包括股东和债权人）的现金流。还有，加权平均资本成本是企业总体的资本成本，考虑了所有证券持有人的要求收益率并按其投资额的比重进行加权。因此，用加权平均资本成本折现现金流可以得到**企业价值**（enterprise value, EV），具体计算方法为：

$$EV = \sum_{t=1}^{\infty} \frac{FCF_t}{(1+WACC)^t}$$
$$= \sum_{t=1}^{T} \frac{FCF_t}{(1+WACC)^t} + \frac{FCF_T(1+g^{FCF})}{(WACC-g^{FCF})(1+WACC)^T} \quad (9\text{-}5)$$

其中，g^{FCF} 是假设的 T 期后 FCF_t 的永续增长率。[16] 表达式 (9-5) 的第一行是普适的，第二行则体现了折现概念的应用。具体而言，T 年的预测财务报表可以得到未来 T 年的自由现金流估计值，其中 T 一般是 5 或 10。前 T 年自由现金流对企业价值的贡献可以通过求和符号直接计算，并在此基础上加上第二行的最后一项，即 $T+1$ 期以后的永续增长现金流。永续增长现金流的第一项就是分子，$FCF_{T+1} = FCF_T(1+g^{FCF})$，它在 T 期的价值是 $\dfrac{FCF_{T+1}}{WACC-g^{FCF}}$。用 $(1+WACC)^T$ 对此折现，得到它在时点 $t=0$ 的现值。

股权价值可以通过企业价值计算，具体为：

$$Eq = EV - [债权 - (现金 + 可交易证券)] = EV - \Gamma \quad (9\text{-}6)$$

其中，$\Gamma = 债权 - (现金 + 可交易证券)$，是经现金和可交易证券调整后的企业负债。[17]

另一种现金流折现方法是**股权现金流法**（flows to equity method, FTE），是将股权自由现金流（FCFE）用股东要求收益率 r^E 折现，因此可以直接得到股权价值。[18] 显

---

[15]另一种计算 r^0 的方法是 MM 第二定理，使用了**无杠杆贝塔**。用 r_t^E 对 r_t^m 进行回归，得到杠杆后的贝塔，即 β^E。其次，无杠杆贝塔（即无债务的理想企业的贝塔）是 $\beta_u^E = \dfrac{\beta^E}{1+\dfrac{D}{E}(1-T^C)} \leqslant \beta^E$。

其中，只要 $D>0$ 和 $T^C>0$，这个弱不等式严格成立。最后，我们可以使 $r^0 = r^f + \beta_u^E(E[r^m] - r^f)$。

[16]我们假设 $g^{FCF} < WACC$，因此表达式 (9-5) 第二行成立。

[17]现金和可交易证券也可以被当作一种负向的债务。确实，过多的现金和可交易证券可以用于归还债务。

[18]据此，我们可以通过加上 Γ 得到企业价值，即 $EV = Eq + \Gamma$。

然，股权现金流法的计算方法为：

$$Eq = \sum_{t=1}^{\infty} \frac{FCFE_t}{(1+r^E)^t}$$
$$= \sum_{t=1}^{T} \frac{FCFE_t}{(1+r^E)^t} + \frac{FCFE_T(1+g^{FCFE})}{(r^E - g^{FCFE})(1+r^E)^T} \quad (9\text{-}7)$$

其中，g^{FCFE} 是假设的 T 期后 $FCFE_t$ 的永续增长率。[19] 等式 (9-7) 的第一行是普适的，第二行则反映了折现概念的应用。股权现金流法中表达式的逻辑与加权平均资本成本法中表达式 (9-5) 的逻辑相似。

两种现金流折现方法 —— **全股权现金流模型**（total equity cash flows model, TECFM）和**股利折现模型**（divident discount model, DDM），与刚才讨论的股权现金流法类似，唯一的区别在于股权现金流的定义。全股权现金流模型根据表达式 (7-8) 对全股权现金流 (TECF) 进行折现，而股利折现模型则对股利折现。[20]

股利折现模型的一个特例是 **Gordon 常速增长股利折现模型**，即 $P_0^E = \dfrac{d_1}{r^E - g^d}$。其中，$d_1$ 是预期一年后发放的股利，而 g^d 是股利永续增长率。该模型是第一章恒定增长率公式的一个应用。

我们不能对尚未成熟的企业或处于尚未成熟的行业中的企业假设股利以恒定速率增长。**多阶段股利折现模型**适用于这些情况。例如，假设存在一个在前 t^h 年股利以 g^h 高速增长的企业，随后其股利增速降至 g^l 并以此速率永续增长。我们进一步假设该企业昨天支付了股利 d_0，预期一年后发放股利 $d_0(1+g^h)$。给定**两阶段常速增长股利折现模型**得到的股权价值为：[21]

$$Eq = \sum_{t=1}^{t^h} \frac{d_0(1+g^h)^t}{(1+r^E)^t} + \frac{d_0(1+g^h)^{t^h}(1+g^l)}{(1+r^E)^{t^h}(r^E - g^l)} \quad (9\text{-}8)$$

对于一个初创企业，限定只有两个成长阶段是过于狭隘的。假设对于一个企业存在**三阶段常速增长股利折现模型**，企业前 t^h 年的股利以 g^h 高速增长，随后 t^m 年的股利以 g^m 中速增长，然后股利增速降至 g^l 并以此速率永续增长。则企业的股权价

---

[19] 我们假设 $g^{FCFE} < r^E$，使表达式 (9-7) 的第二行成立。

[20] 当然，g 在全股权现金流模型中指代 $TECF_t$ 的增长率，在股利折现模型中指代 d_t 的增长率；同样，两个模型都假设 $g < r^E$。

在本例中，两个模型（TECFM 和 DDM）在给定相同股份数时可得到相同的股权价值；在此，我们将债权当作倒算项。如果在给定 $\dfrac{负债}{资产}$ 的前提下用普通股加上资本公积或库存股，那么这两个模型会得到两个不同的股权价值。

[21] 对于最后一项，$d_0(1+g^h)^{t^h}$ 是 d_{t^h} 而 $d_{t^h}(1+g^l)$ 是 d_{t^h+1}，将它除以 $r^E - g^l$ 可以得到 t^h 期的永续增长价值。最后，将它除以 $(1+r^E)^{t^h}$ 可以得到永续增长的现时价值，其中第一期的股利是 d_{t^h+1}。

值为：

$$Eq = \sum_{t=1}^{t^h} \frac{d_0(1+g^h)^t}{(1+r^E)^t} + \sum_{t=t^h+1}^{t^h+t^m} \frac{d_0(1+g^h)^{t^h}(1+g^m)^{(t-t^h)}}{(1+r^E)^t} + \frac{d_0(1+g^h)^{t^h}(1+g^m)^{t^m}(1+g^l)}{(1+r^E)^{t^h+t^m}(r^E-g^l)}$$

(9-9)

以此类推，也可以使用四阶段模型、五阶段模型等。

股利增长率可能不会像表达式 (9-8) 和表达式 (9-9) 假设的那样突然变化，因此我们可以假设股利增长率在一段时间内随时间线性下降。我们假设股利增长率的变化如下：{11%, 11%, 11%, 11%, 10%, 9%, 8%, 7%, 6%, 5%, 4%, 3%}，最后以 3% 的速率永续增长。理论上，给定上述条件，根据股利折现模型计算的股权价值与其他股利变化的情况并无二致：$Eq = \sum_{t=1}^{\infty} \frac{d_t}{(1+r^E)^t}$。

图 9.2 展示了两个三阶段常速增长股利折现模型的例子。正方形展示了与前述例子中一致的年增长率。菱形则展示了如下的增长率变化：{12%, 12%, 12%, 12%, 12%, 6.5%, 6.5%, 6.5%, 6.5%, 6.5%, 3%}，最后以 3% 的速率永续增长。

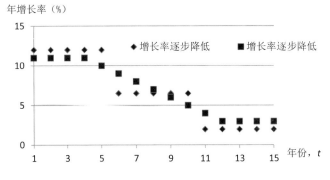

图 9.2 三阶段股利折现模型年增长率举例

股利折现模型可以用于估计 r^E。我们重写 Gordon 模型，得到 $P_0^E = \frac{d_1}{r^E - g^d} = \frac{d_0(1+g^d)}{r^E - g^d}$，因此 $r^E = g^d + \frac{d_1}{P_0^E}$，其中第二项（$\frac{d_1}{P_0^E}$）是股利收益率。因此在市场中，市场参与者会调整价格直到股东要求收益率等于增长率加上股利收益率。更普遍的情况是，投资者可以使用如表达式 (9-8) 或表达式 (9-9) 的多阶段股利折现模型计算隐含的 r^E。[22]

调整现值法有两步。第一步，我们折现自由现金流，与加权平均资本成本法一致。然而与加权平均资本成本法完全不同的是，加权平均资本成本法认为自由现金流是能够支付给所有证券持有人的现金流，而调整现值法则认为自由现金流是在企业没有负债时，企业股东理论上可以支配的现金流。在这种对自由现金流的定义下，我们用与其对应的收益率 r^0 进行折现。因此，计算得到的内在价值是企业没有负债

---

[22] 对于不存在显性解的情况，可以使用 Excel 中的规划求解功能进行计算。

时的理论企业价值。我们将这个价值记为 $EV^U = EV|(D=0)$，即理论上的**无杠杆企业价值**，具体为：

$$EV^U = EV|(D=0) = \sum_{t=1}^{\infty} \frac{FCF_t}{(1+r^0)^t} = \sum_{t=1}^{T} \frac{FCF_t}{(1+r^0)^t} + \frac{FCF_T(1+g^{FCF})}{(r^0 - g^{FCF})(1+r^0)^T} \quad (9\text{-}10)$$

其中，假设 T 年后的自由现金流永续增长率为 g^{FCF}，且 g^{FCF} 小于 r^0。

调整现值法的第二步，我们假设企业资本结构中没有债务，从而将理论上的无债务企业价值 EV^U 加上债权融资的影响 $NPVF^k, k \in \{1, 2, \cdots, K\}$。因此，实际上（有杠杆）的企业价值或**杠杆企业价值** EV^L 为：

$$EV = EV^L = EV^U + \sum_{k=1}^{K} NPVF^k \quad (9\text{-}11)$$

我们关注债权融资中最重要的影响——**债务税盾**（debt tax shield, DTS）。[23] 债务税盾是支付利息所节约的税费从而带来的企业价值提升，即[24]

$$DTS \equiv \sum_{t=1}^{\infty} \frac{IE_t T^C}{(1+r_t^D)^t} = T^C \sum_{t=1}^{\infty} \frac{D_t(r_t^C)}{(1+r_t^D)^t} \quad (9\text{-}12)$$

其中，$IE_t = D_t(r_t^C)$，r_t^C 是票息率。在计算债务税盾时，年节约税费 $IE_t T^C$ 使用债权人的要求收益率折现，因为这些节约下来的税费的风险性与支付的利息本身是相同的。

如果我们假设票息率固定（$r_t^C = r^C$），且债务水平恒定（$D_t = D$），则表达式 (9-12) 变成了 $DTS = T^C D r^C \sum_{t=1}^{\infty} \frac{1}{(1+r_t^D)^t}$。此外，如果我们假设 $r_t^D = r^D$ 是恒定的，则上式中的求和号变成了 1 美元，使得 $DTS = T^C D r^C \frac{1}{r^D}$。最后，我们假设债券平价发行，即 $r^C = r^D$，则[25]

$$DTS \big| (r^D = r^C \text{恒定}; T^C \text{和} D \text{恒定}) = T^C D \quad (9\text{-}13)$$

我们进行调整现值法的第二步，表达式为：[26]

$$EV = EV^L \approx EV^U + DTS$$
$$\approx \sum_{t=1}^{T} \frac{FCF_t}{(1+r^0)^t} + \frac{FCF_T(1+g^{FCF})}{(r^0 - g^{FCF})(1+r^0)^T} + T^C D \quad (9\text{-}14)$$

如前所述，股权价值为 $Eq = EV - \Gamma$，其中 $\Gamma = $ 债权 $-$（现金 $+$ 可交易证券）。

---

[23]债权融资都应考虑进来，如发行债券、次级债务融资等。为简化讨论，我们主要讨论最重要的债务税盾。

[24]我们假设 T^C 是恒定的。

[25]将表达式 (9-13) 写作通用的表达式 (9-12) 的一个特例，我们可以发现常见的表达式 $DTS = T^C D$ 使用的假设非常强。虽然此处有许多假设，使表达式 (9-13) 计算得到的数值不一定真实，但实际上大部分企业并不会大幅偏离这些假设。因此，$T^C D$ 通常是 DTS 的合理估计。

[26]表达式 (9-14) 中的第一次近似是因为我们排除了债务税盾以外的其他债务融资的影响，而第二次近似则是认为总体而言，根据式 (9-13)，有 $DTS \approx T^C D$。

表 9.11 现金流折现模型

现金流折现模型	现金流	折现率	内在价值 (IV)	IV 等于:	企业价值 (EV)	股权价值 (Eq)
WACC	FCF	$WACC$	$\left[\sum_{t=1}^{T} \frac{FCF_t}{(1+WACC)^t}\right] + \frac{FCF_T(1+g)}{(1+WACC)^T}\left[\frac{1}{WACC-g}\right]$	EV	IV	$EV-\Gamma$
FTE	$FCFE$	r^E	$\left[\sum_{t=1}^{T} \frac{FCFE_t}{(1+r^E)^t}\right] + \frac{FCFE_T(1-g)}{(1+r^E)^T}\left[\frac{1}{r^E-g}\right]$	Eq	$IV+\Gamma$	IV
TECFM	$TECF$	r^E	$\left[\sum_{t=1}^{T} \frac{TECF_t}{(1+r^E)^t}\right] + \frac{TECF_T(1+g)}{(1+r^E)^T}\left[\frac{1}{r^E-g}\right]$	Eq	$IV+\Gamma$	IV
DDM	d	r^E	$\left[\sum_{t=1}^{T} \frac{d_t}{(1+r^E)^t}\right] + \frac{d_T(1+g)}{(1+r^E)^T}\left[\frac{1}{r^E-g}\right]$	Eq	$IV+\Gamma$	IV
APV	FCF	r^0	$\left[\sum_{t=1}^{T} \frac{FCF_t}{(1+r^0)^t}\right] + \frac{FCF_T(1+g)}{(1+r^0)^T}\left[\frac{1}{r^0-g}\right]$	$EV\|(D=0)$	$IV+\sum_{k=1}^{K} NPVF^k$	$EV-\Gamma$
				EV^U	$EV^L=EV^U+\sum_{k=1}^{K}NPVF^k$	$EV^L-\Gamma$

EV^U: 无杠杆企业价值; EV^L: 杠杆企业价值; $NPVF_k$: 第 k 个净现值融资因子; 在本例中,我们只考虑一个因子, $NPVF = DTS \approx T^C(d)$, 即债务盾效应。
所有的内在价值计算方法中, g 是第 $T+1$ 年相应现金流的永续增长率。
企业价值和股权价值之差为 $\Gamma = ($ 现金 $+$ 可交易证券 $) = EV - Eq$。
WACC: 加权平均资本成本模型; FTE: 全股权现金流模型; TECFM: 股权现金流模型; DDM: 股利折现模型; APV: 调整现值模型。

表 9.12 现金流折现模型的结果

现金流折现模型	现金流	折现率	内在价值 (IV)	IV 等于:	企业价值 (EV)	股权价值 (Eq)
WACC	FCF	9.84%	4 226+30 338 = 34 564	EV = 34 564	34 564	34 564−7 259 = 27 305
FTE	$FCFE$	10.10%	5 737+21 603 = 27 340	Eq = 27 340	27 340+7 259 = 34 599	27 340
TECFM	$TECF$	10.10%	4 905+20 616 = 25 521	Eq = 25 521	25 521+7 259 = 32 780	25 521
DDM	d	10.10%	4 905+20 616 = 25 521	Eq = 25 521	25 521+7 259 = 32 780	25 521
APV	FCF	10.02%	4 197+28 866 = 33 063	$EV\|(D=0)$ $=EV^U=33\ 063$	$EV^L=EV^U+T^C(D_0)$ 33 063+34%×6 336 = 35 217	35 217−7 259 = 27 958

WACC：加权平均资本成本模型；FTE：股权现金流模型；TECFM：全股权现金流模型；DDM：股利折现模型；APV：调整现值模型。

五种现金流折现模型总结在表 9.11 中（见第 118 页）。[27] 具体与我们的例子相关的数值计算列示于表 9.12（见第 119 页）。

总的来说，不同的现金流折现分析方法会得到不同的结果。不同方法下计算得到的企业价值和股权价值是不同的。读者的任务就是在不同模型的不同计算结果中，确定具有说服力的企业价值和股权价值。

9.8 情境分析：加权平均资本成本和自由现金流增长率对企业价值的影响

现金流折现分析的关键假设包括加权平均资本成本和自由现金流的永续增长率 g^{FCF}。完备的现金流折现分析都包括一张分析这两个因素对企业价值的影响的二维图表。例如，表 9.13 展示了加权平均资本成本法下作为参数 $WACC$ 和 g^{FCF} 的函数的企业价值。显然，企业价值随折现率 $WACC$ 的上升而下降，如表中同一行从左到右的变化。相反，企业价值随着自由现金流增长率 g^{FCF} 的上升而上升，如表中同一列从上到下的变化。

表 9.13　加权平均资本成本法下 $WACC$ 和 g^{FCF} 对企业价值的影响

g^{FCF}	加权平均资本成本（$WACC$）						
	7%	8%	9%	10%	11%	12%	13%
2%	33 739	27 625	23 266	20 004	17 474	15 455	13 807
3%	41 354	32 516	26 633	22 439	19 300	16 864	14 920
4%	54 045	39 852	31 347	25 685	21 648	18 626	16 281
5%	79 427	52 080	38 418	30 230	24 779	20 892	17 981
6%	155 572	76 534	50 203	37 047	29 162	23 912	20 168
7%		149 899	73 772	48 409	35 737	28 141	23 083
8%			144 481	71 133	46 695	34 484	27 164
9%				139 306	68 611	45 056	33 285

如前所述，$g^{FCF} < WACC$ 是必要的条件，因此表 9.13 左下部分（$g^{FCF} \geqslant WACC$ 的情况）并不存在。

$WACC$ 和 g^{FCF} 对企业价值的影响是十分明显的。确实，表格中的最大值是最小值的 10 倍以上。[28] 此外，这个表格说明了企业价值对这两个因子的敏感性很强。从另一个角度看，它也说明了使用现金流折现模型的缺点，尤其是在我们对 $WACC$ 和 g^{FCF} 的估计值没有绝对信心的时候。

---

[27] 我们也可以使用其他现金流折现模型。例如，用 $WACC$ 折现 OCF 可以得到企业价值的另一种估计：$EV = \sum_{t=1}^{\infty} \frac{OCF_t}{(1+WACC)^t}$。与其他方法一样，有 $Eq = EV - \Gamma$。

[28] 具体而言，$\frac{155\ 572}{13\ 807} = 11.3$。当然，在同等条件下，$g^{FCF}$ 和 $WACC$ 的范围扩大会导致企业价值的范围扩大。

本章小结

在本章中，我们使用内在价值，即折现现金流以确定估值。我们回顾了如何分析历史财务报表以编制预测财务报表。由于增长率假设是编制预测财务报表的关键，我们详细介绍了这类计算的几个选项。由于在折现现金流时需要用到贴现率，如加权平均资本成本，我们展示了如何估算它们及其所有组成要素。我们展示了几种用于评估企业价值与企业股权价值的现金流折现方法。最后，我们展示了情境分析的方法。

习题

以下资料适用本章的第 1 题到第 4 题。根据你的估计，一家企业的债务成本为 9%，权益成本为 16%，企业所得税税率为 30%。该企业的资本结构为 40% 的债务和 60% 的权益。

1. 该企业的加权平均资本成本是多少？

2. 假设你估计这家企业未来七年的自由现金流分别为 10 美元、18 美元、26 美元、34 美元、40 美元、46 美元和 52 美元，自由现金流长期增长率的估计值为 4%。这家企业的企业价值是多少？

3. 假设你估计这家企业未来四年的股权持有人自由现金流分别为 7 美元、13 美元、18 美元和 23 美元，股权持有人自由现金流的长期增长率的估计值为 4%。这家企业的企业价值是多少？

4. 假设你估计这家企业未来六年的股息分别为 6 美元、12 美元、17 美元、22 美元、26 美元和 29 美元，股息长期增长率的估计值为 4%。这家企业的企业价值是多少？

5. 对于一家给定的企业，权益成本估计值为 12%，假设昨天的每股股息为 2.00 美元。未来五年的股息年增长率的估计值为 8%，之后的长期年增长率为 3%。这家企业的股权价值是多少？

6. 对于一家给定的企业，权益成本估计值为 10%，假设昨天的每股股息为 3.00 美元。未来四年的股息年增长率的估计值为 9%，随后三年的年增长率为 6%，之后的长期年增长率为 4%。这家企业的股权价值是多少？

7. 对于一家给定的企业，权益成本估计值为 11%，假设昨天的每股股息为 1.00 美元。未来四年的股息年增长率的估计值为 15%，第 5 年至第 9 年的年增长率分别为 12%、9%、7%、5% 和 4%，从第 10 年开始往后的长期年增长率为 2%。这家企业的股权价值是多少？

第 10 章
盈利乘数模型

盈利乘数模型（earnings multiplier model, EMM）是一个混合了相对估值（市盈率）和绝对估值（常速增长股利折现模型）的模型。我们将详细讨论这一模型，包括它对企业特征变化的描绘。最后，我们会进行比较静态分析。

10.1 建立模型

请注意，Gordon 常速增长股利折现模型是 $P_0 = \dfrac{d_1}{r^E - g^d}$，其中 d_1 是一年后发放的现金股利，r^E 是股东的要求收益率，而 g^d 是现金股利的永续增长率。[1] 我们假设 g^d 也适用于第 1 年，则有 $d_0 = \dfrac{d_1}{1+g^d}$，因此 $P_0 = \dfrac{d_0(1+g^d)}{r^E - g^d}$。

如前所述，股权的可持续增长率是 $g_t^{Eq} = b_t ROE_t$。[2] 在本章中，我们假设留存率恒定（$b_t = b$）且 $ROE_t = ROE$ 恒定，$\forall t \in \{1,2,3,\cdots\}$，因此 $g_t^{Eq} = b[ROE] = g^{Eq}$ 也恒定。再次强调，g^{Eq} 是在不使用外部融资时的最大增长率，它取决于企业产生盈利的能力。因此，$Eq_t = Eq_{t-1}(1+g^{Eq}) = Eq_{t-1}(1+b[ROE])$，迭代使用此式可得：

$$Eq_t = Eq_0(1+b[ROE])^t \tag{10-1}$$

其中，Eq_0 是外生的现时企业股权价值。

由于 $ROE = \dfrac{NI_t}{Eq_{t-1}}$，则 $NI_t = Eq_{t-1}ROE$，其中第 t 年的盈利（净利润）取决于当期期初（第 $t-1$ 期）的 ROE 和股权价值。因此，

$$NI_t = (ROE)Eq_0(1+b[ROE])^{t-1} \tag{10-2}$$

---

[1] 当然，本章假设 $r^E > g$。

[2] 请注意，$g_t^{Eq} = \dfrac{\Delta Eq}{Eq} = \dfrac{Eq_t - Eq_{t-1}}{Eq_{t-1}} = \dfrac{NI_t - d_t}{Eq_t} = \dfrac{NI_t - NI_t(1-b_t)}{Eq_t} = b_t \dfrac{NI_t}{Eq_t} = b_t ROE_t$。

由于假设 b 恒定，因此**股利支付率**也恒定，$1-b = \dfrac{d_t}{NI_t}$。由 $d_t = (1-b)NI_t$，有

$$d_t = (1-b)(ROE)Eq_0(1+b[ROE])^{t-1} \tag{10-3}$$

根据表达式 (10-3)，d_t 通过因子 $(1+b[ROE])^{t-1}$ 成为 t 的函数。简而言之，d_t 每年以 $g^{Eq} = b[ROE]$ 的速率永续增长。在下文中，根据 Gordon 模型，股利以 g^d 的速率永续增长，因此必然有 $g^d = g^{Eq}$。在下文中，我们有时候直接将 $g^d = g^{Eq}$ 作为 g。

由于 $d_{t+1} = d_t(1+g) = d_t(1+b[ROE])$，则由 $P_t = \dfrac{d_{t+1}}{r^E - g} = \dfrac{d_{t+1}}{r^E - b[ROE]}$，有

$$P_t = \dfrac{(1-b)(ROE)Eq_0(1+b[ROE])^t}{r^E - b[ROE]} \tag{10-4}$$

最后，领先市盈率为 $\dfrac{P_t}{NI_{t+1}}$，我们选择使用领先市盈率（而不是滞后市盈率），因为它更稳定，也更具有前瞻性。由 $P_t = \dfrac{d_{t+1}}{r^e - g} = \dfrac{NI_{t+1}(1-b)}{r^E - b[ROE]}$，则 $\dfrac{P_t}{NI_{t+1}}$ 变为：

$$\dfrac{P_t}{NI_{t+1}} = \dfrac{1-b}{r^E - b[ROE]} \tag{10-5}$$

回顾表达式 (10-1) 至表达式 (10-4)，我们可以发现变量 t（或 $t-1$）只通过 $(1+b[ROE]) = 1+g$ 项发挥影响。简而言之，四个变量（股权价值、利润、股利和股价）都以相同的相对增长率 g 增长。再深入地来看，Eq_t 和 P_t 都是 $\pi_t = \lambda^\pi (1+g)^t$ 的形式，且 NI_t 和 d_t 是 $\pi_t = \lambda^\pi (1+g)^{t-1}$ 的形式，其中每一个 λ^{pi} 均不是 t 的函数，而仅仅是四个外生参数 Eq_t、NI_t、d_t 和 P_t 的函数。因此，对四个变量（$\pi_t \in \{Eq_t, NI_t, d_t, P_t\}$），有 $\dfrac{\mathrm{d}\pi_t}{\mathrm{d}t} = \pi_t \ln(1+g) > 0$。[3] 我们已经验证了这四个变量均随时间增长。重复这个过程，有 $\dfrac{\mathrm{d}^2 \pi_t}{\mathrm{d}t^2} = \pi_t[\ln(1+g)]^2 > 0$，因此四个变量随时间增长的速率不断提高。结合两个 EMM 模型的结果，图 10.1 展示了股权价值、利润、股利和股价随时间变化的趋势，它们都是递增的、凸性的。图中也描绘了市盈率的趋势，$\dfrac{P_t}{NI_{t+1}} = \dfrac{P_t}{E_{t+1}}$，我们稍后予以讨论。

根据表达式 (10-5)，比率 $\dfrac{P_t}{NI_{t+1}}$ 不是时间 t 的函数。由于股价和利润都以相对速率 g 增长，我们可以合理地认为它们的比值不会随时间变化。

我们再来看 $\ln(\pi_t)$ 随时间变化的图像，$\pi_t \in \{Eq_t, NI_t, d_t, P_t\}$。我们知道，$\ln(\pi_t)$ 随 t 的变化是线性的，因为四个变量都是以恒定相对增长率增长。为了确认这一点，对 Eq_t 和 P_t 有 $\pi_t = \lambda^\pi(1+g)^t$，而对 NI_t 和 d_t 有 $\pi_t = \lambda^\pi(1+g)^{t-1}$。因此，对 Eq_t 和 P_t 有 $\ln(\pi_t) = \ln(\lambda^\pi) + t[\ln(1+g)]$，而对 NI_t 和 d_t 有 $\ln(\pi_t) = \ln(\lambda^\pi) + (t-1)\ln(1+g)$。这些变量的对数随时间的变化是线性的，斜率为 $\ln(1+g)$，如图 10.2 所示。当然，由于市盈率

---

[3]请注意，$\dfrac{\mathrm{d}\lambda a^{f(x)}}{\mathrm{d}x} = \lambda a^{f(x)} \ln(a) \dfrac{\mathrm{d}f(x)}{\mathrm{d}x}$。

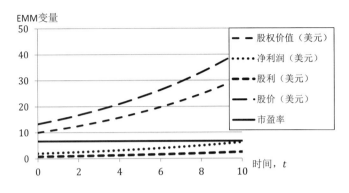

图 10.1 EMM 变量随时间的变化

是恒定的,因此它的对数为 $\ln\left(\frac{P_t}{NI_{t+1}}\right) = \ln\left(\frac{P_t}{E_{t+1}}\right)$。

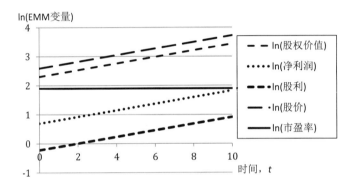

图 10.2 EMM 变量的对数随时间的变化

10.2 比较静态分析

根据目前关于股权价值(Eq_t)、利润(NI_t)、现金股利(d_t)、股票价格(P_t)和市盈率($\frac{P_t}{NI_{t+1}}$)的相关表达式,我们现在转而关注五个外生参数对 EMM 模型这五个变量的影响。这五个外生变量包括初始股权价值(Eq_0)、股权收益率(ROE)、留存率(b)、股东要求收益率(r^E)和时间(t)。显然,之前讨论过五个变量随时间变化的情况,因此我们现在讨论另外四个外生参数对五个 EMM 变量的影响。

我们假设在时间 $t=0$,企业"宣布"它的参数发生了变化。假设在一秒前,企业实现利润 NI_0 且目前发放的现金股利是 d_0。(显然,现实中在赚取利润和会计确认利润之间存在时间差。此外,赚取利润与宣布现金股利、实际支付股利之间也有时间差。然而为了简化,我们假设 NI_0 和 d_0 在宣布前的一秒都实现了,即它们对应前一期、前一年的情况。）因此，NI_0 和 d_0 不会受该参数变化的影响。[4]

10.2.1 初始股权价值的影响

五个 EMM 变量中的四个（Eq_t、NI_t、d_t 和 P_t）显然随着初始股权价值（Eq_0）的增长而增长，如表达式 (10-1) 至表达式 (10-4) 所示。这个结果并不令人惊讶。在给定 ROE 和 b 的条件下，企业的初始股权价值越大，企业未来所有时间里的股权价值也越大。因此，在给定 ROE 的前提下，企业任意时点的企业价值越大，企业利润就越多。显然，在给定 b 的前提下，任意时点下更多的利润意味着发放更多的现金股利。然后，在给定 b 和 r^E 的前提下，任意时点的股利越多，股票价格越高。最后，在这个时刻，Eq_0 的增大（在时间 $t=0$，实现 NI_0 和 d_0 的一秒后）也会使 P_0 增大。然而，Eq_0 首先影响一年后的利润和股利，即 NI_1 和 d_1。

根据表达式 (10-5)，$\dfrac{P_t}{NI_{t+1}}$ 并不包括 Eq_0，因而 Eq_0 增长并不会影响它。这也符合逻辑，因为我们之前看到市盈率并不随时间而变化，而企业股权价值随时间而增长，所以这一比率并不取决于企业股权价值的大小。从另一个角度来看，P_t 和 NI_{t+1} 直接与 Eq_0 成正比，因此当 Eq_0 增加时，市盈率保持不变是可以理解的。

10.2.2 股东要求收益率的影响

在五个 EMM 变量中，三个（Eq_t、NI_t 和 d_t）都不是股东要求收益率（r^E）的函数。这是符合逻辑的，因为 r^E 受市场驱动，而 Eq_t、NI_t 和 d_t 却不受。对于给定起始股权价值，Eq_t、NI_t 与 d_t 都只是 b 和 ROE 的函数。根据表达式 (10-4) 的 P_t 和表达式 (10-5) 的 $\dfrac{P_t}{NI_{t+1}}$，另外两个都包含了 r^E。具体而言，它们直观上随 r^E 增大而减小，因为股票价格随现金流对应的要求收益率增大而下降。最后，在这个时点，如果市场突然对企业的股权现金流使用了更高的 r^E 进行折现（在时点 $t=0$，实现 NI_0 和 d_0 的一秒后），则 P_0 和 $\dfrac{P_0}{NI_1}$ 均会立刻下降。

10.2.3 股权收益率的影响

对于表达式 (10-1) 至表达式 (10-5) 的分析可以发现，五个变量（Eq_t、NI_t、d_t、P_t 和 $\dfrac{P_t}{NI_{t+1}}$）都受股权收益率（ROE）的影响。显然，前三个变量（Eq_t、NI_t 和 d_t）随 ROE 的增长而增长。这些结论是十分显然的。给定 Eq_0，则企业实现的 ROE 越大，企业股权价值增长得越快，即当给定 b 时，未来任意时点的企业股权价值（Eq_t）越大（注意，$g = b[ROE]$）。因此，在任意时点上，Eq_t 和 ROE 越大，NI_t 越大。在同等条件下，给定 b，NI_t 越大，d_t 越大。

---

[4]即使在比较静态分析中，Eq_0 的增长也不会影响 NI_0 和 d_0。然而，我们将会看到，P_0 和 $\dfrac{P_0}{NI_1}$ 会受四个参数（Eq_0、b、ROE 和 r^E）变化的影响。

根据表达式 (10-5)，有 $\dfrac{\mathrm{d}(\dfrac{P_t}{NI_{t+1}})}{\mathrm{d}ROE} = \dfrac{b(1-b)}{(r^E - g)^2} > 0$。这一结论也是十分显然的。$\dfrac{P_t}{NI_{t+1}}$ 是股票投资者愿意为 1 美元预期利润支付的价格。更高的 ROE 意味着未来更高的利润，因此在同等条件下，1 美元的预期收益变得更有价值了。

另一个 EMM 变量——股票价格（P_t），同样随 ROE 的增长而增长。虽然 ROE 在表达式 (10-4) 中有三处受 P_t 影响，从而对其求偏导数 $\dfrac{\mathrm{d}P_t}{\mathrm{d}ROE}$ 相当困难，但我们只需简单观察就可以发现 P_t 随 ROE 的增长而增长。[5] 结论十分显然，因为对未来 ROE 增长的可信度公告会被市场参与者欣然接受。

总体而言，在同等条件下，五个变量都会随 ROE 的增长而增长。

在这个时点，ROE 的增长（如在时点 $t = 0$，实现 NI_0 和 d_0 的一秒后）首先会分别影响 EMM 变量——Eq_1、NI_1、d_1、P_0 和 $\dfrac{P_0}{NI_1}$。直观地看，市场立刻通过提高 P_0 和 $\dfrac{P_0}{NI_1}$ 来对 ROE 作出反应。相比之下，ROE 的突然增长首先会影响下一期的盈利 NI_1，因此在给定 b 的前提下，d_1 会增加。最后，这也会增大留存在企业的利润规模，因此 Eq_1 会提高。

10.2.4　留存率的影响

第五个也是最后一个外生参数是留存率（b），它有着最有趣的比较静态分析性质。根据表达式 (10-1) 和表达式 (10-2)，两个变量 Eq_t 和 NI_t 显然会随 b 增长。这是符合逻辑的。管理层每年留存在企业的利润增加，因此企业股权价值的增速更快。给定 ROE 不变，企业的利润也会更快地增长。

在这个时点，眼下宣布提高留存率会对 Eq_t 和 NI_t 造成如下影响：给定 Eq_0 和 ROE 不变，则 $NI_1 = Eq_0[ROE]$ 并不会受影响。然而，更高的留存率意味着给定 Eq_0，$Eq_1 = Eq_0 + NI_1(b)$ 会提高。给定 ROE，则随着 Eq_1 的提高，$NI_2 = Eq_1[ROE]$ 也会提高。总而言之，提高 b 会对 Eq_t 和 NI_t 的第一期（Eq_1 和 NI_2）产生影响。

分别考察关于 d_t、P_t 和 $\dfrac{P_t}{NI_t}$ 的表达式，即表达式 (10-3) 到表达式 (10-5)，都表明留存率对未来现金股利、股价和市盈率的影响是不确定的。

先来看现金股利 d_t。[6] 有

$$\begin{aligned}\dfrac{\partial d_t}{\partial b} < 0 &\Leftrightarrow t < t^* \equiv 1 + \dfrac{1 + b[ROE]}{ROE(1 - b)}, \quad t^* > 1 \\ \dfrac{\partial d_t}{\partial b} > 0 &\Leftrightarrow t > t^* > 1 \end{aligned} \tag{10-6}$$

---

[5] 具体而言，ROE 在分子的两处出现的 P_t 显然随 P_t 增长，而在分母处出现 P_t 的项前符号为负。因此，它与 P_t 的关系是非常直观的。

[6] 将表达式 (10-3) 对 d_t 求偏导数，有 $\dfrac{\partial d_t}{\partial b} = Eq_0 ROE(1+g)^{t-2}[(1-b)ROE(t-1) - (1+g)]$。对 t 求解可以得到表达式 (10-6)。

我们注意到 $t^* > 1$，这说明下一期的股利会比留存率没有提高时更小，即 $d_1|b_1 < d_1|b_0$，其中 $b_1 > b_0$。这是符合逻辑的。如果在时点 $t=0$，一家企业宣布提高留存率 (b)，即降低股利支付率 $(1-b)$，那么在同等条件下，下一期的股利 d_1 一定比原定的少。然而，由于企业提高了留存率，在同等条件下，企业股权价值增长率 $g = (b)ROE$ 显然会提高。因此，企业增长得更快，即 Eq_t 在未来所有时点会更大，$t \in \{1,2,3,\cdots\}$。在未来的某个时点，虽然企业股利支付率更低（留存率更高），但企业也必须发放更多的股利。总而言之，在企业宣布提高留存率后，后续几次的股利会变小（即只要 $t < t^*$），因为股利支付率降低了。然而，由于企业股权价值增长率提高，在未来的某个时点（当 $t > t^*$ 时），企业的股利相对于企业提高留存率前的水平会有所提高。

现在来看表达式 (10-4) 中的 P_t。将它对留存率 b 求偏导数，有[7]

$$\frac{\partial P_t}{\partial b} > 0 \Leftrightarrow t > t^{**} \equiv (r^E - ROE)\frac{1+b[ROE]}{ROE(1-b)(r^E - b[ROE])}, \text{以及}$$

$$\frac{\partial P_t}{\partial b} < 0 \Leftrightarrow t < t^{**} \equiv (r^E - ROE)\frac{1+b[ROE]}{ROE(1-b)(r^E - b[ROE])} \tag{10-7}$$

显然，$\frac{\partial P_t}{\partial b}$ 的符号取决于 $r^E - ROE$ 的符号，因为假设 $1-b > 0$ 且 $r^E - b[ROE] = r^E - g > 0$。这些结论十分显然。当 $ROE > r^E$ 时，企业创造了股权价值；而当 $ROE < r^E$ 时，企业损失了股权价值。因此，给定 ROE 和 r^E，如果企业能够创造价值，对股东而言，宣布提高留存率是好消息，他们会欢迎这个消息，消息宣布后股票价格会上升；而如果企业可能损失价值，则对股东而言宣布提高留存率是坏消息，他们并不希望如此，消息宣布后股票价格会下跌。市场参与者会立即对提高留存率的公告作出反应，从而影响当前股价 P_0。

最后来看表达式 (10-5) 中的 $\frac{P_t}{NI_{t+1}}$。将其对留存率 b 求偏导数，则有

$$\frac{\partial(\frac{P_t}{NI_{t+1}})}{\partial b} = \frac{ROE - r^E}{(r^E - b[ROE])^2} \tag{10-8}$$

与 $\frac{\partial P_t}{\partial b}$ 的符号类似，$\frac{\partial(\frac{P_t}{NI_{t+1}})}{\partial b}$ 的符号也取决于 $r^E - ROE$ 的符号。如果企业创造股权价值，则市场参与者立刻通过为 1 美元利润支付更高价格对提高留存率的公告作出反应，即 $\frac{P_0}{NI_1}$ 提高；如果企业损失股权价值，则反之。因此，即使 $\frac{P_t}{NI_{t+1}}$ 不随时间而变化，留存率的变化也会立刻改变 $\frac{P_t}{NI_{t+1}}$ 的比值，此后它就不再随时间而变化。

---

[7]由表达式 (10-4)，则 $\frac{dP_t}{db} = Eq_0 ROE^2(1+g)^{t-1}(1-b)(r^E - g)\left[t - \frac{(1+g)(r^E - ROE)}{(r^E - g)(1-b)ROE}\right]$，即得到表达式 (10-7)。

本章小结

本章构建了盈利乘数模型这一混合了相对估值（市盈率）和绝对估值（常速增长股利折现模型）的模型。我们充分地研究了该模型，并进行了广泛的比较静态分析。

习题

本章所有问题均以如下参数为基础：每年的派息比例为 60%，去年（假设昨天正好是去年最后一天）净收入为每股 0.24 美元，一年前的股票账面价值为每股 2.00 美元，企业一共有 10 股流通股。权益持有人的要求回报率为每年 9%。这家企业的股权收益率和利润留存率从不随时间变化，而且企业从来没有筹集新资本。对任意股票价格的计算，采用常速增长股利折现模型。

1. 这家企业的股权收益率是多少？

2. 这家企业的利润留存率是多少？

3. 这家企业的年可持续增长率是多少？

4. 这家企业昨天付了多少股息？（对于这个问题，假设年度股息在一年的最后一天支付，与盈利的计算是同一天。）

5. 这家企业现在（$t=0$）的总股本的账面价值是多少？

6. 采用常速增长股利折现模型，这家企业的股价是多少？

7. 企业目前（$t=0$）的每股价格或每股账面价值哪个更大？请解释这个大小关系的含义。

8. 这家企业的市盈率是多少？（使用价格对领先收益的比率。）

9. 从昨天开始的五年后，以下数值分别是多少？（a）每股股息；（b）每股股本账面价值；（c）股价；（d）市盈率。

从昨天开始的 10 年后，这些数值分别是多少？

10. 假设该企业的股权持有人突然要求 15% 的回报率。（a）新的股价是多少？（b）新的市盈率是多少？（c）现在企业的每股价格或每股账面价值哪个更大？请解释这个大小关系的含义。

11. 回到最初的假设，即股权持有人的要求回报率为 9%。现在假设企业突然宣布立即增大利润留存率至 70%。（a）新的年可持续增长率是多少？（b）目前的股本账面价值是多少？（c）现在的股价是多少？（d）新的市盈率是多少？

对比第 6 题的答案，当留存比率增大时，股价是上升还是下降？请解释你的结果。

第4篇

债券理论

现在，我们转向一个比股票市场规模大很多倍的市场——债券市场。我们从第11章开始学习债券定价理论，并了解债券价格如何随到期收益率的变动而变动。第11章还将探讨债券投资收益的来源，介绍各种基于债券承诺现金流的收益率指标，以及价格-收益率曲线。

第12章将依据马尔基尔债券定价理论对固定利率债券进行比较静态分析，而第13章将讲解基于收益率的债券价格近似计算。有些情况下，比如在考察一个由多种固定收益证券组成的大型投资组合时，我们无法衡量价格和收益率之间的准确关系。这两章引入了久期和凸度等重要指标，为这种情况提供了实用的研究方法。

第14章将介绍一个非常重要的主题——如何为处于两个付息日之间的债券定价，这是现实生活中最常见的情况。第15章学习一些重要的收益率和利率的概念，如即期汇率、远期汇率和已实现持有期收益率等。

第 11 章
债券导论

债券市场通常按半年复利一次进行交易。我们称"实际"的年利率为**有效年利率**（effective annual rate of return），记作 EAr；与之相对地，我们称为方便报价而定义的名义利率为**年利率**（annual percentage rate），我们记作 APr。一般来说，两者不相等。[1] 两者之间的关系是：

$$1 + EAr = \left(1 + \frac{APr}{m}\right)^m \tag{11-1}$$

其中，m 是年复利期数，$\frac{APr}{m}$ 是**有效周期利率**（effective periodic rate）。不管经历了多长时间，在一个复利周期结束时，100 美元就增长到 $100\left(1+\frac{APr}{m}\right)$ 美元。因此，$\frac{APr}{m}$ 是复利期的有效周期利率，比如，$\frac{APr}{2}$（$\frac{APr}{4}$）是一个半年期（一个季度）的实际或有效利率。

在计算时，我们必须使用有效周期利率，而不是年利率。例如，当给定的年利率是以半年（季度）为复利周期的，那么在这个半年（季度）复利的条件下，有效周期利率为 $\frac{APr}{2}$（$\frac{APr}{4}$），其中周期数等于 $\frac{2}{年}$（$\frac{4}{年}$）。年利率是用于报价的、为简单起见而定义的名义利率，所以我们不能在计算中直接使用它。名义年利率和有效周期利率之间的关系非常直接，即 $APr = \frac{APr}{m}m$。

下面，我们用一个简单的例子说明表达式 (11-1) 所描述的有效年利率和年利率的关系。假设三家银行向储户提供的年利率均为 10%。其中，银行 A 提供的是年复利（每年一次，$m=1$），银行 B 提供的是半年复利（每年两次，$m=2$），银行 C 提供的是季度复利（每年四次，$m=4$）。实际上，这对应于以下周期利率：

- 银行 A 每年付息一次，在每年年底按 $\frac{10\%}{1}=10\%$ 的利率付息；

---

[1] 如果每年只有一个复利周期，即表达式 (11-1) 中的 $m=1$，则两者相等。

- 银行 B 每年付息两次，在每半年结束时按 $\frac{10\%}{2}=5\%$ 的利率付息；
- 银行 C 每年付息四次，在每季度结束时按 $\frac{10\%}{4}=2.5\%$ 的利率付息。

那么当一年结束时，储户在年初存入银行 A 的 100 美元将增值到 $100(1+\frac{10\%}{1})^1=110.00$ 美元，同样一笔钱在银行 B 则会增值到 $100(1+\frac{10\%}{2})^2=110.25$ 美元 > 100.00 美元，而存入银行 C 则会增值到 $100(1+\frac{10\%}{4})^4=110.38$ 美元。可见，尽管三家银行都提供 10% 的年利率，但由于三者的复利周期不同，投资者赚取的金额也不同。每年的复利期数越多（$4>2>1$），存款增值加越大，即 110.38 美元 > 110.25 美元 > 110.00 美元。同样，我们将数值代入表达式 (11-1) 中计算可以得到，复利周期数越多，有效年利率也越大，即 $10.38\%>10.25\%>10.00\%$。

从这个例子可以看出，使用年利率时必须给出相应的复利周期，否则我们无法知道对应的有效年利率是多少。相反，年利率或有效周期利率本身是可以单独给出的明确的利率。

上述例子最后的结论 $\frac{\mathrm{d}EAr}{\mathrm{d}m}>0$ 是可以从数学上严格证明的。[2] 我们使用一张图，以便更好地说明这一点。图 11.1 展示了给定年利率为 15% 的条件下，有效年利率和复利周期数（m）之间的关系。正如前面所说的，对于 $\forall m\in\{1,2,3,\cdots\}$，$EAr$ 作为 m 的函数是递增的。此外，当 $m\to\infty$ 时，根据表达式 (11-1)，有 $1+EAr(m)\to \mathrm{e}^{APr}$。因此在图 11.1 中也可以看到，当 $m\to\infty$ 时，$EAr(m)\to\mathrm{e}^{APr}-1$。

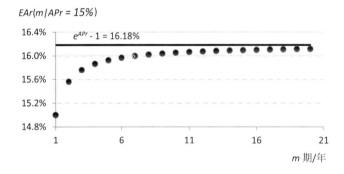

图 11.1　有效年利率与复利周期的函数关系

债券市场总是采用年利率报价，半年复利一次或 $m=2$。除非另有说明，本书

---

[2] 首先在表达式 (11-1) 两边同时取对数，移项后得到 $\frac{\mathrm{d}EAr}{\mathrm{d}m}=(1+EAr)\left[\ln(1+\frac{APr}{m})-\frac{APr}{APr+m}\right]$。由于 $EAr>0$，我们只需证明 $f(APr,m)\equiv\ln(1+\frac{APr}{m})-\frac{APr}{APr+m}>0$。显然，当 $m\to\infty$ 时，有 $f(APr,m)\to 0$。又因为 $\frac{\mathrm{d}f(APr,m)}{\mathrm{d}m}=-\frac{1}{m}(\frac{APr}{APr+m})^2<0$，当 $m\to\infty$ 时，$f(APr,m)$ 递减且趋于 0，所以对所有的正整数 m，$f(APr,m)$ 必为正数。

中的所有利率和收益率均为年利率且每半年复利一次，因此所有计算均以半年为一个计算周期。对于报价的每一个利率（年利率），如息票率，在计算时必须首先除以 2，得到有效的半年期利率 $\frac{APr}{2}$。同理，如果定义 T 为到期年限，由于时期是以半年为单位的，则时期的数量为 $2 \times T$。在确定有效的半年期利率或收益率之后，就可以报出年利率，其中 $APr = \frac{APr}{2} \times 2$。再次说明，$\frac{APr}{2}$ 是有效的半年期利率，而 $EAr = (1 + \frac{APr}{2})^2 - 1$ 是相应的有效年利率。

虽然这一切看起来有点混乱，但背后的原理是很简单的：所有的计算均以半年为基准。这意味着，对于任何报价的回报率（或收益率），在计算中都将其除以 2，并使用以 6 个月为基准的时期数（年数的两倍）及相应的现金流。在完成所有计算之后，只需简单地把有效半年利率乘以 2 就可以得到报价的利率，即半年复利的年利率。

11.1 时间轴与基础知识

在建立了债券市场总以半年为时间基点的逻辑之后，我们回顾前面章节提过的基本概念。如图 11.2 所示，在 $t = 0$ 时刻，一只债券以 P_0^B 的价格被购买，对购买者而言产生了负的现金流。

作为债券的所有人，购买者有权获得该债券后续支付的利息。该利息每 6 个月支付一次，称为**息票**（coupon），记作 C_t。息票的数额等于 $F\frac{r_t^C}{2}$。其中，r_t^C 是**票面利率**或**息票率**（coupon rate），也是一种半年复利的年利率，因此 $\frac{r_t^C}{2}$ 为有效半年期票面利率；F 是债券的**票面价值**（face value）。当债券到期时，即在**到期日**（maturity date）$t = T$ 时，最后一笔支付等于最后一期的息票 C_T 加上 F，即 $CF_T = F(1 + \frac{r_T^C}{2})$。

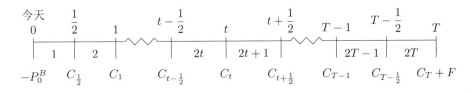

图 11.2 债券现金流

t 通常代表一个单位的时期，在这里是 6 个月或半年。（在图 11.2 中，时间轴下方及不同日期之间都标出了相应的时期。）现金流的下角标 $(\frac{t}{2})$ 代表以年为单位的日期时刻，对应于时间轴上线段之间垂直的竖线，$CF_{t/2}$ 表示现金流发生在第 $\frac{t}{2}$ 年。例如，$CF_{1/2}$ 是在距离今天 $\frac{1}{2}$ 年（6 个月）的时刻流入的，CF_1 是在距离今天 1 年的时刻流入的，以此类推。

我们在前面章节中曾经讨论 $P_0(IRR)$ 和 $IV_0(r^D)$ 的紧密联系。对于债券的 $IV_0(r^D)$，我们有

$$IV_0^B(r^D) \equiv \sum_{t=1}^{2T} \frac{E\left[CF_{\frac{t}{2}}\left(L_{\frac{t}{2}}\right)\right]}{\left(1+\frac{r^D}{2}\right)^t}$$

$$= \sum_{t=1}^{2T-1} \frac{E\left[CF_{\frac{t}{2}}\left(L_{\frac{t}{2}}\right)\right]}{\left(1+\frac{r^D}{2}\right)^t} + \frac{E\left[C_T(L_T)\right]+F}{\left(1+\frac{r^D}{2}\right)^{2T}} \quad (11\text{-}2)$$

其中，r^D 是债权人的要求回报率，是一种半年复利的年利率；$CF_{t/2} = C_{t/2}$，$\forall t < 2T$，是债券到期日之前每一期的息票；$CF_T = C_T + F$ 是债券到期日的现金流。[3] 注意表达式 (11-2) 用到的符号，息票支付额 $PC_{t/2}(L_{t/2})$ 可能与一种由市场决定的利率有关，这种利率被称为参考利率（reference rate）$L_{t/2}$，即 $\frac{dCF_{t/2}(L)}{dL} \neq 0$。[4]

根据 IRR 的定义，我们有

$$P_0 \equiv \sum_{t=1}^{2T} \frac{E\left[CF_{\frac{t}{2}}\left(L_{\frac{t}{2}}\right)\right]}{(1+\frac{IRR}{2})^t} \quad (11\text{-}3)$$

其中，$\frac{IRR}{2}$ 是有效的 6 个月隐含收益率。在这里，IRR 也是一种半年复利的年利率（$m=2$）。

11.2 债券收益来源

债券有三种潜在的收益来源：息票的支付、息票的再投资收益及资本利得（或损失）。现在我们先假设债券是持有至到期的，到期日为 T，则**息票支付总额**（total

---

[3]因此，债权人的有效的 6 个月要求回报率等于 $\frac{r^D}{2}$，如果用有效年利率表达这个回报率，则等价于 $(1+\frac{r^D}{2})^2 - 1 = EAr$，其中 $EAr > r^D$。

[4]如果息票额不是"固定"的，即息票的多少取决于参考利率 $L_{t/2}$，那么这个参考利率通常是被大家熟知且广泛使用的。例如，伦敦同业拆借利率（LIBOR），一种大型国际银行之间借贷所要求的短期利率。一般地，只要 $\frac{dCF_{t/2}(L)}{dL} \neq 0$，则 $\frac{dCF_{t/2}(L)}{dL} > 0$。也就是说，当参考利率 L 上升（下降）时，债券的现金流会增加（减少）。这种债券被称为**浮动利率债券**（floating rate bond 或 floater），它能有效降低债券因利率变动而导致价值减小的程度，即降低**利率风险**（interest rate risk）。对于浮动利率债券，当市场利率上升时（一般在其他条件不变时意味着 y 增加，因为通常 $\frac{dL}{dy} > 0$），息票额增加。因此，在其他条件不变时，债券受利率上升影响造成的价值下降被息票额的增加抵消了一部分。而对于**逆浮动利率债券**（inverse floater），$\frac{dCF_{t/2}(L)}{dL} < 0$，因此这种债券对利率的波动非常敏感，即它们具有很高的市场利率风险。

我们为 L 标注了下角标 $\frac{t}{2}$，说明 L 随时间变化的特点。但在现实中，我们观测到市场利率 L 与收到息票支付 $C_{t/2}$ 的时刻之间通常有一些滞后，滞后期一般为一个时期。

of interest coupon payments) 为 $\sum_{t=1}^{2T} C_{t/2} \geqslant 0$。除非债券是零息债券（纯贴现债券），否则息票支付总额一定是大于 0 的。假设再投资回报率为 rr，它也是一种半年复利的年利率，那么息票的再投资收益是指息票再投资的未来值与息票总额的差额。**息票再投资**（reinvestment of coupons）或俗称**利滚利**（interest-on-interest），其价值等于 $\sum_{t=1}^{2T} C_{t/2}[(1+\frac{rr}{2})^{2T-t}-1] \geqslant 0$。除了零息债券，债券的这个值都是大于 0 的。债券收益的最后一个组成部分是**资本利得（或损失）** $= F - P_0^B$，它可能是正的或负的。

将**债券总收益**（total bond return）的三个来源相加，可以得到债券投资过程中的现金支出和现金收入之差（含息票再投资），即

$$\text{债券收益} = F + \sum_{t=1}^{2T}\left(C_{\frac{t}{2}}\left(1+\frac{rr}{2}\right)^{2T-t}\right) - P_0^B \tag{11-4}$$

债券也有可能在到期日之前的某个持有日（$H < T$）被卖出。在这种情况下，总息票支付为 $\sum_{t=1}^{2H} C_{t/2} > 0$。息票再投资收益为 $\sum_{t=1}^{2H} C_{t/2}[(1+\frac{rr}{2})^{2H-t}-1] > 0$。资本利得（或损失）为 $P_H^B - P_0^B$，这个数是可正可负的，其中 P_H^B 是债券在日期 H 的销售价格。最终，债券总收益为现金支出与现金收入之差，即

$$\text{债券收益} = P_H^B + \sum_{t=1}^{2H}\left(C_{\frac{t}{2}}\left(1+\frac{rr}{2}\right)^{2H-t}\right) - P_0^B \tag{11-5}$$

11.3 承诺现金流与期望现金流

债券现金流是在债券合同中明确定义的，因此我们可以称之为承诺现金流，并在类似于式 (11-3) 的表达式中用承诺现金流代替期望现金流。[5] 事实上，债券市场的惯例正是使用**承诺现金流**（promised cash flow），记作 PC_t，而不是期望现金流。对于风险（无风险）债券来说，期望现金流总是小于（等于）承诺现金流。为简化起见，我们可以用以下式子表示期望现金流：

$$E[CF_t] = PC_t \times p(PC_t) + E[CF_t|CF_t < PC_t] \times p(CF_t < PC_t) \tag{11-6}$$

其中，PC_t 是 t 时刻的承诺现金流，$p(PC_t)$ 是在 t 时刻支付 PC_t 的概率，$E[CF_t|CF_t < PC_t]$ 是在已知支付的现金少于承诺现金流的条件下所支付现金的期望值，$p(CF_t < PC_t)$ 则是所支付现金少于承诺现金流这个事件发生的概率。[6] 因此，$PC_t - E[CF_t] = \{PC_t - E[CF_t|CF_t < PC_t]\}p(CF_t < PC_t) > 0$。

综上所述，对于风险债券，$PC_t > E[CF_t]$；对于无风险债券，$PC_t = E[CF_t]$，$\forall t \in \{0.5, 1, 1.5, \cdots, T-0.5, T\}$。

---

[5] 由于给股东发放股息这件事情是完全由公司决定的，本质上没有合同，因此在这种情况下不存在承诺现金流。

[6] 对于风险债券，有 $PC_t > E[CF_t|CF_t < PC_t]$ 及 $p(CF_t < PC_t) > 0$，因此 $p(PC_t) < 1$。对于无风险债券，有 $PC_t = E[CF_t|CF_t < PC_t]$ 及 $p(CF_t < PC_t) = 0$，因此 $p(PC_t) = 1$。

11.4 到期收益率、名义收益率、当期收益率

现在我们已经了解期望现金流和承诺现金流之间的关系了，接下来我们将按照债券市场惯例的表达方式学习债券，也就是用承诺现金流进行贴现。除非另有说明，本节我们使用的都是承诺现金流 PC_t。我们把使得承诺现金流（PC_t）的现值之和与债券购入价格（P_0^B）相等的贴现率定义为**到期收益率**（yield to maturity），记作 y，即

$$P_0^B \equiv \sum_{t=1}^{2T} \frac{PC_{\frac{t}{2}}(L_{\frac{t}{2}})}{(1+\frac{y}{2})^t} = \sum_{t=1}^{2T-1} \frac{C_{\frac{t}{2}}(L_{\frac{t}{2}})}{(1+\frac{y}{2})^t} + \frac{C_T(L_T) + F}{(1+\frac{y}{2})^{2T}} \tag{11-7}$$

其中，$C_{t/2}(L_{t/2})$ 是第 $\frac{t}{2}$ 年的承诺息票支付，$t \in \{1, 2, \cdots, 2T\}$。即使现金流量可能取决于参考利率（$L_{t/2}$），它们仍然是"承诺"的，因为它们是在合同中明确定义的。也就是说，即使 $L_{t/2}$ 是事先不知道的数，如果以 $C_{t/2}(L_{t/2})$ 为支付标准，也必须在合同中进行明确定义。

从表达式 (11-7) 可以看出，在计算到期收益率时，我们不但假设承诺现金流一定会实现，而且认为投资者将持有债券至到期。另一个不那么明显的假设是，为了得到所计算的到期收益率，息票的再投资收益率必须与到期收益率相等。[7]

在这里，我们要提出一个很重要的问题。在对债券的大部分研究过程中，我们都把价格当作到期收益率的函数，看起来好像价格是因变量，而到期收益率是自变量。确实，按照惯例，价格-收益率曲线是关于 $P^B(y)$ 的图形，而不是关于 $y(P^B)$ 的图形。但是请始终记住，债券价格是由市场决定的，而市场定价的依据包括现金流的风险和期望，以及债券投资者基于风险的要求回报率。然后，我们才可以根据市场定价计算到期收益率。总而言之，价格不是关于到期收益率的函数，而后者是关于前者的函数。

此外，如果一个债券是合理定价的（满足 $IV_0^P = P_0^B$），那么我们可以对该债券的到期收益率 y 和债权人的要求回报率 r^D 进行排序。我们前面证明了对于风险债券，有 $PC_{t/2} > E[CF_{t/2}]$，$\forall t \in \{1, 2, \cdots, 2T\}$。因此，比较表达式 (11-2) 和表达式 (11-7) 可以得到，对于合理定价的债券，$y > r^D$。事实上，分析师经常以 y 作为 r^D 的估计。在其他因素不变的情况下，债券的评级越高，$PC_{t/2} - E[CF_{t/2}] > 0$ 的差值越小，从而 $y - r^D > 0$ 的差值越小。因此，在其他条件不变时，债券风险越低、定价越合理，y 作为 r^D 的估计越有意义。

投资者也考察一些比较简单的收益指标，如**名义收益率**（nominal yield），实际上就是票面利率，即 r^C。显然，名义收益率忽略了一些能决定债券收益率的相关因素，比如债券的现价。在同等条件下，债券的价格越高，潜在的资本收益（损失）则越小

---

[7] 我们将在后文引入已实现持有期收益率这个概念之后证明这个假设。

（越大）。**当期收益率**（current yield）$= \dfrac{C}{P_0^B}$，它考虑的是固定息票支付为 C 的债券的现价。因此，对于溢价（折价）债券，当期收益率小于（大于）名义收益率。

11.5 价格–收益率曲线

在表达式 (11-7) 的基础上，我们现在进入一个至关重要的主题：**价格–收益率曲线**（price-yield curve），即债券价格关于到期收益率的函数关系。我们从表达式 (11-7) 可得：

$$\frac{\partial P_0^B}{\partial y} = \sum_{t=1}^{2T} \left[\frac{\dfrac{\partial PC_{\frac{t}{2}}(L)}{\partial L}\dfrac{\mathrm{d}L}{\mathrm{d}y}}{(1+\dfrac{y}{2})^t} - \frac{t}{2}\frac{PC_{\frac{t}{2}}(L_{\frac{t}{2}})}{(1+\dfrac{y}{2})^{t+1}} \right] \tag{11-8}$$

在表达式 (11-8) 右边的两项中，第二项求和因为有负号的存在，所以一定是负的；第一项求和的符号取决于分子里 $\dfrac{\partial PC_{\frac{t}{2}}(L)}{\partial L}$ 的符号。[8] 由于分子项 $\dfrac{\partial PC_{\frac{t}{2}}(L)}{\partial L}$ 可能是正的、负的或等于零，因此无法确定第一项求和的符号，从而也无法确定 $\dfrac{\partial P_0^B}{\partial y}$ 的正负性。具体而言，对于浮动利率债券来说，$\dfrac{\partial PC_{\frac{t}{2}}(L)}{\partial L} > 0$，因此 $\dfrac{\partial P_0^B}{\partial y} > 0$ 是可能成立的。

鉴于我们对债券的探讨与专门介绍固定收益证券的教科书相比十分有限，我们接下来假设现金流不是参考利率的函数。简单地说，后文只考虑"固定"的现金流，我们的考察对象是与参考利率无关的**固定息票支付**（fixed coupon payments），即 $\dfrac{\partial PC_{\frac{t}{2}}(L)}{\partial L} = 0$，$\forall t$。[9] 表达式 (11-8) 就转化为：

$$\frac{\partial P_0^B}{\partial y} = -\sum_{t=1}^{2T}\left(\frac{t}{2}\right)\frac{PC_{\frac{t}{2}}}{\left(1+\dfrac{y}{2}\right)^{t+1}} < 0 \tag{11-9}$$

这意味着固定利率债券的价格–收益率曲线是向下倾斜的。接下来，我们在表达式 (11-9) 两边同时对到期收益率 y 求偏导，可得：[10]

---

[8] 分母 $\left(1+\dfrac{y}{2}\right)^t$ 是一个正数，且一般地有 $\dfrac{\mathrm{d}L}{\mathrm{d}y} > 0$。

[9] 事实上，世界各地发行的债券都具备这种性质。

[10] 在一般情况下，二阶导数和一阶导数一样无法确定正负号，因为 $\dfrac{\partial^2 P_0^B}{\partial y^2} = \sum\limits_{t=1}^{2T} A_t + B_t + C_t$，其中 $A_t = \dfrac{t}{2}\left(\dfrac{t+1}{2}\right)\dfrac{PC_{t/2}(L_{t/2})}{(1+y/2)^{t+2}} > 0$，$B_t = -2\dfrac{t}{2}\dfrac{PC'_{t/2}(L_{t/2})}{(1+y/2)^{t+1}}\dfrac{\mathrm{d}L}{\mathrm{d}y}$，$C_t = \dfrac{PC''_{t/2}(L_{t/2})\left(\dfrac{\mathrm{d}L}{\mathrm{d}y}\right)^2 + PC'_{t/2}(L_{t/2})\dfrac{\mathrm{d}^2 L}{\mathrm{d}y^2}}{(1+y/2)^t}$。$B_t$ 和 C_t 两项的符号无法确定。当然，对于固定利率债券而言，由于 $PC'_{t/2}(L_{t/2}) = PC''_{t/2}(L_{t/2}) = 0$，有 $B_t = C_t = 0$，$\forall t$，从而 $\dfrac{\partial^2 P_0^B}{\partial y^2} = \sum\limits_{t=1}^{2T} A_t > 0$，与表达式 (11-10) 的结论一致。

$$\frac{\partial^2 P_0^B}{\partial y^2} = +\sum_{t=1}^{2T} \frac{t}{2}\left(\frac{t+1}{2}\right) \frac{PC_{\frac{t}{2}}}{\left(1+\frac{y}{2}\right)^{t+2}} > 0 \tag{11-10}$$

也就是说，价格-收益率曲线是凸的。因此，结合这两个结果，固定利率债券的价格-收益率曲线既是向下倾斜的（$\frac{\partial P_0^B}{\partial y} < 0$），也是凸的（$\frac{\partial^2 P_0^B}{\partial y^2} > 0$）。

固定利率债券的息票是本书第1章提到的年金类型现金流的一个例子。由于债券的支付还包括到期时的最终面值，因此，

$$\begin{aligned} P_0^B &= \frac{F}{\left(1+\frac{y}{2}\right)^{2T}} + \sum_{t=1}^{2T} \frac{C_{\frac{t}{2}}}{\left(1+\frac{y}{2}\right)^t} \\ &= \frac{F}{\left(1+\frac{y}{2}\right)^{2T}} + \frac{\frac{r^C F}{2}}{\frac{y}{2}}\left[1-\left(\frac{1}{1+\frac{y}{2}}\right)^{2T}\right] \\ &= F\left\{\frac{r^C}{y} + \left(\frac{1}{1+\frac{y}{2}}\right)^{2T}\left(1-\frac{r^C}{y}\right)\right\} \end{aligned} \tag{11-11}$$

其中，票面利率 r^C 是一种半年复利的年利率。按照表达式 (11-11)，当 $r^C = y$ 时，$P_0^B = F$，或者称为**平价**（par value）。这种债券被称为**平价债券**（par bond），$P_0^B = F \Leftrightarrow r^C = y$。

图 11.3 展示了一个固定利率债券的例子，其中固定息票率为 3%，$T = 50$ 年，票面价值 $F = 1\,000$ 美元，年复利期数 $m = 2$。[11]

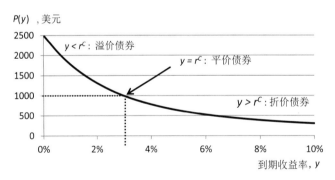

图 11.3　价格-收益率曲线

前面我们通过表达式 (11-9) 证明了对于固定利率债券，$\frac{\partial P_0^B}{\partial y} < 0$。又因为当 $r^C = y$ 时，有 $P_0^B = F$，结合这两个事实，有 $y > r^C \Leftrightarrow P_0^B < F$，对应的债券被称为**折价债券**（discount bond）：其价格相对于平价（票面价值）F 来说是"打折"的。图 11.3 也展示了当 $y > r^C = 3\%$ 时 $P_0^B < F = 1\,000$ 美元，这与前述结论是一致的。最后，图 11.3 也证明了当 $y < r^C$ 时 $P_0^B > F$，这种债券被称为**溢价债券**（premium bond）：其价格相对于平价（票面价值）F 来说是"溢出"的。

---

[11]本书中，除非另有提及，否则 $F = 1\,000$ 美元，且 $\frac{复利期数}{年} = m = 2$。

本章小结

本章回顾了债券的基础概念。我们提供了定义,并引入了恰当的时间轴。我们讨论了债券的三种收益来源。因为在"债券世界"中的一个重要概念——到期收益率——使用了承诺现金流,所以我们对比了承诺现金流与期望现金流。我们计算了债券的价值,并得出了固定息票债券的价格–收益率曲线。

习题

1. 你在收音机上听到一家银行为支票账户支付 12% 的年利率,但是没有听到每年的复利期数。于是,你把有效年利率当作复利期数的函数,构建了一张有效年利率表。假设每年的复利期数为 1、2、4、6、12、24、52 和 365,相应的有效年利率分别是多少?同时,请计算连续复利情况下的有效年利率。

2. 一只半年付息一次的固定利率债券的面值为 1 000 美元,息票率为 8%,到期收益率为 9%,到期期限为 7 年。这只债券的价格是多少?它是溢价、平价还是折价债券?

3. 对于第 2 题中的债券,其当期收益率是多少?名义收益率是多少?

4. 一只半年付息一次的固定利率债券的面值为 1 000 美元,息票率为 8%,价格为 1112.22 美元,到期期限为 11 年。这只债券的到期收益率是多少?它是溢价、平价还是折价债券?

这只债券的当期收益率是多少?名义收益率是多少?

5. 一只半年付息一次的固定利率债券的面值为 1 000 美元,息票率为 8%,到期收益率为 6%,到期期限为 14 年。这只债券的价格是多少?它是溢价、平价还是折价债券?

这只债券的当期收益率是多少?名义收益率是多少?

6. 一只半年付息一次的固定利率债券的面值为 1 000 美元,息票率为 8%,价格为 912.22 美元,到期期限为 11 年。这只债券的到期收益率是多少?它是溢价、平价还是折价债券?

这只债券的当期收益率是多少?名义收益率是多少?

第 12 章
到期日收敛与马尔基尔结论

上一章在推导价格-收益率曲线时提到了债券价格对利率变化的敏感性，本章将进一步探讨债券价格对债券市场上其他参数的敏感性。

我们再次提醒读者一个重要的问题：债券价格是由市场决定的，而市场定价的依据包括现金流的风险和期望，以及债券投资者基于风险的要求回报率。然后，我们才可以根据市场定价计算到期收益率。因此，价格不是到期收益率的函数，而后者是前者的函数。市场决定的债券价格是关于现金流的期望值、风险，以及债权人基于他们察觉的现金流风险而产生的要求回报率的函数。读者必须牢牢记住这一点，因为我们在本章把价格"当作"收益率的函数。

12.1 到期日收敛

在上一章，我们证明了对于平价债券有 $P_0^B = F \Leftrightarrow y = r^C$，而对于溢价（折价）债券有 $P_0^B > F \Leftrightarrow y < r^C$（$P_0^B < F \Leftrightarrow y > r^C$）。现在，我们进一步考察溢价债券的差值 $P_0^B(T) - F > 0$ 和折价债券的差值 $F - P_0^B(T) > 0$ 如何随到期期限 T 而变化。

表达式 (11-11) 说明固定利率债券的价格满足 $P_0^B = F\{\dfrac{r^C}{y} + (1+\dfrac{y}{2})^{-2T}(1-\dfrac{r^C}{y})\}$。因此有[1]

---

[1] 在计算 $\dfrac{\partial P_0^B}{\partial T}$ 时，实际上我们把 T 当作一个连续变量。读者可能会对此感到疑惑，因为在关于息票支付的定义中，T 是一个离散值。我们可以把表达式 (12-1) 的求导从离散的角度替换成 $\dfrac{\Delta P}{\Delta T} = \dfrac{P_T - P_{T-0.5}}{T - (T-0.5)} = \dfrac{F\{(1+\dfrac{y}{2})^{-2T} - (1+\dfrac{y}{2})^{-2T+1}\}(1-\dfrac{r^C}{y})}{0.5} = F(r^C - y)(1+\dfrac{y}{2})^{-2T}$。对于"足够小"的 $\dfrac{y}{2}$，我们可以通过一阶泰勒展开近似得到 $\ln(1+\dfrac{y}{2}) \approx \dfrac{y}{2}$，那么表达式 (12-1) 就转化为 $\dfrac{\partial P_0^B}{\partial T} \approx -2F(1+\dfrac{y}{2})^{-2T}(1-\dfrac{r^C}{y})\dfrac{y}{2} = F(r^C - y)(1+\dfrac{y}{2})^{-2T}$，与离散情形的结果相同。

$$当 y < r^C, \quad \frac{\partial P_0^B}{\partial T} = -2F\left(1+\frac{y}{2}\right)^{-2T}\left(1-\frac{r^C}{y}\right)\ln\left(1+\frac{y}{2}\right) > 0$$

$$当 y > r^C, \quad \frac{\partial P_0^B}{\partial T} < 0$$

$$当 y = r^C, \quad \frac{\partial P_0^B}{\partial T} = 0 \tag{12-1}$$

对于二阶导的情形，有

$$当 y < r^C, \quad \frac{\partial^2 P_0^B}{\partial T^2} = \frac{4F}{y}\left(1+\frac{y}{2}\right)^{-2T}(y-r^C)\left[\ln\left(1+\frac{y}{2}\right)\right]^2 < 0$$

$$当 y > r^C, \quad \frac{\partial^2 P_0^B}{\partial T^2} > 0$$

$$当 y = r^C, \quad \frac{\partial^2 P_0^B}{\partial T^2} = 0 \tag{12-2}$$

对于平价债券，由于 $y = r^C$，有 $P_0^B = F, \forall T, T \in \{1,2,3,\cdots\}$。因此，当票面利率不变时，不论到期期限 T 多长，只要到期收益率与票面利率相同，债券价格就等于面值。然而，对于溢价（折价）债券，$y < r^C$ ($y > r^C$)，从而 T 的一阶导数为正（负）数，二阶导数为负（正）数。所以，给定一系列拥有相同到期收益率和票面利率的溢价债券，它们的价格 $P_0^B(T) > F$ 会随着到期期限的增长而上升，但是上升的速度在递减。类似地，如果给定一系列拥有相同的 y 和 r^C 的折价债券，它们的价格 $P_0^B(T) < F$ 会随着到期期限的增长而下降，但是下降的速度也在递减。

我们用图 12.1 说明上述结论。假设 $r^C = 8\%$，$F = 1\,000$ 美元。图 12.1 中展示了三种情况：31 只溢价债券（均满足 $2\% = y < r^C = 8\%$）、31 只平价债券（均满足 $8\% = y = r^C$），以及 31 只折价债券（均满足 $16\% = y > r^C$）。在每一种情况中，31 只债券的到期期限分别是 $T = \{0, 2, 3, \cdots, 30\}$ 年，其中 $T = 0$ 代表债券在当天到期。可以看到，平价债券的价格总是等于面值 $1\,000$ 美元；相比之下，溢价（折价）债券的价格随着到期期限 T 的增长而以递减的速度上升（以递减的速度下降），这与我们进行数学推导的结论一致。总而言之，在其他条件不变时，债券到期期限越长，债券价格偏离面值的程度越大，即溢价债券的差值 $P_0^B - F$ 和折价债券的差值 $F - P_0^B$ 越大。

在图 12.1 中，横坐标代表以年为单位的到期期限 T，坐标轴往右代表期限增长，从某种意义上来说，这与时间流逝的方向相反。所以，我们翻转横坐标以体现时间的流逝，得到图 12.2，这样可以看到单只债券的价格在保持到期收益率和票面利率不变的情况下如何随着时间而变化。图 12.2 的假设与图 12.1 相同，即 $r^C = 8\%$ 及 $F = 1\,000$ 美元，并且也考察了三种不同的到期收益率（$y = 2\%$，$y = 8\%$ 和 $y = 16\%$）。

图 12.2 的三种情况分别是单一溢价债券的 31 个不同时间点（每一个时间点都满足 $2\% = y < r^C = 8\%$）、单一平价债券的 31 个不同时间点（每一个时间点都满足 $8\% = y = r^C$），以及单一折价债券的 31 个不同时间点（每一个时间点都满足

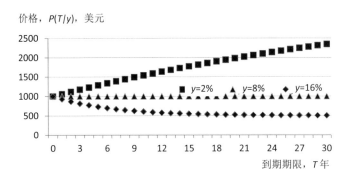

图 12.1　到期期限对价格的影响

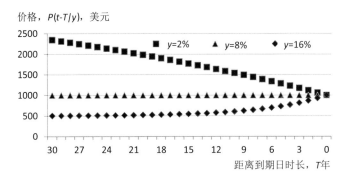

图 12.2　到期日收敛

$16\% = y > r^C$）。每一种情况都给出了 31 个价格，分别对应于期限 $T = \{30, 29, 28, \cdots, 0\}$，其中 $T = 0$ 代表债券在当天到期。因此，图 12.2 中的三只债券都是以 $T = 30$ 年为到期期限发行的，发行日对应于图中三条价格时间序列的第一个数据点。对于每只债券，我们可以观察到其一年以后的价格（$T = 29$）、两年以后的价格（$T = 28$），等等。

总的来说，就像我们在图 12.2 中观察到的那样，距离债券到期日的时间越短，债券价格越接近于它的面值：在其他条件不变时，溢价债券的差值 $P_0^B - F$ 和折价债券的差值 $F - P_0^B$ 均逐渐缩小。不论是 $y < r^C$ 还是 $y > r^C$，债券价格总是随着到期日的临近而逐渐收敛于票面价值 F，我们将这种现象称为**到期日收敛**（march to maturity）。简而言之，在其他条件相同时，债券随时间趋于平价。

12.2　马尔基尔结论

马尔基尔（Malkiel）在其发表的一篇重要的文章中推出了关于固定利率债券的一些结论。我们在下文仅阐述这些结论，不对它们进行证明。[2]

---

[2] 读者可以在 Malkiel（1962）中查阅相关细节。

12.2.1 到期收益率 y 的影响

在推导价格-收益率曲线的过程中，我们实际上已经推出马尔基尔的两大结论，即表达式 (11-9) ($\frac{\partial P_0^B}{\partial y} < 0$) 和表达式 (11-10) ($\frac{\partial^2 P_0^B}{\partial y^2} > 0$)。

马尔基尔采用的是相对利率风险指标，$\frac{\partial \ln(P_0^B)}{\partial y} = \frac{1}{P_0^B}\frac{\partial P_0^B}{\partial y} = \frac{\partial P_0^B / P_0^B}{\partial y}$。[3] 这个风险指标衡量对于给定的收益率绝对增量 (∂y)，价格发生的相对变动 ($\frac{\partial P_0^B}{P_0^B}$) 大小，而不是绝对变动 ($\partial P_0^B$) 大小。相对利率风险指标消除了债券价值规模可能带来的影响，因此比绝对指标更有意义。

我们前面提到对于固定利率债券来说，$\frac{\partial P_0^B}{\partial y} < 0$。假设现在有两只债券 x 和 z，在初始时刻 $P_0^x = P_0^z$ 且 $y_0^x = y_0^z$。进一步假设对于给定的收益率增量 $y_1^x - y_0^x \equiv \Delta y^x = \Delta y^z \equiv y_1^z - y_0^z > 0$，$x$ 的价格变动和 z 的价格变动服从条件 $P_1^x - P_0^x \equiv \Delta P^x < \Delta P^z \equiv P_1^z - P_0^z < 0$。这意味着 $P_1^x < P_1^z$，即虽然两只债券都发生了价值减损，但是 x 比 z 损失了更多的价值。因此，$\frac{\partial P^x}{\partial y} < \frac{\partial P^z}{\partial y} < 0$。[4] 又因为 $P_0^x = P_0^z > 0$，所以有 $\frac{1}{P_0^x}\frac{\partial P^x}{\partial y} < \frac{1}{P_0^z}\frac{\partial P^z}{\partial y} < 0$。

在上例中，由于每单位收益率的绝对变化带来的 x 相对价格的变动幅度比 z 的更大，因此 x 比 z 具有更高的利率风险。再次说明，$\frac{\partial \ln(P^x)}{\partial y} < \frac{\partial \ln(P^z)}{\partial y} < 0$，两者都是负数。对于固定利率债券，$\frac{\partial \ln(P_0^B)}{\partial y}$ 的值越大（越小），即 $\frac{\partial \ln(P_0^B)}{\partial y}$ 越接近于（偏离于）0，则债券的利率风险越小（越大）。那么接下来，对于一个给定的参数 π，如果 $\frac{\partial}{\partial \pi}(\frac{\partial \ln(P_0^B)}{\partial y})$ 是正的（负的），那么这只债券的利率风险就随着 π 的增大而减小（增大），$\pi \in \{y, T, r^C\}$。这里的关键点在于，相对风险利率指标 ($\frac{\partial \ln(P_0^B)}{\partial y} < 0$) 实际上是随着利率敏感性的上升而下降的。在其他条件不变时，这个值越接近于 0，则利率风险越小。因此在某种意义上，这个指标是在衡量非利率风险。在其他条件不变时，给定 π 的变化，当 $\frac{\partial \ln(P_0^B)}{\partial y} < 0$ 的负的程度越大（越小）时，债券价格对收益率变化的敏感性越强（越弱）。

下面提供一个简单的数值示例。有两只债券 x 和 z，当各自的收益率上升 1% 时，它们的价值均减少 100 美元。因此对于两者，每单位收益率变动造成债券价值的绝对变动为 $\frac{-100 美元}{1\%}$。接下来，我们假设 x (z) 的初始价值是 $P_0^x = 1\,000$ 美元 ($P_0^z = 500$ 美元)，则价值的相对变动是 $\Delta P_0^x = \frac{-100}{1\,000}$ ($\Delta P_0^z = \frac{-100}{500}$)。由于两者的绝对价格变动

---
[3]在之后的章节中，我们将学习修正久期（modified duration, MD）的概念，它是这个指标的负值，$MD = -\frac{\partial \ln(P_0^B)}{\partial y}$。对于固定利率债券，由于 $\frac{\partial P_0^B}{\partial y} < 0$，因此 $MD > 0$。

[4]为简化起见，我们假定离散变化的符号（Δ）与微分变化的符号（∂）是相同的。

相同，具有较小（较大）初始价值的债券具有更大（更小）的相对价格变动，也就是这个例子中的 $z(x)$。[5] 因此，$0 > \frac{\Delta P^x}{\Delta y^x} > \frac{\Delta P^z}{\Delta y^z}$，意味着这个例子中 x 对于给定收益率变动的价格敏感性小于 z。

总之，在比较债券的价格敏感性时，我们一定要使用相对指标，这样才能保证把不同的债券或债券投资组合放在一个水平线上做比较。我们不能在初始价值不相同的时候比较价值的绝对变化，但是通过对债券价格进行标准化（除以初始值），我们就能够比较不同的债券和债券投资组合，而不必理会它们的初始规模大小。

现在，我们已经有相对利率风险指标了。进一步考虑

$$\frac{\partial}{\partial y}\left(\frac{1}{P_0^B}\frac{\partial P_0^B}{\partial y}\right) = \frac{1}{P_0^B}\left[\frac{\partial^2 P_0^B}{\partial y^2} - \frac{1}{P_0^B}\left(\frac{\partial P_0^B}{\partial y}\right)^2\right] > 0 \tag{12-3}$$

马尔基尔证明了表达式 (12-3) 的符号为正。根据我们之前的讨论，表达式 (12-3) 的正号意味着其他条件不变，当到期收益率上升时，债券的相对价格对绝对收益率变化的敏感性下降。[6] 这看起来符合我们的直觉，因为债券价格显然有一个下限。此外，回顾图 11.3 中固定利率债券的价格-收益率曲线，我们也可以发现，随着收益率的上升，斜率下降的幅度减小。

表达式 (12-3) 是比我们之前证明的 $\frac{\partial^2 P_0^B}{\partial y^2} > 0$ 更强的结论。根据马尔基尔的研究，表达式 (12-3) 说明 $\frac{\partial^2 P_0^B}{\partial y^2} > \frac{1}{P_0^B}\left(\frac{\partial P_0^B}{\partial y}\right)^2$，其中 $\frac{1}{P_0^B}\left(\frac{\partial P_0^B}{\partial y}\right)^2 > 0$。也就是说，马尔基尔证明了二阶导 $\frac{\partial^2 P_0^B}{\partial y^2}$ 不但是正的，而且一定比另一个正数（$\frac{1}{P_0^B}\left(\frac{\partial P_0^B}{\partial y}\right)^2 > 0$）更大。

如前所述，相对利率风险指标 $\frac{\partial \ln(P_0^B)}{\partial y}$ 考察的是收益率发生绝对变动时债券价值的相对变化。马尔基尔也考虑了其他指标，即当收益率发生相对变动时债券价值的相对变化，或 $\frac{\partial \ln(P_0^B)}{\partial \ln(y)} = \frac{\partial P_0^B/P_0^B}{\partial y/y} = \frac{y}{P_0^B}\frac{\partial P_0^B}{\partial y}$。对于固定利率债券，马尔基尔证明了这个指标随着收益率的上升而减小：

$$\frac{\partial}{\partial y}\left(\frac{\partial \ln\left(P_0^B\right)}{\partial \ln(y)}\right) = \frac{y}{P_0^B}\left[\frac{\partial^2 P_0^B}{\partial y^2} - \frac{1}{P_0^B}\left(\frac{\partial P_0^B}{\partial y}\right)^2 + \frac{1}{y}\frac{\partial P_0^B}{\partial y}\right] < 0 \tag{12-4}$$

因此，尽管收益率上升使得相对价格随收益率绝对变动而下降的幅度减小（按照表达式 (12-3)，即负的程度减小），相对价格随收益率相对变动而下降的幅度却在增大

---

[5] 作为一个更极端的例子，在比较两个债券投资组合的利率风险时，我们更不能比较价值的绝对变动，因为其规模可能相差更大。

[6] 等价地，随着 y 的增加，单位收益率上升引起的相对价格的"上升"程度增大。也就是说，随着 y 的增加，单位收益率上升引起的相对价格的下降程度减小。

（按照表达式 (12-4)，即负的程度增大）。[7] 根据表达式 (12-4)，由于 $\frac{y}{P_0^B} > 0$，那么 $\frac{\partial^2 P_0^B}{\partial y^2} < \frac{1}{P_0^B}\left(\frac{\partial P_0^B}{\partial y}\right)^2 - \frac{1}{y}\frac{\partial P_0^B}{\partial y}$。

结合表达式 (12-3) 和表达式 (12-4)，我们可以得到关于价格-收益率曲线凸度的取值范围为：

$$\frac{\partial^2 P_0^B}{\partial y^2} - \frac{1}{P_0^B}\left(\frac{\partial P_0^B}{\partial y}\right)^2 \in \left\{0, -\frac{1}{y}\frac{\partial P_0^B}{\partial y}\right\} \tag{12-5}$$

显然，因为 $\frac{\partial P_0^B}{\partial y} < 0$，所以 $-\frac{1}{y}\frac{\partial P_0^B}{\partial y} > 0$。

为了更好地说明这个结论，我们通过图 12.3 进行个体分析。

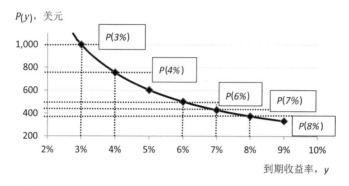

图 12.3 到期收益率对价格-收益率曲线的影响

首先考虑 $\frac{\partial}{\partial y}\left(\frac{1}{P}\frac{\partial P}{\partial y}\right) > 0$ 的离散近似，即 $\frac{\Delta}{\Delta y^*}\left(\frac{1}{P}\frac{\Delta P}{\Delta y}\right) = \frac{\frac{1}{P^\alpha}\frac{\Delta P^\alpha}{\Delta y^\alpha} - \frac{1}{P^\beta}\frac{\Delta P^\beta}{\Delta y^\beta}}{y^\alpha - y^\beta}$，或

$$\frac{\Delta}{\Delta y^*}\left(\frac{1}{P}\frac{\Delta P}{\Delta y}\right) = \frac{\frac{1}{P^\alpha}\frac{P_+^\alpha - P_-^\alpha}{y_+^\alpha - y_-^\alpha} - \frac{1}{P^\beta}\frac{P_+^\beta - P_-^\beta}{y_+^\beta - y_-^\beta}}{y^\alpha - y^\beta} > 0 \tag{12-6}$$

其中，给定收益率 y^α 和 y^β 时，有 $\Delta y^* \equiv y^\alpha - y^\beta > 0$，$\Delta y \equiv y_+^\alpha - y^\alpha = y^\alpha - y_-^\alpha > 0$，$P^\alpha \equiv P(y^\alpha)$，$P_+^\alpha \equiv P(y_+^\alpha)$ 及 $P_-^\alpha \equiv P(y_-^\alpha)$。[8] 我们将在之后的章节（学习有效的价格收益率指标的时候）对离散近似进行更深入的探讨，在那些计算中，Δy^* 和 Δy 应取非常小的值，例如各取 0.01%。而在本章，为了更清晰地说明相关概念，我们暂时取一些比较大的值。

我们用图 12.3 作为示例，分别考虑两种不同的收益率初始值，3% 和 6%。根据马尔基尔的证明，$\frac{\Delta\left(\frac{1}{P}\frac{\Delta P}{\Delta y}\right)}{\Delta y^*} = \frac{\frac{1}{P^6}\left(\frac{P^7 - P^6}{7\% - 6\%}\right) - \frac{1}{P^3}\left(\frac{P^4 - P^3}{4\% - 3\%}\right)}{6\% - 3\%} > 0$。[9] 这个式子可以

---

[7] 表达式 (12-4) 的负号表示，在其他条件不变时，随着到期收益率的上升，债券的相对价格对相对收益率变化的敏感性增强。等价地，随着 y 的增加，单位相对收益率上升引起的相对价格的"上升"程度减小。

[8] 类似地，有 $\Delta y = y_+^\beta - y^\beta = y^\beta - y_-^\beta > 0$，$P^\beta \equiv P(y^\beta)$，$P_+^\beta \equiv P(y_+^\beta)$ 及 $P_-^\beta \equiv P(y_-^\beta)$。

简化为 $0 < \frac{P^4}{P^3} < \frac{P^7}{P^6} < 1$，这样就与图 12.3 中的曲线一致了。简单地说，其他条件不变，对于给定的 $\Delta y^\alpha = \Delta y^\beta (= 7\% - 6\% = 4\% - 3\% = 1\%)$，收益率较高时 $\frac{\Delta P}{P} < 0$ 的数值比收益率较低时 $\frac{\Delta P}{P} < 0$ 的数值更大，即负的程度更小。因此，当收益率上升时，债券的相对价格对收益率变化的敏感性下降。

接下来，我们考虑 $\frac{\partial}{\partial y}\left(\frac{\partial \ln(P)}{\partial \ln(y)}\right) = \frac{\partial}{\partial y}\left(\frac{y}{P}\frac{\partial P}{\partial y}\right) < 0$ 的离散近似，即 $\frac{\Delta}{\Delta y^*}\left(\frac{y}{P}\frac{\Delta P}{\Delta y}\right) = \frac{\frac{y^\alpha}{P^\alpha}\frac{\Delta P^\alpha}{\Delta y^\alpha} - \frac{y^\beta}{P^\beta}\frac{\Delta P^\beta}{\Delta y^\beta}}{y^\alpha - y^\beta}$，或

$$\frac{\Delta}{\Delta y^*}\left(\frac{y}{P}\frac{\Delta P}{\Delta y}\right) = \frac{\frac{y^\alpha}{P^\alpha}\frac{P_+^\alpha - P_-^\alpha}{y_+^\alpha - y_-^\alpha} - \frac{y^\beta}{P^\beta}\frac{P_+^\beta - P_-^\beta}{y_+^\beta - y_-^\beta}}{y^\alpha - y^\beta} < 0 \tag{12-7}$$

继续用图 12.3 作为示例，考虑两种不同的收益率初始值，3% 和 6%。那么，根据马尔基尔的证明，$\frac{\Delta\left(\frac{y}{P}\frac{\Delta P}{\Delta y}\right)}{\Delta y^*} = \frac{\frac{6\%}{P^6}\left(\frac{P^8 - P^6}{8\% - 6\%}\right) - \frac{3\%}{P^3}\left(\frac{P^4 - P^3}{4\% - 3\%}\right)}{6\% - 3\%} < 0$。注意，在前面的两种情况中，我们都使用了条件 $\Delta y^\alpha = \Delta y^\beta$；而在这里，我们的条件是 $\Delta y^\alpha = 8\% - 6\% > 4\% - 3\% = \Delta y^\beta$，这是因为 $\Delta \ln(y^\alpha) \approx \frac{\Delta y^\alpha}{y^\alpha} = \frac{8\% - 6\%}{6\%} = \frac{1}{3} = \frac{4\% - 3\%}{3\%} = \frac{\Delta y^\beta}{y^\beta} \approx \Delta \ln(y^\beta)$。[10] 简化前面的不等式可得 $0 < \frac{P^8}{P^6} < \frac{P^4}{P^3} < 1$，这样就与图 12.3 中的曲线一致了。

让我们同时考虑前述两个结论：$\frac{\Delta}{\Delta y^*}\left(\frac{y}{P}\frac{\Delta P}{\Delta y}\right) < 0 \Rightarrow 0 < \frac{P^8}{P^6} < \frac{P^4}{P^3} < 1$ 和 $\frac{\Delta}{\Delta y^*}\left(\frac{1}{P}\frac{\Delta P}{\Delta y}\right) > 0 \Rightarrow 0 < \frac{P^4}{P^3} < \frac{P^7}{P^6} < 1$。把这两个结论结合在一起，我们得到 $0 < \frac{P^8}{P^6} < \frac{P^4}{P^3} < \frac{P^7}{P^6} < 1$。第一个不等式 ($\frac{P^8}{P^6} < \frac{P^4}{P^3}$) 满足之前的论证：给定收益率的绝对增长量，当其他条件不变时，相对价格敏感性的幅度随相对收益率增大而增大。然而根据第二个不等式 ($\frac{P^4}{P^3} < \frac{P^7}{P^6}$)，给定收益率的绝对增长量，当其他条件不变时，相对价格敏感性的幅度随绝对收益率增大而减小。

---

[9]为了方便阐述，我们使用 $\frac{\Delta}{\Delta y^*}\left(\frac{1}{P}\frac{\Delta P}{\Delta y}\right) = \frac{\frac{1}{P^\alpha}\frac{P_+^\alpha - P_-^\alpha}{y_+^\alpha - y_-^\alpha} - \frac{1}{P^\beta}\frac{P_+^\beta - P_-^\beta}{y_+^\beta - y_-^\beta}}{y^\alpha - y^\beta}$ 这种写法。当 $\Delta y \to 0$ 时，这个表达式和表达式 (12-6) 的结果相同。另外，在这个例子中，我们使用的数据是 $\Delta y^* = y^\alpha - y^\beta = 3\%$ 及 $\Delta y = y_+^\alpha - y_-^\alpha = y_+^\beta - y_-^\beta = 1\%$。

[10]根据 $\Delta \ln(y) = \ln(y^+) - \ln(y) = \ln\left(\frac{y^+}{y}\right) = \ln\left(\frac{y + y^+ - y}{y}\right) = \ln\left(1 + \frac{\Delta y}{y}\right)$，且利用泰勒展开的一阶近似，我们知道对于足够小的 x，$\ln(1 + x) \approx x$，则可推出 $\Delta \ln(y) \approx \frac{\Delta y}{y}$。

12.2.2 票面利率的影响

前面,我们全面地理解了债券价格如何随收益率而变化。现在,我们转向另一个参数,票面利率 r^C。显然,表达式 (11-11) 中的 P_0^B 对 r^C 求导可得 $\frac{F}{y}\left[1-(1+\frac{y}{2})^{-2T}\right]>0$。直觉上,票面利率越大,意味着现金流越大,从而债券越有价值。

接下来,马尔基尔证明了以下结果:

$$\frac{\partial}{\partial r^C}\left(\frac{\partial \ln(P_0^B)}{\partial y}\right)>0 \tag{12-8}$$

表达式 (12-8) 中的正号表明,当其他条件不变时,随着票面利率增在,债券的相对价格对收益率变化的敏感性减弱。这个结果是很直观的。随着息票增加,而面值 F 保持不变,那么息票将在债券价值中占更大的比重。由于息票(最后一期除外)的支付发生在面值的支付之前,息票的现值比面值 F 的现值受收益率变化的影响更小。[11] 总之,当其他条件不变时,随着息票增加,更大比例的债券现值会在早期发生支付,现金流受到收益率的影响就更小。而对于最终的支付,虽然其现值对利率增大最为敏感,但是它只占债券现值中很小的一部分。因此,当其他条件不变时,债券的相对价格随收益率变化的敏感性随着票面利率的增大而减弱。

我们用图 12.4 来说明刚才的结果。图中 $F=1\,000$ 美元,$T=30$ 年,且 $m=2$。

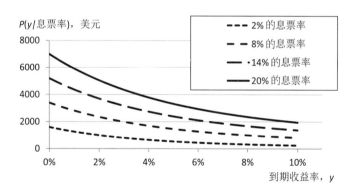

图 12.4 票面利率对价格-收益率曲线的影响

显然,随着票面利率上升,$P_0^B(y)$ 也在增大,$\forall y \geqslant 0$。有趣的是,我们可以证明 $\frac{\partial^2 P_0^B}{\partial y \partial r^C}=\frac{\partial}{\partial y}\frac{\partial P_0^B}{\partial r^C}=\frac{\partial}{\partial r^C}\frac{\partial P_0^B}{\partial y}<0$。[12] 因此,对于固定利率债券,随着票面利率的增大,债券的绝对价格对收益率的敏感性增强,即价格敏感性 $\frac{\partial P_0^B}{\partial y}<0$ 为负的程度更大。

---

[11]这是因为 $\left(1+\frac{y_1}{2}\right)^t-\left(1+\frac{y_0}{2}\right)^t<\left(1+\frac{y_1}{2}\right)^{2T}-\left(1+\frac{y_0}{2}\right)^{2T}$,$\forall y_1>y_0$,$\forall t\in\{1,2,\cdots,2T-1\}$。

[12]因为 $\frac{\partial P_0^B}{\partial r^C}=F\{(1+\frac{y}{2})^{-0.5}+(1+\frac{y}{2})^{-1}+(1+\frac{y}{2})^{-1.5}+\cdots+(1+\frac{y}{2})^{-2T}\}$,而等式右边的值明显关于收益率递减,所以 $\frac{\partial^2 P_0^B}{\partial r^C \partial y}<0$。

这与图 12.4 中曲线的形状是一致的。对于给定的收益率，如 2%，随着票面利率的增大（在图 12.4 中表现为更高的价格-收益率曲线），斜率的幅度在增大，即 $\frac{\partial P_0^B}{\partial y} < 0$ 在减小，或者说斜率变得更负了。因此，当其他条件不变时，债券的绝对价格对收益率绝对变化的敏感性随票面利率的增大而增强。然而，马尔基尔的表达式 (12-8) 告诉我们，债券的相对价格对收益率绝对变化的敏感性随票面利率的增大而减小。两个结论的差异在于后者多除了 P_0^B。因此，当其他条件不变时，息票率越高，价格越高，从而减小了敏感性 ($\frac{1}{P_0^B}\frac{\partial P_0^B}{\partial y}$) 的幅度。

12.2.3 到期期限 T 的影响

通过表达式 (12-1) 和表达式 (12-2)，我们已经对到期期限 T 如何影响债券价格有了一定的理解。我们曾经证明，当到期期限增长时，P_0^B 和 F 之间的差距会增大，即溢价债券的差值 $P_0^B(T) - F$ 和折价债券的差值 $F - P_0^B(T)$ 均增大。

现在我们考察 T 如何影响相对利率风险指标 $\frac{\partial \ln(P_0^B)}{\partial y}$。根据马尔基尔的证明，

$$\frac{\partial}{\partial T}\left(\frac{\partial \ln(P_0^B)}{\partial y}\right) < 0, \quad \text{及} \quad \frac{\partial^2}{\partial T^2}\left(\frac{\partial \ln(P_0^B)}{\partial y}\right) > 0 \tag{12-9}$$

第一项求导 $\frac{\partial}{\partial T}(\frac{\partial \ln(P_0^B)}{\partial y}) < 0$ 的负号表示，其他条件不变时，当到期期限增加，债券的相对价格对收益率绝对变化的敏感性增加。换句话说，当 T 增加时，债券的相对价格对收益率变动的敏感性增加。这是非常直观的，投资者会认为一年到期的债券比 30 年到期的债券拥有更低的相对利率风险。[13]

第二项求导 $\frac{\partial^2}{\partial T^2}(\frac{\partial \ln(P_0^B)}{\partial y}) > 0$ 的正号表示，当到期期限增加时，相对价格对收益率变化的敏感性增加的速率关于到期期限递减。

我们用数值示例来更形象地说明这个结论。观察图 12.5，其中 $F = 1\,000$ 美元且 $r^C = 10\%$。

我们先考虑表达式 (12-9) 中的第一个不等式。注意图 12.5 中的四条曲线在 $y = r^C = 10\%$（$P_0^B = F$）时的斜率 $\frac{\partial P_0^B}{\partial y}$。显然，随着 T 的增加，斜率为负的程度增加，这与 $\frac{\partial}{\partial T}(\frac{\partial \ln(P_0^B)}{\partial y}) < 0$ 相一致。这个斜率的大小顺序在收益率比较小（如 $y = 5\%$）的时候更加明显。

为了理解表达式 (12-9) 的第二个不等式，注意观察图 12.5 中除 $y = r^C = 10\%$ 以外任意一个收益率对应的四条曲线之间的距离。比如，当 $y = 15\%$ 时，随着 T 的增加，

---

[13] 此外，如果利率上升，那么比起持有 30 年期债券，一年内到期的债券可以在一年内以更高的利率再投资。不过这个话题与我们分析的内容没有太大关系，它并不能解释为什么 $\frac{\partial}{\partial T}(\frac{\partial \ln(P_0^B)}{\partial y}) < 0$。

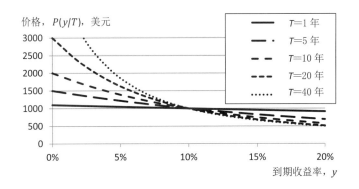

图 12.5 到期期限对价格-收益率曲线的影响

曲线与曲线之间的距离是单调递减的。换句话说，从 $T=1$ 到 $T=5$ 再到 $T=10$ 再到 $T=20$ 再到 $T=40$，价格之间的差距随着到期期限的增加而逐渐缩小。[14]

在本章最后，我们总结一下马尔基尔的核心结论：

- $\dfrac{\partial\left(\dfrac{\partial \ln(P_0^B)}{\partial y}\right)}{\partial y} > 0, \quad \dfrac{\partial\left(\dfrac{\partial \ln(P_0^B)}{\partial \ln(y)}\right)}{\partial y} < 0, \quad \dfrac{\partial\left(\dfrac{\partial \ln(P_0^B)}{\partial y}\right)}{\partial r^C} > 0;$

- $\dfrac{\partial\left(\dfrac{\partial \ln(P_0^B)}{\partial y}\right)}{\partial T} < 0, \quad \dfrac{\partial^2\left(\dfrac{\partial \ln(P_0^B)}{\partial y}\right)}{\partial T^2} > 0。$

本章小结

本章的主要目的是了解债券价值的关键驱动因素。对于固定息票债券，我们研究了几个比较静态分析的结果。由于这些结果非常重要，我们分别以数学、图形和离散类比的方式展示了它们。

习题

1. 一只半年付息一次的固定利率债券面值为 1 000 美元，息票率为 8%，到期收益率为 4%，到期期限为 14 年。这只债券的价格是多少？它是溢价、平价还是折价债券？

2. 对于第 1 题中的同一只债券，假设现在到期期限为 20 年，这只债券的价格又是多少？此时价格相比第 1 题是更大还是更小？请用到期日收敛的概念解释两个价格之间的关系。

---

[14] 图中 ΔT 是递减的，即 $5-1 < 10-5 < 20-10 < 40-20$。但是实际上，$\dfrac{\partial}{\partial T}\left(\dfrac{\partial \ln(P_0^B)}{\partial y}\right) < 0$ 这个结论比图中所展示的更强。也就是说，如果五条价格-收益率曲线之间的 ΔT 是均等的，那么曲线之间距离递减的现象会更加明显。

3. 一只半年付息一次的固定利率债券面值为 1 000 美元，息票率为 8%，到期收益率为 12%，到期期限为 14 年。这只债券的价格是多少？它是溢价、平价还是折价债券？

4. 对于第 3 题中的同一只债券，假设现在到期期限为 20 年，这只债券的价格又是多少？此时价格相比第 3 题是更大还是更小？请用到期日收敛的概念解释两个价格的关系。

5. 第 1 题中的债券（到期收益率为 4%）和第 3 题中的债券（到期收益率为 12%）除到期收益率不同以外，其他参数是相同的。哪一只债券的价格更高？请解释。

6. 一只半年付息一次的固定利率债券面值为 1 000 美元，息票率为 15%，到期收益率为 4%，到期期限为 14 年。这只债券的价格是多少？它是溢价、平价还是折价债券？

7. 第 1 题中的债券（息票率为 8%）和第 6 题中的债券（息票率为 14%）除息票率不同以外，其他参数是相同的。哪一只债券的价格更高？请解释。

第 13 章
价格-收益率关系的近似计算

在第 12 章中,我们详细探讨了固定利率债券对所有债券相关参数的价格敏感性。在本章,我们将进一步了解收益率对价格-收益率曲线的影响。我们的目的是建立价格-收益率曲线的有效近似计算方法。公司高管们发现,当需要快速地找到价格-收益率关系或因为大型的投资组合包含了复杂证券导致寻找相关关系很困难时,这些结论会非常有用。

我们再次提醒读者,价格不是到期收益率的函数,而后者是前者的函数。因为我们在本章再次将价格"当作"收益率的函数,所以有必要重复一遍。显然,收益率与市场决定的利率相关。

13.1 麦考利久期和修正久期

我们从 Frederick Macaulay 提出的**麦考利久期**(Macaulay duration, MaD)开始,并以此作为利率风险的指标。这个指标有时也被称为有效久期。根据定义,对于半年付息债券,麦考利久期为:

$$MaD \equiv \frac{1}{P_0^B}\sum_{t=1}^{2T}\frac{t}{2}\frac{CF_{\frac{t}{2}}}{\left(1+\frac{y}{2}\right)^t} = \frac{1}{\sum_{n=1}^{2T}\frac{CF_{\frac{n}{2}}}{\left(1+\frac{y}{2}\right)^n}}\sum_{t=1}^{2T}\frac{t}{2}\frac{CF_{\frac{t}{2}}}{\left(1+\frac{y}{2}\right)^t}$$

$$= \sum_{t=1}^{2T}\frac{t}{2}\underbrace{\left(\frac{PV(CF_{\frac{t}{2}})}{\sum_{n=1}^{2T}PV(CF_{\frac{n}{2}})}\right)}_{\equiv w_{\frac{t}{2}}} = \sum_{t=1}^{2T}\frac{t}{2}w_{\frac{t}{2}} \qquad (13\text{-}1)$$

其中,一笔现金流的"现值"为 $PV(CF_{t/2}) = \dfrac{CF_{t/2}}{\left(1+\frac{y}{2}\right)^t}$,而权重 $w_{\frac{t}{2}}$ 是在日期 $\frac{t}{2}$ 时收

到的相应现金流 $CF_{t/2}$ 所代表的债券"现值"的比例。[1] 因此，麦考利久期是一个现金流接收时间（日期 $\frac{t}{2}$）的加权平均值，其中权重对应于债券现值的百分比。

图 13.1 展示了到期期限 $T=4$ 年，面值 $F=1\,000$ 美元，到期收益率 $y=10\%$，息票利率 $r^C=14\%$，每年复利次数 $m=2$ 且价格 $P_0^B=1129.30$ 美元的债券的麦考利久期。经过计算，$MaD=3.248$ 年。首先，图 13.1 中八个柱体的高度之和等于债券价格 1129.30 美元。其次，对于零息债券，整个"权重"发生在一个单一日期，即到期日 T。令到期日 T 的权重为 1，那么对于零息债券，有 $MaD=T$。对于固定利率债券，由于在到期日之前的日期（$t<T$）也有正的权重，则 $MaD<T$。[2]

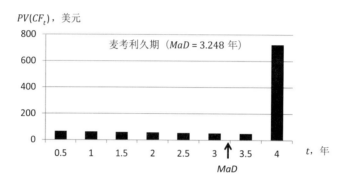

图 13.1 麦考利久期

尽管看起来可能不明显，但麦考利久期其实是利率风险的指标。我们考察一个明显的指标并观察两者之间的关系。考虑一个相对利率风险指标，**修正久期**（modified duration, MD），$MD=-\frac{1}{P_0^B}\frac{\partial P_0^B}{\partial y}$。注意，这里面有一个负号。在本章，我们只考察固定利率债券的情形，由于 $\frac{\partial P_0^B}{\partial y}<0$，有 $MD>0$。因此，对于固定利率债券，其相对价格敏感度随着修正久期的增加（减少）而增强（减弱）。

那么麦考利久期与修正久期之间是什么关系？由于 $w_{\frac{t}{2}}=\frac{PV(CF_{t/2})}{P_0^B}$，那么对于固定利率债券，有 $\frac{\partial P_0^B}{\partial y}=-\sum_{t=1}^{2T}\frac{t}{2}\frac{CF_{t/2}}{(1+y/2)^{t+1}}=-\frac{P_0^B}{P_0^B}\sum_{t=1}^{2T}\frac{t}{2}\frac{PV(CF_{t/2})}{(1+y/2)^1}=$
$-\frac{P_0^B}{1+\frac{y}{2}}\sum_{t=1}^{2T}\frac{t}{2}(w_{\frac{t}{2}})$。[3] 因此 $MD=-\frac{1}{P_0^B}\frac{\partial P_0^B}{\partial y}=-\frac{1}{P_0^B}\left(-\frac{P_0^B}{1+\frac{y}{2}}\sum_{t=1}^{2T}\frac{t}{2}(w_{\frac{t}{2}})\right)=$

---

[1] 根据收益率的定义，债券的价格是现金流的"现值"的总和，或者说 $P_0^B=\sum_{t=1}^{2T}\frac{CF_{t/2}}{\left(1+\frac{y}{2}\right)^t}$。所以每个权重分别是这个求和中的项除以这个求和。我们之所以把"现值"加上双引号，是因为收益率实际上并不是贴现率。就像债务追求者所要求的回报率一样，到期收益率是通过使得贴现现金流之和等于债券价格而计算出来的。

[2] 对于一些具有嵌入式期权的债券，$MaD>T$ 是可能的。不过这些债券超出了本书的讨论范围。

[3] 因为 P_0^B 和 $1+\frac{y}{2}$ 都不是指标 t 的函数，所以它们可以提取到求和项的外面。

$\frac{+1}{1+\frac{y}{2}}\sum_{t=1}^{2T}\frac{t}{2}(w_{\frac{t}{2}})$。把这个表达式和表达式 (13-1) 对比可以发现，对于固定利率债券，有

$$MD = \frac{MaD}{1+\frac{y}{2}}, \quad 或 \quad MaD = MD\left(1+\frac{y}{2}\right) \tag{13-2}$$

因为我们已经证明修正久期是如何捕捉利率风险的，所以表达式 (13-2) 表明麦考利久期可以捕捉利率风险。我们在上一章中看到，直觉上，在其他条件不变时，债券的利率风险随着到期期限的增长而增大。收到现金流的日期距离现在越远，这笔现金流的现值对收益率变动的敏感性越大。由于麦考利久期是现金流接收时间的加权平均，因此这个值越大，债券价格对收益率变动的敏感性越大。

最后，我们不带证明地提供有关修正久期的静态比较分析。

$$\frac{\partial MD}{\partial r^C} < 0 \quad 且 \quad \frac{\partial MD}{\partial y} < 0 \tag{13-3}$$

两者都是合乎逻辑的。票面利率越高，由息票支付所代表的债券价值相对于面值的占比越大。债券收益的较大比例如果发生在更早的阶段（远离到期期限的阶段），则可以降低债券相对价格对收益率的敏感性。此外，根据表达式 (13-3) 的第二个结果，我们可以看到，债券相对价格对绝对收益率的敏感性随着收益率的上升而下降。最后，关于到期期限对修正久期的影响（$\frac{\partial MD}{\partial T}$），尽管偶尔有例外，但这个值通常是正的。这个结论也是直观的，因为我们已经证明债券相对价格对绝对收益率的敏感性会随着到期期限 T 的增长而增加。

13.2 凸度

对于固定利率债券，修正久期的表达式为 $MD = -\frac{1}{P_0^B}\frac{\partial P_0^B}{\partial y}$，而麦考利久期的表达式为 $MaD = MD\left(1+\frac{y}{2}\right)$，因此联系价格-收益率曲线，久期实际上反映了曲线的截距。现在，我们把重点转移到能反映价格-收益率曲线的曲度的二阶导指标上。

提醒一下，凸函数是指二次导数为正的函数。如前所示，固定利率债券的价格-收益率曲线是凸的。在求久期的时候，我们用斜率除以初始价格以反映相对价格的敏感性，这里的做法也是一致的，**凸度**（convexity）的定义是 $Conv \equiv \frac{1}{P_0^B}\frac{\partial^2 P_0^B}{\partial y^2}$。对于固定利率债券，这个数显然是正的，因为我们已经证明了 $\frac{\partial^2 P_0^B}{\partial y^2} > 0$。我们可以直接地证明：

$$\frac{\partial^2 P_0^B}{\partial y^2} = \frac{P_0^B}{\left(1+\frac{y}{2}\right)^2}\sum_{t=1}^{2T}\frac{t}{2}\left(\frac{t+1}{2}\right)w_{\frac{t}{2}} \tag{13-4}$$

因此

$$Conv \equiv \frac{1}{P_0^B}\frac{\partial^2 P_0^B}{\partial y^2} = \frac{1}{\left(1+\frac{y}{2}\right)^2}\sum_{t=1}^{2T}\frac{t}{2}\left(\frac{t+1}{2}\right)w_{\frac{t}{2}} \qquad (13\text{-}5)$$

一般来说，投资者可能会喜欢凸度这个指标。以图 13.2 为例。两只债券的价格–收益率曲线只有在 (5%, 1 000美元) 这一点才相交，除此之外，债券 A 的价格处处高于债券 B。债券 A 的参数为 $F = 353.27$ 美元，$T = 50$ 年，$r^C = 15\%$ 且 $m = 2$；债券 B 的参数为 $F = 2303.64$ 美元，$T = 16.90$ 年，$r^C = 0\%$ 且 $m = 2$。注意，两只债券在 $y = 5\%$ 时的价格均为 1 000 美元。然而在任何其他到期收益率的情况下，$y^A \neq y^B \Leftrightarrow P^A > P^B$。如果把 $y^A = y^B = 5\%$ 作为一个起始点，那么当市场利率下降导致两只债券的收益率都下降时，债券 A 的价格上升幅度比债券 B 的更大。同时，如果市场利率上升导致两只债券的收益率都上升，那么债券 A 的价格下降幅度比债券 B 的更小。

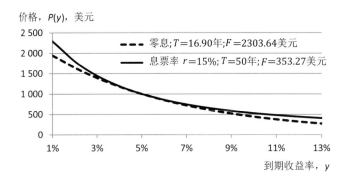

图 13.2 考察凸度的必要性

上述讨论可能让你很好奇：为什么会有投资者购买债券 B 而不是债券 A？我们考虑 $y^A = y^B = 13\%$ 的情况。这时如果利率下降，使两只债券的收益率都降至 12%，那么债券 B 的价格上升幅度将会高于债券 A 的价格上升幅度。类似地，站在 $y^A = y^B = 1\%$ 这一点，如果利率上升导致 $y^A = y^B = 2\%$，则债券 A 的价格下降幅度将超过 B 的价格下降幅度。总而言之，如果两只债券的收益率正在离开它们的共同点（在图 13.2 中为 $y = 5\%$ 的情形），那么 A 的价格变化相对于 B 的价格变化确实收益率更高。然而，如果收益率从其他点走向这个共同点，则 A 的价格变化相较之下是不利的。[4]

最后，我们不带证明地提供有关凸度的比较静态分析。

$$\frac{\partial Conv}{\partial r^C} < 0, \quad \frac{\partial Conv}{\partial y} < 0, \quad 且 \quad \frac{\partial Conv}{\partial T} > 0 \qquad (13\text{-}6)$$

前两个结果与修正久期相应的比较静态分析结果相同。对于第三个结果，回想一下，修正久期通常随着 T 的增加而增加，而凸度是严格递增的。因此总的来说，关于

---

[4] 除凸度之外的参数也可能会使债券 B 对于一些投资者来说比债券 A 更有吸引力。这些参数包括到期期限、票面利率、现金流量时间等，这些都可能影响投资组合决策。

到期期限的这两个结果是相似的。总之,具有高(低)久期的债券往往也具有高(低)的凸度。

13.3 价格–收益率的近似计算

考虑 $P^B(y)$ 对初始收益率 y_0 的泰勒展开。[5]

$$\begin{aligned} P^B(y_1) &= \sum_{n=0}^{\infty} \frac{1}{n!}(\Delta y)^n \frac{\partial^n P^B(y_0)}{\partial y^n} \\ &= P^B(y_0) + \frac{1}{1!}(\Delta y)^1 \frac{\partial P^B(y_0)}{\partial y} + \frac{1}{2!}(\Delta y)^2 \frac{\partial^2 P^B(y_0)}{\partial y^2} \\ &\quad + \sum_{n=3}^{\infty} \frac{1}{n!}(\Delta y)^n \frac{\partial^n P^B(y_0)}{\partial y^n} \end{aligned} \quad (13\text{-}7)$$

其中,y_0 是当前的到期收益率,y_1 是一个"接近"y_0 的到期收益率,其对应的 P^B 是我们要求的价格,$\Delta y \equiv y_1 - y_0$,$P^B(y_0)$ 是 $P^B(y)$ 在 y_0 时的债券价格,而 $P^B(y_1)$ 是 $P^B(y)$ 在 y_1 时的债券价格。[6]

对比较小的 Δy,受 $(\Delta y)^n$ 的影响,对应的项也逐渐减小。确实,对于充分小的 Δy,超过二阶导的项因数值太小而在实际运用中经常被忽略不计。因此,我们可以通过下式近似计算表达式 (13-7):[7]

$$\begin{aligned} P^B(y_1) &\approx P^B(y_0) + \Delta y \frac{\partial P^B(y_0)}{\partial y} + \frac{(\Delta y)^2}{2} \frac{\partial^2 P^B(y_0)}{\partial y^2} \\ &= P^B(y_0) \left[1 - (MD)\Delta y + (Conv)\frac{(\Delta y)^2}{2} \right] \end{aligned} \quad (13\text{-}8)$$

我们称表达式 (13-8) 为价格–收益率曲线的**二阶估计**。

我们也可以考虑一个比较简单的**一阶估计**,即

$$P^B(y_1) \approx P^B(y_0)[1 - (MD)\Delta y] \quad (13\text{-}9)$$

我们在图 13.3 中展示了一个真实的价格–收益率曲线,以及根据表达式 (13-9) 计算的一阶估计和根据表达式 (13-8) 计算的二阶估计。对于该债券,$T=100$ 年,$F=1\,000$ 美元,$r^C=3\%$ 且 $m=2$。显然,一阶估计是线性的(即斜率为常数),二阶估计是正凸性的(即二阶导为正数)。根据设定,这两个估计在当前的坐标 $(y_0, P^B(y_0)) = (3\%, 1\,000$美元$)$

---

[5]我们定义 $0!=1$ 且 $\frac{\partial^0 P^B(y_0)}{\partial y^0} = P^B(y_0)$。

[6]类似地,$\frac{\partial P^B(y_0)}{\partial y}$ 是 $\frac{\partial P^B(y)}{\partial y}$ 在 y_0 时对应的值,$\frac{\partial P^B(y_1)}{\partial y}$ 是 $\frac{\partial P^B(y)}{\partial y}$ 在 y_1 时对应的值,更高阶的求导结果以此类推。此外,$n! = 1 \times 2 \times 3 \times \cdots \times n$。

[7]第一行可以改写为 $P^B(y_1) \approx P^B(y_0) \left[1 - \left(-\frac{1}{P^B(y_0)} \frac{\partial P^B(y_0)}{\partial y} \right) \Delta y + \left(\frac{1}{P^B(y_0)} \frac{\partial^2 P^B(y_0)}{\partial y^2} \right) \frac{(\Delta y)^2}{2} \right]$。

处与价格-收益率曲线重合。此外，这两个估计值不仅与 $P^B(y_0)$ 吻合，而且还有相同的 $\dfrac{\partial P^B(y_0)}{\partial y}$。由于两个估计的斜率在 y_0 这一点与价格-收益率曲线的斜率相同，因此对于收益率的小幅度变动，两个估计值与真实曲线的偏离程度很小，这正是我们想要的效果。此外，二阶估计的凸度在 y_0 这一点与真实的价格-收益率曲线的凸度 $\dfrac{1}{P^B}\dfrac{\partial^2 P^B(y_0)}{\partial y^2}$ 也相同。因此，二阶估计在 y_0 这一点同时匹配了真实曲线的斜率和凸度，从而比只匹配了斜率的一阶估计偏离真实曲线的程度更小。比如，在 $y=2\%$ 和 $y=4\%$ 时，即 $\Delta y=-1\%$ 和 $\Delta y=+1\%$，二阶估计明显比一阶估计更加接近于真实的价格-收益率曲线。

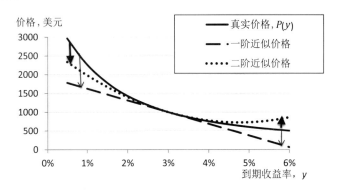

图 13.3　价格-收益率曲线的近似计算

将更多的泰勒级数（三阶、四阶等）加入价格-收益率曲线的近似计算中可以减小估计误差，即实际曲线与估计值之间的差值。不过，从业人员发现，通常二阶估计已经足够准确了，特别是对于 Δy 比较小的情况。值得注意的是，在 $\forall y_1 \neq y_0$ 的条件下，不论 $\Delta y = y_1 - y_0$ 的正负，一阶估计经常低估 $P^B(y_1)$ 的值。关于二阶估计的误差，图 13.3 所展示的是典型的情况，即对于小的 $\Delta y < 0$（$\Delta y > 0$），估计值略低于（高于）实际价格-收益率曲线。

13.4　有效久期和有效凸度

如果要使用表达式 (13-8)，那么我们需要得到修正久期和凸度。这些值对于一些债券可能很难计算，比如内含期权的债券。另外，如果债券的现金流是变动的（非固定利率），那么我们也不能通过表达式 (13-2) 与表达式 (13-5) 分别计算修正久期和凸度。这时我们可以采取与上一章类似的做法，使用离散近似。

首先考虑修正久期（$MD = -\dfrac{1}{P}\dfrac{\partial P}{\partial y}$）的离散近似，或称为**有效久期**（effective duration, ED）：

$$ED = -\dfrac{1}{P^B(y_0)}\dfrac{\Delta P^B(y)}{\Delta y} = -\dfrac{1}{P^B(y_0)}\dfrac{P^B(y_0+\Delta y) - P^B(y_0-\Delta y)}{(y_0+\Delta y)-(y_0-\Delta y)}$$

$$= \frac{1}{P^B(y_0)} \frac{P^B(y_0 - \Delta y) - P^B(y_0 + \Delta y)}{2\Delta y} \quad (13\text{-}10)$$

其中，$\Delta y > 0$ 相对于当前到期收益率 y_0 是一个很"小"的值，例如 $\Delta y = 0.01\%$。当然，对于固定利率债券，$ED > 0$。

图 13.4 包含了有效久期的一个示例。[8] 观察连接点 $(y_0 + \Delta y, P(y_0 + \Delta y))$ 和点 $(y_0 - \Delta y, P(y_0 - \Delta y))$ 的实线线段，该线段斜率的负值除以 $P(y_0)$ 就是有效久期。另外，注意有一条通过点 $(y_0, P(y_0))$ 且和上述线段拥有相似的负斜率的虚线线段，该线段斜率的负值除以 $P(y_0)$ 就是修正久期，也就是我们希望通过有效久期来离散近似的对象。在图 13.4 中，细心的读者可能已经发现虚线线段的斜率比实线线段的斜率要大一些（即斜率更负），这是因为价格–收益率曲线的凸度是关于收益率递减的。然而我们也可以看到，当 $\Delta y \to 0$ 时，实线线段的斜率会无限趋近于虚线线段的斜率。简而言之，当 $\Delta y \to 0$ 时，有效久期的极限就是修正久期。因此在计算有效久期的时候，应该使用充分小的 Δy。

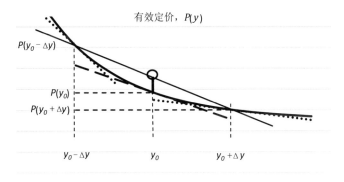

图 13.4 有效久期和有效凸度

现在，我们考虑凸度（$Conv = \frac{1}{P}\frac{\partial^2 P}{\partial y^2}$）的离散近似，或称为**有效凸度**（effective convexity，EC）：

$$EC = \frac{1}{P^B(y_0)} \frac{\Delta}{\Delta y}\left(\frac{\Delta P^B(y)}{\Delta y}\right)$$

$$= \frac{1}{P^B(y_0)} \frac{\dfrac{P^B(y_0 + \Delta y) - P^B(y_0)}{(y_0 + \Delta y) - y_0} - \dfrac{P^B(y_0) - P^B(y_0 - \Delta y)}{y_0 - (y_0 - \Delta y)}}{\Delta y}$$

$$= \frac{1}{P^B(y_0)} \frac{P^B(y_0 + \Delta y) + P^B(y_0 - \Delta y) - 2P^B(y_0)}{(\Delta y)^2}$$

$$= \frac{2}{P^B(y_0)(\Delta y)^2}\left[\frac{P^B(y_0 + \Delta y) + P^B(y_0 - \Delta y)}{2} - P^B(y_0)\right] \quad (13\text{-}11)$$

表达式 (13-11) 的前两行说明，有效凸度是价格–收益率曲线在初始点 $(y_0, P^B(y_0))$ 的基础上发生变动之后的两点对应的两个切线斜率的差值，除以初始价格，再除以

---

[8]为了注释的便利，在本章的部分地方（包括图 13.4 中），我们省略了上角标 B。

两个收益率变动量之和的二分之一，即 $\frac{2\Delta y}{2} = \Delta y$。第三行可能是计算有效凸度可以使用的最简单的式子。我们在表达式 (13-11) 中增加了第四行，也是最后一行，因为这个式子可以更好地从图形上进行理解。在图 13.4 中，注意顶部有一个小圆圈的垂直短线段，这条线段所代表的距离就是表达式 (13-11) 第四行的中括号里的式子，即 $\frac{P^B(y_0 + \Delta y) + P^B(y_0 - \Delta y)}{2} - P^B(y_0)$。其中，$P^B(y_0 + \Delta y)$ 和 $P^B(y_0 - \Delta y)$ 的平均值就是垂直线段的顶点，而 $P^B(y_0)$ 是线段的底端。显然，在其他条件不变时，价格-收益率曲线的曲度越大，这个差距越大，即有效凸度越大。[9]

在得到有效久期和有效凸度的估计之后，我们可以用它们分别代替修正久期和凸度，再进行价格-收益率的近似计算。根据表达式 (13-8)，二阶估计就变成：

$$P^B(y_1) \approx P^B(y_0)\left[1 - (ED)\Delta y + (EC)\frac{(\Delta y)^2}{2}\right] \tag{13-12}$$

根据表达式 (13-9)，价格-收益率曲线的一阶估计就变成：

$$P^B(y_1) \approx P^B(y_0)\left[1 - (ED)\Delta y\right] \tag{13-13}$$

13.5 经验久期

对于特别复杂的投资组合，我们可能会发现不但难以计算修正久期和凸度，而且难以获得对应的有效久期和有效凸度，这时候可以采用经验方法。

考虑价格-收益率曲线的一阶近似计算，即表达式 (13-9)。我们需要一个关于 $MD = -\frac{1}{P^B}\frac{\partial P^B}{\partial y} = -\frac{\partial \ln(P^B)}{\partial y}$ 的估计值，可以考虑历史价格的对数关于收益率的回归方程，即

$$\ln P_t^B = \alpha^B + \beta^B y_t + \epsilon_t \tag{13-14}$$

其斜率可以看作 $\beta^B = \frac{\partial \ln(P^B)}{\partial y}$。把这个结果和 $MD = -\frac{\partial \ln(P^B)}{\partial y}$ 对应起来，那么**经验久期**（empirical duration，EmD）就等于 $-\beta^B$，即回归方程 (13-14) 中斜率系数的负值。

在一阶近似计算中用经验久期代替修正久期，那么表达式 (13-9) 就变成：

$$P^B(y_1) \approx P^B(y_0)\left[1 - (EmD)\Delta y\right] \tag{13-15}$$

13.6 其他价格-收益率指标

在结束本章之前，我们介绍一些债券世界中反映债券的价格弹性的常用定义。首先，关于收益率，一个**基点**（base point）等于 0.0001 或 0.01%。**基点价值**（price value of

---

[9]考虑一个特殊情况，如果价格-收益率曲线是一条直线，那么 $\frac{P^B(y_0 + \Delta y) + P^B(y_0 - \Delta y)}{2} - P^B(y_0) = 0$。

a basis point, PVBP) 也被称为**美元价值 01**（dollar value of an 01, DV01），是给定一个基点的收益率变化时债券价值相应变动的负数值。**美元久期**（dollar duration）是报价利率发生单位变动时债券价值变动的负数值。因此，$PVBP = DV01$ 实际上是取 $\Delta y = 1$ 个单位基点的美元久期的特殊情况。注意，这些指标均以美元计量，因为它们是价值绝对变动的指标，$\Delta V = -[V(y_0 + 0.01\%) - V(y_0)]$。与之相反，修正久期是衡量相对价值变动的，$\dfrac{\Delta V}{V} = \dfrac{-[V(y_0 + 0.01\%) - V(y_0)]}{V(y_0)}$，因此没有量纲单位。

本章小结

本章展示了如何推导出价格-收益率曲线的简单近似。本章介绍了修正久期这一重要指标，并推导了它与麦考利久期的关系。比一阶近似更优，凸度捕捉了价格-收益率曲线的曲度。除了这些近似估计的要素，我们还回顾了有效（离散）指标和经验指标。除了到期收益率，我们还简要介绍了其他收益率指标。

习题

1. 一只半年付息一次的固定利率债券面值为 1 000 美元，息票率为 8%，到期收益率为 4%，到期期限为 3 年。这只债券的价格是多少？

2. 对于到期收益率为 3.99% 和 4.01% 的情况，请分别计算这只债券的价格。

3. （续第 2 题）对于收益率 0.01% 的下降，价格的变化是多少？[即求出 $P(3.99\%) - P(4\%)$ 的值。] 这个值是正的还是负的？

对于收益率 0.01% 的上升，价格的变化是多少？[即求出 $P(4.01\%) - P(4\%)$ 的值。] 这个值是正的还是负的？

这两个差值哪一个更大？请解释你得到的结果。

4. 对于第 1 题中的债券，其以年为单位的麦考利久期是多少？如何理解这个数？

5. 第 1 题中的债券的修正久期是多少？

6. 第 1 题中的债券的凸度是多少？

7. 使用价格-收益率曲线的一阶近似，对于第 1 题中的债券，当到期收益率产生如下两种变化时，新的债券价格是多少？(a) 收益率变为 3.99%；(b) 收益率变为 4.01%。

8. 对比第 2 题和第 7 题的结果。具体来说，给定到期收益率的如下两种变化，一阶价格近似和真实价格哪一个更高？(a) 收益率变为 3.99%；(b) 收益率变为 4.01%。请解释你的结果。

9. 用价格-收益率曲线的二阶近似，对于第 1 题中的债券，当到期收益率产生如下两种变化时，新的债券价格是多少？(a) 收益率变为 3.99%；(b) 收益率变为 4.01%。

当收益率为 3.99% 时，一阶近似和二阶近似相比，哪一个计算误差 $|P^{估计} - P^{真实}|$ 更小？

当收益率为 4.01% 时，一阶近似和二阶近似相比，哪一个计算误差 $|P^{估计} - P^{真实}|$ 更小？

第 14 章
付息日之间的债券定价

回顾表达式 (11-11) 的第三行,我们发现固定利率债券可以被视为一种权利担保,该权利可以让所有者在到期日 T 获得面值 F 的单一现金流量支付,加上最后一期支付发生在日期 T 的息票年金。然而,根据年金的定义,每个现金流必须发生在对应期限结束的时刻。由于半年复利债券每年支付两次息票,表达式 (11-11) 中的最后一行每年只有两天是有效的。[1] 在每年的其余 363 天,我们都不能使用表达式 (11-11)。本章的目的是了解债券在付息日之间的价格走势。此外,我们研究债券市场如何试图消除债券付息周期对债券价格的影响,以便投资者不论现金流的时间差异如何都可以比较不同债券的价格。

精明的读者可能已经注意到,在图 12.2 中,我们使用离散点(正方形、三角形和菱形)而不是连续线来表示债券的到期日收敛,原因是这些点对应的是未来息票刚好发生支付的整点时间。我们没有且不能简单地将这些点用连续的线连接在一起,是因为事实可能与我们的直觉相反。尽管固定到期收益率不变,但是价格路径并不是一条关于这些点的光滑插值曲线。

14.1 新的时间轴

如图 14.1 所示,我们引入一个变量 $f \in [0, 1)$,代表当前的半年周期已经度过的百分比例。与往常一样,我们用垂直的长竖线代表以年为单位的日期,且在时间轴顶部进行了注释。时间轴底部注释了时期 $1, 2, \cdots, 2T$。现金流的下角标代表该现金流发生的具体日期。如图 14.1 所示,我们已经度过了第一个时期的 40%,因此有 $f = 0.4$ 和 $1 - f = 0.6$,那么第一笔息票支付将发生在距离现在 $1 - f$ 个时期以后,即距离现在

---

[1] 再次声明,价格不是到期收益率的函数,而后者是前者的函数。实际上,我们在本章把收益率设为固定值,只关注时间的推移,即付息日之间的日期。

$\frac{1-f}{2}$ 年，这大概是 $\frac{0.6}{2}(365) = 110$ 天。[2] 类似地，之后的息票支付将发生在距离现在 $2-f, 3-f, \cdots$ 个时期以后，最后一笔息票加上面值的支付将发生在距离现在 $2T-f$ 个时期的时刻。

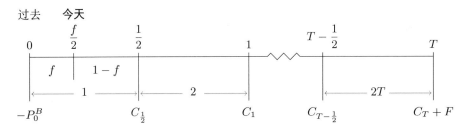

图 14.1 位于付息日之间的债券

在本书中，我们几乎一直将当前时间定义为 $t=0$；只有在本章中，我们偏离了这个惯例。现在，我们定义日期 $t=0$ 是债券的发行日。[3] 如果我们已经度过了当前时间段的 f 比例，那么今天的日期就是 $t = \frac{f}{2} \geqslant 0$。因此，尽管债券仍在日期 T 到期，但是到期日距离现在的时长是 $2(T - \frac{f}{2}) = 2T - f$ 个时期。[4]

14.2 全价交易

我们改变一下表达式 (11-11) 的第一行，使其能够解释当前时期已经度过了 f 比例，有[5]

$$P^B(f) = \frac{F}{\left(1+\frac{y}{2}\right)^{2T-f}} + \sum_{t=1}^{2T} \frac{C_{\frac{t}{2}}}{\left(1+\frac{y}{2}\right)^{t-f}} = \sum_{t=1}^{2T} \frac{CF_{\frac{t}{2}}}{\left(1+\frac{y}{2}\right)^{t-f}}$$

$$= \left(1+\frac{y}{2}\right)^f \sum_{t=1}^{2T} \frac{CF_{\frac{t}{2}}}{\left(1+\frac{y}{2}\right)^t} \tag{14-1}$$

其中，$CF_{t/2} = C_{t/2}$ 且发生在每个时期 $t \in \{1, 2, \cdots, 2T-1\}$ 的末尾，$CF_T = C_T + F$。表达式 (14-1) 定义了债券的**全价**（dirty price），也称为**发票价格**（invoice price），它是 f 的函数，即关于付息日之间的时间的一个函数。[6]

---

[2]相应地，债券发行是在 0.4 个半年以前，即 $\frac{0.4}{2} \times 365 = 73$ 天前。

[3]每当发生了息票支付，日期 $t=0$ 可以重新定义成最近的付息日。

[4]如果我们随着息票支付而更新 $t=0$ 所代表的日期，那么不论当前是一个完整的时期还是余下一部分的时期，$2T$ 都随之更新并且等价于从当前时刻直至到期日为止剩余的时期数量。换句话说，更新的 $T = \frac{1}{2} \times$ 包括当前时刻的剩余时期数。

[5]因为 $\left(1+\frac{y}{2}\right)^f$ 不是关于 t 的函数，所以可以提取到对 t 求和的求和号之前。

[6]再次提醒读者，价格是由市场决定的，而表达式 (14-1) 是用来定义 $y(P^B, f, CF_{t/2})$ 的。

在债券发行的时候，$f = 0$，因此 $P^B(0) = \sum_{t=1}^{2T} \dfrac{CF_{t/2}}{\left(1 + \dfrac{y}{2}\right)^t}$，这与表达式 (11-11) 一致。表达式 (14-1) 可简化为：

$$P^B(f) = \left(1 + \frac{y}{2}\right)^f P^B(0), \quad f \in [0, 1) \tag{14-2}$$

由于 $\dfrac{\mathrm{d}a^{f(x)}}{\mathrm{d}x} = a^{f(x)}\ln(a)\dfrac{\mathrm{d}f(x)}{\mathrm{d}x}$，根据表达式 (14-2)，有

$$\frac{\partial P^B(f)}{\partial f} = \ln\left(1 + \frac{y}{2}\right) P^B(f) > 0$$

$$\frac{\partial^2 P^B(f)}{\partial f^2} = \left[\ln\left(1 + \frac{y}{2}\right)\right]^2 P^B(f) > 0 \tag{14-3}$$

在两个付息日之间的半年内，随着时间流逝（随着 $f \in [0, 1)$ 的增加），债券的全价也在增加 ($\dfrac{\partial P^B(f)}{\partial f} > 0$) 并且形状是凸的 ($\dfrac{\partial^2 P^B(f)}{\partial f^2} > 0$)。

现在，我们研究在付息日附近债券全价的走势。在第一笔息票发生支付的一秒之前，债券的价格应该为：

$$P^B = C_{\frac{1}{2}} + \frac{C_1}{\left(1 + \dfrac{y}{2}\right)^1} + \frac{C_{\frac{3}{2}}}{\left(1 + \dfrac{y}{2}\right)^2} + \cdots + \frac{C_T + F}{\left(1 + \dfrac{y}{2}\right)^{2T-1}} \tag{14-4}$$

其中，我们忽略了下一秒会收到的现金流折现可能带来的影响。[7] 两秒之后，也就是 $C_{1/2}$ 发生支付的下一秒，忽略第一笔息票在这一秒时间内的贴现，有

$$P^B = \frac{C_1}{\left(1 + \dfrac{y}{2}\right)^1} + \frac{C_{\frac{3}{2}}}{\left(1 + \dfrac{y}{2}\right)^2} + \cdots + \frac{C_T + F}{\left(1 + \dfrac{y}{2}\right)^{2T-1}} \tag{14-5}$$

对比表达式 (14-4) 和表达式 (14-5)，我们发现债券价格下降的数值等于被支付的息票价值。这种不连续性和股票在支付现金分红时股价下降的情况是类似的。[8]

我们总结一下。在付息日之间，债券的全价以递增的速率在增加，也就是随着时间推移而增加且形状是凸的。在一笔息票发生支付的瞬间，债券价格就会马上下降，下降的程度等于所支付息票的价值。用来记录时间流逝的变量 $f \in [0, 1)$ 在息票发生支付之前无限趋近于 1，在息票发生支付之后又变成 0，并且这个过程一直重复。

图 14.2 分别展示了溢价、平价和折价三种不同债券的价格走势。我们保持每一只债券的到期收益率不变，并展示债券全价在最后三年的走势，也就是每只债券在图 14.2 中的 $t = 3$ 年到期。所有债券都有以下参数：$F = 1\,000$ 美元，$r^C = 8\%$ 且 $m = 2$。其中，溢价债券的到期收益率是 2%，平价债券是 8%，折价债券是 16%，并且假设到

---

[7] 同时，我们也忽略了息票支付和接收之间的时间滞后，因此不再探讨债券新买家的索求权。

[8] 股价下降实际是发生在除息日，而且包括了平均个人税率等因素，不过中心思想与这里是一致的。

期收益率在三年内不变。这三种债券和我们在图 12.2 展示的到期日收敛时的债券是一样的,只是图 12.2 展示了债券最后 30 年的价格走势,而图 14.2 只展示了最后 3 年的价格走势。可以看到,三种债券全价在每一个付息日(每半年)都发生不连续变动。从图 14.2 中可以明显发现,债券全价在付息日之间逐渐增大。此外,尽管我们很难看出其形状是凸的,不过这些线段确实是凸的,即它们的斜率在增大。图中的三条虚线是对每年的两笔付息之后下一秒的价格进行平滑插值的结果。[9] 最后,值得注意的是,不管到期收益率是多少,债券全价在到期日都会收敛于 $C_T + F$,或者以图中为例,收敛于最后一笔现金流的数额 1040 美元。

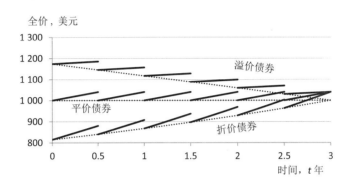

图 14.2 债券全价的走势

14.3 应计利息和净价交易

根据图 14.2,债券全价总是在发生息票支付时出现大幅下滑,下滑的程度等于支付的息票额。[10] 由于全年都有债券发行,债券全价的这种走势让我们很难对比不同债券的价值。因此,债券市场需要一种可比的价值衡量方法,从而消除付息日对价格带来的周期性影响。这就是本节我们要讨论的、使用债券净价进行报价的原因。

为了与全价的不连续性对比,我们在图 14.2 中展示了三条平滑虚线,这些虚线是对付息之后下一秒(即 f 从无限趋近于 1 变成 0)的债券价格插值后连线得到的。再次说明,这三条线本质上就是把表达式 (11-11) 最后一行的离散变量 T 当成连续变量而计算出来的。这个表达式是根据年金的计算公式而来的,根据定义,T 是距离到期期限的整时期数,而且每一笔息票支付都发生在相应时期的末尾。因此,尽管这个过程可以平滑息票支付带来的价格周期性变动,但在债券市场中我们不采用这种做法。

为了减轻债券全价在一个付息周期内对 f 的高度依赖性,债券市场一般会计算

---

[9] 这些平滑的虚线本质上是把表达式 (11-11) 的第二行和第三行的离散变量 T 当成连续变量处理而计算出来的。
[10] 显然,我们必须知道债券的付息日才能计算债券的收益率。

应计利息（accrued interestm, AI），公式为：

$$AI(f) = fC \tag{14-6}$$

其中，C 是下一笔待支付的息票。由于 $f \in [0,1)$，因此 $AI(f) \in [0, C)$。应计利息是关于当前周期息票额的简单线性表达式。在计算得到应计利息之后，我们可以计算债券的**净价**（clean price）或者**报价**（quoted price）：

$$CP(f) = P^B(f) - AI(f) = P^B(f) - fC \tag{14-7}$$

其中，$P^B(f)$ 是债券的全价。使用净价进行债券的报价可以消除非整数时间段对债券价格带来的影响。换句话说，债券净价通过假设付息日距离今天的时长是完整的时期数来对债券进行定价。

那么，债券净价的走势是什么样的？与图 14.2 所展示的三条平滑插值虚线相比，它能在多大程度上平滑全价的走势呢？

首先，$AI(f) = fC$（$f \in [0,1)$）是随着时间线性增加的，而全价的走势是凸的。因此，应计利息不能完全消除时间流逝对全价的影响。我们将会看到，应计利息在一定程度上是被过度简化了。其次，在 $f = 0$ 时，$AI(0) = 0$，根据表达式 (14-7)，这意味着 $CP(0) = P^B(0)$。因此，债券的全价和净价在债券发行日与息票支付后的瞬间是相等的。最后，在息票支付的前一秒，由于 $f \to 1_-$，因此 $AI = C$，这意味着 $CP(1_-) = P^B(1_-) - C$。我们前面已经证明，债券的全价在息票支付的前一秒比两秒后（即支付后的下一秒）要多出 C 的数额。因此，在息票马上支付之前，净价无限接近于债券付息之后的全价。由于这也等价于付息之后的债券净价（$CP(0) = P^B(0)$），因此净价是一个连续的函数，从而起到"平滑"全价走势的作用。这正是用来报价的价格走势应该具备的特征。

接下来，我们对表达式 (14-7) 求导得到：

$$\frac{\partial CP(f)}{\partial f} = \frac{\partial P^B(f)}{\partial f} - C \quad \text{且} \quad \frac{\partial^2 CP(f)}{\partial f^2} = \frac{\partial^2 P^B(f)}{\partial f^2} > 0 \tag{14-8}$$

$f \in (0,1)$。因此在付息日之间，债券净价是凸的。

为简化起见，我们只考虑平价债券的情况，即 $y = r^C$。当息票支付发生在整数倍的付息周期之后时，$f = 0$，从而 $P^B(0) = CP(0) = F$。我们探讨过债券净价的走势在付息日之间是凸的，而且在每个付息日恢复成 F，因此其斜率一定在每个周期开始时为负，在周期的中间达到最低点，然后逐渐增大直到下一个付息日时又变成 F。图 14.3 展示了平价债券净价的走势，假设在债券到期之前的最后三年，其到期收益率保持 $y = r^C = 8\%$ 不变。（为了突出价格走势的特征，我们在图 14.3 中使用了比较小的价格范围。）对于这只平价债券来说，面值和净价之间最大的差额只有大约 0.20 美元。[11] 因此，对于平价债券，$CP(f) < F$，$\forall f \in (0,1)$。平价债券的净价在一年里有 363

---

[11] 这个平价债券和图 14.2 所展示的是一样的。

天小于面值。简而言之,与图 14.2 中三条平滑插值虚线相比,应计利息 $AI(f) = fC$ 的简单计算方法有些夸大了债券全价和付息日债券价格的平滑插值之间的差距。因此,净价的数值比平滑插值的结果要稍微小一点。

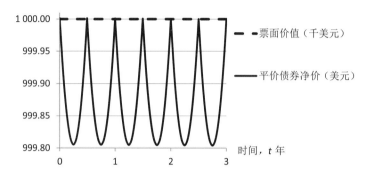

图 14.3　平价债券的净价走势图

类似地,溢价债券和折价债券的净价走势也是连续的,并且在付息日之间是凸的,$\forall f \in (0,1)$。因此,尽管图 14.3 中没有展示,但溢价债券和折价债券的净价曲线也在付息日与图 14.2 中相应的平滑虚线相交。而在付息日之间,净价的数值比平滑插值的结果要小一些。[12]

有人认为平价债券在付息日之间的面值和净价存在差别的来源是"应计利息和应计利息现值之间的差异",这种说法是不正确的。[13] 这个差别是来自用于确定债券全价的复合增长利率与用于计算应计利息的简单增长利率之间的差异。

图 14.4 展示了平价债券最后一个付息周期的净价走势,其中债券的面值为 $F = 1\,000$ 美元,到期收益率和息票率相同,即 $y = r^C = 8\%$。图中横轴代表最后一个付息周期已经过去的时间的百分比 f。虚线表示净价低于面值的实际数额。(在 $f = 0.5$ 处出现的最大跌幅大约为 0.20 美元,与图 14.3 所展示的一致。)相比之下,实线表示应计利息与其现值之间的差额。在整个付息周期,后者对前者几乎高估了两倍。

显然,对于平价债券,在付息日之间净价低于面值的差额并不是由于应计利息与其现值之间的差额造成的。这个差额是因复合增长利率与简单增长利率之间的差异而形成的。对于平价债券,$y = r^C$,$P^B(0) = F$,则表达式 (14-2) 变为 $P^B(f) = F(1 + \frac{y}{2})^f, f \in [0,1)$。接下来,根据表达式 (14-7),我们有 $CP(f) = F(1 + \frac{y}{2})^f - f(F\frac{r^C}{2})$。

---

[12] 正如平价债券的情况,溢价债券和折价债券的平滑插值都是将固定利率债券定价公式(表达式 (11-11) 的第二行和第三行)中的到期期限 T 当作连续变量而计算得来的,这个定价公式把息票看作一种年金现金流。

[13] *Introduction to Fixed Income Analytics*, Fabozzi, Frank J. and Steven V. Mann, 2001, Frank J. Fabozzi Associates.

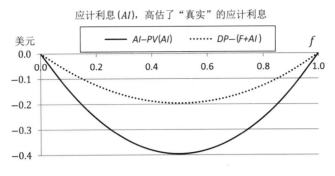

图 14.4 平价债券净价偏离面值的解释

因此，假设 $y>0$，则平价债券的净价和面值之差为：[14]

$$CP(f) - F = \underbrace{F\left(1+\frac{y}{2}\right)^f}_{\text{复合}} - \underbrace{F\left(1+f\frac{y}{2}\right)}_{\text{简单}} < 0, \forall f \in (0,1) \tag{14-9}$$

由于对任意小于一个付息周期（6 个月）的正的 f 值，即 $f \in (0,1)$，复合增长利率总是小于简单增长利率，因此平价债券的净值在付息日之间就会小于面值。正是利率增长计算方式的不同（而不是前述的贴现），导致平价债券在付息日之间的净价偏小。为了更好地说明，我们也可以对比平价债券净价及其面值之差与应计利息及其现值之差。前者为 $CP(f) - F = F\left\{\left(1+\frac{y}{2}\right)^f - \left(1+f\frac{y}{2}\right)\right\}$，而后者为 $Ff\frac{y}{2}\left\{1-\left(1+\frac{y}{2}\right)^{-(1-f)}\right\}$。这两者明显是不一样的。

有趣的是，我们通常认为复合增长利率是"利滚利"，理应大于只对本金进行一次付息的简单增长利率。确实，$(1+\frac{y}{2})^t - (1+t\frac{y}{2}) > 0$，$\forall t > 1$。[15] 当 $t=0$ 或 $t=1$ 时，这个表达式等于 0，正好对应于付息日。但是对于付息日之间的时间，$t \in (0,1)$，这个表达式的结果是负的，这就与平价债券在付息日之间净价低于面值的现象相一致了。最后，虽然我们已展示了在付息日之间的任意一个给定的时间，平价债券的净价和面值之间的实际差异大约是应计利息与其现值之间差异的一半，但这个差异的数值其实是非常小的。

14.4 理论应计利息

应计利息，即 $AI(f) = fC$，是用于（不完全）消除付息周期对债券报价的影响的工具。如果想要完全考虑付息周期，则净价或报价应该是债券全价和连接债券的付息日价格的平滑曲线之间的差异。我们将这个差异定义为**理论应计利息**（theoretical

---

[14] 表达式 (14-9) 中的"复合"（"简单"）标记代表复合（简单）利率和面值 F。

[15] 这可以由 $\left[\left(1+\frac{y}{2}\right)^t - 1\right] - \left[\left(1+t\frac{y}{2}\right) - 1\right]$ 得出。

accrued interest, TAI)。对 $\forall f \in [0,1)$，有

$$TAI \equiv \sum_{t=1}^{2T} \frac{CF_{\frac{t}{2}}}{\left(1+\frac{y}{2}\right)^{t-f}} - F\left[\frac{1}{\left(1+\frac{y}{2}\right)^{2T-f}} + \frac{r^C}{y}\left(1 - \frac{1}{\left(1+\frac{y}{2}\right)^{2T-f}}\right)\right] \quad (14\text{-}10)$$

其中，$CF_{\frac{t}{2}} = C_{\frac{t}{2}}, \forall t \in \{1,2,\cdots,2T-1\}$，且 $CF_T = F + C_T$。理论应计利息完全消除了付息周期对净价的影响。如图 14.5 所示，不论债券是平价、折价还是溢价，使用理论应计利息都将导出一条平滑的净价走势。虽然图中线条的曲度不明显，但是用理论应计利息反映的溢价（折价）债券的净价走势是凹（凸）的。显然根据定义，对于平价债券，它恒等于面值 F。

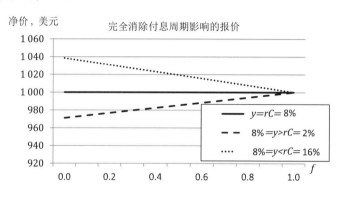

图 14.5 使用理论应计利息时债券的净价走势

根据表达式 (14-10)，应计利息 $AI(f) = fC$ 的计算比理论应计利息 $TAI(f)$ 的计算要简单很多。考虑到使用应计利息而不是理论应计利息所造成的"误差"数值非常小，在债券世界中选择前者进行计算并不奇怪。尽管如此，在这个计算能力和速度都在飞速提升的时代，人们可能想知道使用理论应计利息是否更加有利，因为它完全消除了付息周期对净价的影响。总的来说，理论应计利息在实现平滑债券的报价走势这个目标上确实是优于应计利息的。

本章小结

我们研究了付息日之间的债券定价。在引入新的时间轴以方便计算之后，我们研究了作为时间的函数的债券全价、应计利息和净价。我们还介绍了应计利息的一个改进指标。

习题

1. 一只半年付息一次的固定利率债券的面值为 1 000 美元，息票率为 8%，到期收益率为 4%，到期期限为 14 年。这只债券的价格是多少？它是溢价、平价还是折价债券？

2. 对于第 1 题的债券,假设现在 3 个月过去了,因此现在的到期期限为 13.75 年。债券的全价、净价和应计利息分别是多少?

3. 一只半年付息一次的固定利率债券的面值为 1 000 美元,息票率为 8%,到期收益率为 12%,到期期限为 14 年。这只债券的价格是多少?它是溢价、平价还是折价债券?

4. 对于第 3 题的债券,假设现在 3 个月过去了,因此现在的到期期限为 13.75 年。债券的全价、净价和应计利息分别是多少?

5. 一只半年付息一次的固定利率债券的面值为 1 000 美元,息票率为 8%,到期收益率为 8%,到期期限为 14 年。这只债券的价格是多少?它是溢价、平价还是折价债券?

6. 对于第 5 题的债券,假设现在 3 个月过去了,因此现在的到期期限为 13.75 年。债券的全价、净价和应计利息分别是多少?

7. 对于第 6 题的债券(即第 5 题的债券,只是已经过去了 3 个月,因此到期期限为 13.75 年),其净价是大于、小于还是等于债券面值?

既然该债券是平价债券,为什么债券的净价与面值不相等?更具体地说,为什么其净价小于面值?

第 15 章
利率与收益率指标

虽然到期收益率是可以反映受市场驱动的投资者收益率的一个有用的衡量指标，但是根据定义，它是一个关于债券价格与所有现金流的数量和时间的整体平均收益率。现在，我们需要寻找的是由市场决定的在某个特定时间收到单笔现金流的收益率。根据这些所谓的即期利率，我们可以计算出代表未来某个时期收益率的远期利率，而且能够计算出以任何选定的未来时间为起点的单个周期或多个周期的远期利率。之后，我们将拓展到期收益率的概念，考察更多的收益率指标。

15.1 即期利率

观察到期收益率的定义，即表达式 (11-7)，不难发现它是关于债券价格与所有现金流的数量和时间的整体平均收益率。到期收益率是关于价格的函数，而不是反过来的关系。我们不使用收益率折现现金流。为了计算一个证券的内在价值，我们需要适当的折现率。具体来说，我们寻求一套适当的即期利率，使得从现在到未来每一个接收现金流的时刻都有一个对应的利率。简而言之，我们想要找到一组贴现因子，每一个贴现因子对应单笔现金流流入的时间。为此，我们引入一个叫作"自举"的过程。我们的输入参数为无风险债券的相关参数，用美国国债作为无风险债券的替代。这些参数包括债券的价格、现金流及其接收时间。然后，我们可以在即期利率中添加适当的溢价，以反映投资者对现金流风险的认知水平。

自举法（bootstrapping）首先计算 6 个月期的即期利率，然后不断增加持续时间以计算更长期的即期利率，每次计算出一个利率。到期期限为 6 个月的美国国库券是一个零息债券，因此这个债券给投资者的回报暗含在由面值 $F_{0.5}$ 贴现回的价格 $P_0^{0.5}$ 中。价格 $P_0^{0.5}$ 的下标 0 表示该价格是目前的现价，上标表示债券的到期日，即 0.5 年。

因此，

$$P_0^{0.5} = \frac{F_{0.5}}{1+\frac{y_{0.5}}{2}} \quad 且 \quad P_0^{0.5} = \frac{F_{0.5}}{1+\frac{SR_{0.5}}{2}} \tag{15-1}$$

其中，第一个等式定义了 6 个月期的美国国库券的到期收益率 $y_{0.5}$，第二个等式定义了 6 个月期的即期利率 $SR_{0.5}$。对比两个等式，我们发现 $SR_{0.5} = y_{0.5} = 2\left[\frac{F_{0.5}}{P_0^{0.5}} - 1\right]$。注意，即期利率的下标是指对应现金流的接收日期，单位是年。[1]

类似地，1 年期美国国库券也是一个零息债券，因此，

$$P_0^1 = \frac{F_1}{\left(1+\frac{y_1}{2}\right)^2} \quad 且 \quad P_0^1 = \frac{F_1}{\left(1+\frac{SR_1}{2}\right)^2} \tag{15-2}$$

对比两个等式，我们有 $SR_1 = y_1 = 2[(\frac{F_1}{P_0^1})^{1/2} - 1]$。在继续深入讨论之前，注意，我们已经在表达式 (15-1) 和表达式 (15-2) 中分别展示了 $y_{0.5}$ 和 y_1 的计算，这是为了说明对于 6 个月期和 1 年期美国国库券来说，$y_{0.5} = SR_{0.5}$ 且 $y_1 = SR_1$。需要强调的是，即期利率不是关于到期收益率的函数。

现在继续计算 $SR_{1.5}$，我们要用到 18 个月期的美国中期国库券。由于这种债券支付固定息票，因此比起基于零息美国国库券简单计算出来的 $SR_{0.5} = y_{0.5}$ 和 $SR_1 = y_1$，现在我们基于付息国债计算更长期的即期利率，这个过程会更加复杂。我们有

$$\begin{aligned}
P_0^{1.5} &= \sum_{t=1}^{3} \frac{CF_{\frac{t}{2}}}{\left(1+\frac{y_{1.5}}{2}\right)^t} = \frac{C_{0.5}^{1.5}}{\left(1+\frac{y_{1.5}}{2}\right)^1} + \frac{C_1^{1.5}}{\left(1+\frac{y_{1.5}}{2}\right)^2} + \frac{C_{1.5}^{1.5}+F_{1.5}}{\left(1+\frac{y_{1.5}}{2}\right)^3} \\
&= \sum_{t=1}^{3} \frac{CF_{\frac{t}{2}}}{\left(1+\frac{SR_{\frac{t}{2}}}{2}\right)^t} \\
&= \frac{C_{0.5}^{1.5}}{\left(1+\frac{SR_{0.5}}{2}\right)^1} + \frac{C_1^{1.5}}{\left(1+\frac{SR_1}{2}\right)^2} + \frac{C_{1.5}^{1.5}+F_{1.5}}{\left(1+\frac{SR_{1.5}}{2}\right)^3}
\end{aligned} \tag{15-3}$$

其中，$C_{t/2}^T$ 是到期期限为 T（此处 $T = 1.5$ 年）的美国国债在日期 $\frac{t}{2}$ 支付的固定息票。注意，表达式 (15-3) 的第一行对于计算 $SR_{1.5}$ 是不必要的，因为我们并不需要通过到期收益率计算即期利率。但是，我们想通过这个说明的是，对于这个 18 个月到期的债券来说，存在一个单一的收益率 $y_{1.5}$。相比之下，即期利率对应收到现金流的特定日期，从而在表达式 (15-3) 的最后两行中，即期利率要用日期 $\frac{t}{2}$ 进行索引。总的来说，到期收益率仅仅适用于计算出它的特定债券，而即期利率适用于接收日期为该利率对应时间的任何（无风险）现金流。

---

[1] 即期利率是以年利率的形式报价的，即半年复利一次，与债券世界的其他利率和收益率一致。

现在我们继续计算 18 个月期的即期利率 $SR_{1.5}$。由于之前已经计算出 $SR_{0.5}$ 和 SR_1，因此我们可以对表达式 (15-3) 的最后一行进行移项，得到下一个即期利率：

$$SR_{1.5} = 2\left(\left[\frac{C_{1.5}^{1.5} + F_{1.5}}{P_0^{1.5} - \left(\frac{C_{0.5}^{1.5}}{(1 + \frac{SR_{0.5}}{2})^1} + \frac{C_1^{1.5}}{(1 + \frac{SR_1}{2})^2}\right)}\right]^{\frac{1}{3}} - 1\right) \tag{15-4}$$

归纳可得，对所有可接收现金流的时间 $T \in \{0.5, 1, 1.5, 2, \cdots\}$，我们都可以计算出用来折现距离今天 T 年或者 $2T$ 个半年的任意单笔无风险现金流（CF_T）的**即期利率**（SR_T）。一般地，SR_T 可以通过下式得出：[2]

$$P_0^T = \sum_{t=1}^{2T} \frac{CF_{t/2}^T}{\left(1 + \frac{SR_{\frac{t}{2}}}{2}\right)^t} = \sum_{t=1}^{2T-1} \frac{C_{t/2}^T}{\left(1 + \frac{SR_{\frac{t}{2}}}{2}\right)^t} + \frac{C_T^T + F_T}{\left(1 + \frac{SR_T}{2}\right)^{2T}} \tag{15-5}$$

通过移项可以得到：

$$SR_T = 2\left(\left[\frac{C_T^T + F_T}{P_0^T - \left(\sum_{t=1}^{2T-1} \frac{C_{t/2}^T}{(1 + \frac{SR_{t/2}}{2})^t}\right)}\right]^{\frac{1}{2T}} - 1\right) \tag{15-6}$$

在自举法的操作过程中，前面的 $2T - 1$ 个即期利率可以依次计算出来，因此我们可以明确地计算出 SR_T 的值。通过持续进行这个自举的过程，我们最远可以计算出现有的到期期限最长的固定利率美国国债的到期期限对应时长的即期利率。

式 (15-6) 表明，即期利率是一种几何平均收益率，因为它具有 $\frac{SR_T}{2} = (\frac{V_T}{V_0})^{\frac{1}{2T}} - 1$ 的形式，这与几何平均的公式一致。更具体地，在即期利率的表达式中，周期数为 $2T$，最终价值 V_T 是最终的现金流 $F_T + C_T^T$，初始价值是初始价格扣除 T 期以前的现金流现值总和，即 $V_0 = P_0^T - \sum_{t=1}^{2T-1} \frac{C_{t/2}^T}{\left(1 + \frac{SR_{t/2}}{2}\right)^t}$。

总的来说，我们可以通过恰当的无风险即期利率贴现任意的无风险现金流。而无风险即期利率可以通过增加风险溢价来计算出适当的有风险即期利率。考察 N 个风险因子的情况，$SR_{t/2}^r = SR_{t/2} + \sum_{n=1}^{N} \beta^n(RP^n)$，$n \in \{1, 2, \cdots, N\}$。因此，对任意给

---

[2]再次注意，根据收益率的定义，$P_0^T = \sum_{t=1}^{2T} \frac{CF_{t/2}}{(1 + \frac{y_T}{2})^t}$ 只包含一个"贴现率"，即 y_T。相比之下，同期一共有 $2T$ 个即期利率，每一个对应一个复利周期的结尾，即 $SR_{0.5}, SR_1, \cdots, SR_T$。

定的证券，都可以通过下式进行估值：

$$IV^f = \sum_{t=1}^{2T} \frac{CF_{t/2}^f}{\left(1 + \frac{SR_{\frac{t}{2}}}{2}\right)^t} \quad 且 \quad IV^r = \sum_{t=1}^{2T} \frac{CF_{t/2}^r}{\left(1 + \frac{SR_{\frac{t}{2}}^r}{2}\right)^t} \tag{15-7}$$

其中，第一个式子对应于无风险证券，第二个式子对应于有风险证券。

15.2 远期利率

现在我们考察表示未来一段时间收益率的远期利率。我们可以计算未来任意 6 个月期或者更长周期的远期利率。

15.2.1 单期远期利率

我们用 $_{t-0.5}f_t$ 表示单个 6 个月期的远期利率，这是一个半年复利一次的 APr，其中前面的下标 $t-0.5$（后面的下标 t）表示这个远期利率代表的时间段开始（结束）的日期，单位是年。因此，有效 6 个月期远期利率为 $\frac{_{t-0.5}f_t}{2}$。

先考虑第一个付息周期。在距离今天 6 个月以后收到的一笔现金流可以通过贴现因子 $(1 + \frac{SR_{0.5}}{2})^1$ 进行贴现；或者根据第一期的远期利率的定义，可以通过除以 $(1 + \frac{_0f_{0.5}}{2})^1$ 进行贴现。因此，对比这两个式子可以发现，$_0f_{0.5} = SR_{0.5}$。[3]

现在考察第二个半年期的远期利率 $_{0.5}f_1$。在距今一年以后收到的一笔现金流可以通过贴现因子 $(1+\frac{SR_1}{2})^2$ 进行贴现。等价地，我们可以对第二个半年期用 $(1+\frac{_{0.5}f_1}{2})^1$ 进行贴现，对第一个半年期用 $(1 + \frac{SR_{0.5}}{2})^1$ 进行贴现。特别地，$_{0.5}f_1$ 是通过决定第二个半年期最恰当的贴现因子 $(1+ \frac{_{0.5}f_1}{2})^1$ 来定义的。因此后一种贴现方法实际上是把现金流 CF_1 除以 $(1 + \frac{SR_{0.5}}{2})(1+ \frac{_{0.5}f_1}{2})$，将现金流贴现到今天。结合这两种把 CF_1 贴现回今天的方法，我们有

$$\left(1+\frac{SR_1}{2}\right)^2 = \left(1+\frac{SR_{0.5}}{2}\right)\left(1+\frac{_{0.5}f_1}{2}\right) \tag{15-8}$$

移项后可得：

$$_{0.5}f_1 = 2\left(\frac{\left(1+\frac{SR_1}{2}\right)^2}{\left(1+\frac{SR_{0.5}}{2}\right)^1} - 1\right) \tag{15-9}$$

---

[3] 我们可以把即期利率当作第一个下标为 0 的远期利率，因为即期利率总是对应于从今天（即 $t=0$）开始并持续到未来某一个日期的时间。

以此类推，假设一笔现金流在日期 t 发生支付，即距离现在 $2t$ 个半年期，则其现值的计算可以通过将现金流除以下式得到：

$$\left(1+\frac{SR_t}{2}\right)^{2t} = \left(1+\frac{SR_{t-0.5}}{2}\right)^{2t-1}\left(1+\frac{t-0.5f_t}{2}\right) \tag{15-10}$$

把表达式 (15-10) 进行移项，可以得到在 $t-0.5$ 年后开始、t 年后结束的这个时间段内的**单个半年期远期利率**（single six-month period forward rate）：

$$_{t-0.5}f_t = 2\left(\frac{\left(1+\frac{SR_t}{2}\right)^{2t}}{\left(1+\frac{SR_{t-0.5}}{2}\right)^{2t-1}} - 1\right) \tag{15-11}$$

其中，$_{t-0.5}f_t$ 是一种半年复利一次的年利率。因此，$\frac{_{t-0.5}f_t}{2}$ 就是距今 $t-0.5$ 年的有效半年期远期利率。

我们知道对于任意给定到期期限的美国国债如何计算其到期收益率。把一系列计算出来的美国国债到期收益率和对应的到期期限画在一张图上，就得到了所谓的**收益率曲线**（yield curve）。对于同样的一组国债，我们也计算即期利率和远期利率。大部分时候，美国国债的收益率曲线是向上倾斜的，也就是到期期限越长，收益率越高。

图 15.1 展示了一个向上倾斜的收益率曲线，其中收益率用三角形表示。此外图中也展示了即期利率（正方形）和单期远期利率（菱形）。同时，我们对三组收益率的每年两个数值之间进行插值，从而得到平滑的曲线。

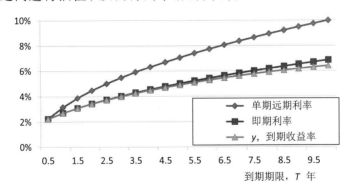

图 15.1 递增的收益率曲线及相应的即期利率和远期利率

总的来说，对于递增的收益率曲线，即期利率和远期利率是随着到期期限递增的。根据表达式 (15-10)，对于即期利率和远期利率，如果 $_{t-0.5}f_t > SR_{t-0.5}$，那么 $_{t-0.5}f_t > SR_t > SR_{t-0.5}$。如果 $_{t-0.5}f_t > SR_{t-0.5}$，$\forall t \in \{1,2,3,\cdots\}$，那么虽然即期利率曲线是单调递增的，但是它总在远期利率曲线的下方。[4] 最后，如果单期远期利率曲线

---

[4]在这种情形下，远期利率曲线可能是也可能不是单调递增的。

是严格递增的，那么即期利率曲线一定也是严格递增的，即 $_{t-0.5}f_t > {}_{t-1}f_{t-0.5}$, $\forall t \in \{1,2,3,\cdots\} \Rightarrow {}_{t-0.5}f_t > SR_t$ 且 $SR_t > SR_{t-0.5}$, $\forall t \in \{1,2,3,\cdots\}$。[5]

图 15.1 的参数展示在表 15.1 的前三列，最后三列展示我们计算出来并画在图 15.1 中的收益率或利率：y_T、SR_T 和 $_{T-0.5}f_T$。

表 15.1 美国国债数据与收益率的计算

输入参数			计算所得收益率或利率		
到期期限, T	价格, P_0^B	息票率, r^C	收益率, y_T	即期利率, SR_T	远期利率, $_{T-0.5}f_T$
0.5	98.89	0.0%	2.2%	2.2%	2.2%
1.0	97.36	0.0%	2.7%	2.7%	3.2%
1.5	97.69	1.5%	3.1%	3.1%	3.9%
2.0	98.23	2.5%	3.4%	3.4%	4.5%
2.5	98.28	3.0%	3.7%	3.7%	5.0%
3.0	98.60	3.5%	4.0%	4.0%	5.5%
3.5	99.18	4.0%	4.3%	4.3%	5.9%
4.0	99.32	4.3%	4.5%	4.6%	6.3%
4.5	99.57	4.6%	4.7%	4.8%	6.7%
5.0	99.94	4.9%	4.9%	5.0%	7.1%
5.5	99.96	5.1%	5.1%	5.2%	7.4%
6.0	100.57	5.4%	5.3%	5.4%	7.7%
6.5	100.20	5.5%	5.5%	5.6%	8.1%
7.0	100.41	5.7%	5.6%	5.8%	8.4%
7.5	100.71	5.9%	5.8%	6.0%	8.7%
8.0	101.08	6.1%	5.9%	6.2%	8.9%
8.5	102.21	6.4%	6.1%	6.4%	9.2%
9.0	103.47	6.7%	6.2%	6.6%	9.5%
9.5	104.86	7.0%	6.3%	6.7%	9.7%
10.0	106.38	7.3%	6.4%	6.9%	10.0%

T：到期期限（年）； P_0^B：美国国债价格（美元）；
r^C：年化息票率； y_T：年化到期收益率；
SR_T：年化即期利率； $_{T-0.5}f_T$：年化远期利率；
所有收益率或利率（r^C, y_T, SR_T 及 $_{T-0.5}f_T$）是以年化百分比形式展示的，复利周期为半年，即 $m=2$。

15.2.2 多期远期利率

现在我们转向多期远期利率。图 15.2 不仅展示了单个半年期的恰当的贴现因子，还展示了多个周期的情形，其中贴现因子包含了即期利率和远期利率。[6]

---

[5]类似的结论也适用于向下倾斜的收益率曲线，例如 $_{t-0.5}f_t < SR_{t-0.5} \Rightarrow {}_{t-0.5}f_t < SR_t < SR_{t-0.5}$，然而这种曲线非常少见。驼峰形状的曲线也是可能存在的，即收益率曲线的斜率在到期期限较短是正的，在到期期限较长时是负的。

[6]从图 15.2 中我们可以看到 $_0f_{0.5} = SR_{0.5}$，正如之前提到的一样。其他之前证明的结果也可以类似地从图中观察到。

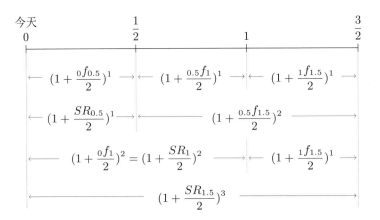

图 15.2 即期利率和远期利率

考虑一个距今 6 个月后开始、18 个月后结束的两周期远期利率 $_{0.5}f_{1.5}$。也就是说，这个利率对应的时期从距今 6 个月以后开始且持续时间为 1 年。这个远期利率是用来贴现在第 1.5 年收到的 $CF_{1.5}$ 的恰当的贴现率。我们再次通过等价两个恰当贴现率的方法，以获得将 $t=1.5$ 时收到的现金流贴现回今天（$t=0$）的即期利率。注意，不仅仅是贴现回 $t=0.5$，而是贴现回今天。结合图 15.2，我们有

$$\left(1+\frac{SR_{1.5}}{2}\right)^3 = \left(1+\frac{SR_{0.5}}{2}\right)^1 \left(1+\frac{_{0.5}f_{1.5}}{2}\right)^2 \tag{15-12}$$

移项后得：

$$_{0.5}f_{1.5} = 2\left(\left[\frac{\left(1+\frac{SR_{1.5}}{2}\right)^3}{\left(1+\frac{SR_{0.5}}{2}\right)^1}\right]^{\frac{1}{2}} - 1\right) \tag{15-13}$$

以此类推，考虑一笔在 t_2 年收到的现金流，将被贴现到 t_1 年，其中 $0 < t_1 < t_2$，则恰当的贴现因子是：[7]

$$\left(1+\frac{SR_{t_2}}{2}\right)^{2t_2} = \left(1+\frac{SR_{t_1}}{2}\right)^{2t_1} \left(1+\frac{_{t_1}f_{t_2}}{2}\right)^{2(t_2-t_1)} \tag{15-14}$$

把表达式 (15-14) 进行移项，可以得到在 t_1 年后开始、t_2 年后结束的这个时间段内的**多周期远期利率**（multi-period forward rate）$_{t_1}f_{t_2}$，其中 $t_1 < t_2$，即

$$_{t_1}f_{t_2} = 2\left(\left[\frac{\left(1+\frac{SR_{t_2}}{2}\right)^{2t_2}}{\left(1+\frac{SR_{t_1}}{2}\right)^{2t_1}}\right]^{\frac{1}{2(t_2-t_1)}} - 1\right) \tag{15-15}$$

其中，$_{t_1}f_{t_2}$ 是一种半年复利一次的年利率。因此，$\frac{_{t_1}f_{t_2}}{2}$ 是对应于多周期 [其中在日期 t_1 和 t_2 之间共有 $2(t_2-t_1)$ 个付息周期] 的平均有效半年期远期利率。

---

[7] 在日期 t_1 和 t_2 之间一共有 $2(t_2-t_1)$ 个付息周期，每个付息周期包含 6 个月的时长。

15.3 已实现持有期收益率

像我们之前提到的那样,关于到期收益率有两个很强的假设:投资者不但将债券持有到期,而且以到期收益率为利率对票息进行再投资。[8] 现在,我们介绍投资者会考察的另一个关于购买债券可能获得的收益率指标。这个指标放松了到期收益率计算中隐含的假设,但是放松假设的代价是计算变得更复杂。

考虑一个初始价格为 P_0^B 的债券,其到期期限 T 超出投资者的期望持有期 HP,单位为年。这样一来,投资者预期收到 $2(HP)$ 笔半年付一次的息票,最后一笔发生在最后一个持有日 HP。在收到这笔票息的瞬间,她卖掉了这只债券,并收到了在日期 HP 这天市场对该债券付完上一笔票息后的定价 SP_{HP}。图 15.3 展示了她的预期现金流。因此通过投资 P_0^B,她收获了 $2(HP)$ 笔半年期的票息支付、以假定的再投资利率 rr(一种半年复利的年利率)对票息进行再投资产生的利息,以及在日期 HP 卖掉债券时的债券价格。

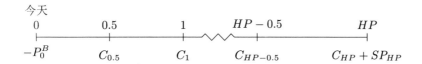

图 15.3 已实现持有期收益率的现金流

首先,我们计算如图 15.4 所示的持有到期日 HP、投资者收到和再投资的票息的终值。由于前 $2(HP)$ 笔收到的票息代表一种现金流年金,我们可以用计算年金未来

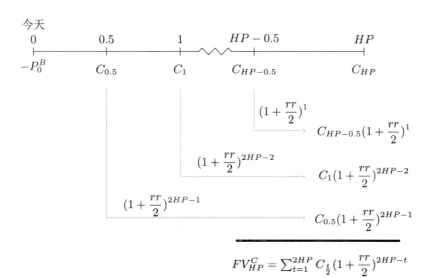

图 15.4 已实现持有期收益率:票息再投资

---
[8] 从承诺现金流而非期望现金流的角度来看,到期收益率也假设债券是"无风险"的。

价值的方式决定它们在日期 HP 的价值,即

$$FV_{HP}^{C}(rr) = \sum_{t=1}^{2HP} C\left(1+\frac{rr}{2}\right)^{2HP-t} = \frac{C}{\left(\frac{rr}{2}\right)}\left[\left(1+\frac{rr}{2}\right)^{2HP} - 1\right] \quad (15\text{-}16)$$

其中,$C = F(\frac{r^C}{2})$ 是半年期的息票支付。我们明确地将这个未来价值表示为假定再投资收益率 rr 的函数,从而强调已实现持有期收益率相对于到期收益率的灵活性。

接下来,我们估计投资者在日期 HP 出售债券的价格 SP_{HP}。投资者可以假定债券在日期 HP 时债券剩余现金流的到期收益率,以灵活地反映她对未来收益率的预期,我们把这个到期收益率记作 ys。图 15.5 展示了这项计算。

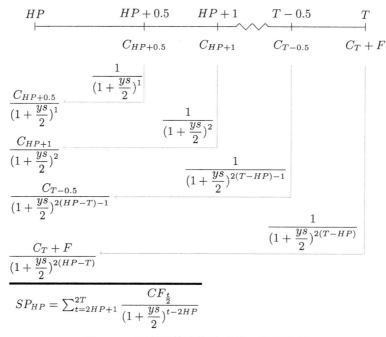

图 15.5 已实现持有期收益率:出售价格

这是一个很直观的内在价值的计算方法。特别地,对于固定利率债券,出售价格就是剩余票息支付和面值现值的总和,因此,

$$\begin{aligned}
SP_{HP} &= \sum_{t=2HP+1}^{2T} \frac{CF_{\frac{t}{2}}}{\left(1+\frac{ys}{2}\right)^{t-2HP}} \\
&= \frac{F}{\left(1+\frac{ys}{2}\right)^{2(T-HP)}} + \frac{C}{\left(\frac{ys}{2}\right)}\left[1 - \frac{1}{\left(1+\frac{ys}{2}\right)^{2(T-HP)}}\right]
\end{aligned} \quad (15\text{-}17)$$

这项计算不仅允许投资者考察比到期期限更短的投资期 $(HP < T)$,还允许投资者通过 ys 反映自己对未来利率走向的预期。[9]

---

[9]我们把 SP_{HP} 当作关于 ys 的函数。实际上,根据到期收益率的定义,ys 才是关于 SP_{HP} 的函数。

对于在日期 $t=0$ 第一笔价值 P_0^B 的投资,投资者在日期 HP 拥有的总价值包括再投资票息的未来价值 FV_{HP}^C,加上当天出售债券的价格 SP_{HP}。因此,投资者的**已实现持有期收益率**(realized holding period yield),记作 $rhpy$,是一种半年复利的年利率,可以通过下式进行估计:

$$P_0^B \left(1 + \frac{rhpy}{2}\right)^{2(HP)} = FV_{HP}^C + SP_{HP} \tag{15-18}$$

用表达式 (15-18) 解出已实现持有期收益率,得:

$$rhpy = 2\left(\left[\frac{FV_{HP}^C + SP_{HP}}{P_0^B}\right]^{\frac{1}{2(HP)}} - 1\right) \tag{15-19}$$

从表达式 (15-19) 可以明显地看到,已实现持有期收益率是一种几何平均收益率,因为它具有几何平均的形态 $\frac{rhpy}{2} = (\frac{V_{HP}}{V_0})^{\frac{1}{2HP}} - 1$。更具体地,在已实现持有期收益率的公式中,投资者持有期内的周期数为 $2(HP)$,最终价值 V_{HP} 是在日期 HP 的总价值 $FV_{HP}^C + SP_{HP}$,初始价值是购买价 $V_0 = P_0^B$。

我们回顾一下这个计算相对于到期收益率的灵活性。首先,投资者可以假定其持有债券的时长短于债券的到期期限;其次,投资者可以假定任意她认为合理的票息再投资收益率;再次,她可以假定未来的到期收益率,以体现她对持有期结束之后的未来利率走向的预期[10];最后,她可以通过对现金流的假设体现她对现金流风险的预期。具体来说,她可以使用预期现金流而非承诺现金流。[11]

在结束本小节之前,我们是时候证明到期收益率的计算为什么包含票息必须以该收益率进行再投资的假设。考虑对表达式 (15-18) 做一点修改,给定债券是持有到期的,那么

$$P_0^B \left(1 + \frac{rhpy}{2}\right)^{2T} = FV_T = \sum_{t=1}^{2T} CF_{\frac{t}{2}} \left(1 + \frac{rr}{2}\right)^{2T-t} \tag{15-20}$$

其中,$CF_{\frac{t}{2}} = C$,$\forall t \in \{1, 2, \cdots, 2T-1\}$,且 $CF_T = F + C$。把表达式 (15-20) 除以 $P_0^B = \sum_{t=1}^{2T} CF_{\frac{t}{2}}(1 + \frac{y}{2})^{-t}$,再在表达式的右边同时乘以和除以 $(1 + \frac{y}{2})^{2T}$,则得到:

$$\left(1 + \frac{rhpy}{2}\right)^{2T} = \left(1 + \frac{y}{2}\right)^{2T} \left[\frac{\sum_{t=1}^{2T} CF_{\frac{t}{2}} \left(1 + \frac{rr}{2}\right)^{2T-t}}{\sum_{t=1}^{2T} CF_{\frac{t}{2}} \left(1 + \frac{y}{2}\right)^{2T-t}}\right] \tag{15-21}$$

当 $rr = y$ 时,表达式 (15-21) 中括号里的项等于 1,因此 $rr = y \Rightarrow rhpy = y$;而且,表达式 (15-21) 右边是关于 rr 递增的。结合这两个结论,我们有 $rr > y \Rightarrow rhpy > y$,$rr < y \Rightarrow rhpy < y$。像之前说明的一样,票息支付的再投资收益率 rr 必须与到期收

---

[10] 当然,这会直接影响她在日期 HP 的债券出售价格 SP_{HP}。等价地,由于隐含了 ys 的价值,关于 SP_{HP} 的假定可以直接给出。

[11] 为简单起见,我们在这一节使用了承诺现金流,正如前面章节所说的,承诺现金流大于预期现金流。

益率 y 相等，才能使投资者真正实现等于 y 的收益率；否则，$rr > y$（$rr < y$）代表投资者的实现收益将大于（小于）所计算的到期收益率。

15.4 最差收益率

到目前为止，本书都在探讨固定利率债券。在本节，我们介绍几种针对包含嵌入式期权债券的不确定现金流的收益率指标，因为这些指标的本质与到期收益率相同。

之前我们曾经介绍，根据定义，到期收益率（y）是使得承诺现金流的现值之和等于债券价格的贴现率。表达式 (11-7) 说明了 y 是关于债券价格和承诺现金流的函数，其中现金流取决于到期期限，我们可以用 $y(P_0^B, PC_{t/2}, T, F)$ 简洁地表达这个关系。类似地，包含嵌入式期权的债券适用的其他收益率指标也使得"承诺"现金流的现值之和与债券价格相等。但是对于这种嵌入式期权的债券，承诺现金流的大小和接收时间都是不确定的。

考虑一种可赎回固定利率债券，这种债券由一个固定利率债券的多头头寸和一个看涨期权的空头头寸组成，即

$$\text{投资者：买多可赎回债券} = \text{买多债券} + \text{卖空看涨期权}$$
$$\text{发行人：卖空可赎回债券} = \text{卖空债券} + \text{买多看涨期权} \tag{15-22}$$

当买多看涨期权的发行人行使期权时，发行人强制从债券持有人手中以行权价格将债券赎回——债券回到发行人手中，同时发行人对投资者支付行权价格。可赎回债券的行权价格随时间的变化是按照计划好的时间表进行的，发行人可以赎回债券的第一个日期通常是债券发行整数年之后。[12] 这样一来，我们可以用下式计算**第一赎回日收益率**（yield to first call），即 $yt1c(P_0^B, PC_{t/2}, t_1, X_{t_1})$：

$$P_0^B \equiv \sum_{t=1}^{2t_1} \frac{PC_{\frac{t}{2}}\left(L_{\frac{t}{2}}\right)}{\left(1 + \frac{yt1c}{2}\right)^t} = \sum_{t=1}^{2t_1-1} \frac{C_{\frac{t}{2}}\left(L_{\frac{t}{2}}\right)}{\left(1 + \frac{yt1c}{2}\right)^t} + \frac{C_{t_1}(L_T) + X_{t_1}}{\left(1 + \frac{yt1c}{2}\right)^{2t_1}} \tag{15-23}$$

其中，$C_{t/2}(L_{t/2})$ 是在第 $\frac{t}{2}$ 年的承诺票息支付，$t \in \{1, 2, \cdots, 2T\}$，$t_1$ 是以年为单位的发行人第一次能够赎回债券的日期；C_{t_1} 是最后一次票息支付（发生在日期 t_1）；X_{t_1} 是根据计划时间表在日期 t_1 的行权价格。对比到期收益率 $y(P_0^B, PC_{t/2}, T, F)$，可以看到，第一赎回日收益率 $yt1c(P_0^B, PC_{t/2}, t_1, X_{t_1})$ 只是把到期期限 T 换成了第一次赎回的日期 t_1，以及把面值 F 替换成了第一个行权价格 X_{t_1}。

---

[12] 根据时间表，行权价格大于债券面值 F，且通常随时间逐渐减小。

类似地，我们定义**第二赎回日收益率**（yield to second call），即 $yt2c(P_0^B, PC_{t/2}, t_2, X_{t_2})$：

$$P_0^B \equiv \sum_{t=1}^{2t_2} \frac{PC_{\frac{t}{2}}\left(L_{\frac{t}{2}}\right)}{\left(1+\frac{yt2c}{2}\right)^t} = \sum_{t=1}^{2t_2-1} \frac{C_{\frac{t}{2}}\left(L_{\frac{t}{2}}\right)}{\left(1+\frac{yt2c}{2}\right)^t} + \frac{C_{t_2}(L_T) + X_{t_2}}{\left(1+\frac{yt2c}{2}\right)^{2t_2}} \tag{15-24}$$

其中，t_2 是以年为单位的发行人第二次能够赎回债券的日期，C_{t_2} 是最后一次票息支付（发生在日期 t_2），X_{t_2} 是根据计划时间表在日期 t_2 的行权价格。

以此类推，我们还可以计算出第三赎回日收益率（$yt3c$）、第四赎回日收益率（$yt4c$），等等。为保守起见，投资者可以计算所有可比收益率指标中的最小值，我们称之为**最差收益率**（yield to worst），记作 ytw，即 $ytw = \min(y, yt1c, yt2c, \cdots)$。

固定收入证券可能有一个嵌入式看跌期权。在这种情形下，投资者是买多看跌期权的一方，发行人是卖空看跌期权的一方，即

$$\text{投资者：买多可售回债券} = \text{买多债券} + \text{买多看跌期权}$$
$$\text{发行人：卖空可售回债券} = \text{卖空债券} + \text{卖空看跌期权} \tag{15-25}$$

当买多看跌期权的投资者行使期权时，债券持有人强制以行权价格将债券回售给发行人——债券回到发行人手中，同时发行人向投资者支付行权价格。根据预先计划好的行权价格时间表，我们可以计算出与可赎回债券类似的各种收益率。在计算出第一回售日收益率 $yt1p$、第二回售日收益率 $yt2p$……之后，投资者可以得到保守的最差收益率，即 $ytw = \min(y, yt1p, yt2p, \cdots)$。

15.5 其他收益率指标

收益率差（yield spread）是一个常用的指标，它是相同到期期限的条件下风险债券和无风险债券（例如美国国债）之间的到期收益率之差，即

$$\text{收益率差} = y^r - y^f \tag{15-26}$$

需要强调的是，收益率差是针对一个特定的风险债券相对于一个特定的无风险基准债券的收益率之差，而对于除此之外的任何其他的风险债券及无风险债券，收益率差都不具有参考性。因此，尽管收益率差被广泛使用，但这是一个专用性非常强的指标。

债券的风险越大，债券持有人对收益率的要求越高，因此债券的价格越低，从而暗含了越高的收益率。因此，当其他条件不变时，收益率差随着风险的增长而增大。

回忆我们之前对即期利率的探讨，给定到期期限为 T 的无风险债券，通过自举法，我们有

$$P_0^f = \sum_{t=1}^{2T} \frac{CF_{t/2}^f}{\left(1 + \dfrac{SR_{\frac{t}{2}}}{2}\right)^t} \tag{15-27}$$

投资者要求因承担风险而得到补偿，因此风险债券的贴现率比无风险债券的贴现率更高。我们之前在 N 个风险因子的情况下，从无风险即期利率得到有风险即期利率的方式是：$SR_{\frac{t}{2}}^r = SR_{\frac{t}{2}} + \sum_{n=1}^{N} \beta^n (RP^n), n \in \{1, 2, \cdots, N\}$。我们现在不采用这个框架，考虑具有相同到期期限的一个风险债券和一个无风险债券，那么 $P_0^r < P_0^f = \sum_{t=1}^{2T} \frac{CF_{t/2}}{\left(1 + \dfrac{SR_{t/2}}{2}\right)^t}$。对于拥有相同现金流的风险债券，我们可以给所有无风险即期利率加上同一个利差指标，使得有风险的现金流贴现后的现值之和等于风险债券的价格。

这个单一的利差指标被称为**零波动利差**（zero volatility spread，z-spread），记作 z^T，其定义为：

$$P_0^r \equiv \sum_{t=1}^{2T} \frac{CF_{t/2}}{\left(1 + \dfrac{SR_{\frac{t}{2}} + z^T}{2}\right)^t} \tag{15-28}$$

其中，z^T 是一种半年复利一次的年利率。

与收益率差一样，零波动利差是针对特定风险债券相对于选定无风险基准债券的利差。两种利差都是仅适用于给定债券和给定无风险基准债券（通常是美国国债）的单一值。在其他条件不变的情形下，它们随着债券风险的增大而增大。

再来说两种利差的区别。收益率差将相同到期期限的单一风险债券与单一无风险基准债券进行比较。相比之下，对于一个给定到期期限为 T 的风险债券，由于零波动利差依赖所有期限小于或等于 T 的即期利率，因此 z^T 依赖所有到期期限小于或等于 T 的无风险基准债券。[13]

本章小结

在本章，我们结束了对债券的学习。我们介绍了即期利率这一作为单个现金流贴现率基础的重要利率。即期利率是通过自举法、用不同到期期限债券的到期收益率计算出的。虽然计算方法简单，但到期收益率包含了很强的假设。为了放松这些假

---

[13] 通过多期二叉树模型对未来利率进行建模超出了本书的范围。不过，对于一个给定的关于一系列无风险基准债券的二叉树，**期权调整价差**（option adjusted spread）是加在二叉树所有利率上的一个单一值，从而使得风险债券现金流之和等于债券价格。之所以称为期权调整，是因为这个模型能够适应未来现金流对未来利率变动的依赖性。

设，我们提供了更灵活的已实现持有期收益率的概念。灵活性的增强是以增大计算的复杂度为代价的。最后，我们简要地介绍了其他收益率指标。

习题

假设一个美国国债具有以下参数：

到期期限（年）	0.5	1	1.5	2	2.5	3	5
价格（美元）	98.02	95.50	101.01	102.31	100.34	99.34	100.07
息票率	0	0	6%	9%	8%	8.5%	9.5%

1. 计算以下即期利率的值：$SR_{0.5}$，SR_1，$SR_{1.5}$，SR_2，$SR_{2.5}$ 和 SR_3。

2. 计算以下单期（6个月）远期利率的值：$_0f_{0.5}$，$_{0.5}f_1$，$_1f_{1.5}$，$_{1.5}f_2$，$_2f_{2.5}$ 和 $_{2.5}f_3$。

3. 计算以下多期（1年）远期利率的值：$_0f_1$，$_{0.5}f_{1.5}$，$_1f_2$，$_{1.5}f_{2.5}$ 和 $_2f_3$。

4. 计算以下多期（1.5年）远期利率的值：$_0f_{1.5}$，$_{0.5}f_2$，$_1f_{2.5}$ 和 $_{1.5}f_3$。

5. 计算以下多期（2年）远期利率的值：$_0f_2$，$_{0.5}f_{2.5}$，$_1f_3$ 和 $_3f_5$。

6. 假设你买入一个半年付息一次的固定利率债券，面值为 1 000 美元，息票率为 12%，现价为 1 114.56 美元，到期期限为 30 年。你计划在 20 年后出售这个债券以支付孩子的大学学费。根据你的估计，这个债券最后 10 年的到期收益率为 10%；而在接下来的 20 年，你对票息进行再投资的利率为 7%。你的已实现持有期收益率将是多少？

第5篇

期权

　　期权是牵涉到两种参与者的有价证券。期权卖方以一定的价格——期权费,向买方出售该证券。在期权到期日,期权卖方向买方的非负支付取决于一个特定风险资产的未来价格表现。

　　在第16章中,我们将介绍期权的基础知识。我们将从多头和空头两种视角研究看涨期权和看跌期权的回报与收益。之后,我们将从包含期权的资产组合视角研究这些概念。最后,我们将利用无套利原则,论证得出非常重要的买权–卖权等价关系。

　　在第17章中,我们将通过无套利原则研究美式期权的下限和上限。之后,我们将介绍单期二叉树股价模型,该模型会被用于期权定价。我们将首先通过 delta 套期保值为期权定价。我们可以构建这样一个包含期权及其标的资产的资产组合,无论到期日的股票价格是多少,资产组合的回报都是确定的。这样,我们就可以宣称它的收益率是无风险的,最终可以据此为期权估值。同样,我们可以构建一个由期权的标的资产和无风险债券组成的资产组合,无论到期日的股票价格是多少,都可以复制看涨期权的回报。这样,我们就可以将这个复制资产组合的价值赋予对应的期权。本章用到的第三种期权定价方法是风险中性定价,该方法基于之前两种方法推导出的概率。最后,我们将对期权价值进行比较静态分析。

　　在第18章中,我们将单期二叉树模型扩展到多期。给定到期期限,每增加一期就会减少每一期的持续时间。我们将从二期模型开始,然后扩展到一般多期模型。

在第19章中,我们将演示如何在多期二叉树模型中对美式期权定价。之后,我们将详细地展示一个美式看跌期权的例子。我们可以发现,与同样的欧式看跌期权相比,美式看跌期权的价值更高,也就是可以提早行权的灵活性增加了价值。我们还计算了随着时间流逝,美式看跌期权提早行权的累计概率。

在第20章中,我们将展示一种为欧式期权定价的方法,即 Black-Scholes 模型。我们将进行比较静态分析,并与二叉树模型推导出的结果进行对比。

第 16 章
到期日期权的回报与收益

在对期权的探索中,我们将首先研究它们到期时的回报。在检验了对于简单期权的多头和空头的回报与收益之后,我们将对包含期权和其他证券的资产组合进行同样的检验。从这些资产组合中的一种 —— 领子期权,我们可以推导出四种不同证券之间的十分重要的价格关系,即买权-卖权等价关系。这个关系的推导是基于无套利原则 —— 运行良好的资本市场的基石原则 —— 进行的。

16.1 期权基础

顾名思义,**期权**(option)是一种为其所有者提供了在两种方案间进行选择的权利的证券。第一种方案包含了期权合约中明确规定的交易,第二种方案是期权所有者有机会"踢开"第一种方案,即取消交易。因此,所有者永远不用必须接受合同定义的第一个方案;她有权选择第二种方案使合同无效。因此,期权的所有者(即**买方**,买入期权,处于多头的位置)和**卖方**(卖出期权,处于空头的位置)相比处于有利地位。因为卖方必须接受买方在两种方案中做出的任一选择,所以处于不利地位。在 $t=0$ 即合约交易的时候,买方需要向卖方支付**期权费**(option premium),即期权的价格,以适当地补偿卖方相对不利的地位。

期权合约详细地介绍了第一种方案,即未来交易的实现。包含的内容有交换的**标的资产**及对应的价格,即**行权价格**。还规定了交易可能发生的最终日期,即**到期日**。**欧式期权**只允许所有者在到期日而不能在之前行使期权,即选择交易的方案。与之不同,**美式期权**既允许在到期日行权,也允许在到期之前行权。如果所有者选择第二种方案 —— 不行权,那么这个期权被称作到期作废。

看涨期权(call option)给予买方向卖方支付行权价购买标的资产的权利。如果行权,卖方被称作交付标的资产,所有者被称作接收资产。

和看涨期权相反，**看跌期权**(put option)给予买方向卖方卖出（或交付）标的资产的权利，卖方向买方支付行权价。不要被用词混淆。"买方/所有者"和"卖方"指的是一开始的合约交易，而不是接下来在到期日若行权所进行的交易。对于看涨期权来说，可能不容易混淆，因为期权的买方随后也会在到期日买入（接收）标的资产。然而，面对看跌期权，读者有些时候会混淆，此时若行权，则合约的买方随后会卖出（交付）标的资产。

16.2 买入看涨期权在到期日的回报与收益

让我们从买入一个看涨期权的回报开始。虽然行权价 (K) 在看涨期权合约中已经被规定，但标的资产的未来价值并不确定。让我们假设一个在日期 $t = T$ 到期的欧式期权，其标的资产是在日期 t、价值为 S_t 的 1 股公司股票，$t \in [0, T]$。[1] 如果行权，净回报就等于到期日获得的股票价值 (S_T) 减去支付的行权价 (K)。[2] 如果不行权，就没有交易发生，显然，此时回报为 0。因为所有者追求财富最大化，所以她选择两个回报（如果行权为 $S_T - K$，如果不行权为 0）中的更大值。所以买入一个看涨期权的回报是 $\max(0, S_T - K)$ 且是非负的：不是 0 就是大于 0。最后，所有者的决策规则也十分明确：如果 $S_T - K > 0$ 就行权；反之，则不行权。

和之前的概念一致，三个定义被用于描述看涨期权在存续期的任意时间，$t \in [0, T]$ 的状态。

$$S_t < K \ : \ 看涨期权是\textbf{价外期权}$$
$$S_t = K \ : \ 看涨期权是\textbf{平价期权}$$
$$S_t > K \ : \ 看涨期权是\textbf{价内期权} \tag{16-1}$$

在到期日，$t = T$，如果看涨期权是价内期权，则买方行权；否则，买方会选择让它到期作废。

因为买方在 $t = 0$ 必须支付看涨期权费 (c_0) 给卖方，所以买方的收益 (π^c) 等于回

---

[1] 在现实中，如果标的资产是公司股票，那么股数应该是 100 而不是 1。我们在这里用 1 股是为了方便说明。所以，在稍后关于回报与收益的图中，非零斜率不是 1 就是 −1。在现实中，非零斜率实际上不是 100 就是 −100。

[2] 关于标的资产，这 1 股股票是已经存在的，公司并不会为了满足看涨期权合约而新发行 1 股股票。事实上，合约和行权对公司没有直接影响。合约只是买方与卖方之间的协议。这让期权变成了"零和游戏"，这稍后会讨论。与之不同，认股权证（warrant）是一种需要公司在行权时发行新股的看涨期权，这不在本书的讨论范围内。

另外，期权卖方在看涨期权到期日行权时没有 1 股股票并不是问题。她可以从市场上以 S_T 的价格买入，然后将它以行权价 K 交付给期权所有者。

报减去费用。[3] 总结起来如下：

$$\text{回报}: c_T = \max(0, S_T - K) \geqslant 0$$
$$\text{收益}: \pi^c = c_T - c_0 \geqslant -c_0 \tag{16-2}$$

多头能实现的最小"收益"是看涨期权费的损失，$-c_0 < 0$，这是期权到期作废的收益。不然，如果买方行权，收益就要大于 $-c_0$。实际上，买方的收益潜力是无限的，只要给定期权为价内期权，买方的回报就随着到期日股价的上升而同等地上升。

图 16.1 展示了作为到期日股价 (S_T) 函数的买入看涨期权的回报 $c_T(S_T)$ 与收益 $\pi^c(S_T)$。[4] 在图 16.1 中，看涨期权费是 $c_0 = 3.53$ 美元，所以 $c_T - \pi^c = 3.53$ 美元，$\forall S_T$。行权价 $K = 40$ 美元是其中的折点。[5] 对于 $S_T < 40$ 美元，$S_T - K < 0$，期权到期作废，留给所有者的回报是 0，因为初始的费用支付，收益是 -3.53 美元 < 0。相反，对于 $S_T > 40$ 美元，$S_T - K > 0$，期权行权，正的回报为 $S_T - K = S_T - 40$。虽然回报为正，但收益仍然为负，因为 $S_T < K + c_0 = 40 + 3.53 = 43.53$ 美元。对于 $S_T \in (40\text{美元}, 43.53\text{美元})$，虽然回报为正，但收益为负。最后，对于 $S_T > K + c_0 = 43.53$ 美元，回报与收益皆为正。

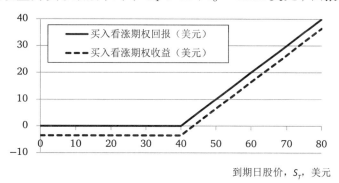

图 16.1 买入看涨期权的回报与收益

回报与收益的 45 度折点是所有者"为什么付钱"，即买入期权的原因。如果无论到期日股价是多少，她都必须履行交易，那么当到期日股价持续降至行权价之下后，她的回报函数也会继续降低。换句话说，在价外期权的例子中，到期日股价每下降 1 美元，回报也会同等地下降 1 美元。[6] 而所有者拥有让期权到期作废的权利，将在到

---

[3] 我们用小写字母（c 和 p）指代欧式看涨期权与看跌期权，用大写字母（C 和 P）指代美式看涨期权与看跌期权。

[4] 因为 $S_0 = 40$ 美元，$K = 40$ 美元，$r^f = 4\%$，$T = 0.5$ 年，$\sigma = 30\%$ 及 $k = 2\%$，根据稍后介绍的 Black-Scholes 模型，得到 $c_0 = 3.53$ 美元，$p_0 = 3.14$ 美元。

[5] 在现实中，标的资产是 100 股，所以实际的费用是 $100c_0$，即 353 美元，基于所报的每份期权费用 3.53 美元。

[6] 这种美元对美元的回报对应着远期合约的回报，买入（卖空）在每处的斜率都是 +1（-1）。另外，当 $S_T = P^f$ 时，远期的回报是 0，远期的价格 P^f 对应着期权的行权价 K。然而，买入（卖空）的回报是 $S_T - P^f$（$P^f - S_T$），即无论买入还是卖空，投资者都没有选择的权利，而只有义务。除此之外的有关远期的知识不在本书的范围内。也就是说，期权和对应的远期（有着相同的到期期限、标的资产，并且远期价格等于期权行权价 $P^f = K$ 的远期）的回报之间的差额代表着期权合约相对于远期合约的价值增量，即溢价。具体来说，价值的差额就是期权可以到期作废所代表的价值增量的直接衡量指标。

期日股价小于行权价（看涨期权在到期日为价外）时，使其回报变为0。

16.3 卖出看涨期权在到期日的回报与收益

现在让我们考虑卖出看涨期权的回报与收益函数。如果买方/所有者不行权，卖方的回报为0。然而，如果买方在到期日 T 行权，卖方就必须交付1股价值为 S_T 的股票；作为回报，他将从买方获得行权价 K。所以，她的回报是 $K - S_T$。之前，我们论证了只有 $S_T - K > 0$，买方才会行权。所以，如果行权，卖方将承受一个负的回报，$K - S_T < 0$。也就是说，卖出看涨期权的回报是非正的：不是0就是小于0。将这两种情景结合起来，因为 $\min(0, a) = -\max(0, -a)$，所以卖出看涨期权的回报等于 $\min(0, K - S_T) = -\max(0, S_T - K)$。从之前可知，买入看涨期权的回报是 $c_T = \max(0, S_T - K)$，则卖出看涨期权的回报 $-\max(0, S_T - K)$，只是买入看涨期权回报的相反数。所以，我们将卖出看涨期权的回报记为 $-c_T \leqslant 0$。

上述结论是关于期权的重要概念。因为期权只是双方（买方和卖方）之间的"下注"，所以它意味着一种零和游戏。简而言之，买入者在到期日的"收益"就是卖出者的"损失"。当期权到期作废时，收益与损失皆为0；不然的话，买方的正回报就正好等于卖方负回报之绝对值。[7] 所以，买入者与卖出者的回报之和总是等于0。类似地，他们的收益之和也等于0。

因为卖出者在日期 $t = 0$ 从买方获得看涨期权费 c_0，所以她的收益等于 $c_0 - c_T$，是买入者收益的相反数，我们用 $-\pi^c$ 来指代它。我们再次看到买方和卖方之间的零和游戏的概念。总结起来如下：

$$\begin{aligned}&\text{回报}: -c_T = \min(0, K - S_T) = -\max(0, S_T - K) \leqslant 0\\ &\text{收益}: -\pi^c = c_0 - c_T \leqslant c_0\end{aligned} \quad (16\text{-}3)$$

卖方能够实现的最大收益等于期权费 c_0，此时期权到期作废；否则，买方行权，卖方的收益将会减少。事实上，潜在损失的幅度是无限的，因为给定期权是价内期权，到期日股价每上升1美元，卖方回报就会减少1美元。

图16.2展示了作为到期日股价 (S_T) 函数的卖出看涨期权的回报 $-c_T(S_T)$ 与收益 $-\pi^c(S_T)$。虽然对于所有到期日股价，买入看涨期权的回报函数以期权费 (c_0) 高于收益函数，但卖出看涨期权的回报函数要以 $c_0 = 3.53$ 美元低于收益函数。

我们之前指出，期权是零和游戏。图16.2中的卖出看涨期权的回报（收益）函数可以以 x 轴为对称轴，翻转图16.1中的买入看涨期权的回报（收益）函数得到。另外，

---

[7] 另一个零和游戏的例子是朋友间的扑克牌游戏。在游戏结束时，一些玩家会赢，一些玩家会输。实际上，在游戏开始时进入这个房间的总金额正好等于在游戏结束后离开这个房间的金额，经济净财富并没有被创造出来，而只是现存财富在玩家之间的转移。

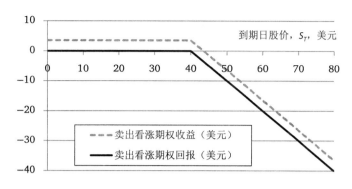

图 16.2 卖出看涨期权的回报与收益

对于所有的到期日股价 S_T，将图 16.1 和图 16.2 中的两个回报（收益）函数相加会得到 0。

16.4 买入看跌期权在到期日的回报与收益

现在让我们考虑买入一个标的资产为 1 股股票、到期日为 $t=T$ 的欧式看跌期权。如果行权，买方的净回报等于她获得的行权价 (K) 减去在到期日必须交付的股票的价值 (S_T)；否则，没有交易发生，买方的回报为 0。因为买方/所有者寻求最大化财富，她选择两个回报中的较高值：行权时的 $K - S_T$，不行权时的 0，即买入看跌期权的回报是 $\max(0, K - S_T)$。和看涨期权相似，买入看跌期权的回报是非负的。最后，所有者的选择规则十分明确：如果 $K - S_T > 0$，行权；否则，不行权。

和之前的概念一致，三个定义被用于描述看跌期权在存续期内任意时间，$t \in [0, T]$ 的状态。

$$S_t < K \quad : 看跌期权是\textbf{价内期权}$$
$$S_t = K \quad : 看跌期权是\textbf{平价期权}$$
$$S_t > K \quad : 看跌期权是\textbf{价外期权} \tag{16-4}$$

所以，在到期日 $t=T$，如果期权是价内期权，则买方行权；否则，买方会让期权到期作废。这也适用于看涨期权。然而，看跌期权的关于价内和价外的定义与看涨期权的相反。

因为买方在合约交易的日期 $t=0$ 必须向卖方支付看跌期权费 p_0，所以她的收益 π^p 等于回报减去费用。总结起来如下：

$$回报: p_T = \max(0, K - S_T) \geqslant 0$$
$$收益: \pi^p = p_T - p_0 \geqslant -p_0 \tag{16-5}$$

买方可以实现的最小"收益"是看跌期权费的损失，$-p_0 < 0$，此时期权到期作

废。否则，买方行使看跌期权会带来高于 $-p_0$ 的收益。实际上，买方的最大回报（收益）不高于 $K(K-p_0)$，对应着 $S_T=0$。[8]

图 16.3 展示了作为到期日股价（S_T）函数的买入看跌期权的回报 $p_T(S_T)$ 与收益 $\pi^p(S_T)$。看跌期权费是 3.14 美元，$p_T - \pi^p = 3.14$ 美元，$\forall S_T$。行权价是折点，$K=40$ 美元。当 $S_T > 40$ 美元时，$K - S_T < 0$ 意味着期权到期作废，给所有者留下的回报是 0。因为所有者在购买看跌期权时支付了费用，其收益是 -3.14 美元 <0。相反，当 $S_T < 40$ 美元时，$K - S_T > 0$，期权将被行权，带来正回报。虽然回报为正，但收益仍为负，$S_T > K - p_0 = 40 - 3.14 = 36.86$ 美元。所以对于 $S_T \in (36.86\text{ 美元}, 40\text{ 美元})$，虽然回报为正，但收益为负。最后，当 $S_T < K - p_0 = 36.86$ 美元时，回报与收益皆为正。

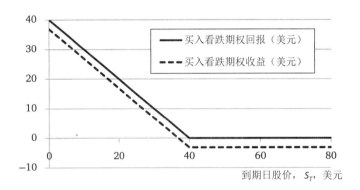

图 16.3 买入看跌期权的回报与收益

我们再一次观察买方在回报与收益函数的 45 度折点处获得的值。如果无论到期日股价为多少，看跌期权的买方在到期日必须执行交易，则她的回报将会随着到期日股价高于行权价并持续上升时（看跌期权在价外行权时），而以 -1 的斜率持续向下。对于所有高于行权价的到期日股价，买方可以让期权到期作废的权利会使其回报变为 0。

16.5 卖出看跌期权在到期日的回报与收益

现在让我们考虑卖出看跌期权的回报与收益。如果买方不行权，卖方的回报为 0。然而，如果买方在到期日 T 行权，那么买方向卖方交付价格为 S_T 的 1 股股票，卖方为此必须向买方支付 K。如果行权，卖出看跌期权的回报是 $S_T - K$。在之前，我们说明所有者只有在 $K - S_T > 0$ 时行权。如果行权，卖出看跌期权会承受负的回报，$S_T - K < 0$。这样，卖出看跌期权的回报等于 $\min(0, S_T - K) = -\max(0, K - S_T)$。和卖出看涨期权一样，卖出看跌期权的回报是非正的。

---

[8] 这和买入看涨期权的回报与收益不同，后者的回报与收益是潜在无限的。

因为买入看跌期权的回报是 $p_T = \max(0, K - S_T)$，所以卖出看跌期权的回报是 $-\max(0, K - S_T)$，是买入看跌期权回报的相反数，我们用 $-p_T$ 指代卖空看跌期权的回报。再一次，我们看见期权代表着一种零和游戏。简而言之，买方在到期日"收获"的就是卖方"失去"的，如果期权到期作废，损益皆为 0；否则，买方的正回报恰好等于卖方负回报的绝对值。

在期权交易日 $t = 0$，卖方从买方获得看跌期权费 p_0，她的收益等于 $p_0 - p_T$，是买方收益的相反数，我们用 $-\pi^p$ 指代它。我们再次看到，买方与卖方之间是零和游戏。总结起来如下：

$$\text{回报：} -p_T = \min(0, S_T - K) = -\max(0, K - S_T) \leqslant 0$$
$$\text{收益：} -\pi^p = p_0 - p_T \leqslant p_0 \tag{16-6}$$

卖方所能够实现的最大收益等于看跌期权费 p_0，此时期权到期作废。否则，买方行使看跌期权，卖方的收益要小于 p_0 且可能为负。然而，和卖出看涨期权的无限潜在损失相反，卖出看跌期权的潜在损失的幅度不高于 $K - p_0$。

图 16.4 展示了作为到期日股价（S_T）函数的卖出看跌期权的回报 $-p_T(S_T)$ 与收益 $-\pi^p(S_T)$。对于所有到期日股价，与买入看跌期权回报函数以期权费（p_0）高于收益函数不同，卖出看跌期权回报函数以 $p_0 = 3.14$ 美元低于收益函数。

我们之前注意到期权是零和游戏。在图 16.4 中，卖出看跌期权的回报（收益）函数可以将图 16.3 中的买入看跌期权的回报（收益）函数以 x 轴为对称轴翻转得到。而且，对于所有到期日股价 S_T，将图 16.3 和图 16.4 中的两个回报（收益）函数相加会得到 0。

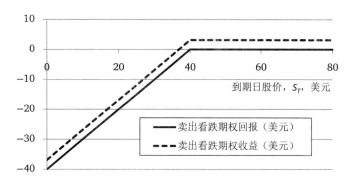

图 16.4 卖出看跌期权的回报与收益

我们已经看到，看涨期权和看跌期权的回报与收益都可以通过数学等式（表达式 (16-2)、表达式 (16-3)、表达式 (16-5) 和表达式 (16-6)）及图形（图 16.1、图 16.2、图 16.3 和图 16.4）描述。而期权回报与收益也可以通过表格（如表 16.1）描述。看涨期权（看跌期权）费被设为 $c_0 = 3.53$ 美元（$p_0 = 3.14$ 美元），看涨期权和看跌期权的行权价

都等于 $K = 40$ 美元。[9]

表 16.1　看涨期权和看跌期权的回报与收益　　　　（单位：美元）

价格 S_T	欧式看涨期权				欧式看跌期权			
	买入		卖出		买入		卖出	
	回报 c_T	收益 π^c	回报 $-c_T$	收益 $-\pi^c$	回报 p_T	收益 π^p	回报 $-p_T$	收益 $-\pi^p$
0	0	−3.53	0	3.53	40	36.86	−40	−36.86
5	0	−3.53	0	3.53	35	31.86	−35	−31.86
10	0	−3.53	0	3.53	30	26.86	−30	−26.86
15	0	−3.53	0	3.53	25	21.86	−25	−21.86
20	0	−3.53	0	3.53	20	16.86	−20	−16.86
25	0	−3.53	0	3.53	15	11.86	−15	−11.86
30	0	−3.53	0	3.53	10	6.86	−10	−6.86
35	0	−3.53	0	3.53	5	1.86	−5	−1.86
40	0	−3.53	0	3.53	0	−3.14	0	3.14
45	5	1.47	−5	−1.47	0	−3.14	0	3.14
50	10	6.47	−10	−6.47	0	−3.14	0	3.14
55	15	11.47	−15	−11.47	0	−3.14	0	3.14
60	20	16.47	−20	−16.47	0	−3.14	0	3.14
65	25	21.47	−25	−21.47	0	−3.14	0	3.14
70	30	26.47	−30	−26.47	0	−3.14	0	3.14
75	35	31.47	−35	−31.47	0	−3.14	0	3.14
80	40	36.47	−40	−36.47	0	−3.14	0	3.14

16.6　包含期权的资产组合的到期日回报

我们已经掌握了看涨期权和看跌期权的回报与收益，以此为基石，现在可以考虑包含期权的资产组合了。

16.6.1　欧式保护性卖权

我们从一个**欧式保护性卖权**（protective put）开始，它包含买入一个看跌期权和买入 1 股对应标的资产的股票。[10] 在到期日，股票回报等于 S_T，看跌期权的回报等于 $p_T = \max(0, K - S_T)$，总回报就是两者之和，$S_T + \max(0, K - S_T) = \max(S_T + 0, S_T + K - S_T) = \max(S_T, K)$。注意，最小可能回报是 K。这解释了资产组合名称中"保护性"这个词的含义。由于 1 股单独的股票（只包含 1 股股票，不含看跌期权）的最小可能回报是 0，和单独股票的回报相比，加上一个看跌期权给回报设置了下限 $K > 0$。

---

[9]在之后，我们通常会用图形和/或数学等式展示回报与收益，但是用表格展示回报与收益函数也是可行的。

[10]我们继续假设标的资产是 1 股股票。在现实中，对于 100 股的标的资产，一个欧式保护性卖权包括一个看跌期权和 100 股股票。

因此，看跌期权有时也被称作**保险**。

泛泛而言，当投资者买入保险时，相当于买入一个看跌期权。举个例子，汽车保险是一种看跌期权，期权费预先支付，到期日为保险失效之日，标的资产是汽车，行权价是保险公司为交换汽车所支付的数额。一般而言，只要汽车没被损毁，这个美式看跌期权就是价外期权，不会被行权；汽车所有者会理性地选择不将完好的、价值高于保险公司所支付的行权价的汽车交出。然而，如果汽车损毁严重，它的价值就会降至保险公司所支付的行权价之下。如果这样，这个保险（美式看跌期权）就会成为价内期权，会被行权，即买方（汽车所有者）将损毁的汽车交付给卖方（保险公司）以获得行权价。所以，将看跌期权（保险）和标的资产（汽车）结合起来，最小回报是 K（保险公司为汽车支付的数额），为拥有标的资产提供了保险。

关于欧式保护性卖权，设置成本为 pp_0，即投资者必须支付的成本是 $pp_0 = S_0 + p_0$。所以，

回报：$pp_T = \max(S_T, K) \geqslant K$

收益：$\pi^{pp} = \max(S_T, K) - pp_0 = \max(S_T, K) - (S_0 + p_0)$ (16-7)

图 16.5 展示了作为到期日股价 S_T 函数的欧式保护性卖权的回报 $pp_T(S_T)$ 与收益 $\pi^{pp}(S_T)$。在图 16.5 中，我们假设看跌期权费是 3.14 美元，行权价是 $K = 40$ 美元，初始股价是 $S_0 = 40$ 美元，因此看跌期权以平价状态发行。回报与收益之差是 $S_0 + p_0 = 43.14$ 美元，$\forall S_T$。两个函数的折点都处于行权价，即 $K = 40$ 美元。

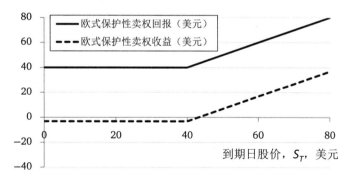

图 16.5　欧式保护性卖权的回报与收益

16.6.2　持保看涨期权

一个**持保看涨期权**（covered call）包含卖空一个看涨期权和买入 1 股为看涨期权标的资产的股票。[11] 在到期日，股票的回报就是 S_T，卖出看涨期权的回报是 $-c_T = -\max(0, S_T - K) = \min(0, K - S_T)$，持保看涨期权的回报是两者之和，$cc_T = S_T - c_T =$

---

[11]我们继续假设标的资产是 1 股股票。在现实中，对于 100 股的标的资产，一个持保看涨期权包括卖出一个看涨期权和买入 100 股股票。

$S_T + \min(0, K - S_T) = \min(S_T + 0, S_T + K - S_T) = \min(S_T, K)$。所以，欧式保护性卖权的回报是 $pp_T = \max(S_T, K)$，持保看涨期权的回报是 $cc_T = \min(S_T, K)$。

关于资产组合的设置成本，投资者为股票支付 S_0，卖出看涨期权可获得 c_0。所以，

$$\text{回报：} cc_T = \min(S_T, K) \leqslant K$$
$$\text{收益：} \pi^{cc} = \min(S_T, K) - (S_0 - c_0) \leqslant K - (S_0 - c_0) \tag{16-8}$$

图 16.6 展示了作为到期日股价（S_T）函数的持保看涨期权的回报 $cc_T(S_T)$ 与收益 $\pi^{cc}(S_T)$。在图 16.6 中，我们假设看涨期权费是 3.53 美元，行权价是 $K = 40$ 美元，初始股票价格是 $S_0 = 40$ 美元，因此看涨期权以平价状态发行。回报与收益之差是 $S_0 - c_0 = 40 - 3.53 = 36.47$ 美元，$\forall S_T$。两个函数的折点都处于行权价，即 $K = 40$ 美元。

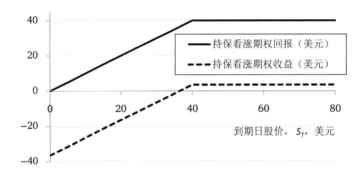

图 16.6 持保看涨期权的回报与收益

为什么投资者要构建一个持保看涨期权呢？通常，投资者最初只拥有股票。如果投资者相信股票价格在最近不会经历上涨，她可以卖出看涨期权，获得看涨期权费，以补充当下的收入。然而，检查图 16.6 可见，卖出看涨期权的潜在损失是很明显的。如果股价迅速上涨而她卖出了看涨期权，她将不会因买入股票而获得收益。简而言之，投资者构建持保看涨期权，通过期权费获得当下的收入，并为此牺牲了股票的上涨潜力。[12]

16.6.3 多头跨式期权

多头跨式期权（long straddle）（在下文的公式中用 ls 表示）包含买入一个看涨期权和买入一个看跌期权，两者有相同的行权价、相同的到期日和标的资产。在到期日，买入看涨期权的回报是 $c_T = \max(0, S_T - K)$，买入看跌期权的回报是 $p_T = \max(0, K - S_T)$，组合的回报是两者之和。关于资产组合的设置成本，投资者为了买入看涨期权和看

---

[12] 和持保看涨期权不同，"裸"看涨期权只是卖空一个看涨期权，即不买入标的资产。

跌期权需要支付 $c_0 + p_0$。所以，

$$\text{回报：} ls_T = \max(0, S_T - K) + \max(0, K - S_T) \geqslant 0$$
$$\text{收益：} \pi^{ls} = ls_T - (c_0 + p_0) \geqslant -(c_0 + p_0) \tag{16-9}$$

图 16.7 展示了作为到期日股价（S_T）函数的多头跨式期权的回报 $ls_T(S_T)$ 与收益 $\pi^{ls}(S_T)$。在图 16.7 中，行权价均等于 40 美元，$c_0 = 3.53$ 美元，$p_0 = 3.14$ 美元。回报与收益的差值是 $p_0 + c_0 = 3.53 + 3.14 = 6.67$ 美元，$\forall S_T$。两个函数的折点都处于行权价，即 $K = 40$ 美元。

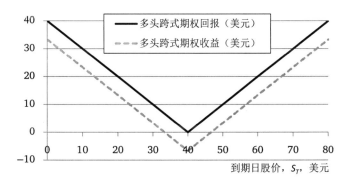

图 16.7 多头跨式期权的回报与收益

为什么投资者要构建一个多头跨式期权呢？观察图 16.7，我们可以得到一个明显的答案：当到期日股价与行权价之间的差距较大时，资产组合的收益为正。举个例子，假设一家公司在一个 60 天内发行的单一产品上赌博。如果成功，股价就会涨至 100 美元；如果失败，价格就会跌至 10 美元。市场整体认为每个结果都是同等可能的。当前的股价是 $\frac{100 + 10}{2} e^{-12\%(60/365)} = 53.93$ 美元，假设 $r^E = 12\%$，并使用连续复利的年利率。在 60 天内，其他条件相同时，价格要么是 10 美元，要么是 100 美元。以公司股票作为标的资产的多头跨式期权在这样的情况下是十分理想的。[13]

16.6.4 空头跨式期权

空头跨式期权（short straddle）（在下文的公式中用 ss 表示）包含卖出一个看涨期权和卖出一个看跌期权，两者有相同的行权价、相同的到期日和标的资产。在到期日，卖出看涨期权的回报是 $-c_T = \min(0, K - S_T)$，卖出看跌期权的回报是 $-p_T = \min(0, S_T - K)$，组合的回报是两者之和。关于资产组合的设置成本，投资者卖出看涨

---

[13]另一个例子是，考虑一个公司被起诉，预期判决很快将作出。如果潜在的赔偿金是巨额的，那么公司赢得和输掉官司之后的股价差别将是巨大的。虽然法律诉讼的结果仍不确定，但无论股价向上或向下的极端移动，多头跨式期权的投资者都可以从中获利。

期权和看跌期权可获得 $c_0 + p_0$。所以，

回报：$-ss_T = \min(0, S_T - K) + \min(0, K - S_T) \leqslant 0$

收益：$-\pi^{ss} = (c_0 + p_0) - ss_T \leqslant (c_0 + p_0)$ (16-10)

图 16.8 展示了作为到期日股价（S_T）函数的空头跨式期权的回报 $ss_T(S_T)$ 与收益 $\pi^{ss}(S_T)$。在图 16.8 中，行权价均等于 40 美元，$p_0 = 3.14$ 美元，$c_0 = 3.53$ 美元。回报与收益的差值是 $p_0 + c_0 = 6.67$ 美元，$\forall S_T$。两个函数的折点都处于行权价，即 $K = 40$ 美元。

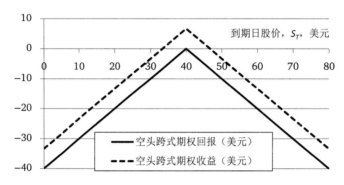

图 16.8 空头跨式期权的回报与收益

为什么投资者要构建一个空头跨式期权呢？观察图 16.8，我们可以得到一个明显的答案：当到期日股价与行权价之间的差距较小时，投资组合会产生收益。所以，当公司的股票价格在可预见的未来可能会横向移动时，将成为空头跨式期权的标的资产的理想候选。

16.6.5 领子期权

领子期权（collar）包含买入 1 股股票、卖出一个看涨期权和买入一个看跌期权，且看涨期权的行权价高于看跌期权，$K_p < K_c$。看涨期权与看跌期权具有相同的到期日和标的资产，各自的到期日回报是 S_T，$-c_T = \min(0, K_c - S_T)$，$p_T = \max(0, K_p - S_T)$。所以，组合的回报是三者之和：

$$co_T = S_T - c_T + p_T = S_T + \min(0, K_c - S_T) + \max(0, K_p - S_T)$$
$$\pi^{co} = co_T - (S_0 + p_0 - c_0) \quad (16\text{-}11)$$

为了理解这些回报与收益的表达式，考虑表 16.2。其中，$K_p = 30$ 美元，$K_c = 50$ 美元，$S_0 = 40$ 美元，$T = 5$ 年，无风险利率 $r^f = 5\%$，使用连续复利的年利率，以及假设标的资产将支付 2% 的持续股利流。利用稍后会讲到的 Black-Scholes 欧式期权定价模型，$p_0 = 3.39$ 美元，$c_0 = 7.92$ 美元。这样，领子期权的初始成本是 $S_0 - c_0 + p_0 = 40 - 7.92 + 3.39 = 35.47$ 美元。

表 16.2　领子期权的回报与收益表　　　　　　（单位：美元）

价格	回报			收益
S_T	p_T	$-c_T$	co_T	π^{co}
0	30	0	30	−5.47
5	25	0	30	−5.47
10	20	0	30	−5.47
15	15	0	30	−5.47
20	10	0	30	−5.47
25	5	0	30	−5.47
30	0	0	30	−5.47
35	0	0	35	−0.47
40	0	0	40	4.53
45	0	0	45	9.53
50	0	0	50	14.53
55	0	−5	50	14.53
60	0	−10	50	14.53
65	0	−15	50	14.53
70	0	−20	50	14.53
75	0	−25	50	14.53
80	0	−30	50	14.53

在表 16.3 中，我们通过公式简洁地总结了表 16.2 所展示的回报与收益。表 16.2 和表 16.3 展示了相同的领子期权的回报与收益函数，$co_T(S_T)$ 和 $\pi^{co}(S_T)$，并在图 16.9 中以图形的方式展现出来。在图 16.9 中，回报（收益）在 $0 < S_T < 30$ 美元的范围内，都等于 30 美元（−5.47 美元）的原因和欧式保护性卖权一样。随着到期日股价在比较静态的意义上从 0 开始上涨，股价的上涨正好被看跌期权价值的下降抵消。在这个到期日股价范围内，看涨期权到期作废。接着，在 30 美元 $< S_T <$ 50 美元的到期日股价的范围内，看跌期权变成价外期权，致使回报与收益的斜率从 0 向 1 转变。看涨期权仍然为价外期权，所以只有股票有价值，斜率为 1。最后，在 50 美元 $< S_T$ 的范围内，看涨期权为价内期权，看跌期权到期作废。因为看涨期权是空头，当股价上涨时，看涨期权价值的下降正好抵消股价的上涨，所以在更高的股价上，持保看涨期权的回报与收益是平坦的。

表 16.3　领子期权的回报与收益　　　　　　（单位：美元）

价格		回报		回报
S_T	S_T	p_T	$-c_T$	co_T
0 − 30	S_T	$K_p - S_T$	0	K_p
30 − 50	S_T	0	0	S_T
50 − 80	S_T	0	$K_c - S_T$	K_c

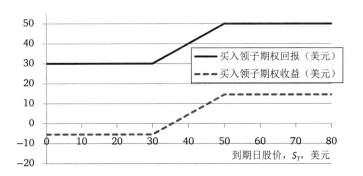

图 16.9 买入领子期权的回报与收益

正如之前所说的,领子期权的价格为 $S_0 + p_0 - c_0$。投资者经常会选择有相同价格的看涨期权与看跌期权(两者有相同的到期日与标的资产),$p_0 = c_0$。在这种情况下,领子期权的价格就只包含 1 股股票。相比于股票自身,投资者可以构建领子期权为回报设置边界。这样,她就牺牲了股价上涨所带来的上行收益,但限制了股价下跌所带来的下行风险。

16.7 买权–卖权等价关系

我们将介绍资产定价中的一个重要关系——买权–卖权等价关系。我们将在之前有关领子期权结论的基础上进行探讨。我们还会使用至关重要的无套利概念,它是运行良好的资本市场的关键特征。

回想领子期权的回报,$co_T = S_T + \min(0, K_c - S_T) + \max(0, K_p - S_T)$。现在考虑一种特殊情况 $K_p = K_c$,都表示为 K。因为 $\min(a, b) + \max(a, b) = a + b$,所以 $co_T|(K_p = K_c) = S_T + \min(0, K - S_T) + \max(0, K - S_T) = K$。这是一个有趣的结论。将价格都是到期日股价 S_T 函数的三种风险资产(买入股票、买入看跌期权、卖出看涨期权)组合起来,就会得到一个常数回报 K。这样,三个风险资产的这种特殊组合会产生一个无风险的投资组合,因为它的回报不是 S_T 的函数,有 $co_T|(K_p = K_c) = S_T + p_T - c_T = K$。用文字来描述就是:投资买入 1 股股票和一个看跌期权并卖出一个看涨期权就会得到一个确定的(无风险的)回报 K。[14]

正如我们在之前的章节里讨论的那样,套利的特征是无成本、无风险收益。这样的机会是不应该存在的。因为领子期权的回报确定地等于 K,即 $S_T + p_T - c_T = K$,所以它今天的成本必须等于 K 的现值,以无风险利率折现,或者说,$co_0 = PV(S_T + p_T - c_T) = \frac{K}{(1+r^f)^T}$。因为 $PV(S_T + p_T - c_T) = S_0 + p_0 - c_0$,所以可得**买权–卖权等价关系**,即

$$S_0 + p_0 = c_0 + \frac{K}{(1+r^f)^T} \tag{16-12}$$

---

[14]当然,看涨期权与看跌期权必须有相同的到期日,而且必须用对应的股票作为标的资产。

聪明的读者可以发现，表达式 (16-12) 的左边部分是欧式保护性卖权，回报如前所述是 $\max(S_T, K)$；右边部分的到期日回报是 $c_T + K = \max(S_T - K, 0) + K = \max(S_T, K)$；左右回报相等。这些相等的回报与股价无关，意味着在今日的现值也相等。

买权-卖权等价关系是三种风险资产的重要的定价关系。我们暂时假设违背买权-卖权等价关系，$S_0 + p_0 > c_0 + \dfrac{K}{(1+r^f)^T}$。考虑一个投资者构建这样一个资产组合：买入一个看涨期权，买入一个在日期 T 支付 K（面值为 K）的无风险零息票债券，卖出 1 股股票，卖出一个看跌期权。[15] 这个资产组合的成本为 $c_0 + \dfrac{K}{(1+r^f)^T} - S_0 - p_0 < 0$，即投资者可以在今天（日期 $t = 0$）产生正的现金流，$S_0 + p_0 - c_0 - \dfrac{K}{(1+r^f)^T} > 0$。[16] 在到期时，通过买权-卖权等价关系，她的回报是 $c_T + K - S_T - p_T = 0$。

总结一下这个例子，投资者在 $t = 0$ 时有正的现金流，在 $t = T$ 时有中性现金流，两者皆没有风险。在运行良好的资本市场中，这不会永远地持续下去。只要这个套利机会还存在，投资者就会继续这样一种策略：买入成比例的看涨期权与无风险债券，同时卖出成比例的看跌期权和股票。这样，无休止的买入驱动着看涨期权和无风险债券的价格 $(c_0 + K)$ 上升，无休止的卖出驱动着 $p_0 + S_0$ 下降。投资者会继续这样的买入和卖出，直到买权-卖权等价关系得以恢复。[17]

本章小结

本章介绍了欧式期权的基础知识。在定义了看涨期权和看跌期权后，我们为期权的多头（资产）头寸和空头（负债）头寸分别计算了到期日回报与收益。这些结论通过表格、图形和数学表达式得以展示。在打下基础之后，我们计算了包含欧式期权的资产组合（例如，欧式保护性卖权、持保看涨期权、多头跨式期权、空头跨式期权和领子期权）的回报与收益。从对领子期权的讨论中，我们通过无套利原则得出了至关重要的买权-卖权等价关系。

---

[15] 在实践中，投资者可以买入多个在日期 T 到期的美国国库券，买入多个看涨期权，卖出多股股票，卖出多个看跌期权，使得各项支出的比例为：看涨期权是 c_0，美国国库券是 $\dfrac{K}{(1+r^f)^T}$；而卖出股票和看跌期权的收益的比例为：股票是 S_0，看跌期权是 p_0。

[16] 在全书中，我们忽略交易成本。在加入交易成本之后，买权-卖权等价关系不再通过特定的价值而是通过价值区间将资产价格联系起来，但是基本的概念仍然成立。

[17] 当然，如果 $S_0 + p_0 < c_0 + \dfrac{K}{(1+r^f)^T}$，当投资者买入看跌期权和股票，同时卖出看涨期权和无风险债券时，套利机会存在。她会扩大这个资产组合的规模，给价格 p_0 和 S_0 向下的压力，给 c_0 和无风险债券向上的推力，直到恢复买权-卖权等价关系。她会实现正的初始现金流和到期时的中性现金流，它们都是无风险的。

习题

在本章以下所有问题中，期权的行权价格为 $K = 30$ 美元，行权日为距今 6 个月的时间点 ($T = 0.5$ 年)，股票（期权的标的资产）的现价为每股 $S_0 = 29$ 美元，看涨期权和看跌期权的价值分别为 $c_0 = 1.89$ 美元和 $p_0 = 1.43$ 美元。

1. 一个 6 个月后到期的看涨期权的行权价格为 30 美元，溢价为 1.89 美元，标的资产是现价为 29 美元的 1 股股票。请制作一张反映看涨期权多头的到期日回报和收益的表格，其中股价范围为 [0, 70 美元]，以 5 美元为增量单位。画出在 [0, 70 美元] 的股价范围内，回报和收益关于股价的函数图。

到期日股价为多少时，期权的收益等于 0？

2. 对于第 1 题中的看涨期权，请制作一张反映看涨期权空头的到期日回报和收益的表格，其中股价范围为 [0, 70 美元]，以 5 美元为增量单位。画出在 [0, 70 美元] 的股价范围内，回报和收益关于股价的函数图。

3. 一个 6 个月后到期的看跌期权的行权价格为 30 美元，溢价为 1.43 美元，标的资产与第 1 题中相同。请制作一张反映看跌期权多头的到期日回报和收益的表格，其中股价范围为 [0, 70 美元]，以 5 美元为增量单位。画出在 [0, 70 美元] 的股价范围内，回报和收益关于股价的函数图。

到期日股价为多少时，期权的收益等于 0？

4. 对于第 1 题中的看涨期权，请制作一张反映看跌期权空头的到期日回报和收益的表格，其中股价范围为 [0, 70 美元]，以 5 美元为增量单位。画出在 [0, 70 美元] 的股价范围内，回报和收益关于股价的函数图。

5. 根据第 3 题中的看跌期权，构建一个欧式保护性卖权。请制作一张反映欧式保护性卖权的到期日回报和收益的表格，其中股价范围为 [0, 70 美元]，以 5 美元为增量单位。画出在 [0, 70 美元] 的股价范围内，回报和收益关于股价的函数图。

到期日股价为多少时，期权的收益等于 0？

6. 根据第 1 题中的看涨期权，构建一个持保看涨期权。请制作一张反映持保看涨期权的到期日回报和收益的表格，其中股价范围为 [0, 70 美元]，以 5 美元为增量单位。画出在 [0, 70 美元] 的股价范围内，回报和收益关于股价的函数图。

到期日股价为多少时，期权的收益等于 0？

7. 根据第 1 题和第 3 题中的期权，构建一个多头跨式期权。请制作一张反映多头跨式期权的到期日回报和收益的表格，其中股价范围为 [0, 70 美元]，以 5 美元为增量单位。画出在 [0, 70 美元] 的股价范围内，回报和收益关于股价的函数图。

到期日股价为哪两个数值时，期权的收益等于 0？

8. 根据第 1 题和第 3 题中的期权，构建一个空头跨式期权。请制作一张反映空头跨式期权的到期日回报和收益的表格，其中股价范围为 [0, 70 美元]，以 5 美元为增量单位。画出在 [0, 70 美元] 的股价范围内，回报和收益关于股价的函数图。

到期日股价为哪两个数值时,期权的收益等于 0?

9. 根据第 1 题和第 3 题中的期权,构建一个包含看跌期权多头、看涨期权空头和股票多头的资产组合。请制作一张反映这个组合的到期日回报和收益的表格,其中股价范围为 [0,70 美元],以 5 美元为增量单位。画出在 [0,70 美元] 的股价范围内,回报和收益关于股价的函数图。

请计算连续复利条件下的无风险收益率。

第 17 章
期权定价：单期二叉树模型

在第 16 章中，我们关注的是到期日的期权，研究了作为到期日股价函数的回报，也考虑了将期权费（或者说，它们在 $t=0$ 的价格）看作外生因素的收益函数。在本章中，我们将探讨如何为期权定价，即投资者如何决定期权费。

首先，我们将探讨欧式期权的边界，以加强我们对无套利原则的理解。其次，我们按一定的比例构建一个包含期权及其标的资产的组合，使其正好产生不变的回报，从而确保无风险收益。在这个完美的对冲下，我们可以运用二叉树股价模型为期权定价。使用一种等价的定价方法，我们可以构建一个包含股票（标的资产）和无风险债券的组合以复制期权的回报，由此得到的值与通过对冲算出的值一样。我们将研究这些模型如何与期权定价的重要工具——风险中性定价相关。最后，我们推导出看涨期权和看跌期权的比较静态分析结果，重点关注价格波动性的重要影响。

17.1 套利和期权费的边界

我们从为欧式看涨期权的期权费 (c_0) 寻找边界开始，期权的标的资产为不会在到期前支付股利的 1 股股票。这一过程使我们有机会进一步运用无套利这一至关重要的概念。

17.1.1 欧式看涨期权的下边界

首先考虑 $\max(0, S_0 - Ke^{-r^fT})$ 的下边界，其中无风险收益率是连续复利的年利率。首先，如果 $S_0 < Ke^{-r^fT}$，那么下边界等于 0。因为看涨期权的回报是非负的，所以它的费用也一定是非负的；否则，投资者可以在 $t=0$ 以 $c_0 < 0$ 买入一个看涨期权，从而产生正的现金流。再加上在到期时被保证的非负回报，这意味着一个套利机会。

现在考虑 $S_0 > Ke^{-r^fT}$ 的情况，可得 $\max(0, S_0 - Ke^{-r^fT}) = S_0 - Ke^{-r^fT} > 0$。

用反证法，假设 $c_0 = (S_0 - Ke^{-r^fT})f > 0$，比例 $f \in (0,1)$，我们将论证这会导致一个套利机会。以 $(S_0 - Ke^{-r^fT})f$ 买入看涨期权，以 Ke^{-r^fT} 在今日买入一个在日期 T 到期的、面值为 K 的无风险零息债券，以 S_0 卖空股票。今日的现金流为正，即
$S_0 - Ke^{-r^fT} - (S_0 - Ke^{-r^fT})f = (1-f)(S_0 - Ke^{-r^fT}) > 0$。

在到期时，期权要么是价内，要么不是价内。首先假设不是，那么期权到期作废，此时 $S_T \leqslant K$。到期的债券产生现金流 K，价值为 S_T 的卖空的股票必须被返还，要求付出现金 S_T。[1] 这样，投资者的到期日现金流是 $K - S_T \geqslant 0$。也就是说，她在 $t=0$ 产生了正的现金流 $(1-f)(S_0 - Ke^{-r^fT}) > 0$，在 $t=T$ 产生了非负现金流 $K - S_T \geqslant 0$。

现在考虑另一种可能的情况，看涨期权到期时为价内。同样，$S_T > K$，投资者获得价值为 S_T 的 1 股股票但必须支付 K，所以它的到期日价值为 $S_T - K$。投资者可以将行使看涨期权买入的股票归还给借贷者。最后，从到期的债券获得的 K 将用于支付行权价。简而言之，投资者在 $t=0$ 产生了正的现金流 $(1-f)(S_0 - Ke^{-r^fT}) > 0$，在 $t=T$ 产生了中性现金流。

总结起来，无论看涨期权到期时是否为价内，只要 $c_0 < \max(0, S_0 - Ke^{-r^fT})$，投资者总是可以以零成本生成正的、无风险的现金流。在运行良好的资本市场中，看涨期权费不应该低于这个下边界。所以，$c_0 \geqslant \max(0, S_0 - Ke^{-r^fT})$。

17.1.2 欧式看涨期权的上边界

现在考虑上边界 S_0。再次使用反证法，假设看涨期权比标的资产更贵，即对于某个 $x > 0$，$c_0 = S_0(1+x) > S_0$。考虑一个构建了持保看涨期权的投资者，即卖空看涨期权、买入股票，初始现金流是 $S_0(1+x) - S_0 = xS_0 > 0$。接着，我们知道她的到期回报是 $\min(S_T, K) \geqslant 0$，只有当到期日股价为 0 时才等于 0。当看涨期权未行权（$S_T \in [0, K]$）时，她的最终现金流是 S_T，因为她仍然拥有在 $t=0$ 购入的股票。如果看涨期权行权（$S_T > K$），那么她交付出初始买入的股票换得 K。两种情况下，她都在 $t=0$ 生成正的现金流 xS_0，在到期日 $t=T$ 生成非负现金流，$\min(S_T, K) \geqslant 0$。

总结起来，无论看涨期权到期时是否为价内，只要 $c_0 > S_0$，投资者总是可以以零成本生成正的、无风险的现金流。所以，在运行良好的资本市场中，看涨期权费不应该高于这个上边界——股价 S_0。

17.1.3 欧式期权边界的总结

结合上述关于欧式看涨期权的结论，有

$$c_0 \in \left(\max\left(0, S_0 - Ke^{-r^fT}\right), S_0\right)$$
$$\max\left(0, S_0 - Ke^{-r^fT}\right) < c_0 < S_0 \tag{17-1}$$

---

[1]这个陈述意味着投资者当前并不拥有股票，必须进入市场，为之支付 S_T。同样，如果投资者已经拥有股票，她仍然要将其归还给借贷者；在其他条件相同时，也会以 S_T 减少其资产组合的价值。

在图 17.1 中，我们用股价 S_0 函数的形式展示了欧式看涨期权的边界。上边界 S_0 用穿过原点的、斜率为 1 的虚线表示。同样，我们展示了欧式看涨期权的下边界 $\max(0, S_0 - Ke^{-r^f T})$，以实线表示。注意，图 17.1 中下边界的折点并不对应着被假设为 $K=40$ 美元的行权价，而是等于 $Ke^{-r^f T} = 40e^{-4\%(5)} = 32.75$ 美元，假设 $r^f = 4\%$，$T = 5$ 年。给定假设的当前股价 50 美元，我们用黑色圆圈展示了对下边界的违背，此时 10 美元 $= c_0 < \max(0, S_0 - Ke^{-r^f T}) = S_0 - Ke^{-r^f T} = 50 - 40e^{-4\%(5)} = 17.25$ 美元。我们用黑色正方形展示了对上边界的违背，此时 60 美元 $= c_0 > S_0 = 50$ 美元。聪明的读者可能已经在图 17.1 中注意到一条粗虚线曲线，这是通过 Black-Scholes 期权定价模型得出的，作为股价函数的欧式看涨期权的价值。[2]

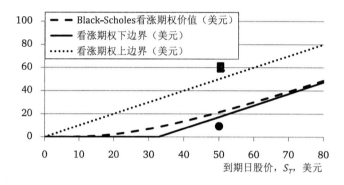

图 17.1 买入看涨期权费用的上下边界

在结束本节之前，我们未加证明地展示欧式看跌期权费的一对边界，读者可以用无套利原则自己验证这两个边界。对于欧式看跌期权，有

$$p_0 \in \left(\max\left(0, Ke^{-r^f T} - S_0\right), Ke^{-r^f T}\right)$$
$$\max\left(0, Ke^{-r^f T} - S_0\right) < p_0 < Ke^{-r^f T} \tag{17-2}$$

17.2 二叉树股价模型

在找到了欧式看涨期权费与看跌期权费的边界之后，我们接下来处理实际的期权价值（期权费）。我们首先引入一个二叉树股价模型。

考虑一个当前价格为 S_0 的股票，如图 17.2 所示，它在一期后有两个可能的价值，**上升状态的价格** S_1^u 和**下降状态的价格** S_1^d。一开始，这个模型看上去可能很愚蠢，它意味着从现在起一期之后，股票只限于两个可能的价值。然而，通过将这一期的持续时间缩减到无限小，这个假设看上去就合理多了。[3]

---

[2] 在利用 Black-Scholes 模型时，我们需要标的资产、股票的年化连续复利收益率的标准差。在生成这条曲线时，我们假设 $\sigma = 30\%$。

[3] 实际上，我们可以证明，在二叉树股价模型的多期形式中，通过增加时期数量从而使时期的持续时间接近于 0，得到的欧式看涨期权和看跌期权的价值与从 Black-Scholes 模型中得到的值相同。我们在稍后探讨这个多期模型。

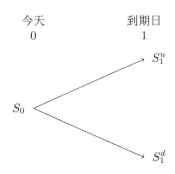

图 17.2 二叉树股价模型

在接下来,我们会发现进行如下定义将带来便利:

$$u \equiv \frac{S_1^u}{S_0} \quad \text{及} \quad d \equiv \frac{S_1^d}{S_0} \tag{17-3}$$

其中,我们假设:

$$S_1^d < S_1^u \quad \Leftrightarrow \quad d < u \tag{17-4}$$

接着,给定这两个状态在真实世界中的概率 π^u 和 π^d,一期之后的股票预期价格为:

$$E[S_1] = \pi^u S_1^u + \pi^d S_1^d \tag{17-5}$$

最后,一期之后在日期 $t=1$ 时真实世界中的预期值和当前价格的关系为:

$$S_0 = E[S_1]\mathrm{e}^{-r^E} = \mathrm{e}^{-r^E}(\pi^u S_1^u + \pi^d S_1^d)$$
$$1 = \mathrm{e}^{-r^E}(\pi^u u + \pi^d d) \tag{17-6}$$

其中,股票持有人要求的回报率 r^E 是一个连续复利的年利率。将表达式 (17-6) 和 $\pi^u + \pi^d = 1$ 结合起来,得到:

$$\pi^u = \frac{\mathrm{e}^{r^E} - d}{u - d} > 0 \quad \text{及} \quad \pi^d = \frac{u - \mathrm{e}^{r^E}}{u - d} > 0 \tag{17-7}$$

17.2.1 通过 delta 套期保值得出的看涨期权价值

在本节中,我们试图构建一个包含看涨期权(买入)及其标的资产(股票)的资产组合,使其一期之后的回报永远为常值。其中,"永远"是指在这个世界中任一个可能的状态下。在我们给定的简单二叉树股价模型中,只有两种状态:上升和下降。如果我们可以成功地构建这样一个资产组合,那么它的回报一定是无风险的。所以,我们可以将这一期之后的确定回报折现回今天的日期,以决定现在这个资产组合的价值。我们知道股票当下的价值 S_0,从而可以推导出期权的价值。

一开始,与买入一个看涨期权结合的股票的头寸(买入还是卖空)和数量都是未知的,我们将通过计算得出头寸的符号和大小。要让模型可行,一个必要的假设是:

$$S_1^d < K < S_1^u \tag{17-8}$$

回忆之前的 $S_0 \in (S_1^d, S_1^u)$。接着，看涨期权在上升状态的回报是 $c_1^u = \max(0, S_1^u - K) = S_1^u - K > 0$；在下降状态的回报是 $c_1^d = \max(0, S_1^d - K) = 0$，因为 $S_1^d - K < 0$。我们在图 17.3 中对此做了总结。

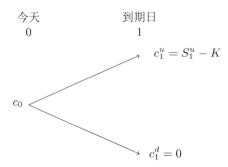

图 17.3　二叉树股价模型中看涨期权的价值

考虑一个包含 σ 股标的资产和买入一个看涨期权的资产组合。如果 σ 为正（负），那么我们做多（做空）股票，意味着我们一开始买入（卖空）股票，而多头（空头）意味着负的（正的）初始现金流。在日期 $t = 0$，资产组合的价值为 $\sigma S_0 + c_0$。在日期 $t = 1$，价值为 $\sigma S_1^u + c_1^u$ 或 $\sigma S_1^d + c_1^d$。我们在图 17.4 中对此做了总结。[4]

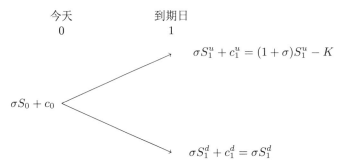

图 17.4　在二叉树股价模型中复制资产组合的价值

让这个资产组合在上升状态和下降状态的回报相等，$\sigma S_1^u + c_1^u = \sigma S_1^d + c_1^d$ 或者 $\sigma = -\dfrac{c_1^u - c_1^d}{S_1^u - S_1^d} = -\dfrac{\Delta c}{\Delta S}$。因为 σ 是看涨期权价值变动与股票价值变动之比的相反数，所以它是看涨期权价值对股票价值的偏导数 $\left(-\dfrac{\partial c_0}{\partial S_0}\right)$ 离散近似的相反数。这一概念对期权非常重要，被定义为期权的 **delta**，或者

$$\Delta^c \equiv \frac{\partial c_0}{\partial S_0} \tag{17-9}$$

---

[4] 在日期 $t = 0$，资产组合价值是它的成本（假设价格被正确估计），$\sigma S_0 + c_0 < 0$。所以初始现金流为 $CF_0 = -(\sigma S_0 + c_0) > 0$，且因为 $\sigma = -\Delta^c < 0$，$CF_1 = \sigma S_1^d < 0$。

相反，如果我们在图 17.4 中卖空看涨期权，资产组合在 $t = 0$ 的价值就等于 $\sigma S_0 - c_0 > 0$，从而 $\sigma = +\Delta^c > 0$，$CF_0 = -(\sigma S_0 - c_0) < 0$，且因为 $\sigma = +\Delta^c > 0$，所以 $CF_1 = \sigma S_1^d > 0$。不管怎样，我们都可以得到相同的看涨期权价值。

接下来，我们用 $-\Delta^c$ 表示 σ，而 $\sigma = \dfrac{\Delta c}{\Delta S}$ 是 $\Delta^c = \dfrac{\partial c_0}{\partial S_0}$ 的离散近似。代入 $c_1^u = S_1^u - K$ 和 $c_1^d = 0$，得到：

$$\Delta^c = \frac{\Delta c}{\Delta S} = \frac{S_1^u - K}{S_1^u - S_1^d} > 0 \tag{17-10}$$

其中，$K \in (S_1^d, S_1^u)$，从而 $\Delta^c \in (0,1)$，$\Delta^c > 0$ 这一结果从直觉上看是合理的。显然，当股价上涨时，看涨期权的价值也上涨。对于固定的行权价，因为股票代表着看涨期权行权时的资产，所以上涨的股价意味着上涨的期权价值。最后，在这个 delta 套期保值的资产组合中，直觉上，为了抵消股票价格对看涨期权价值的正向影响，我们必须卖空（Δ^c 股）股票。

选择 $\sigma = -\Delta^c < 0$ 股股票与买入一个看涨期权匹配，我们让这个资产组合在两个状态的回报相等，因此它的回报是无风险的。我们可以用无风险年利率 r^f 的连续复利形式对其贴现，得到其当下的价值。也就是说，我们可以让初始资产组合价值 $\sigma S_0 + c_0$ 等于 $t=1$ 时回报的贴现值，因为 $c_1^d = 0$，有 $(\sigma S_1^d + c_1^d)e^{-(1)r^f} = \sigma S_1^d e^{-r^f}$。在 $\sigma S_0 + c_0 = \sigma S_1^d e^{-r^f}$ 中，将 σ 替换为 $-\Delta^c$，得到：

$$c_0 = \Delta^c \left(S_0 - S_1^d e^{-r^f}\right) = \frac{S_1^u - K}{S_1^u - S_1^d}\left(S_0 - S_1^d e^{-r^f}\right) > 0 \tag{17-11}$$

这个不等式是基于这样一种论点（一个有正的概率获得严格正回报并且在所有可能状态中都有非负回报的资产一定有正的价值）得到的。根据表达式 (17-11)，有

$$S_1^d e^{-r^f} < S_0 \quad \text{或同等地} \quad d < e^{r^f} \tag{17-12}$$

此外，还有一些通过贴现预期回报为期权估值的尝试。[5,6]

17.2.2 通过 delta 套期保值得出的看跌期权价值

我们现在用和前一节相同的分析框架为看跌期权估值。我们再次假设 $S_1^d < K < S_1^u$ 或者 $K \in (S_1^d, S_1^u)$。接着，因为 $K - S_1^u < 0$，看跌期权在上升状态的回报是 $p_1^u = $

---

[5]例如，看涨期权在理论上可以通过以下方式估值：$c_0 = e^{-r^c}E[c_1] = e^{-r^c}[\pi^u c_1^u + \pi^d c_1^d] = e^{-r^c}\pi^u(S_1^u - K)$。其中，根据表达式 (17-8) 中的假设，$c_1^u = S_1^u - K$，$c_1^d = 0$；我们用连续复利形式的年利率，即 r^c 作为看涨期权预期现金流的贴现率。根据表达式 (17-11)，$c_0 = \dfrac{S_0 - S_1^d e^{-r^f}}{S_1^u - S_1^d}(S_1^u - K) = e^{-r^c}\left[\dfrac{S_0 e^{r^c} - S_1^d e^{r^c - r^f}}{S_1^u - S_1^d}\right](S_1^u - K)$。将这个表达式和本脚注中一开始的表达式比较，我们可以将 π^u 解读为 $\dfrac{S_0 e^{r^c} - S_1^d e^{r^c - r^f}}{S_1^u - S_1^d}$。不幸的是，我们很难直接知道 r^c 恰当的值。

[6]我们之后可以看到，在对期权估值时可以假设投资者为风险中性的，这意味着 r^f 是这些表达式合适的贴现率，即使期权是有风险的。在表达式 $\pi^u = \dfrac{S_0 e^{r^c} - S_1^d e^{r^c - r^f}}{S_1^u - S_1^d}$ 中，用 r^f 替代 r^c，我们可以推导出风险中性的概率 $pr^u = \dfrac{S_0 e^{r^f} - S_1^d}{S_1^u - S_1^d}$ 和 $pr^d = 1 - pr^u$。

$\max(0, K - S_1^u) = 0$,在下降状态的回报是 $p_1^d = \max(0, K - S_1^d) = K - S_1^d > 0$。这些总结在图 17.5 中。

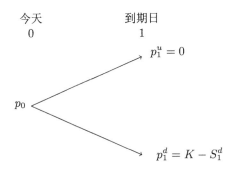

图 17.5 二叉树股价模型中看跌期权的价值

考虑一个包含 σ 股标的资产和买入一个看跌期权的资产组合。在日期 $t = 0$,资产组合的价值为 $\sigma S_0 + p_0$。在日期 $t = 1$,资产组合的价值如图 17.6 所示,要么为 $\sigma S_1^u + p_1^u = \sigma S_1^u$,要么为 $\sigma S_1^d + p_1^d = K - (1 - \sigma)S_1^d$。[7] 让这个资产组合在上升和下降状态的回报相等,有 $\sigma = -\dfrac{p_1^u - p_1^d}{S_1^u - S_1^d} = -\dfrac{\Delta p}{\Delta S}$。与看涨期权的情况类似,有

$$\Delta^p \equiv \frac{\partial p_0}{\partial S_0} \approx \frac{\Delta p}{\Delta S} = -\frac{K - S_1^d}{S_1^u - S_1^d} \in (-1, 0) \tag{17-13}$$

其中,Δ^p 的取值范围由 $K \in (S_1^d, S_1^u)$ 决定。

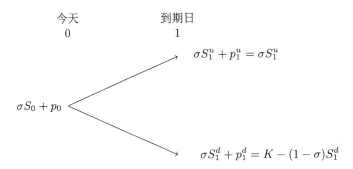

图 17.6 二叉树股价模型中复制资产组合的价值

$\Delta^p < 0$ 这一结果从直觉上看是合理的。显然,当股价上涨时,看跌期权的价值下降。对于固定的行权价,因为股票代表着看跌期权行权时的负债,所以上涨的股价意味着下降的期权价值。最后,在这个 delta 套期保值的资产组合中,直觉上,为了抵消股票价格对看跌期权价值的负影响,我们必须买入 $(-\Delta^p$ 股$)$ 股票。

---

[7]在日期 $t = 0$,资产组合的价值是它的成本(假设价格被正确估计),$\sigma S_0 + p_0 > 0$。所以初始现金流为 $CF_0 = -(\sigma S_0 + p_0) < 0$,且因为 $\sigma = -\Delta^p > 0$,$CF_1 = \sigma S_1^u > 0$。

相反地,如果我们在图 17.6 中卖空看跌期权,资产组合在 $t = 0$ 的价值就等于 $\sigma S_0 - p_0 < 0$,所以 $\sigma = +\Delta^p < 0$,$CF_0 = -(\sigma S_0 - p_0) > 0$,且因为 $\sigma = +\Delta^p < 0$,$CF_1 = \sigma S_1^u < 0$。不管怎样,我们都可以得到相同的看跌期权价值。

在我们的资产组合中，我们选择买入 $\sigma = -\Delta^p > 0$ 股股票和买入一个看跌期权，以使在 $t=1$ 时回报为确定值，因此回报是无风险的。因为 $p_1^u = 0$，所以 $\sigma S_0 + p_0$ 等于 $(\sigma S_1^u + p_1^u)e^{-(1)r^f} = \sigma S_1^u e^{-r^f}$。让 $\sigma S_1^u e^{-r^f} = \sigma S_0 + p_0$，用 $-\Delta^p$ 替代 σ，得到：

$$p_0 = -\Delta^p \left(S_1^u e^{-r^f} - S_0\right) = -\frac{K - S_1^d}{S_1^u - S_1^d}\left(S_1^u e^{-r^f} - S_0\right) > 0 \tag{17-14}$$

这个不等式是基于这样一种论点（一个有正的概率获得严格正回报并且在所有可能状态中都有非负回报的资产一定有正的价值）得到的。根据表达式 (17-14)，有 $S_0 < S_1^u e^{-r^f}$，或同等地，$e^{r^f} < u$。将之与表达式 (17-12) 结合起来，得到：

$$S_1^d < S_0 e^{r^f} < S_1^u \quad \text{或同等地} \quad d < e^{r^f} < u \tag{17-15}$$

通过买权–卖权等价关系得到的看跌期权价值

出于教学目的，我们通过 delta 套期保值推导出看跌期权价值。我们也可以按照如下方式，用买权–卖权等价关系推导出看跌期权价值。将表达式 (17-11) 中的 $c_0 = \frac{S_1^u - K}{S_1^u - S_1^d}\left(S_0 - S_1^d e^{-r^f}\right)$ 代入表达式 (16-12) 中的买权–卖权等价关系，$S_0 + p_0 = c_0 + Ke^{-r^f}$。通过代数运算后，有 $p_0 = -\Delta^p(S_1^u e^{-r^f} - S_0)$，验证了表达式 (17-14)。[8]

17.2.3 看涨期权复制资产组合

在本节及之后，我们将使用一个略微不同视角的二叉树股价模型分别为看涨期权和看跌期权定价。虽然这些内容可以深化读者对期权定价的理解，但读者也可以选择跳过。

在本节中，我们试图构建一个证券的资产组合，其中每一种证券我们都知道如何估值，使其回报总是完全复制一期之后到期的看涨期权的回报。如果我们在上升状态和下降状态中都可以完全匹配看涨期权的回报，就可以用无套利原则为看涨期权定价。特别地，因为可以简单地为包含股票和债券的资产组合估值，所以我们可以将相同的价值赋予看涨期权。背后的逻辑是：如果两个不同的一揽子证券在未来有相同的回报，那么它们在今天一定有相同的价值。

回想一下，我们之前构建了一个包含股票和看涨期权的资产组合，以便在 $t=1$ 得到确定的回报。这允许我们将这个确定的回报以无风险利率贴现，从而得到看涨期权的价值。不同的是，现在我们构建了一个包含股票和债券的资产组合，使得这个资产组合的回报完全复制看涨期权的回报。通过这种方式，我们将这个看涨期权复制资产组合的价值赋予看涨期权本身。

通过反证法，如果看涨期权价值小于包含股票和债券的资产组合，那么我们可以卖空后者、买入看涨期权，得到正的初始现金流。在到期时，因为无论到期日股价是

---

[8] 在表达式 (16-12) 中，我们用 e^{-r^f} 替代 $(1+r^f)^{-T}$，假设 $T=1$ 并将离散收益率（EAr）替换为同等的连续复利的年利率（APr）。

多少（S_1^u 或 S_1^d），两者的回报都相同，所以到期时买入看涨期权产生的非负现金流正好与欠借贷者的复制资产组合的值相同。投资者实现了无风险的、无成本的收益。然而，这样一个机会不应该存在于运行良好的资本市场中。

类似地，通过反证法，如果看涨期权的价值大于包含股票和债券的资产组合，那么我们可以买入（做多）该资产组合、卖出看涨期权（创造一个空头），得到正的初始现金流。到期的现金流再次为 0，导致一个套利机会。总结起来，因为套利机会不应该存在，所以我们用无套利原则为看涨期权定价；看涨期权的价值应该等于复制资产组合的价值。

我们接着要求假设 (17-8)，即 $S_1^d < K < S_1^u$，或者 $K \in (S_1^d, S_1^u)$。因为股票（我们正在尝试定价的看涨期权的标的资产）和债券是通过现金流贴现估值的，所以我们将它们的价格视为给定的。[9] 因此，它们是我们复制资产组合的候选者。考虑一个包含 σ 股标的资产和零票息、无风险的、面值为 F 的债券的资产组合。[10] 注意，我们并没有假设头寸的符号（即它们是多头还是空头）这些会通过数学方法得出。如果 $\sigma(F)$ 为正，那么我们在做多股票（债券），意味着我们在初始构建看涨期权复制资产组合的时候买入股票（债券）；多头意味着负的初始现金流。如果 $\sigma(F)$ 为负，那么我们在做空股票（债券），意味着我们在初始构建看涨期权复制资产组合的时候卖空股票（债券）；空头意味着正的初始现金流。

在日期 $t = 0$，这一复制资产组合的价值是 $\sigma S_0 + Fe^{-(1)r^f}$。在日期 $t = 1$，它的价值如图 17.7 所总结的，要么是 $\sigma S_1^u + F$，要么是 $\sigma S_1^d + F$。

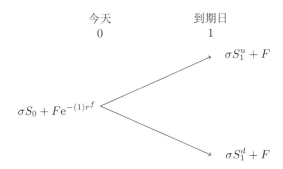

图 17.7 二叉树股价模型中复制资产组合的价值

分别让图 17.3 中的看涨期权和图 17.7 中的复制资产组合在上升状态与下降状态的回报之差相等，那么 $c_1^u - c_1^d = (\sigma S_1^u + F) - (\sigma S_1^d + F) = \sigma(S_1^u - S_1^d)$。求解得到 σ，那

---

[9] 我们假设通过现金流贴现获得的价值等于价格，即股票和债券被合理定价。

[10] 零息债券的假设不是必需的但可以简化模型。作为一个无风险债券的例子，可以考虑美国国债。

然而，如果无风险债券在看涨期权复制资产组合中的头寸为空，那么无风险债券的假设是具有潜在的问题的，因为大多数投资者不能发行无风险债务。鉴于我们随后可以通过买入看涨期权、卖空复制资产组合来构建另一个资产组合，无风险资产组合是可以被构建出来的。

么在这个离散情形中，$\sigma = \dfrac{c_1^u - c_1^d}{S_1^u - S_1^d} = \dfrac{\Delta c}{\Delta S} = \Delta^c$。

让图 17.3 中的看涨期权和图 17.7 中的复制资产组合在上升状态和下降状态的回报分别相等，那么 $S_1^u - K = \Delta^c S_1^u + F$，$0 = \Delta^c S_1^d + F$。将这些同时求解，得到：

$$\Delta^c = \frac{\Delta c}{\Delta S} = \frac{S_1^u - K}{S_1^u - S_1^d} > 0 \quad \text{及} \quad F = -S_1^d \frac{S_1^u - K}{S_1^u - S_1^d} = -S_1^d \Delta^c < 0 \tag{17-16}$$

因为 $S_1^u - K > 0$ 及 $S_1^u - S_1^d > 0$，所以 $\sigma = \Delta^c > 0$，意味着看涨期权复制资产组合是买入股票。如之前解释的那样，这符合直觉。

关于零息债券，$F = -S_1^d \Delta^c < 0$，意味着资产组合在卖空债券。资产复制组合涉及以做空债券（发行零息债券）为股票多头部分融资。显然，这个融资是部分的，因为看涨期权的价值为正，即 $c_0 = \Delta^c S_0 + F e^{-(1)r^f} > 0$。

最后，$c_0 = \Delta^c S_0 + F e^{-(1)r^f}$，或者用外生参数表示为：

$$c_0 = \Delta^c \left(S_0 - S_1^d e^{-r^f} \right) = \frac{S_1^u - K}{S_1^u - S_1^d} \left(S_0 - S_1^d e^{-r^f} \right) > 0 \tag{17-17}$$

和之前的表达式 (17-11) 一样。

17.2.4 看跌期权复制资产组合

现在我们用和看涨期权一样的框架复制看跌期权的回报。我们再次假设 $S_1^d < K < S_1^u$，或者 $K \in (S_1^d, S_1^u)$。

和之前类似，考虑一个包含 σ 股标的资产、面值为 F 的零票息债券的资产组合。在日期 $t = 0$，看跌期权复制资产组合的价值为 $\sigma S_0 + F e^{-(1)r^f}$。在日期 $t = 1$，它的价值要么为 $\sigma S_1^u + F$，要么为 $\sigma S_1^d + F$。这和图 17.7 中的表达式一样。让图 17.5 中的看跌期权与图 17.7 中的复制资产组合在上升状态和下降状态的回报之差相等，即 $p_1^u - p_1^d = (\sigma S_1^u + F) - (\sigma S_1^d + F) = \sigma(S_1^u - S_1^d)$。求解出 σ，得到离散情形下的 $\sigma = \dfrac{p_1^u - p_1^d}{S_1^u - S_1^d} = \dfrac{\Delta p}{\Delta S} = \Delta^p < 0$。

分别让图 17.5 中的看跌期权与图 17.7 中的复制资产组合在上升状态和下降状态的回报相等，那么在上升状态，$0 = \Delta^p S_1^u + F$，在下降状态，$K - S_1^d = \Delta^p S_1^d + F$。同时求解，得出：

$$\Delta^p = \frac{\Delta p}{\Delta S} = -\frac{K - S_1^d}{S_1^u - S_1^d} < 0 \quad \text{及} \quad F = -S_1^u \Delta^p = -S_1^u \frac{K - S_1^d}{S_1^u - S_1^d} > 0 \tag{17-18}$$

因为 $\sigma = \Delta^p < 0$，看跌期权复制资产组合是在卖空股票。如之前解释的那样，这符合直觉。关于零票息债券，$F = -S_1^u \Delta^p > 0$，意味着这个看跌期权复制资产组合是在做多债券。

因为 $p_0 = \Delta^p S_0 + F e^{-(1)r^f}$，那么用外生参数表示为：

$$p_0 = -\Delta^p \left(S_1^u e^{-r^f} - S_0 \right) = \frac{K - S_1^d}{S_1^u - S_1^d} \left(S_1^u e^{-r^f} - S_0 \right) > 0 \tag{17-19}$$

和之前的表达式 (17-14) 一样。

最后，注意如下关系：

$$\Delta^c - \Delta^p = \frac{S_1^u - K}{S_1^u - S_1^d} - \left(-\frac{K - S_1^d}{S_1^u - S_1^d}\right) = 1 \quad 或 \quad \Delta^c = 1 + \Delta^p \tag{17-20}$$

17.2.5 风险中性定价

Ross（1976）证明，期权可以基于风险中性定价建模。这意味着我们可以使用投资者为风险中性的二叉树股价模型。因此，我们用无风险收益率为所有的未来现金流贴现，这也暗示着所有资产的价值以相同的无风险利率增长。对于给定标的资产的单个期权，或者对标的资产具有相同收益率波动率 $\sigma(r)$ 的多个期权来说，一个模型就足够了。然而，只要期权的标的资产的波动与之前估值中的不同，一个新的模型就是必需的。

这个重要模型背后的直觉是由之前的结论得出的。我们可以构建一个由期权及其标的资产（在我们的例子中是股票）组成的资产组合，让其在世界的每一个状态中的回报都相等，那么这个确定的回报就可以用无风险收益率贴现来推出期权的价值。因为总是可以构建出这样一个无风险的资产组合，所以我们可以为期权估值，就好像这个世界是无风险的一样。

在图 17.2 之上，我们加上图 17.8 中的**风险中性概率** pr^u 和 pr^d。

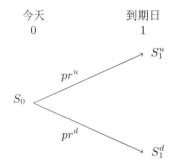

图 17.8 有风险中性概率的二叉树股价模型

接着，以风险中性概率 pr^u 和 pr^d 表示，有

$$E[S_1] = pr^u(uS_0) + pr^d(dS_0) = S_0 e^{(1)r^f} \tag{17-21}$$

其中，第二个等式是由在风险中性世界中，无论实际风险为多少，无风险收益率不仅是所有现金流的适合的贴现率也是所有资产价值的预期增长率这一事实得出的。注意到 $pr^d = 1 - pr^u$，那么表达式 (17-21) 意味着：

$$pr^u = \frac{e^{r^f} - d}{u - d} \quad 及 \quad pr^d = 1 - pr^u = \frac{u - e^{r^f}}{u - d} \tag{17-22}$$

两个概率都被假定为正,再次得出表达式 (17-15) 中的关系:

$$S_1^d < S_0 e^{r^f} < S_1^u \quad \text{或同等地} \quad d < e^{r^f} < u \tag{17-23}$$

通过风险中性为看涨期权定价

在图 17.3 之上,我们加入图 17.9 中显示的风险中性概率 pr^u 和 pr^d。因为风险资产都用相同的风险中性框架估值,所以上述过程是恰当的,从而 $c_0 e^{(1)r^f} = E[c_1] = pr^u(c_1^u) + pr^d(c_1^d) = pr^u(S_1^u - K) = \dfrac{e^{r^f} - d}{u - d}(S_1^u - K)$。因此有

$$c_0 = \Delta^c S_0 \left(1 - d e^{-r^f}\right) = \Delta^c \left(S_0 - S_1^d e^{-r^f}\right) \tag{17-24}$$

和之前推导出的表达式 (17-11) 一样。

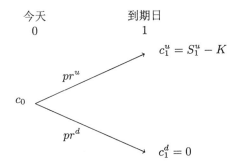

图 17.9 通过风险中性为看涨期权定价

通过风险中性为看跌期权定价

与为看涨期权定价一样,我们可以用风险中性定价为看跌期权估值。在图 17.5 之上,我们加入图 17.10 中显示的风险中性概率 pr^u 和 pr^d。因为 $p_0 e^{(1)r^f} = E[p_1] = pr^u(p_1^u) + pr^d(p_1^d) = pr^d(K - S_1^d) = \dfrac{u - e^{r^f}}{u - d}(K - S_1^d)$,求解 p_0,得到:

$$p_0 = -\Delta^p S_0 \left(u e^{-r^f} - 1\right) = -\Delta^p \left(S_1^u e^{-r^f} - S_0\right) \tag{17-25}$$

和之前推导出的表达式 (17-14) 一样。

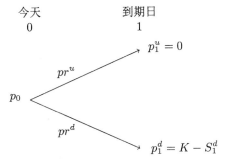

图 17.10 通过风险中性为看跌期权定价

风险中性和真实世界概率

在离开风险中性之前,注意:

$$S_0 = e^{-r^E}(\pi^u S_1^u + \pi^d S_1^d)$$
$$= e^{-r^E}(E[S_1|\pi^u, \pi^d]) = e^{-r^f}(E[S_1|pr^u, pr^d])$$
$$= e^{-r^f}(pr^u S_1^u + pr^d S_1^d) = S_0 \tag{17-26}$$

所以

$$\pi^u S_1^u + \pi^d S_1^d = E[S_1|\pi^u, \pi^d] > E[S_1|pr^u, pr^d] = pr^u S_1^u + pr^d S_1^d \tag{17-27}$$

因为 $r^E > r^f$,所以 $\pi^u - pr^u = \dfrac{e^{r^E}-d}{u-d} - \dfrac{e^{r^f}-d}{u-d} > 0$。据此,$\pi^u > pr^u \Leftrightarrow \pi^d < pr^d$。

以上符合直觉。考虑两个世界,一个世界中的投资者为风险中性的,另一个世界中的投资者为风险厌恶的。我们假设在两个世界中,参数 S_0、u 和 d(同样,S_0、S_1^u 和 S_1^d)都是相同的。在风险厌恶世界中的投资者具有更高的贴现率,与风险中性世界中的投资者相比,她相信的上升状态概率一定更高。在两个世界的日期 1 的每个状态的回报相同的情况下,具有较高贴现率的投资者愿意支付与风险中性世界投资者相同价格 S_0 的唯一可能是,她相信的上升状态概率及其相应的回报更高。最后,考虑在风险中性世界中的投资者的视角。虽然两类投资者关于 S_1^d 和 S_1^u 的信念是共享的,但鉴于风险中性的投资者只愿意支付相同的价格(S_0)而不是更多,她相信的下降状态(上升状态)概率一定比风险厌恶的投资者更高(更低)。

17.2.6 比较静态分析

看涨期权比较静态分析

利用表达式 (17-11) 得到的看涨期权价值,$c_0 = e^{-r^f}(pr^u c_1^u + pr^d c_1^d) = e^{-r^f} pr^u c_1^u$,我们可以根据定义 $\Delta^c \approx \dfrac{c_1^u - c_1^d}{S_1^u - S_1^d} \in (0,1)$,计算出以下结论:

$$\frac{\partial c_0}{\partial S_0} = \frac{\partial(e^{-r^f} pr^u c_1^u)}{\partial S_0} = (e^{-r^f} c_1^u)\frac{\partial pr^u}{\partial S_0} = (e^{-r^f} c_1^u)\frac{e^{r^f}}{S_1^u - S_1^d} = \Delta^c > 0 \tag{17-28}$$

正如预期的那样,因为价值为 S_0 的股票代表着看涨期权行权时的资产,所以看涨期权的价值就随 S_0 的上升而增大。

关于行权价 K,有[11]

$$\frac{\partial c_0}{\partial K} = \frac{\partial(e^{-r^f} pr^u c_1^u)}{\partial K} = e^{-r^f} pr^u \frac{\partial c_1^u}{\partial K} = -e^{-r^f} pr^u < 0 \tag{17-29}$$

---

[11] 用外生参数表示,有 $\dfrac{\partial c_0}{\partial K} = -\dfrac{S_0 - S_1^d e^{-r^f}}{S_1^u - S_1^d} < 0$,其中的不等关系由表达式 (17-15) 得出。

这并不令人惊讶，因为行权价 K 代表的是看涨期权行权时的债务，所以看涨期权的价值随 K 上升而减小。

接着，我们考虑作为无风险收益率函数的看涨期权价值：

$$\frac{\partial c_0}{\partial r^f} = \frac{\partial (\mathrm{e}^{-r^f} pr^u c_1^u)}{\partial r^f} = c_1^u \frac{\partial}{\partial r^f} \left(\frac{S_0 - S_1^d \mathrm{e}^{-r^f}}{S_1^u - S_1^d} \right) = \Delta^c S_1^d \mathrm{e}^{-r^f} > 0 \qquad (17\text{-}30)$$

我们在之前评论道，风险中性定价的一个特点是所有资产具有相同的预期收益率，即无风险利率 r^f。回想 $c_0 = \mathrm{e}^{-r^f} pr^u c_1^u = \mathrm{e}^{-r^f} pr^u (S_1^u - K)$。因为 $\mathrm{e}^{-r^f} pr^u = \dfrac{1 - d\mathrm{e}^{-r^f}}{u - d}$ 随 r^f 上升而上升，看涨期权的价值也一样。简而言之，对于给定的 S_0，让 S_1^d 和 S_1^u 都固定，那么在其他条件不变时，无风险收益率越高，上升状态贴现后的概率越大，因此看涨期权价值越大。[12]

标的资产收益率的波动率对看涨期权价值的影响

以连续复利的年利率表示的标的资产收益率的波动，是期权价值至关重要的参数。为了在二叉树模型中考察这个概念，考虑在日期 $t = 1$ 两组可能的股价，其中一组的差异比另一组大，但是在一期后都能产生相同的预期股价。在其他条件都相同时，我们可以看到，标的资产为有着更大差异价格组的股票的期权价值，比标的资产为有着更小差异价格组的股票的期权价值更大。简而言之，我们将展示，期权价值随着标的资产收益率的波动率增大而上升。

我们尝试通过 $\dfrac{\partial c_0(S_1^d, S_1^u)}{\partial (S_1^u - S_1^d)}$ 把握标的资产收益率的波动率对看涨期权价值的正向影响 ($\dfrac{\partial c_0}{\partial \sigma} > 0$)。具体而言，

$$\begin{aligned}
\frac{\partial c_0\left(S_1^d, S_1^u\right)}{\partial \left(S_1^u - S_1^d\right)} &= \left.\frac{\partial c_0}{\partial S_1^u}\right|_{S_1^d} \left[\frac{\partial \left(S_1^u - S_1^d\right)}{\partial S_1^u}\right]^{-1} + \left.\frac{\partial c_0}{\partial S_1^d}\right|_{S_1^u} \left[\frac{\partial \left(S_1^u - S_1^d\right)}{\partial S_1^d}\right]^{-1} \\
&= \left.\frac{\partial c_0}{\partial S_1^u}\right|_{S_1^d} [1] + \left.\frac{\partial c_0}{\partial S_1^d}\right|_{S_1^u} [-1] = \left.\frac{\partial c_0}{\partial S_1^u}\right|_{S_1^d} - \left.\frac{\partial c_0}{\partial S_1^d}\right|_{S_1^u}
\end{aligned} \qquad (17\text{-}31)$$

或者 $\dfrac{\partial c_0(S_1^d, S_1^u)}{\partial (S_1^u - S_1^d)} = \left.\dfrac{\partial c_0}{\partial S_1^u}\right|_{S_1^d} - \left.\dfrac{\partial c_0}{\partial S_1^d}\right|_{S_1^u}$。继续下去，因为 $\Delta^p < 0$，有[13]

$$\begin{aligned}
\frac{\partial c_0}{\partial S_1^u} &= \frac{\partial (\mathrm{e}^{-r^f} pr^u c_1^u)}{\partial S_1^u} = \mathrm{e}^{-r^f} \frac{\partial (pr^u c_1^u)}{\partial S_1^u} = (S_0 - S_1^d \mathrm{e}^{-r^f}) \frac{\partial \Delta^c}{\partial S_1^u} \\
&= -\mathrm{e}^{-r^f} pr^u \Delta^p > 0
\end{aligned} \qquad (17\text{-}32)$$

---

[12]在看涨期权复制资产组合的框架中，卖空面值为 $F = -\Delta^c S_1^d < 0$ 的无风险债券。因此，无风险收益率越高，债务的现值 $-\Delta^c S_1^d \mathrm{e}^{-r^f}$ 越低，从而看涨期权的价值随 r^f 的上升而上升。

[13]以外生参数表示，根据假设 $K > S_1^d$，有 $\dfrac{\partial c_0}{\partial S_1^u} = (S_0 - S_1^d \mathrm{e}^{-r^f}) \dfrac{K - S_1^d}{(S_1^u - S_1^d)^2} > 0$，$pr^u > 0 \Rightarrow S_0 > S_1^d \mathrm{e}^{-r^f}$。

接着，因为 $\Delta^c > 0$，有[14]

$$\frac{\partial c_0}{\partial S_1^d} = \frac{\partial(\mathrm{e}^{-r^f} pr^u c_1^u)}{\partial S_1^d} = \mathrm{e}^{-r^f} c_1^u \frac{\partial pr^u}{\partial S_1^d} = -\mathrm{e}^{-r^f} pr^d \Delta^c < 0 \tag{17-33}$$

结合式 (17-31)、式 (17-32) 和式 (17-33)，得到 $\frac{\partial c_0(S_1^d, S_1^u)}{\partial (S_1^u - S_1^d)} > 0$。因为这是对 $\frac{\partial c_0}{\partial \sigma}$ 的粗简替代，所以我们已经证明了在其他条件不变时，看涨期权价值随着标的资产收益率波动率的增大而上升。

为了理解之前的结论，考虑表 17.1 和图 17.11，后者是前者的图形描述。具体而言，考虑五只股票和五个看涨期权，每个看涨期权都对应着一只股票。对于所有五只股票，现价都相同，$S_0 = 40$ 美元。因为我们是在相同的无风险收益率（连续复利年利率）为 5% 的风险中性世界中为五个看涨期权估值，所以对于所有五只股票，今天起一期（一年）之后的预期价值为 $E[S_1] = 40\mathrm{e}^{5\%(1)} = 42.05$ 美元。

表 17.1 股价波动性对看涨期权价值的影响

股票	S_1^d	S_1^u	pr^u	$E[S_1] = pr^u S_1^u + pr^d S_1^d$	$\sigma(S_1)$	c_1^u	$E[c_1] = pr^u c_1^u$	c_0
A	37.95	42.05	100.0%	100%(42.05) = 42.05美元	0%	2.05	100.0%(2.05) = 2.05美元	1.95美元
B	30	50	60.25%	60.25%(50) + 39.75%(30)	979%	10	60.25%(10) = 6.03美元	5.73美元
C	20	60	55.13%	55.13%(60) + 44.87%(20)	1989%	20	55.13%(20) = 11.03美元	10.49美元
D	10	70	53.42%	53.42%(70) + 46.58%(10)	2993%	30	53.42%(30) = 16.03美元	15.24美元
E	0	80	52.56%	52.56%(80) + 47.44%(0)	3995%	40	52.56%(40) = 21.03美元	20.00美元

$\sigma(S_1) = \{pr^u(S_1^u - E[S_1])^2 + pr^d(S_1^d - E[S_1])^2\}^{0.5} = \{pr^u(S_1^u - 42.05)^2 + pr^d(S_1^d - 42.05)^2\}^{0.5}$;
$pr^u = \frac{S_0(\mathrm{e}^{r^f}) - S_1^d}{S_1^u - S_1^d} = \frac{E[S_1] - S_1^d}{S_1^u - S_1^d} = \frac{42.051 - S_1^d}{S_1^u - S_1^d}$，因为 $S_0 = 40$ 美元及 $r^f = 5\%$;
对于所有五只股票：$\{A, B, C, D, E\}$，有 $E[S_1] = pr^u S_1^u + pr^d S_1^d = 42.05$ 美元；
$c_1^u = S_1^u - K = S_1^u - 40$ 美元，因为 $K = 40$ 美元；
$c_0 = \mathrm{e}^{-r^f}\{E[c_1]\} = \mathrm{e}^{-r^f}\{pr^u(S_1^u - K)\} = 0.9512\{pr^u(S_1^u - 40)\}$。

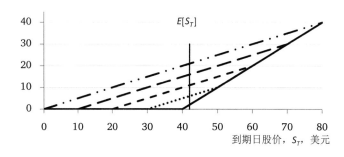

图 17.11 看涨期权价值随股价波动性的增大而上升

---

[14] 以外生参数表示，根据假设 $K < S_1^u$，有 $\frac{\partial c_0}{\partial S_1^d} = -(S_1^u - K)\frac{S_1^u \mathrm{e}^{-r^f} - S_0}{(S_1^u - S_1^d)^2} < 0$, $pr^d > 0 \Rightarrow S_0 < S_1^u \mathrm{e}^{-r^f}$。

今日起一期后，股票 A 的价格是 42.05 美元的概率为 100%，所以它是无风险的[15]，它的合适的未来价值（在 $t=1$ 时的价值）是 $E[S_1^A] = 42.05$ 美元。同样，今日起一期后，股票 B（C、D、E）的价格是 50 美元（60 美元、70 美元、80 美元）的概率为 60.25%（55.13%、53.42%、52.56%），是 30 美元（20 美元、10 美元、0 美元）的概率为 39.75%（44.87%、46.58%、47.44%）。在所有五只情形中，$E[S_1] = 42.05$ 美元 $= S_0 e^{r^f} = pr^{u,i} S_1^{u,i} + pr^{d,i} S_1^{d,i}$, $i \in \{A,B,C,D,E\}$。根据 $\sigma(S_1) = \{pr^u(S_1^u - E[S_1])^2 + pr^d(S_1^d - E[S_1])^2\}^{0.5}$，我们可以确认 $\sigma(S_1^A) < \sigma(S_1^B) < \sigma(S_1^C) < \sigma(S_1^D) < \sigma(S_1^E)$。简言之，从股票 A 到 B 到 C 到 D 再到 E，回报的波动性在严格增大。

现在考虑五个看涨期权的价值，其中每一个期权的行权价都是 $K=40$ 美元，标的资产为五只股票中对应的一个。回顾表 17.1 中的最后一列，我们可以看到，看涨期权的价值随波动性的增大而上升。

在图 17.11 中，我们画了一条竖线代表时期结束时的预期股票价值，$E[S_1] = 40e^{(1)r^f} = 42.05$ 美元。这五个看涨期权的回报，$E[c_1^i]$, $i \in \{A,B,C,D,E\}$，对应着这条竖线和其他五条非水平线的交点。首先，$E[c_1^A] = 2.05$ 美元是竖线和看涨期权回报函数曲线 45 度线的交点。在表 17.1 中展示的对应其他四只股票的四个看涨期权的价值是四条斜率为 $\frac{1}{2}$ 的非实线分别与竖线相交的地方。最后，每只股票的概率 p^d 和 p^u 也可以根据图 17.11 予以解释。举个例子，对于股票 B，pr^d 是距 $E[S_1] = 42.05$ 美元：50 美元 $= S_1^u$ 的水平距离和距 $S_1^d = 30$ 美元：50 美元 $= S_1^u$ 的水平距离之比，即 $pr^d = \dfrac{50 - 42.05}{50 - 30} = 39.75\%$。同样，$pr^u$ 是距 $S_1^d = 30$ 美元：42.05 美元 $= E[S_1]$ 的水平距离和距 $S_1^d = 30$ 美元：50 美元 $= S_1^u$ 的水平距离之比，即 $pr^u = \dfrac{42.05 - 30}{50 - 30} = 60.25\%$。股票 C、D、E 的概率 pr^u 和 pr^d 也可以类似地用图形解释。

到期时间对看涨期权价值的影响

与标的资产收益波动性的情形一样，在至今为止展示的单期二叉树股价模型中，我们没有可以直接表示到期时间的变量。稍后，我们会看到，看涨期权和看跌期权的价值均随到期时间的增长而增加。因此，关于到期时间对看涨期权价值的影响，我们提供如下的直觉草图。

假设其他条件相同，当时间的跨度增长时，资产回报的波动性也会增大。直觉上，风险资产一日内的价值范围比一个月内的价值范围要小。在数学统计上，回报的方差（和协方差）和时间跨度呈线性关系，即

$$\sigma^2(r_{Nt}) = N\sigma^2(r_t), \quad \text{所以} \quad \sqrt{\sigma^2(r_{Nt})} = \sigma(r_{Nt}) = \sqrt{N}\sigma(r_t) \tag{17-34}$$

其中，r_t 代表单一时期 t 的收益，r_{Nt} 代表有 N 个时期的时间跨度的收益。再一次，回报的方差（和协方差）与时间跨度呈线性关系。因此，当其他条件不变时，看涨期

---

[15]这显然是理论上的，只用于教学的目的，因为股票的回报不是无风险的。

权价值的随波动性的增大而上升，也随到期日时间的增长而增加。

看跌期权比较静态分析

利用表达式 (17-14) 中的看跌期权价值，$p_0 = \mathrm{e}^{-r^f}(pr^u p_1^u + pr^d p_1^d) = \mathrm{e}^{-r^f} pr^d p_1^d$，我们可以根据定义 $\Delta^p \approx \dfrac{p_1^u - p_1^d}{S_1^u - S_1^d} \in (-1, 0)$ 计算出以下结果：

$$\frac{\partial p_0}{\partial S_0} = \frac{\partial (\mathrm{e}^{-r^f} pr^d p_1^d)}{\partial S_0} = (\mathrm{e}^{-r^f} p_1^d)\frac{\partial pr^d}{\partial S_0} = -(\mathrm{e}^{-r^f} p_1^d)\frac{\mathrm{e}^{r^f}}{S_1^u - S_1^d} = \Delta^p < 0 \tag{17-35}$$

正如预期的那样，因为价值为 S_0 的股票代表看跌期权行权时的债务，所以看跌期权的价值随 S_0 上升而下降。

关于行权价 K，有[16]

$$\frac{\partial p_0}{\partial K} = \frac{\partial (\mathrm{e}^{-r^f} pr^d p_1^d)}{\partial K} = \mathrm{e}^{-r^f} pr^d \frac{\partial p_1^d}{\partial K} = \mathrm{e}^{-r^f} pr^d (1) > 0 \tag{17-36}$$

并不令人惊讶，因为行权价 K 代表看跌期权行权时的资产，所以看跌期权的价值随 K 的上升而上升。

接着，我们考虑作为无风险收益率函数的看跌期权价值，因为 $\Delta^p < 0$，有

$$\frac{\partial p_0}{\partial r^f} = \frac{\partial (\mathrm{e}^{-r^f} pr^d p_1^d)}{\partial r^f} = p_1^d \frac{\partial}{\partial r^f}\left(\frac{S_1^u \mathrm{e}^{-r^f} - S_0}{S_1^u - S_1^d}\right) = \Delta^p S_1^u \mathrm{e}^{-r^f} < 0 \tag{17-37}$$

回想风险中性定价的一个特点是：资产的预期收益率都是无风险利率 r^f。回想 $p_0 = \mathrm{e}^{-r^f} pr^d p_1^d = \mathrm{e}^{-r^f} pr^d (K - S_1^d)$。因为 $\mathrm{e}^{-r^f} pr^d = \dfrac{u\mathrm{e}^{-r^f} - 1}{u - d}$ 随 r^f 的上升而下降，所以看跌期权的价值也随 r^f 的上升而下降。简而言之，对于给定的 S_0，让 S_1^d 与 S_1^u 固定，那么无风险收益率越高，下降状态的贴现后的概率越低，因此看跌期权价值越小。

标的资产收益率的波动率对看跌期权价值的影响

与对看涨期权的分析一样，我们尝试通过 $\dfrac{\partial p_0(S_1^d, S_1^u)}{\partial (S_1^u - S_1^d)}$ 考察标的资产收益率的波动率对看跌期权价值的正向影响 $\dfrac{\partial p_0}{\partial \sigma} > 0$。和表达式 (17-31) 类似，有

$$\frac{\partial p_0(S_1^d, S_1^u)}{\partial (S_1^u - S_1^d)} = \frac{\partial p_0}{\partial S_1^u}\bigg|_{S_1^d} - \frac{\partial p_0}{\partial S_1^d}\bigg|_{S_1^u} \tag{17-38}$$

继续下去，根据假设 $\Delta^p < 0$，有[17]

$$\begin{aligned}\frac{\partial p_0}{\partial S_1^u} &= \frac{\partial (\mathrm{e}^{-r^f} pr^d p_1^d)}{\partial S_1^u} = \mathrm{e}^{-r^f} p_1^d \frac{\partial pr^d}{\partial S_1^u} = -\mathrm{e}^{-r^f} pr^u \Delta^p \\ &= \frac{\partial c_0}{\partial S_1^u} > 0\end{aligned} \tag{17-39}$$

---

[16] 以外生参数表示，有 $\dfrac{\partial p_0}{\partial K} = \dfrac{S_1^u \mathrm{e}^{-r^f} - S_0}{S_1^u - S_1^d} > 0$，其中不等关系由表达式 (17-15) 得到。

[17] 以外生参数表示，根据假设 $K > S_1^d$，$\dfrac{\partial p_0}{\partial S_1^u} = (S_0 - S_1^d \mathrm{e}^{-r^f})\dfrac{K - S_1^d}{(S_1^u - S_1^d)^2} > 0$，$pr^u > 0 \Rightarrow S_0 > S_1^d \mathrm{e}^{-r^f}$。

有趣的是，$\frac{\partial p_0}{\partial S_1^u} = \frac{\partial c_0}{\partial S_1^u} > 0$。接着，因为 $\Delta^c > 0$，有[18]

$$\frac{\partial p_0}{\partial S_1^d} = \frac{\partial (\mathrm{e}^{-r^f} pr^d p_1^d)}{\partial S_1^d} = \mathrm{e}^{-r^f}\frac{\partial (pr^d p_1^d)}{\partial S_1^d} = -\mathrm{e}^{-r^f} pr^d \Delta^c$$
$$= \frac{\partial c_0}{\partial S_1^d} < 0 \tag{17-40}$$

不仅 $\frac{\partial p_0}{\partial S_1^u} = \frac{\partial c_0}{\partial S_1^u} > 0$，而且 $\frac{\partial p_0}{\partial S_1^d} = \frac{\partial c_0}{\partial S_1^d} < 0$，因此 $\frac{\partial p_0(S_1^d, S_1^u)}{\partial (S_1^u - S_1^d)} = \frac{\partial c_0(S_1^d, S_1^u)}{\partial (S_1^u - S_1^d)} > 0$。因为这是对 $\frac{\partial p_0}{\partial \sigma}$ 的粗略替代，所以我们已经证明了看跌期权价值与看涨期权价值一样，随着标的资产收益率的波动率的增大而上升。

与我们对看涨期权的处理类似，考虑表 17.2 和图 17.12，后者是前者的图形描述。具体而言，我们再次考虑同样的五只股票，即表 17.1 中的 $\{A,B,C,D,E\}$，但与这些股票分别为五个看跌期权各自的标的资产。如之前一样，五只股票都有相同的现价，$S_0 = 40$ 美元；五个看跌期权都有相同的行权价，$K = 40$ 美元。因为我们在相同的 $r^f = 5\%$ 风险中性世界中为所有五个看跌期权定价，所以 $E[S_1] = 40\mathrm{e}^{5\%(1)} = 42.05$ 美元 $= pr^{u,1}S_1^{u,i} + pr^{d,i}S_1^{d,i}$, $i \in \{A,B,C,D,E\}$。查看表 17.2 中的最后一列，我们可以看到，看跌期权和看涨期权一样，其价值随波动性的上升而上升。

表17.2　股价波动性对看跌期权价值的影响

股票	S_1^d	S_1^u	pr^u	$E[S_1] = pr^u S_1^u + pr^d S_1^d$	$\sigma(S_1)$	p_1^d	$E[p_1] = pr^d p_1^d$	p_0
A	37.95	42.05	100.0%	100%(42.05) = 42.05美元	0%	0	0%(2.05) = 0.00美元	0.00美元
B	30	50	60.25%	60.25%(50) + 39.75%(30)	979%	10	39.75%(10) = 3.97美元	3.78美元
C	20	60	55.13%	55.13%(60) + 44.87%(20)	1989%	20	44.87%(20) = 8.97美元	8.54美元
D	10	70	53.42%	53.42%(70) + 46.58%(10)	2993%	30	46.58%(30) = 13.97美元	13.29美元
E	0	80	52.56%	52.56%(80) + 47.44%(0)	3995%	40	47.44%(40) = 18.97美元	18.05美元

和表 17.1 相比，只有最后三列不同。
$pr^d = \frac{S_1^u - S_0(\mathrm{e}^{r^f})}{S_1^u - S_1^d} = \frac{S_1^u - E[S_1]}{S_1^u - S_1^d} = \frac{S_1^u - 42.051}{S_1^u - S_1^d}$，因为 $S_0 = 40$ 美元及 $r^f = 5\%$；
对于所有五只股票：$\{A,B,C,D,E\}$，有 $E[S_1] = pr^u S_1^u + pr^d S_1^d = 42.05$ 美元 $= S_0 \mathrm{e}^{r^f} = 40\mathrm{e}^{5\%}$；
$p_1^d = K - S_1^d = 40 - S_1^d$，因为 $K = 40$ 美元；
$p_0 = \mathrm{e}^{-r^f}\{E[p_1]\} = \mathrm{e}^{-r^f}\{pr^d(K - S_1^d)\} = 0.9512\{pr^d(40 - S_1^d)\}$。

在图 17.12 中，我们画了一条竖线对应时期结束时的预期股价，$E[S_1] = 40\mathrm{e}^{(1)r^f} = 42.05$ 美元。这五个看跌期权的回报 $E[p_1^i]$, $i \in \{A,B,C,D,E\}$，对应这条竖线和其他五条非水平线的交点。首先，$E[p_1^A] = 0$ 美元是竖线和看跌期权回报函数的交点。对应其他四只股票的四个看跌期权的价值是四条斜率为 $-\frac{1}{2}$ 的非实线各自和竖线相交的

---

[18] 以外生参数表示，根据假设 $K < S_1^u$，$\frac{\partial c_0}{\partial S_1^d} = -(S_1^u - K)\frac{S_1^u \mathrm{e}^{-r^f} - S_0}{(S_1^u - S_1^d)^2} < 0$, $pr^d > 0 \Rightarrow S_0 < S_1^u \mathrm{e}^{-r^f}$。

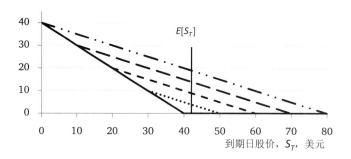

图 17.12　看跌期权价值随股价波动性的增大而上升

地方。最后，每一只股票的概率 pr^d 和 pr^u 也可以在图 17.12 中得到解释，正如之前针对图 17.11 的讨论。

到期时间对看跌期权价值的影响

对于看涨期权，我们认为看涨期权价值随波动性的增大而上升，也随到期时间的增长而上升，因为 $\sigma^2(r_{Nt}) = N\sigma^2(r_t) \Leftrightarrow \sqrt{\sigma^2(r_{Nt})} = \sigma(r_{Nt}) = \sqrt{N}\sigma(r_t)$，其中 r_t 代表单一时期 t 的收益率，r_{Nt} 代表持续时间为 N 期的收益率。

虽然看跌期权的价值同样随股价波动性的增大而上升，但到期时间对看跌期权价值的影响是含混不清的。一般而言，看跌期权价值随到期时间的增长而上升。然而，深度价内的看跌期权可能随到期时间的增长而下降。直觉上，因为股价一般随时间上升，深度价内的看跌期权可能在被持有很长一段时间后出现价值下降。

本章小结

在本章中，我们使用单期二叉树股价模型为欧式期权（包括看涨期权和看跌期权）估值。为了体现在运行良好的资本市场中无套利原则的威力，我们首先界定了欧式期权价值的上下边界。接着，我们展示了三种不同但等价的二叉树期权定价方法：delta 套期保值、复制资产组合和风险中性定价。最后，考虑到之后会介绍的 Black-Scholes 模型，我们进行了比较静态分析，以便在未来分析简单的二叉树欧式期权定价模型与 Black-Scholes 模型有多么接近。

习题

本章习题只考虑一种单期（一个时期为一年）二叉树模型。假设 $u = 1.25$ 且 $d = 0.9$，初始股价为 10 美元，连续复利的无风险收益率为 6%，股权持有人的要求回报率为 13%。涉及的期权（不论是看涨期权还是看跌期权）都是欧式期权且行权价格为 11 美元，到期日为距今一年的时间点。

1. 在一个时期后，以下情形的股价分别是多少？（a）上升状态的 S_1^u；（b）下降状态的 S_1^d。

2. 在风险厌恶条件下,上升状态的概率 π^u 是多少?

在一个假想的风险中性世界中,上升状态的概率 pr^u 是多少?

π^u 和 pr^u 哪一个更大?请解释这个结果。

3. 在风险中性的条件下,一个时期后的期望股价 $E[S_1]$ 是多少?

4. 以下情形中看涨期权的价值分别是多少?(a)上升状态的 c_1^u;(b)下降状态的 c_1^d。

以下情形中看跌期权的价值分别是多少?(a)上升状态的 p_1^u;(b)下降状态的 p_1^d。

5. 计算看涨期权的 delta 值 Δ^c 及看跌期权的 delta 值 Δ^p,并计算 $\Delta^c - \Delta^p$。

6. 计算看涨期权的价值 c_0 和看跌期权的价值 p_0。

7. 计算看跌期权价值和初始股价之和 $p_0 + S_0$。计算看涨期权价值和行权价格的无风险现值之和 $c_0 + Ke^{-r^f}$。两个和的差值是多少?请解释这个结果。

8. 假设初始股价为每股 11 美元。重新计算看涨期权价值,它比初始股价为 10 美元的时候更大还是更小?

9. 假设初始股价为每股 11 美元。重新计算看跌期权价值,它比初始股价为 10 美元的时候更大还是更小?

10. 回到初始股价为每股 10 美元的情形,但是现在假设行权价格为 12 美元。重新计算看涨期权价值,它比行权价格为 11 美元的时候更大还是更小?

11. 回到初始股价为每股 10 美元的情形,但是现在假设行权价格为 12 美元。重新计算看跌期权价值,它比行权价格为 11 美元的时候更大还是更小?

12. 回到最初的假设 ($S_0 = 10$, $K = 11$),但是现在假设无风险收益率为 7%。重新计算看涨期权价值,它比无风险收益率为 6% 的时候更大还是更小?

13. 回到最初的假设 ($S_0 = 10$, $K = 11$),但是现在假设无风险收益率为 7%。重新计算看跌期权价值,它比无风险收益率为 6% 的时候更大还是更小?

第 18 章
期权定价：多期模型

正如之前提到的那样，使用一个假设一期后股价只有两个可能价值的期权定价模型看上去是愚蠢的。给定期权到期的时间，在这个模型中加入更多的时期之后，虽然给定一个期中的股价，接下来一期的股价仍然只能实现两个可能值，但我们增加了到期股价的最终数量。在模型中每增加一个时期，我们就为到期日价格增加了一种可能性。相应地，因为到期日是给定的而时期数增加了，所以每一期的持续时间会缩短。

18.1 两期二叉树股价模型

给定一个到期时间 T，考虑一个两期模型，其中每一期的长度是 $\Delta t = \dfrac{T}{2}$，如图 18.1 所示。[1] 给定 S_0，距今一期之后的上升状态与下降状态的价格分别被表示为 $S_{T/2}^u$ 和 $S_{T/2}^d$，所以 $E[S_{T/2}] = S_0 e^{r^f \Delta t} = pr^u S_{T/2}^u + pr^d S_{T/2}^d$。与单期模型类似，有

$$pr^u = \frac{S_0 e^{r^f \Delta t} - S_{T/2}^d}{S_{T/2}^u - S_{T/2}^d} = \frac{e^{r^f \Delta t} - d}{u - d}$$

$$pr^d = 1 - pr^u = \frac{S_{T/2}^u - S_0 e^{r^f \Delta t}}{S_{T/2}^u - S_{T/2}^d} = \frac{u - e^{r^f \Delta t}}{u - d} \qquad (18\text{-}1)$$

其中，我们假设

$$u = \frac{S_{T/2}^u}{S_0} = \frac{S_T^{uu}}{S_{T/2}^u} = \frac{S_T^{du}}{S_{T/2}^d} \quad 及 \quad d = \frac{S_{T/2}^d}{S_0} = \frac{S_T^{dd}}{S_{T/2}^d} = \frac{S_T^{ud}}{S_{T/2}^u} \qquad (18\text{-}2)$$

---

[1] 如果假设 $ud = du$，即所谓的**再次相接的二叉树**的情形，那么 $S_0 ud = S_T^{ud} = S_T^{du} = S_0 du$，所以 $E[S_T|S_0] = (pr^u)^2 S_T^{uu} + 2pr^u pr^d S_T^{ud} + (pr^d)^2 S_T^{dd}$。这是我们假设的情形；否则，对于不再次相接的二叉树，$ud \neq du$。

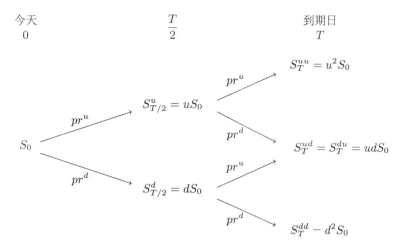

图 18.1　两期二叉树股价模型

其中，u 和 d 每期都一样。因为对所有的 $t \in [0,T]$，r^f 也被假设为常数，那么 $e^{r\Delta t} = e^{rT/2}$ 每期都一样。所以，无论位于股价二叉树的何处，pr^u 和 pr^d 都为常数。关于第二期，如果股价为 $S^u_{T/2}$，那么

$$E[S_T|S^u_{T/2}] = S^u_{T/2}e^{r^f\Delta t} = pr^u S^{uu}_T + pr^d S^{ud}_T \tag{18-3}$$

同样，如果一期后股价为 $S^d_{T/2}$，那么

$$E[S_T|S^d_{T/2}] = S^d_{T/2}e^{r^f\Delta t} = pr^u S^{du}_T + pr^d S^{dd}_T \tag{18-4}$$

最后，无条件地，在 $t=0$，$E[S_T] = E[S_{T/2}]e^{r^f\Delta t} = S_0 e^{2r^f\Delta t} = S_0 e^{r^fT} = pr^u E[S_T|S^u_{T/2}] + pr^d E[S_T|S^d_{T/2}]$，或者 $E[S_T] = pr^u(pr^u S^{uu}_T + pr^d S^{ud}_T) + pr^d(pr^u S^{du}_T + pr^d S^{dd}_T)$。给定 $S^{ud}_T = S^{du}_T$，即二叉树在到期日再次相接，那么 $E[S_T] = (pr^u)^2 S^{uu}_T + 2pr^u pr^d S^{ud}_T + (pr^d)^2 S^{dd}_T$。将其反过来，我们可以得到用未来到期日股价表示的当前股价：

$$S_0 = e^{-r^fT}\left[(pr^u)^2 S^{uu}_T + 2pr^u pr^d S^{ud}_T + (pr^d)^2 S^{dd}_T\right] \tag{18-5}$$

我们回头考虑价值 u 和 d。它们与标的资产的收益率波动率紧密相关，因此是至关重要的。如同我们之前所看到的，波动性对期权价值有正向影响。标的资产的年化波动率为 $\sigma(r)$，其中 r 是连续复利的年利率。对一个给定持续时间为 Δt 年的时期，波动率是 $(\Delta t)^{1/2}\sigma(r)$。从 $\sigma^2(x) = E[x^2] - (E[x])^2$，可得 $(\Delta t)\sigma^2(r) = \{pr^u(u^2) + pr^d(d^2)\} - [pr^u u + pr^d d]^2$。使用 $pr^u = \dfrac{e^{r^f\Delta t} - d}{u - d}$，忽略包含高于一阶的 Δt 的项，那么对于某个漂移因数 k，近似的解是：

$$u = e^{(\Delta t)k + \sigma(r)\sqrt{\Delta t}} \quad \text{及} \quad d = e^{(\Delta t)k - \sigma(r)\sqrt{\Delta t}} \tag{18-6}$$

有趣的是，k 的值影响随着时期的增加期权价值收敛的速度。然而，极限值本身保持不变。因此，一个简单的解决方法是如 Cox、Ross 和 Rubinstein 那样，让 $k=0$，即

$$u = e^{\sigma(r)\sqrt{\Delta t}} \quad \text{及} \quad d = e^{-\sigma(r)\sqrt{\Delta t}} \tag{18-7}$$

因此，$ud = du = 1$。

18.2 两期二叉树期权定价模型

考虑一个两期二叉树模型中的欧式看涨期权的价值。和表达式 (17-8) 中关于行权价（K）的假设类似，有

$$S_T^{dd} < K < S_T^{uu} \tag{18-8}$$

与将到期日股价和 S_0 联系起来的表达式 (18-5) 类似，欧式期权的回报和它的价值的关系是：

$$c_0 = e^{-r^f T} \left[(pr^u)^2 c_T^{uu} + 2pr^u pr^d c_T^{ud} + (pr^d)^2 c_T^{dd}\right] \tag{18-9}$$

根据表达式 (18-8)，$c_T^{uu} = \max(S_T^{uu} - K, 0) = S_T^{uu} - K > 0$，$c_T^{ud} = c_T^{du} = \max(0, S_T^{ud} - K)$ 及 $c_T^{dd} = \max(S_T^{dd} - K, 0) = 0$，那么

$$\begin{aligned} c_0 &= e^{-2r^f \Delta t} \left[(pr^u)^2 c_T^{uu} + 2pr^u pr^d c_T^{ud}\right] \\ &= e^{-r^f T} \left[(pr^u)^2 (S_T^{uu} - K) + 2pr^u pr^d \max\left(0, S_T^{ud} - K\right)\right] \end{aligned} \tag{18-10}$$

同样，对于欧式看跌期权，根据表达式 (18-8)，$p_T^{dd} = \max(K - S_T^{dd}, 0) = K - S_T^{dd} > 0$，$p_T^{ud} = p_T^{du} = \max(0, K - S_T^{ud})$，$p_T^{uu} = \max(K - S_T^{uu}, 0) = 0$，那么

$$\begin{aligned} p_0 &= e^{-2r^f \Delta t} \left[(pr^d)^2 p_T^{dd} + 2pr^u pr^d p_T^{ud}\right] \\ &= e^{-r^f T} \left[(pr^d)^2 (K - S_T^{dd}) + 2pr^u pr^d \max\left(0, K - S_T^{ud}\right)\right] \end{aligned} \tag{18-11}$$

表达式 (18-10) 和表达式 (18-11) 的一个重要特征是欧式期权的价值只取决于到期日回报，不取决于期中股价。在为欧式看涨期权或看跌期权定价时，因为此种期权只能在到期时行权，我们只需考虑到期日股价。之后，在为美式期权定价时，我们必须考虑二叉树上所有的可能股价（包括期中股价）。

18.3 多期二叉树股价模型

给定一个到期时间 T，一个行权者可以选择时期数量 N 或者时期持续时间 Δt，两者之间的关系如下：

$$N = T\Delta t \quad \text{或} \quad \Delta t = \frac{T}{N} \tag{18-12}$$

我们用向量 v 表示历史股价变动，其中每一个元素都是 u 或 d，反映过去时期的变动。例如，$v = [uududddudd]$ 表示过去 10 期的一个给定的价格路径。当给定一个再次相接的二叉树（$ud = du$）时，这些元素的顺序不会产生影响。换言之，在经过了包含 U 个向上移动（或 $x - U$ 个向下移动）的 x 期之后，向量 v 包含 U 个 u 及 $x - U$ 个 d，我们将 x 期之后的股价表示为：

$$S^v_{x\Delta t} \equiv S_0 u^U v^{x-U} \tag{18-13}$$

它独立于通过多期二叉树以到达 $S^v_{x\Delta t}$ 的股价路径选择。接着，

$$E[S_{(x+1)\Delta t}|S^v_{x\Delta t}] = S^v_{x\Delta t} e^{r^f \Delta t} = (pr^u u + pr^d d) S^v_{x\Delta t}$$
$$= pr^u S^{vu}_{(x+1)\Delta t} + pr^d S^{vd}_{(x+1)\Delta t} \tag{18-14}$$

其中，我们假设 $d = \dfrac{S^{vd}_{(x+1)\Delta t}}{S^v_{x\Delta t}}$ 和 $u = \dfrac{S^{vu}_{(x+1)\Delta t}}{S^v_{x\Delta t}}$ 在每一期都是常数。重新排列表达式 (18-14)，得到：

$$pr^u = \frac{S^v_{x\Delta t} e^{r^f \Delta t} - d S^v_{x\Delta t}}{u S^v_{x\Delta t} - d S^v_{x\Delta t}} = \frac{e^{r^f \Delta t} - d}{u - d}$$
$$pr^d = 1 - pr^u = \frac{ud S^v_{x\Delta t} - S^v_{x\Delta t} e^{r^f \Delta t}}{u S^v_{x\Delta t} - d S^v_{x\Delta t}} = \frac{u - e^{r^f \Delta t}}{u - d} \tag{18-15}$$

和之前的模型类似。

和之前一样，对所有 $t \in [0, T]$，r^f 被假定为常数，从而每一期的 $e^{r^f \Delta t}$ 也为常数。同样，$d < e^{r^f \Delta t} < u$，这三项被假定为在每期都相同。[2] 总结起来如下：

$$\frac{S^{vd}_{(x+1)\Delta t}}{S^v_{x\Delta t}} = d < e^{r^f \Delta t} < u = \frac{S^{vu}_{(x+1)\Delta t}}{S^v_{x\Delta t}} \tag{18-16}$$

因此，无论在股价二叉树中处于何处，每一期的 pr^u 和 pr^d 继续保持不变。

18.4 多期二叉树期权定价模型

在日期 $t = 0$，通过终点为 S^v_T 的二叉树上的任一条股价路径到达一个特定到期日股价 S^v_T 的先验概率（prior probability）和任何其他此类路径相同，当给定 n 个上升移动、$N - n$ 个下降移动时，都是 $(pr^u)^n (pr^d)^{N-n}$。而且，终点为 S^v_T 的路径的数量可由以下组合函数得到：$\dfrac{N!}{n!(N-n)!}$，其中 $n! = 1 \times 2 \times \cdots \times n$。[3] 这两个表达式的乘积是到达一个特定节点的概率，即 $prob(S^v_T) = (pr^u)^n (pr^d)^{N-n} \dfrac{N!}{n!(N-n)!}$。最后，给定到期

---

[2] 在一个更丰富的模型中，这些参数无须在每期都相同。
[3] 当 N 期中有 n 个上升移动时，该组合函数可以通过在 Excel 中输入 "$= Combin(N, n)$" 简单计算得到。

日价格为 S_T^v 的看涨期权的条件回报为 $c_T^v = \max(0, S_T^v - K)$。

总结起来，一个欧式看涨期权可以通过 $c_0 = \mathrm{e}^{-Tr^f} E[c_T]$ 定价，或

$$c_0 = \mathrm{e}^{-Tr^f} \sum_{n=1}^{N} \frac{N!}{n!(N-n)!} (pr^u)^n (pr^d)^{N-n} \max\left(0, S_0 u^n d^{N-n} - K\right) \tag{18-17}$$

类似地，对于一个欧式看跌期权，有

$$p_0 = \mathrm{e}^{-Tr^f} \sum_{n=1}^{N} \frac{N!}{n!(N-n)!} (pr^u)^n (pr^d)^{N-n} \max\left(0, K - S_0 u^n d^{N-n}\right) \tag{18-18}$$

与之前的模型类似，多期看涨（看跌）期权模型要求以下假设：

$$S_T^{ddd\cdots d} < K < S_T^{uuu\cdots u} \tag{18-19}$$

以使看涨（看跌）期权到期时有正的概率为价内，有正的概率为价外。

多期二叉树模型是十分强大的，基本上可以用于为任何期权定价，而不只是这里列出的欧式看涨期权和看跌期权。通过这个模型计算出的期权价值取决于所选择的时期数，模型的精确度随着时期数量的增加而上升，同样随着时期持续时间的增长而下降。稍后，我们会检验可以为欧式看涨期权和看跌期权精确定价的 Black-Scholes（BS）模型。在极限中，随着二叉树模型中的时期数量达到无穷大（即随着每期持续时间缩减到无限小），得到的期权价值接近于 BS 模型得出的价值。

在表 18.1 中，我们展示了二叉树模型中时期数量对于欧式看涨期权和看跌期权价值的影响。为了得到这些数值，我们使用以下参数：到期时间 $T = 0.5$ 年；看涨期权与看跌期权都以平价发行，$S_0 = K = 5$ 美元；无风险利率 $r^f = 5\%$，是连续复利的年利率；标的资产的年化收益率波动率为 $\sigma(r) = 50\%$，其中收益率是连续复利的年利率。此外，在每个模型中，我们使用 $u = \mathrm{e}^{(\Delta t)^{1/2}\sigma(r)}$ 和 $d = \mathrm{e}^{-(\Delta t)^{1/2}\sigma(r)}$，从而 pr^u 和 d 随时期数 N 的增加而上升，而 pr^d、u 和 $\mathrm{e}^{r^f\Delta t}$ 随时期数 N 的增加而下降。最后，作为基准，我们也展示了通过 BS 模型得到的两个期权的价值。

表 18.1　选择的时期数影响二叉数模型期权价值

时期数	1	2	3	4	5	6	7	8	9
c_0	0.926	0.677	0.814	0.715	0.791	0.728	0.781	0.735	0.775
p_0	0.802	0.554	0.690	0.591	0.667	0.605	0.657	0.612	0.652
时期数	10	11	12	13	14	15	16	17	18
c_0	0.739	0.772	0.742	0.769	0.744	0.768	0.746	0.766	0.747
p_0	0.616	0.648	0.619	0.646	0.621	0.644	0.622	0.643	0.623
时期数	19	20	21	22	23	24	25	26	**BS**
c_0	0.765	0.748	0.764	0.749	0.764	0.749	0.763	0.750	**0.756**
p_0	0.642	0.624	0.641	0.625	0.640	0.626	0.640	0.626	**0.633**

在图 18.2 中，我们用图形展示了表 18.1 中看涨期权的结果。读者可以看到，随着二叉树模型中时期数的增加，看涨期权价值接近于 BS 模型的数值。即使只有 26 期，结果也是让人鼓舞的，这大约对应一周的时期持续时间。[4]

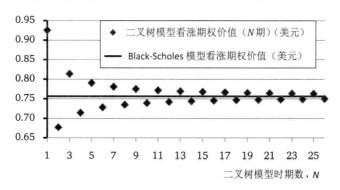

图 18.2 作为二叉树模型中时期数函数的欧式看涨期权价值（时期数从 $N=1$ 到 $N=26$）

虽然没有展示，但我们也计算了 26 个模型中每一个到期日股价的相对波动率。具体而言，有

$$\frac{\sigma(S_T)}{E[S_T]} = \frac{\left(\sum_{n=1}^{N}(pr^u)^n(pr^d)^{N-n}\dfrac{N!}{n!(N-n)!}\left\{(u)^n(d)^{N-n}S_0 - E[S_T]\right\}^2\right)^{\frac{1}{2}}}{E[S_T]} \qquad (18\text{-}20)$$

其中，$E[S_T] = S_0 e^{(T)r^f} = 5.00 e^{(0.5)5\%} = 5.13$ 美元。给定年化的 $\sigma = 50\%$，半年 $(T=0.5)$ 的波动率是 $\sigma(T)^{0.5} = 50\%(0.5)^{0.5} = 35.4\%$。实际上，这 26 个模型计算出的数值都很接近这个理论值，从 $N=1$ 的 35.0% 单调上升到 $N=26$ 的 36.4%。

■ 本章小结

本章扩展了上一章的概念。在介绍了两期模型后，我们建立了一个一般多期模型。通过增加二叉树股价模型中的时期数，模型与实际之间的差距不断减小。因此，所得到的期权价值的准确性得到提高。当然，准确性提高的代价在于计算成本的增加。因为现值是通过对未来价值的折现确定的，本章重点介绍了倒推法这一重要的计算方法。多期二叉树模型在期权估值中是至关重要的，因为其具有灵活性，不但可以对欧式期权估值，而且基本上可以对所有期权估值。

---

[4] 该模型的一个扩展是当接近到期时，缩减各个时期的持续时间。

习题

本章习题集中考虑两期二叉树模型。假设标的资产（1 股股票）的收益率波动率为 50%，并使用 Cox-Ross-Rubinstein 参数，即 $u = e^{\sigma\sqrt{\Delta t}}$ 和 $d = e^{-\sigma\sqrt{\Delta t}}$。初始股价为 $S_0 = 10$ 美元，连续复利无风险收益率为 $r^f = 6\%$，股权持有人的要求回报率为 $r^E = 13\%$。所有涉及的期权，不论是看涨期权还是看跌期权，均为欧式期权，且行权价格为 11 美元，到期日为距今半年的时间点 $(T = \frac{1}{2})$。

1. 一个时期后上升状态的股价 S_1^u 和下降状态的股价 S_1^d 分别是多少？两个时期后的股价 S_2^{uu}、S_2^{ud}、S_2^{du} 和 S_2^{dd} 分别是多少？

2. 在风险厌恶条件下，上升状态的概率 π^u 是多少？

在一个假想的风险中性的世界中，上升状态的概率 pr^u 是多少？

3. 在风险中性的条件下，一个时期后的期望股价 $E[S_1]$ 和两个时期后的期望股价 $E[S_2]$ 分别是多少？

4. 以下情形中看涨期权的价值分别是多少？（a）c_2^{uu}；（b）c_2^{ud}；（c）c_2^{du}；（d）c_2^{dd}。

以下情形中看跌期权的价值分别是多少？（a）p_2^{uu}；（b）p_2^{ud}；（c）p_2^{du}；（d）p_2^{dd}。

5. 计算看涨期权和看跌期权的初始 delta 值。计算看涨期权和看跌期权在一个时期后分别处于上升状态与下降状态时的 delta 值。

对于看涨期权和看跌期权的三组 delta 值，分别计算 $\Delta^c - \Delta^p$。

6. 计算看涨期权价值 c_0 和看跌期权价值 p_0。

7. 计算看跌期权价值和初始股价之和 $p_0 + S_0$。计算看涨期权价值和行权价格的无风险现值之和 $c_0 + Ke^{-r^f}$。两个和的差值是多少？请解释这个结果。

8. 现在假设初始股价为每股 11 美元。重新计算看涨期权价值 c_0，它比初始股价为 10 美元的时候是更大还是更小？

9. 现在假设初始股价为每股 11 美元。重新计算看跌期权价值 p_0，它比初始股价为 10 美元的时候是更大还是更小？

10. 回到初始股价为每股 10 美元的情形，但是现在假设行权价格为 12 美元。重新计算看涨期权价值 c_0，它比行权价格为 11 美元的时候是更大还是更小？

11. 回到初始股价为每股 10 美元的情形，但是现在假设行权价格为 12 美元。重新计算看跌期权价值 p_0，它比行权价格为 11 美元的时候是更大还是更小？

12. 回到最初的假设（$S_0 = 10$，$K = 11$），但是现在假设无风险收益率为 7%。重新计算看涨期权价值 c_0，它比无风险收益率为 6% 的时候是更大还是更小？

13. 回到最初的假设（$S_0 = 10$，$K = 11$），但是现在假设无风险收益率为 7%。重新计算看跌期权价值 p_0，它比无风险收益率为 6% 的时候是更大还是更小？

第 19 章
美式期权二叉树定价模型

到目前为止，我们关注的都是欧式期权。现在，我们转向因具有更高的灵活性而更具挑战的美式期权定价。我们仍然使用同之前一样的多期股价二叉树。除了讨论在到期日行权这一决定的意义，我们还必须考虑在这个二叉树的任意一个节点提前行权的可能性。

19.1 美式看涨期权定价

美式期权定价的第一步是生成一个如第 18.3 节中一样的多期股价二叉树。接着我们生成期权价值的二叉树，其中的每一个节点和股价二叉树中的节点一一对应。决定节点值的关键是**倒推法**（backward induction）。从二叉树中的一个到期日节点开始，对于到期日节点 x，美式看涨期权的回报是 $C_T^x = \max(0, S_T^x - K)$，$x$ 是一个由元素 u 和 d 组成的向量，u 和 d 可以捕捉任一到达此节点的向上与向下移动组成的序列。所以在到期日节点，对美式看涨期权的定价方式和欧式看涨期权的定价方式一样。

我们每次只倒推一步，考虑到期日的前一期，即日期 $T-\Delta t$ 的一个节点。我们用向量 y 表示这一节点。看涨期权在这一节点的值等于行权时的价值 $\max(0, S_{T-\Delta t}^y - K)$ 和不行权时的价值 $e^{-r^f \Delta t}[C_T^{yu} pr^u + C_T^{yd} pr^d]$ 中的较大值，其中 yu（yd）表示接下来一步向上（向下）所到达的后续节点。因此，

$$C_{T-\Delta t}^y = \max\left(\max(0, S_{T-\Delta t}^y - K), e^{-r^f \Delta t}[pr^u C_T^{yu} + pr^d C_T^{yd}]\right) \tag{19-1}$$

我们可以依此为看涨期权二叉树上倒数第二期的所有节点估值。

我们继续使用表达式 (19-1) 的逻辑，每次一期地在二叉树上倒推。总结起来，在日期 t，$t \in \{\Delta t, 2\Delta t, \cdots, T-\Delta t\}$ 的任一节点 z，即任一非到期日节点的节点，美式看

涨期权的价值为：

$$C_t^z = \max\left(\max(0, S_t^z - K), e^{-r^f \Delta t}[pr^u C_{t+\Delta t}^{zu} + pr^d C_{t+\Delta t}^{zd}]\right) \tag{19-2}$$

在美式看涨期权价值的二叉树上倒推，当最终抵达初始的、对应今天的日期 $t=0$ 的单一节点时，我们计算出来的价值就是美式看涨期权的价值 C_0。

19.2 美式看跌期权定价

美式看跌期权和美式看涨期权的定价方法相似。在生成了如第 18.3 节中的多期股价二叉树之后，我们可以生成美式看跌期权价值的二叉树。接着，我们像为欧式看跌期权定价那样为到期日节点上的美式看跌期权定价，每个到期日节点 x 上的回报是 $P_T^x = \max(0, K - S_T^x)$。

我们可以使用倒推法为二叉树上到期之前的所有节点的美式看跌期权定价。给定日期 t 和节点 z，与为美式看涨期权定价的表达式 (19-2) 对应，为美式看跌期权定价的表达式是：

$$P_t^z = \max\left(\max(0, K - S_t^z), e^{-r^f \Delta t}[pr^u P_{t+\Delta t}^{zu} + pr^d P_{t+\Delta t}^{zd}]\right) \tag{19-3}$$

在美式看跌期权价值的二叉树上倒推，当最终抵达初始的、对应今天的日期 $t=0$ 的单一节点时，我们计算出来的价值就是美式看跌期权的价值 P_0。

19.3 美式期权定价的总结

为美式期权定价，我们首先要根据第 18.3 节生成一个多期股价二叉树，接着使用倒推法生成相同形状的美式期权价值二叉树。从到期日 T 开始，任一最终节点的看涨期权的回报由 $C_T^x = \max(0, S_T^x - K)$、看跌期权的回报由 $P_T^x = \max(0, K - S_T^x)$ 计算得出。一个 N 期的二叉树模型有 $N+1$ 个最终节点。

从到期日倒推一期到达日期 $t = T - \Delta t$，N 个节点上的美式看涨（看跌）期权通过表达式 (19-2)（表达式 (19-3)）定价。继续倒推，在对应日期 $t = T - 2\Delta t$ 的 $N-1$ 个节点的美式看涨（看跌）期权通过表达式 (19-2)（表达式 (19-3)）定价。继续沿二叉树每次一期地倒推，计算二叉树上每一个节点的期权价值，直至到达对应今天的日期 $t=0$ 的初始单一节点。在初始节点计算出的价值就是为美式期权赋予的价值。

19.4 美式看跌期权定价：一个例子

举个例子，考虑一个和上一章中被定价的欧式看跌期权相对应的美式看跌期权。为方便起见，假设相关的参数如下：到期时间 $T = 0.5$ 年；看涨期权平价发行，$S_0 = $

$K = 5$ 美元；无风险利率 $r^f = 5\%$，是连续复利的年利率；标的资产的年化收益率波动率为 $\sigma(r) = 50\%$，其中收益率是连续复利的年利率。我们使用 $N = 26$ 期的二叉树模型。因此，$\Delta t = \dfrac{T}{N} = \dfrac{0.5}{26} = 0.01923$ 年（一周），$u = \mathrm{e}^{(\Delta t)^{1/2}\sigma(r)} = \mathrm{e}^{(0.5/26)50\%} = 1.071798$，$d = \mathrm{e}^{-(\Delta t)^{1/2}\sigma(r)} = 0.9330117$，$\mathrm{e}^{r^f \Delta t} = \mathrm{e}^{5\%(0.5/26)} = 1.0009620$，$pr^u = \dfrac{\mathrm{e}^{r^f \Delta t} - d}{u - d} = 48.96\%$ 及 $pr^d = 51.04\%$。

在计算出必需的参数（Δt，u，d，$\mathrm{e}^{r^f \Delta t}$，$pr^u$ 和 pr^d）之后，我们生成了如表 19.1 和

表 19.1 股价二叉树，$N = 26$ 期（第一部分：第 1–17 期）

时期结束	0**	1	2	3	4	5	6	7	8
向下 *									
0	5.00	5.36	5.74	6.16	6.60	7.07	7.58	8.12	8.71
1		4.67	5.00	5.36	5.74	6.16	6.60	7.07	7.58
2			4.35	4.67	5.00	5.36	5.74	6.16	6.60
3				4.06	4.35	4.67	5.00	5.36	5.74
4					3.79	4.06	4.35	4.67	5.00
5						3.54	3.79	4.06	4.35
6							3.30	3.54	3.79
7								3.08	3.30
8									2.87
时期结束	9	10	11	12	13	14	15	16	17
向下 *									
0	9.33	10.00	10.72	11.49	12.32	13.20	14.15	15.16	16.25
1	8.12	8.71	9.33	10.00	10.72	11.49	12.32	13.20	14.15
2	7.07	7.58	8.12	8.71	9.33	10.00	10.72	11.49	12.32
3	6.16	6.60	7.07	7.58	8.12	8.71	9.33	10.00	10.72
4	5.36	5.74	6.16	6.60	7.07	7.58	8.12	8.71	9.33
5	4.67	5.00	5.36	5.74	6.16	6.60	7.07	7.58	8.12
6	4.06	4.35	4.67	5.00	5.36	5.74	6.16	6.60	7.07
7	3.54	3.79	4.06	4.35	4.67	5.00	5.36	5.74	6.16
8	3.08	3.30	3.54	3.79	4.06	4.35	4.67	5.00	5.36
9	2.68	2.87	3.08	3.30	3.54	3.79	4.06	4.35	4.67
10		2.50	2.68	2.87	3.08	3.30	3.54	3.79	4.06
11			2.33	2.50	2.68	2.87	3.08	3.30	3.54
12				2.18	2.33	2.50	2.68	2.87	3.08
13					2.03	2.18	2.33	2.50	2.68
14						1.89	2.03	2.18	2.33
15							1.77	1.89	2.03
16								1.65	1.77
17									1.54

*"向下"表示到达一个给定节点的向下移动的次数。
向上移动的次数是"时期结束"行表示的经历的时期数减去向下移动的次数。
**"时期结束"行中的 0 表示今天，日期 $t = 0$。
某一列任一行向右一列的水平移动对应股价二叉树中价格的一次向上移动。
向右移动一列、向下移动一行对应股价的一次向下移动。

表 19.2 所示的股价二叉树。接着，如同在第 19.2 节中描述的那样，我们生成了看跌期权价值的二叉树，如表 19.3 和表 19.4 所示。注意，表 19.3 中第一节点的价值为 0.640。因此，通过 $N=26$ 期的二叉树模型计算出的美式看跌期权的价值是 $P_0 = 0.64$ 美元。

表 19.2 股价二叉树，$N=26$ 期（第二部分：第 18–26 期）

时期结束 向下 *	18	19	20	21	22	23	24	25	26
0	17.42	18.67	20.01	21.45	22.99	24.64	26.40	28.30	30.33
1	15.16	16.25	17.42	18.67	20.01	21.45	22.99	24.64	26.40
2	13.20	14.15	15.16	16.25	17.42	18.67	20.01	21.45	22.99
3	11.49	12.32	13.20	14.15	15.16	16.25	17.42	18.67	20.01
4	10.00	10.72	11.49	12.32	13.20	14.15	15.16	16.25	17.42
5	8.71	9.33	10.00	10.72	11.49	12.32	13.20	14.15	15.16
6	7.58	8.12	8.71	9.33	10.00	10.72	11.49	12.32	13.20
7	6.60	7.07	7.58	8.12	8.71	9.33	10.00	10.72	11.49
8	5.74	6.16	6.60	7.07	7.58	8.12	8.71	9.33	10.00
9	5.00	5.36	5.74	6.16	6.60	7.07	7.58	8.12	8.71
10	4.35	4.67	5.00	5.36	5.74	6.16	6.60	7.07	7.58
11	3.79	4.06	4.35	4.67	5.00	5.36	5.74	6.16	6.60
12	3.30	3.54	3.79	4.06	4.35	4.67	5.00	5.36	5.74
13	2.87	3.08	3.30	3.54	3.79	4.06	4.35	4.67	5.00
14	2.50	2.68	2.87	3.08	3.30	3.54	3.79	4.06	4.35
15	2.18	2.33	2.50	2.68	2.87	3.08	3.30	3.54	3.79
16	1.89	2.03	2.18	2.33	2.50	2.68	2.87	3.08	3.30
17	1.65	1.77	1.89	2.03	2.18	2.33	2.50	2.68	2.87
18	1.44	1.54	1.65	1.77	1.89	2.03	2.18	2.33	2.50
19		1.34	1.44	1.54	1.65	1.77	1.89	2.03	2.18
20			1.25	1.34	1.44	1.54	1.65	1.77	1.89
21				1.17	1.25	1.34	1.44	1.54	1.65
22					1.09	1.17	1.25	1.34	1.44
23						1.01	1.09	1.17	1.25
24							0.95	1.01	1.09
25								0.88	0.95
26									0.82

* "向下"表示到达一个给定节点的向下移动的次数。
向上移动的次数是"时期结束"行表示的经历的时期数减去向下移动的次数。
某一列任一行向右一列的水平移动对应股价二叉树中价格的一次向上移动。
向右移动一列、向下移动一行对应股价的一次向下移动。

表 19.3 美式看跌期权价值二叉树，$N = 26$ 期（第一部分：第 1 − 17 期）

时期结束	0**	1	2	3	4	5	6	7	8
向下 *									
0	0.640	0.494	0.366	0.260	0.174	0.110	0.064	0.034	0.016
1		0.781	0.617	0.469	0.342	0.237	0.154	0.093	0.051
2			0.940	0.759	0.592	0.444	0.317	0.213	0.133
3				1.116	0.921	0.736	0.567	0.417	0.290
4					1.305	1.099	0.900	0.712	0.539
5						1.506	1.293	1.082	0.878
6							1.713	1.497	1.280
7								1.923	1.709
8									2.129

时期结束	9	10	11	12	13	14	15	16	17
向下 *									
0	0.006	0.002	0.000	0.000	0.000	0.000	0.000	0.000	0.000
1	0.025	0.010	0.003	0.001	0.000	0.000	0.000	0.000	0.000
2	0.076	0.039	0.017	0.006	0.001	0.000	0.000	0.000	0.000
3	0.188	0.112	0.060	0.027	0.010	0.003	0.000	0.000	0.000
4	0.388	0.262	0.163	0.091	0.044	0.017	0.005	0.001	0.000
5	0.686	0.510	0.357	0.232	0.136	0.069	0.029	0.009	0.002
6	1.064	0.855	0.658	0.479	0.324	0.200	0.108	0.048	0.016
7	1.489	1.267	1.046	0.831	0.628	0.444	0.288	0.165	0.079
8	1.923	1.705	1.481	1.254	1.027	0.805	0.595	0.406	0.248
9	2.321	2.129	1.923	1.702	1.475	1.242	1.007	0.777	0.559
10		2.501	2.321	2.129	1.923	1.702	1.469	1.230	0.988
11			2.668	2.501	2.321	2.129	1.923	1.702	1.465
12				2.824	2.668	2.501	2.321	2.129	1.923
13					2.970	2.824	2.668	2.501	2.321
14						3.106	2.970	2.824	2.668
15							3.233	3.106	2.970
16								3.351	3.233
17									3.462

* "向下"表示到达一个给定节点的向下移动的次数。
向上移动的次数是"时期结束"行表示的经历的时期数减去向下移动的次数。
** "时期结束"行中的 0 表示今天，日期 $t = 0$。
某一列任一行向右一列的水平移动对应股价二叉树中价格的一次向上移动。
向右移动一列、向下移动一行对应股价的一次向下移动。

表 19.4　美式看跌期权价值二叉树，$N=26$ 期（第二部分：第 18-26 期）

时期结束 向下 *	18	19	20	21	22	23	24	25	26
0	0.000	0.000	0.000	0.000	0.000	0.000	0.000	0.000	0.000
1	0.000	0.000	0.000	0.000	0.000	0.000	0.000	0.000	0.000
2	0.000	0.000	0.000	0.000	0.000	0.000	0.000	0.000	0.000
3	0.000	0.000	0.000	0.000	0.000	0.000	0.000	0.000	0.000
4	0.000	0.000	0.000	0.000	0.000	0.000	0.000	0.000	0.000
5	0.000	0.000	0.000	0.000	0.000	0.000	0.000	0.000	0.000
6	0.003	0.000	0.000	0.000	0.000	0.000	0.000	0.000	0.000
7	0.029	0.006	0.000	0.000	0.000	0.000	0.000	0.000	0.000
8	0.128	0.051	0.012	0.000	0.000	0.000	0.000	0.000	0.000
9	0.364	0.203	0.088	0.023	0.000	0.000	0.000	0.000	0.000
10	0.747	0.518	0.314	0.151	0.044	0.000	0.000	0.000	0.000
11	1.220	0.968	0.715	0.471	0.254	0.087	0.000	0.000	0.000
12	1.702	1.465	1.212	0.951	0.681	0.414	0.171	0.000	0.000
13	2.129	1.923	1.702	1.465	1.211	0.939	0.647	0.335	0.000
14	2.501	2.321	2.129	1.923	1.702	1.465	1.211	0.939	0.647
15	2.824	2.668	2.501	2.321	2.129	1.923	1.702	1.465	1.211
16	3.106	2.970	2.824	2.668	2.501	2.321	2.129	1.923	1.702
17	3.351	3.233	3.106	2.970	2.824	2.668	2.501	2.321	2.129
18	3.565	3.462	3.351	3.233	3.106	2.970	2.824	2.668	2.501
19		3.661	3.565	3.462	3.351	3.233	3.106	2.970	2.824
20			3.751	3.661	3.565	3.462	3.351	3.233	3.106
21				3.834	3.751	3.661	3.565	3.462	3.351
22					3.912	3.834	3.751	3.661	3.565
23						3.985	3.912	3.834	3.751
24							4.053	3.985	3.912
25								4.117	4.053
26									4.176

*"向下"表示到达一个给定节点的向下移动的次数。
向上移动的次数是"时期结束"行表示的经历的时期数减去向下移动的次数。
某一列任一行向右一列的水平移动对应股价二叉树中价格的一次向上移动。
向右移动一列、向下移动一行对应股价的一次向下移动。

19.5　可以提前行权的影响

现在让我们更详细地探讨可以在到期日之前行权的能力对价值的影响。特别地，我们将从三个维度进行探讨。在下一节中，我们展示提前行权的能力能够创造的价值。在随后的章节中，我们将探讨美式期权在股价二叉树的何处被行权。最后，我们计算股价二叉树在到期日之前的每个日期当天及其之前行权的概率。

19.5.1 价值的创造

如果在到期日 T 之前的任一节点，计算出的行权的价值不高于不行权的价值，那么美式期权相比于欧式期权可以提前行权的灵活性就没有价值。在这种情况下，在其他条件相同时，美式期权价值不高于对应的欧式期权价值。一个例子就是标的资产为 1 股股票的看涨期权，这股股票在到期日之前不会支付股利，那么无论股价路径为何，美式看涨期权提前行权绝不是有利的选择。[1] 但是一般而言，美式期权的价值的确高于对应的欧式期权的价值，因为可以提前行权的灵活性通常会增加价值。

根据表 18.1，我们之前计算出的欧式看跌期权的价值是 0.626 美元 $= p_0 < P_0 = 0.640$ 美元。计算两者之差，我们可以得出提前行权的灵活性的价值，即 $P_0 - p_0 = 0.014$ 美元。这代表着美式期权价值相对于对应的欧式期权价值的增量。

如之前提到的那样，对于标的资产为不支付股利的股票的美式看涨期权，提前行权不是好的选择；与之相反，对于有着相同标的资产的美式看跌期权，提前行权可能是有利的。我们之前证明了看跌期权价值的下边界是 $\max(0, Ke^{-Tr^f} - S_0) \leqslant \max(0, K - S_0)$，只要 $Tr^f > 0$（通常是这样），$S_0 < Ke^{-Tr^f}$ 这一弱不等式就是严格成立的，从而美式看跌期权的价值可能会小于投资者立即行权可获得的内在价值。因此，美式看跌期权的提前行权是可能的，即使标的资产为不支付股利的股票。

19.5.2 更深入地讨论时间的推移

我们可以确定在二叉树的何处提前行权是有利的。在任一节点 x，我们只需比较表达式 (19-3) 中的两个价值：$\max(0, K - S_t^z)$ 和 $e^{-r^f \Delta t}[pr^u P_{t+\Delta t}^{zu} + pr^d P_{t+\Delta t}^{zd}]$。如果前者（后者）更大，提前行权就是（不是）有利的。我们得出的结论如表 19.5（第一部分）和表 19.6（第二部分）所示。

我们通过寻找截止到任一时期末、让提前行权不是最佳选择的向下移动的最大次数，来确定行权与不行权的选择界点。也就是说，如果在某一日期，向下移动的次数比有下划线的 N（N）对应的次数更多，那么提前行权就是有利的。

显然，一旦美式期权行权，随后的股价与其价值的决定就不再相关。尽管如此，我们在表 19.5 和表 19.6 中，用 "x" 表示对应二叉树股价模型的、若期权不行权就会存在的节点。我们这样做的目的是观察随着时间的推移，美式看跌期权行权的可能性。并不令人惊讶的是，随着时间的推移，"x" 出现的次数更多。标注 "x" 的节点代表了更低的股价（恰好是看跌期权更有价值的时候）和更晚的日期。给定有限的剩余

---

[1] 标的资产不支付股利的看涨期权的下边界是 $\max(0, S_0 - Ke^{-r^fT}) \geqslant \max(0, S_0 - K)$。如果行权，投资者就可以获得看涨期权的内在价值，$\max(0, S_0 - K)$。因为这永远不会比看涨期权的价值更高（通常情况下，会比看涨期权的价值更低），所以提前行权绝不是最好的选择。

到期时间,在这些看跌期权深度价内的节点,提前行权更有利。

表 19.5 有利的提前行权(第一部分:第 1－17 期)

时期结束	0**	1	2	3	4	5	6	7	8
向下 *									
0	<u>N</u>	N	N	N	N	N	N	N	N
1		<u>N</u>	N	N	N	N	N	N	N
2			<u>N</u>	N	N	N	N	N	N
3				<u>N</u>	N	N	N	N	N
4					<u>N</u>	N	N	N	N
5						<u>N</u>	N	N	N
6							<u>N</u>	<u>N</u>	N
7								E	<u>N</u>
8									x

时期结束	9	10	11	12	13	14	15	16	17
向下 *									
0	N	N	N	N	N	N	N	N	N
1	N	N	N	N	N	N	N	N	N
2	N	N	N	N	N	N	N	N	N
3	N	N	N	N	N	N	N	N	N
4	N	N	N	N	N	N	N	N	N
5	N	N	N	N	N	N	N	N	N
6	N	N	N	N	N	N	N	N	N
7	<u>N</u>	N	N	N	N	N	N	N	N
8	E	<u>N</u>	<u>N</u>	N	N	N	N	N	N
9	x	x	E	<u>N</u>	<u>N</u>	<u>N</u>	N	N	N
10		x	x	x	E	E	<u>N</u>	<u>N</u>	<u>N</u>
11			x	x	x	x	x	E	E
12				x	x	x	x	x	x
13					x	x	x	x	x
14						x	x	x	x
15							x	x	x
16								x	x
17									x

*"向下"表示到达一个给定节点的向下移动的次数。
向上移动的次数是"时期结束"行表示的经历的时期数减去向下移动的次数。
**"时期结束"行中的 0 表示今天,日期 $t=0$。
某一列任一行向右一列的水平移动对应股价二叉树中价格的一次向上移动。
向右移动一列、向下移动一行对应股价的一次向下移动。
N 代表不行权,E 代表行权。

表 19.6　有利的提前行权（第二部分：第 18—26 期）

时期结束 向下 *	18	19	20	21	22	23	24	25	26
0	N	N	N	N	N	N	N	N	N
1	N	N	N	N	N	N	N	N	N
2	N	N	N	N	N	N	N	N	N
3	N	N	N	N	N	N	N	N	N
4	N	N	N	N	N	N	N	N	N
5	N	N	N	N	N	N	N	N	N
6	N	N	N	N	N	N	N	N	N
7	N	N	N	N	N	N	N	N	N
8	N	N	N	N	N	N	N	N	N
9	N	N	N	N	N	N	N	N	N
10	N	N	N	N	N	N	N	N	N
11	<u>N</u>	<u>N</u>	N	N	N	N	N	N	N
12	x	E	<u>N</u>	<u>N</u>	<u>N</u>	<u>N</u>	<u>N</u>	<u>N</u>	N
13	x	x	x	E	E	E	E	E	<u>N</u>
14	x	x	x	x	x	x	x	x	x
15	x	x	x	x	x	x	x	x	x
16	x	x	x	x	x	x	x	x	x
17	x	x	x	x	x	x	x	x	x
18	x	x	x	x	x	x	x	x	x
19		x	x	x	x	x	x	x	x
20			x	x	x	x	x	x	x
21				x	x	x	x	x	x
22					x	x	x	x	x
23						x	x	x	x
24							x	x	x
25								x	x
26									x

*"向下"表示到达一个给定节点的向下移动的次数。
向上移动的次数是"时期结束"行表示的经历的时期数减去向下移动的次数。
某一列任一行向右一列的水平移动对应股价二叉树中价格的一次向上移动。
向右移动一列、向下移动一行对应股价的一次向下移动。
N 代表不行权，E 代表行权。

　　从另外一个视角思考，考虑在这个二叉树中的何处提前行权是有利的。与之前的图表一致，表 19.7 展示了截止到每一时期末，需要多少次历史股价的向下移动使提前行权有利。

表 19.7 有利的提前行权及其概率

时期结束	1	2	3	4	5	6	7	8	9
向下 *	n/o**	n/o	n/o	n/o	n/o	n/o	7	8	8
概率 ***	n/o	n/o	n/o	n/o	n/o	n/o	0.9%	0.5%	2.3%
时期结束	10	11	12	13	14	15	16	17	18
向下	9	9	10	10	10	11	11	11	12
概率	1.3%	3.8%	2.3%	5.4%	10.3%	6.9%	12.1%	18.9%	13.8%
时期结束	19	20	21	22	23	24	25		
向下	12	13	13	13	13	13	13		
概率	20.5%	15.3%	21.9%	29.5%	37.6%	46.0%	54.2%		

*"向下"表示截止到某一时期触发提前行权所需的向下移动的次数。
**"n/o"意味着在这个特定的模型中早于特定时期提前行权并不是有利的。
***"概率"表示在这一时期或之前提前行权是有利的概率。

在最开始 6 期的任一期期末，这一特定的美式看跌期权的提前行权均不是有利的。第一次提前行权可能是在第 7 期期末，但只有当这 7 期的移动都是向下移动时，这一非常不可能的情况才有可能发生。如前所述，随着时间的推移，在其他条件不变时，行权的概率增大。

19.5.3 随着时间的推移，行权的概率

在表 19.7 展示的结论中，关于在一个给定日期当天或之前提前行权的概率的结论更为有趣。如上所述，在这个特定的模型中，在前 6 期提前行权绝不是有利的。然而，在第 7 期期末，提前行权有利的概率是 0.9%。随着时间的推移（到期时间的缩短），在某一给定日期当天或之前提前行权的概率增大。实际上，在到期日之前对这个特定的美式看跌期权提前行权的先验概率是 54.2%。

这些概率的计算如下所示。首先，我们要另外生成两个二叉树。第一个二叉树在这个 $N=26$ 期的模型中忽略提前行权的可能性。通过 $(pr^u)^{nu}(pr^d)^{nd}\dfrac{(nu+nd)!}{nu!nd!}$ 得出到达某一给定节点的先验概率，其中 nu（nd）是到达这一给定节点所需的向上（向下）的移动次数，在二叉树中的任一日期，$nu+nd$ 等于截止到该日期所经历的时期数。在任一给定日期，所有节点的概率之和为 1，我们应该据此检查自己的计算。

关于第二个二叉树，对任一给定日期，我们只需把提前行权是有利的（标注着"行权"的节点）的概率之和与提前行权已经发生（在表 19.5 和表 19.6 中用"x"表示的节点）的概率相加。最后，在某一给定时期提前行权的概率就等于这一时期结束日期当天及之前提前行权的概率减去这一时期开始日期当天及之前提前行权的概率。

聪明的读者可能已经注意到表 19.7 中的概率并不是在每一处都是非递减的，这意味着当时期结束日期的概率小于时期开始日期的概率时，该时期的提前行权的概率为负。具体而言，从日期 7 到日期 8，从日期 9 到日期 10，从日期 11 到日期 12，从

日期 14 到日期 15，从日期 17 到日期 18，从日期 19 到日期 20，概率是下降的。这是因为模型是粗糙的。读者请注意，在表 19.5 和表 19.6 中，这些提到的时期结束没有标注"行权"。如果我们可以使用无限的时期数，每一期的持续时间无限短，那么关于有利的提前行权所得到的概率序列将会接近非递减函数。尽管如此，表 19.7 仍然证明了一个要点：对于标的资产为不支付股利的股票的美式看跌期权，提前行权的先验概率随着到期时间的增加而下降。也就是说，先验地，随着到期日的临近，提前行权更有可能。

本章小结

前一章回顾了欧式期权的多期二叉树期权定价模型。本章将注意力转向将同一模型应用于为美式期权（在到期前，所有者可自由行权的期权）估值。相对于在欧式期权估值中的应用，需要为美式期权估值做的模型调整非常简单。在期权定价二叉树中的每个节点，我们只需比较继续持有期权至下一期的预期期权价值与立即行权的实际价值。两者中较高者不仅给定了该特定节点的期权价值，还显示了所有者在每个节点的最佳行动。这一结构设计不仅为提前行权价值（美式期权价值和欧式期权价值之差）的计算提供了便利，还为提前行权可能性的计算提供了便利。

习题

本章习题使用两期二叉树模型。假设标的资产（1 股股票）的收益率波动率为 50%，并使用 Cox-Ross-Rubinstein 参数，即 $u = e^{\sigma\sqrt{\Delta t}}$ 和 $d = e^{-\sigma\sqrt{\Delta t}}$。初始股价 $S_0 = 10$ 美元，连续复利无风险收益率 $r^f = 6\%$，股权持有人的要求回报率 $r^E = 13\%$。所涉及的期权，不论是看涨期权还是看跌期权，行权价格均为 11 美元，到期日为距今半年的时间点（$T = \frac{1}{2}$）。

除了将在本章习题中涉及的美式期权，其他参数都与上一章相同。可以参考上一章习题的答案获得以下参数的取值：u、d、pr^u、pr^d、S_2^{uu}、S_2^{ud}、S_2^{du}、S_2^{dd}、c_2^{uu}、c_2^{ud}、c_2^{du}、c_2^{dd}、p_2^{uu}、p_2^{ud}、p_2^{du} 和 p_2^{dd}。

1. 计算美式看涨期权价值 C_0 和美式看跌期权价值 P_0。

能够提前执行看涨期权的权利带来的增值是多少？即计算美式看涨期权和欧式看涨期权的价值差 $C_0 - c_0$。（上一章第 6 题曾进行欧式看涨期权价值 c_0 的计算。）

能够提前执行看跌期权的权利带来的增值是多少？即计算美式看跌期权和欧式看跌期权的价值差 $P_0 - p_0$。（上一章第 6 题曾进行欧式看跌期权价值 p_0 的计算。）

2. 计算美式看跌期权价值和初始股价之和 $P_0 + S_0$。计算美式看涨期权价值和行权价格的无风险现值之和 $C_0 + Ke^{-r^f}$。两个和的差值是多少？请解释这个结果。买权–卖权平价关系对美式期权成立吗？

3. 现在假设初始股价为每股 11 美元。重新计算美式看涨期权价值 C_0，它比初始股价为 10 美元的时候是更大还是更小?

4. 现在假设初始股价为每股 11 美元。重新计算美式看跌期权价值 P_0,它比初始股价为 10 美元的时候是更大还是更小?

5. 回到初始股价为每股 10 美元的情形,但是现在假设行权价格为 12 美元。重新计算美式看涨期权价值 C_0,它比行权价格为 11 美元的时候是更大还是更小?

6. 回到初始股价为每股 10 美元的情形,但是现在假设行权价格为 12 美元。重新计算美式看跌期权价值 P_0,它比行权价格为 11 美元的时候是更大还是更小?

7. 回到最初的假设 $(S_0 = 10, K = 11)$,但是现在假设无风险收益率为 7%。重新计算美式看涨期权价值 C_0,它比无风险收益率为 6% 的时候是更大还是更小?

8. 回到最初的假设 $(S_0 = 10, K = 11)$,但是现在假设无风险收益率为 7%。重新计算美式看涨期权价值 P_0,它比无风险收益率为 6% 的时候是更大还是更小?

第 20 章
期权定价：Black-Scholes 模型

我们以 Black-Scholes 模型对欧式期权的定价来结束期权部分的学习。对模型详细的推导远远超出本书的范围，我们只提供简要推导，给出它的结论，并检验比较静态分析的结果。

相对（或比例的）股价路径被假定遵循广义维纳过程（generalized Wiener process），这是马尔可夫过程（Markov process）的一种特殊情形，马尔可夫过程假设历史股价路径与未来股价变动无关。简而言之，对于近期的下一个股价来说，唯一相关的股价是当前的 S_0，过去的股价不会有影响。与之前章节中所使用的离散二叉树模型不同，现在的股价是一个连续的随机变量。相对（或比例的）股价通过下式模拟：

$$\mathrm{d}\ln(S) = \frac{\mathrm{d}S}{S} = \mu \mathrm{d}t + \sigma \mathrm{d}z \tag{20-1}$$

其中，t 是时间；μ 是股票的预期收益率，是连续复利的年利率；σ 是股价波动率（收益率的标准差）；$\mathrm{d}z$ 是遵循维纳过程的连续随机变量。[1]

Black-Scholes 模型不考虑税收、交易成本和交易摩擦。另外，证券是无限可分的，无论到期期限为何，无风险利率都是固定的。此外，证券市场运行良好，不存在套利机会；卖空不仅被允许，其收益也可以立即获得。为方便证明，模型还假设期权到期前不支付股利。

利用伊藤引理（Itō's lemma）得到证券的价值 $i(S,t)$，那么

$$\mathrm{d}i = \left(\frac{\partial i}{\partial S}\mu S + \frac{\partial i}{\partial d} + \frac{1}{2}\frac{\partial^2 i}{\partial S^2}\sigma^2 S^2\right)\mathrm{d}t + \frac{\partial i}{\partial S}\sigma S \mathrm{d}z \tag{20-2}$$

---

[1] 在相当的离散模型中，$\frac{\Delta S}{S} = \mu\Delta t + \sigma\epsilon(\Delta t)^{1/2}$，其中 ϵ 服从标准正态分布。股价的比例变化被假定为服从正态分布，即 $\frac{\Delta S}{S}$ 在时期 Δt 内的分布为 $N(\mu\Delta t, \sigma(\Delta t)^{1/2})$；绝对股价的路径就是对数正态分布的，即 S_T 的分布为 $LN[\ln(S_0) + T(\mu - \frac{\sigma^2}{2}), \sigma(T)^{1/2}]$。等价地，$\ln(S_T)$ 服从正态分布，$N[\ln(S_0) + T(\mu - \frac{\sigma^2}{2}), \sigma(T)^{1/2}]$。

20.1 欧式看涨期权的价值

在本节中，我们将使用表达式 (20-2)，只是对于看涨期权将其中的变量 i 换成 c。回想在第 17 章中的 delta 套期保值看涨期权模型，我们将买入一个看涨期权与买入 $-\Delta^c = -\frac{\partial c}{\partial S} < 0$ 股股票相结合，构造一个回报与最终股价无关的资产组合，即一个无风险的资产组合。因此，这个资产的收益率是无风险利率 r^f，我们可以据此为看涨期权定价。

类似地，将卖空一个看涨期权与买入 $\Delta^c = \frac{\partial c}{\partial S} > 0$ 股股票相结合，得到的资产组合价值 v^c 等于：

$$v^c = -c + \Delta^c S = -c + \frac{\partial c}{\partial S} S \tag{20-3}$$

微分，得到

$$\mathrm{d}v^c = -\mathrm{d}c + \Delta^c \mathrm{d}S = -\mathrm{d}c + \frac{\partial c}{\partial S}\mathrm{d}S \tag{20-4}$$

将表达式 (20-1) 中的 $\mathrm{d}S = S(\mu \mathrm{d}t + \sigma \mathrm{d}z)$ 和表达式 (20-2) 中的 $\mathrm{d}c$（包括将 i 换成 c）替换入表达式 (20-4)，化简之后得到：

$$\mathrm{d}v^c = \left(-\frac{\partial c}{\partial t} - \frac{1}{2}\frac{\partial^2 c}{\partial S^2}\sigma^2 S^2\right)\mathrm{d}t \tag{20-5}$$

根据设计，将不会有随机变量 $\mathrm{d}z$。和之前在简单离散二叉树模型中的操作类似，将买入 Δ^c 股股票与卖空一个看涨期权结合，剔除了 $\mathrm{d}t$ 这段时间内的风险，这样一个资产组合的收益率在 $\mathrm{d}t$ 的时间内是无风险的。因此，

$$\mathrm{d}v^c = v^c r^f \mathrm{d}t \tag{20-6}$$

最后，将表达式 (20-3) 得到的 v^c 和表达式 (20-5) 得到的 $\mathrm{d}v^c$ 代入表达式 (20-6)，化简之后得到：

$$\frac{\partial c}{\partial t} + r^f S \frac{\partial c}{\partial S} + \frac{1}{2}\frac{\partial^2 c}{\partial S^2}\sigma^2 S^2 = r^f c \tag{20-7}$$

因为表达式 (20-7) 中的自变量是 t 和 S，所以看涨期权的回报 $c_T = \max(0, S_T - K)$ 就是微分表达式 (20-7) 的一个重要边界条件。得到的解是：

$$c_0 = S_0 SN(d_1) - K\mathrm{e}^{-r^f T} SN(d_2) \tag{20-8}$$

其中，

$$d_1 = \frac{\ln\left(\frac{S_0}{K}\right) + T\left(r^f + \frac{\sigma^2}{2}\right)}{\sigma\sqrt{T}} \quad \text{及} \quad d_2 = d_1 - \sigma\sqrt{T} \tag{20-9}$$

且 $SN(\cdot)$ 是一个随机变量的均值为 0、方差为 1 的标准正态分布函数。

图 20.1 展示了用虚曲线表示的、根据 Black-Scholes 模型得到的、作为股价函数的欧式看涨期权的价值，还展示了用点线表示的内在价值 $\max(0, S_T - K)$，以及用实线表示的欧式看涨期权价值的下边界 $\max(0, S_T - Ke^{r^f T})$。

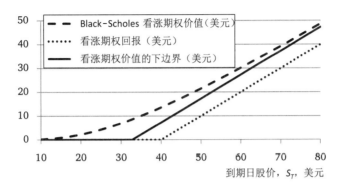

图 20.1　看涨期权：价值的下边界和 BS 模型得到的价值；到期日回报

下边界在任意一处都至少与内在价值一样大，而 $S_T > 0$，从而看涨期权的价值恒大于内在价值。因此，提前行权绝不是有利的。[2]

20.2　欧式看跌期权的价值

在本节中，我们将使用表达式 (20-2)，只是对于看跌期权将其中的变量 i 换成 p。回想在第 17 章中的 delta 套期保值看跌期权模型，我们将买入一个看跌期权与买入 $+\Delta^p = \frac{\partial p}{\partial S} < 0$ 股股票相结合，构造了一个回报与最终股价无关的资产组合，即一个无风险的资产组合。因此，这个资产的收益率是无风险利率 r^f，我们可以据此为看跌期权定价。

类似地，将卖空一个看跌期权与买入 Δ^p 股股票相结合，得到的资产组合价值 v^p 等于：

$$v^p = -p + \Delta^p S = -p + \frac{\partial p}{\partial S} S \tag{20-10}$$

微分，得到：

$$\mathrm{d}v^p = -\mathrm{d}p + \Delta^p \mathrm{d}S = -\mathrm{d}p + \frac{\partial p}{\partial S}\mathrm{d}S \tag{20-11}$$

将表达式 (20-1) 中的 $\mathrm{d}S = S(\mu \mathrm{d}t + \sigma \mathrm{d}z)$ 和表达式 (20-2) 中的 $\mathrm{d}p$（包括将 i 换成 p）替换入表达式 (20-11)，化简之后得到：

$$\mathrm{d}v^p = \left(-\frac{\partial p}{\partial t} - \frac{1}{2}\frac{\partial^2 p}{\partial S^2}\sigma^2 S^2\right)\mathrm{d}t \tag{20-12}$$

---

[2]注意，Black-Scholes 模型是用于给欧式期权而非美式期权定价的。尽管如此，上述逻辑仍然成立，因为对于标的资产与我们在此处提到的在到期前不会支付股利的股票一样的美式看涨期权，提前行权不是有利的。

根据设计,将不会有随机变量 dz。和之前在简单离散二叉树模型中的操作类似,将 $\Delta^p < 0$ 股股票与卖空一个看跌期权结合,剔除了 dt 这段时间内的风险,这样一个资产组合的收益率在 dt 的时间内是无风险的。因此,

$$dv^p = v^p r^f dt \tag{20-13}$$

最后,将表达式 (20-10) 得到的 v^p 和表达式 (20-12) 得到的 dv^p 代入表达式 (20-13),化简之后得到:

$$\frac{\partial p}{\partial t} + r^f S \frac{\partial p}{\partial S} + \frac{1}{2}\frac{\partial^2 p}{\partial S^2}\sigma^2 S^2 = r^f p \tag{20-14}$$

因为表达式 (20-14) 中的自变量是 t 和 S,所以看跌期权的回报 $p_T = \max(0, K - S_T)$ 就是微分表达式 (20-14) 的一个重要边界条件。得到的解是:

$$p_0 = Ke^{-r^f T}SN(-d_2) - S_0 SN(-d_1) \tag{20-15}$$

其中,d_1 和 d_2 和表达式 (20-9) 中的一样。

图 20.2 展示了用虚曲线表示的、根据 Black-Scholes 模型得到的、作为股价函数的欧式看跌期权的价值,还展示了用实线表示的内在价值 $\max(0, K - S_T)$,以及用点线表示的欧式看跌期权价值的下边界 $\max(0, Ke^{-r^f T} - S_T)$。

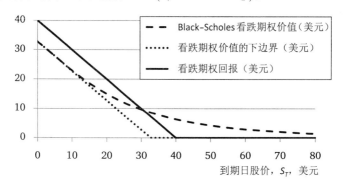

图 20.2 看跌期权: 价值的下边界和 BS 模型得到的价值;到期日回报

和看涨期权的情形不同,看跌期权的价值穿过内在价值下方。在图 20.2 中,这种情形在股价约低于 $S_0 = 30.50$ 美元时出现。因此,对于标的资产为不支付股利股票的看跌期权来说,如果股价充分下行,提前行权可能是有利的。[3]

据买权-卖权等价关系所得的欧式看跌期权价值

只要我们根据表达式 (20-8) 和表达式 (20-9) 获得了看涨期权的价值,我们就可以推导出"对应"(有相同的标的资产、行权价和到期时间)的看跌期权的价值为:

$$p_0 = -S_0 + c_0 + Ke^{-r^f T} \tag{20-16}$$

---

[3] 在行权时,投资者获得内在价值。注意 Black-Scholes 模型是用于给欧式期权而非美式期权定价的。尽管如此,上述逻辑仍然成立。

将表达式 (20-8) 中的 c_0 代入买权-卖权等价关系，得到：

$$p_0 = -S_0 + \{S_0 SN(d_1) - Ke^{-r^f T} SN(d_2)\} + Ke^{-r^f T}$$
$$= -S_0(1 - SN(d_1)) + Ke^{-r^f T}(1 - SN(d_2))$$
$$= Ke^{-r^f T} SN(-d_2) - S_0 SN(-d_1) \tag{20-17}$$

因为 $1 - SN(x) = SN(-x)$，该结果和表达式 (20-15) 一致。

扩展：包含连续股利的 Black-Scholes 模型

股指基金可以通过支付稳定股利来模拟。假设以年利率形式表示的连续股利为 K，看涨期权的价值就被修正为：

$$c_0 = S_0 e^{-kT} SN(d_1) - Ke^{-r^f T} SN(d_2) \tag{20-18}$$

其中，

$$d_1 = \frac{\ln\left(\frac{S_0}{K}\right) + T\left(r^f + \frac{\sigma^2}{2} - k\right)}{\sigma\sqrt{T}} \quad \text{及} \quad d_2 = d_1 - \sigma\sqrt{T} \tag{20-19}$$

接着，买权-卖权等价关系变为：

$$c_0 + Ke^{-r^f T} = S_0 e^{-kT} + p_0 \tag{20-20}$$

对应的看跌期权价值就变为：

$$p_0 = Ke^{-r^f T} SN(-d_2) - S_0 e^{-kT} SN(-d_1) \tag{20-21}$$

20.3 比较静态分析

因为看涨期权和看跌期权的每一个都以希腊字母表示，所以它们的比较静态分析有一个特别的名字：Greeks。在本节中，除了为 Greeks 提供表达式，我们还用图形展示欧式看涨期权和看跌期权的价值及相关参数的函数关系。在整节中，我们采用以下基础情形的参数：$S_0 = 50$ 美元，$K = 50$ 美元，$r^f = 5\%$，$T = 3$ 年，$\sigma = 25\%$。根据 Black-Scholes 模型，基础情形的 $c_0 = 11.92$ 美元，$p_0 = 4.96$ 美元。

我们已经看到，**delta** 被定义为：

$$\Delta^c \equiv \frac{\partial c}{\partial S} = SN(d_1) \in (0, 1) > 0$$
$$\Delta^p \equiv \frac{\partial p}{\partial S} = -SN(-d_1) = \Delta^c - 1 \in (-1, 0) < 0 \tag{20-22}$$

在图 20.3 中，我们展示了作为股价 S_0 函数的看涨期权和看跌期权的价值，与表达式 (20-22) 一致，看涨（看跌）期权的价值随股价上升而上升（下降）。

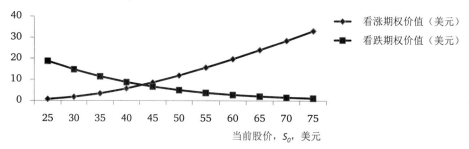

图 20.3 作为标的资产价值函数的期权价值

关于股价的二阶导被称为 **gamma**，被定义为：

$$\Gamma^c \equiv \frac{\partial^2 c}{\partial S^2} = \frac{Sn(d_1)}{S_0\sigma\sqrt{T}} > 0$$

$$\Gamma^p \equiv \frac{\partial^2 p}{\partial S^2} = \frac{Sn(d_1)}{S_0\sigma\sqrt{T}} > 0 \tag{20-23}$$

其中，$Sn(x) = \frac{\mathrm{d}SN(x)}{\mathrm{d}x}$ 是标准正态密度函数，从而 $Sn(d_1) = \frac{1}{\sqrt{2\pi}}\mathrm{e}^{-\frac{(d_1)^2}{2}} > 0$。注意，$\Gamma^c = \Gamma^p > 0$。一般来说，二阶导描述的是一个函数的曲度。因为看涨期权和看跌期权的二阶导都为正且相等，所以两个期权价值的函数对股价都是凸的，这与图 20.3 中的曲线一致。[4]

关于行权价，有

$$\frac{\partial c}{\partial K} = -\mathrm{e}^{-r^fT}SN(d_2) < 0$$

$$\frac{\partial p}{\partial K} = \mathrm{e}^{-r^fT}SN(-d_2) > 0 \tag{20-24}$$

在图 20.4 中，我们展示了作为行权价函数的看涨期权和看跌期权的价值。与表达式 (20.3) 一致，看涨（看跌）期权的价值随行权价的上升而下降（上升）。直觉上，当行权时，对于看涨（看跌）期权的所有者，行权价是一个条件负债（资产）。因此当其他条件不变时，看涨（看跌）期权的价值随行权价的上升而下降（上升）。

期权价值关于无风险利率的求导被称为 **rho**：

$$\rho^c \equiv \frac{\partial c}{\partial r^f} = KT\mathrm{e}^{-r^fT}SN(d_2) > 0$$

$$\rho^p \equiv \frac{\partial p}{\partial r^f} = -KT\mathrm{e}^{-r^fT}SN(-d_2) < 0 \tag{20-25}$$

在图 20.5 中，我们展示了作为无风险利率 r^f 函数的看涨期权和看跌期权的价值。与表达式 (20-25) 一致，看涨（看跌）期权的价值随无风险利率 r^f 的上升而上升（下

---

[4] 虽然没有明确说明，但在期权平价时，两个期权价值的函数是最弯曲的。因此在期权平价时，gamma 最大；股价离行权价越远，gamma 越小。

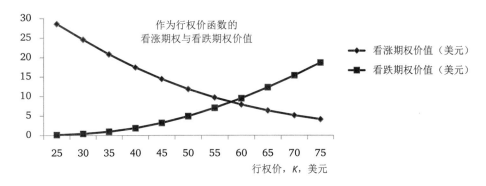

图 20.4 作为行权价函数的期权价值

降)。直觉上,随着 r^f 的上升,根据风险中性模型,在未来任一时点的预期股价就会上升。当行权时,对于看涨(看跌)期权的所有者,股票/标的资产是一个条件资产(负债)。因此当其他条件不变时,看涨(看跌)期权的价值随无风险利率 r^f 的上升而上升(下降)。

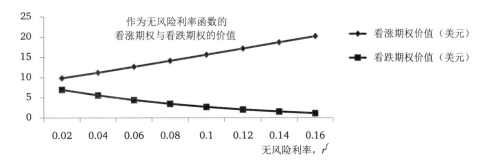

图 20.5 作为无风险利率函数的期权价值

接着,期权价值对波动率(即标的资产收益率的标准差)的求导被称为 **vega**:[5]

$$\nu^c \equiv \frac{\partial c}{\partial \sigma} = \nu^p \equiv \frac{\partial p}{\partial \sigma} = S_0 \sqrt{T} Sn(d_1) > 0 \tag{20-26}$$

在图 20.6 中,我们展示了作为波动率 σ 函数的看涨期权和看跌期权的价值。与表达式 (20-26) 一致,看涨期权和看跌期权的价值随波动率 σ 的上升而上升。

因为在期权定价中,波动率是一个非常重要的参数,我们将更深入地研究。回想图 17.11,它表示的是在二叉树定价模型中的一系列看涨期权,它们的标的资产具有递增的波动性。具体来说,和二叉树模型一致,这些标的资产可以获得二值之一。这一序列中每一对的价值都表示比前一个更高的波动性,但是期望价值永远一样,都是 42.05 美元,与图 17.11 中的竖线一致。

---

[5] vega 或 ν,其实不是希腊字母表里的一个字母。尽管如此,vega(即 $\frac{\partial o}{\partial \sigma}$)也被认为是期权世界中 Greeks 中的一员。

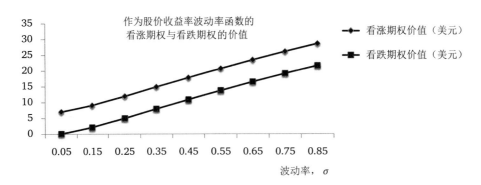

图 20.6 作为标的资产收益率波动率函数的期权价值

现在考虑一个等价的例子，只是其中到期日股价运用 Black-Scholes 模型以连续随机变量建模，如图 20.7 所示。具体来说，实线的累积分布函数（对应股票 A）是虚线函数（对应股票 B）的均值保留展型 (mean-preserving spread)。换言之，虽然股票 A 和股票 B 都有相同的收益率均值 10%，但是股票 A（股票 B）的收益率波动率为 30%（10%）。

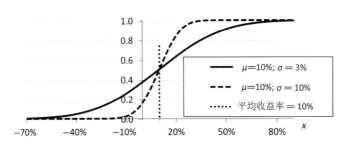

图 20.7 分布函数表示的波动性

通过图 20.8 所示的等价的密度函数来证明我们想要的结论可能会更加简单。股票 A 和股票 B 的密度函数分别对应图 20.7 中的分布函数。

考虑两个看涨期权，除了标的资产，它们完全一样。看涨期权 A（B）的标的资产为股票 A（B）。两个看涨期权的行权价都对应一个连续复利的年利率收益率 $r^K = 25\%$，或者说假设 $T = 1$ 年，$S_0 = 50$ 美元，有 $K = S_0 e^{r^K T} = 50 e^{(25\%)1} = 64.20$ 美元。在图 20.8 中，$r^K = 25\%$ 用垂直点线表示。如果看涨期权 A 和看涨期权 B 对应的收益率都大于 $r^K = 25\%$，即对应的到期日股价都大于 $K = 64.20$ 美元时，那么期权 A 和期权 B 到期时都为价内。

给定图 20.8 中收益率大于 25%，实曲线（对应波动性更大的股票 A）下面 $r^K = 25\%$ 右方的条件区域大于点线（对应波动性更小的股票 B）下 $r^K = 25\%$ 右方的条件区域。这些区域对应着相应的看涨期权到期时为价内的概率，其中 $30.9\% = prob(r^A > 25\%) >$

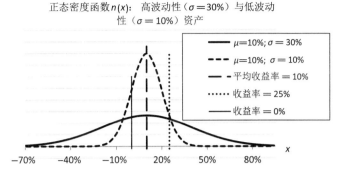

图 20.8 密度函数表示的波动性

$prob(r^B > 25\%) = 6.7\%$。[6]

给定收益率大于 25%，看涨期权的条件预期回报与股票 A 和股票 B 的各自条件预期值成比例。图形上，这些条件期望值是 $r = 25\%$ 右方、密度函数下方区域的"重心点"在 x 轴上对应的值。从而，$44\% = E[r^A | r^A > 25\%] > E[r^B | r^B > 25\%] = 29\%$，其中 $E[r^i | r^i > 25\%] = \frac{\int_{x=25\%}^{\infty} x f^i(x) \mathrm{d}x}{\int_{x=25\%}^{\infty} f^i(x) \mathrm{d}x}$，$f^i, i \in \{A, B\}$ 是各自的标准密度函数。简而言之，给定两个看涨期权到期时价内，资产波动性更大（更小）的看涨期权的条件预期回报更大（更小）。

总结一下，我们假设除了标的资产分别是股票 A 和股票 B，看涨期权 A 和看涨期权 B 是完全一样的。股票现在的价格和预期收益率都是相同的，但股票 A 的波动性大于股票 B。因此，不仅看涨期权 A 到期时价内的概率比看涨期权 B 更大，而且当 A 和 B 到期时都为价内时，A 的条件预期回报也比 B 更大。简而言之，$prob(r^i > r^K)$ 和 $E[r^i | r^i > r^K], i \in \{A, B\}$ 是正向影响看涨期权价值的要素，在看涨期权拥有波动性更大（更小）的标的资产 A（B）时更大（小）。

最后，考虑有着两个同样的标的资产 A 和 B 的看跌期权 A 和 B。我们假设这些看跌期权平价发行，对应的行权价为图 20.8 中水平实线所示的 $r^K = 0\%$（$K = 50$ 美元）。如果收益率为负，$r^i < r^K = 0\%, i \in \{A, B\}$，即到期日股价 $S_T^i < K = 50$ 美元，看跌期权到期时为价内。

与之前看涨期权的讨论相似，给定两个看跌期权到期时为价内，那么波动性更大的标的资产 A 的密度函数（实线）下方、$r = 0\%$ 左方的条件区域比波动性更小的标的资产 B 密度函数（虚线）下方、$r = 0\%$ 左方的条件区域更大。所以，看跌期权 A 到期时为价内的概率比看跌期权 B 更大。简而言之，正向影响看跌期权价值的 $prob(r^i < r^K), i \in \{A, B\}$ 随波动性的上升而上升。此外，给定两个看跌期权到期为价

---

[6]这是据 $prob(r^A > 25\%) = 1 - prob(r^A \leqslant 25\%) = 1 - SN(\frac{25\% - \mu^A}{\sigma^A}) = 1 - SN(\frac{25\% - 10\%}{30\%}) = 1 - 69.1\% = 30.9\%$ 所得。类似地，$prob(r^B > 25\%)$ 由 $1 - SN(\frac{25\% - 10\%}{10\%}) = 1 - 93.3\% = 6.7\%$ 计算得出。

内，股票 A 的条件预期到期日价格小于股票 B 的，意味着看跌期权 A 的条件预期回报高于看跌期权 B 的。因为 $E[r^i|r^i<r^K]$ 随波动性的上升而下降，而看跌期权价值也随 $E[r^i|r^i<r^K]$ 的上升而下降，所以上升的波动性也可以通过这个渠道增加看跌期权价值。总结起来，当其他条件不变时，标的资产波动性更大的看跌期权的价值比标的资产波动性更小的看跌期权的价值更大。

最后一个要考虑的 Greek 是期权价值对到期时间的求导，**theta**。注意，在本书中，Θ 是期权价值对到期时间增长的敏感度。[7] 因此，

$$\Theta^c \equiv \frac{\partial c}{\partial T} = \frac{S_0 Sn(d_1)\sigma}{2\sqrt{T}} + r^f K e^{-r^f T} SN(d_2) > 0 \tag{20-27}$$

$$\Theta^p \equiv \frac{\partial p}{\partial T} = \frac{S_0 Sn(d_1)\sigma}{2\sqrt{T}} - r^f K e^{-r^f T} SN(-d_2) \tag{20-28}$$

在图 20.9 中，我们展示了作为到期时间 T 的函数的两个不同的看跌期权的价值和一个看涨期权的价值。与表达式 (20-27) 一致，图 20.9 中看涨期权的价值随到期时间 T 增长而上升。简而言之，当其他条件不变时，随着时间的推移，看涨期权的价值下降。

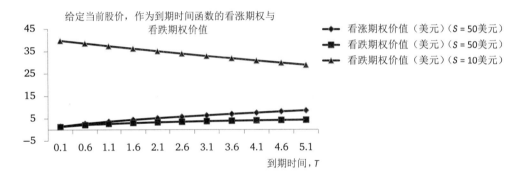

图 20.9 作为到期时间函数的期权价值

根据表达式 (20-28)，到期时间对看跌期权价值的影响是模糊的。在图 20.9 中，两个看跌期权和看涨期权的参数都是 $K=50$ 美元，$r^f=5\%$ 和 $\sigma=25\%$。但是，看涨期权和其中一个看跌期权的 $S_0=50$ 美元 $=K$（即平价），而另外一个看跌期权深度价内，10 美元 $=S_0 <<< K=50$ 美元。平价的看跌期权价值随 T 的增长而增加，这与看涨期权一致。而深度价内的看跌期权价值随 T 的增长而下降。直觉上，一个如此深度价内的看跌期权的内在价值可能会随时间的推移而下降，因为股价可能会随时间的推移而上升。

---

[7]在一些教材中，theta 的定义相反，即当到期时间缩短时，期权价值的变化。

将 delta、gamma 和 theta 相联

回想对看涨期权的微分表达式 (20-7) 和对看跌期权的微分表达式 (20-14)，

$$\frac{\partial o}{\partial t} + r^f S \frac{\partial o}{\partial S} + \frac{1}{2} \frac{\partial^2 o}{\partial S^2} \sigma^2 S^2 = r^f o \tag{20-29}$$

其中，我们用 o 分别替代表达式 (20-7) 中的 c 和表达式 (20-14) 中的 p。因为 $\Theta \equiv \frac{\partial o}{\partial T}$，$\Delta \equiv \frac{\partial o}{\partial S}$，$\Gamma \equiv \frac{\partial^2 o}{\partial S^2}$，表达式 (20-29) 可以被重写为 Θ、Δ 和 Γ 之间的关系：

$$\Theta + r^f S \Delta + \frac{1}{2} \Gamma \sigma^2 S^2 = r^f o \tag{20-30}$$

上述微分表达式也可以用于资产组合。如果一个资产组合被设计为 delta 中性，那么就可以去掉含 Δ 的项。类似地，一个资产组合可以被设计为 gamma 中性，然后去掉含 Γ 的项。

■ 本章小结

在本章中，我们回顾了 Black-Scholes 期权定价模型。我们提供了建模的简要步骤，展示了比较静态分析的结果，并分析了这些结果和简单的单期二叉树期权定价模型的相似程度。

■ 习题

本章习题假设标的资产（1 股股票）的收益率波动率为 50%，预期收益率为 12%。初始股价为 10 美元，连续复利无风险收益率为 6%，股权持有人的要求回报率为 13%。所涉及的期权，不论是看涨期权还是看跌期权，都是欧式期权且行权价格为 11 美元，到期日为距今半年的时间点 ($T = \frac{1}{2}$)。

1. 根据 Black-Scholes 模型，欧式看涨期权的价值 c_0 是多少？

2. 根据 Black-Scholes 模型，欧式看跌期权的价值 p_0 是多少？

3. 计算第 1 题中看涨期权的 delta 值 Δ^c 和第 2 题中看跌期权的 delta 值 Δ^p。

4. 假设初始股价为 $S_0 = 11$ 美元（而非 10 美元），欧式看涨期权的价值 c_0 是多少？它比第 1 题中初始股价为 $S_0 = 10$ 美元时计算的价值是更大还是更小？两者差值 $c_0(S_0 = 11\text{美元}) - c_0(S_0 = 10\text{美元})$ 的正负性与第 3 题中计算的看涨期权的 delta 值是否一致？

5. 假设初始股价为 $S_0 = 11$ 美元（而非 10 美元），欧式看跌期权的价值 p_0 是多少？它比第 2 题中初始股价为 $S_0 = 10$ 美元时计算的价值是更大还是更小？两者差值 $p_0(S_0 = 11\text{美元}) - p_0(S_0 = 10\text{美元})$ 的正负性与第 3 题中计算的看跌期权的 delta 值是否一致？

6. 计算第 1 题中看涨期权的 gamma 值 Γ^c 和第 2 题中看跌期权的 gamma 值 Γ^p。

它们是正的还是负的？请解释这些结果。

7. 计算第 1 题中看涨期权对行权价格的偏导 $\dfrac{\partial c_0}{\partial K}$，以及第 2 题中看跌期权对行权价格的偏导 $\dfrac{\partial p_0}{\partial K}$。

8. 假设行权价格为 $K = 12$ 美元（而非 11 美元），欧式看涨期权的价值 c_0 是多少？它比第 1 题中行权价格为 $K = 11$ 美元时计算的价值是更大还是更小？两者差值 $c_0(K = 12\text{美元}) - c_0(K = 11\text{美元})$ 的正负性与第 7 题中计算的 $\dfrac{\partial c_0}{\partial K}$ 是否一致？

9. 假设行权价格为 $K = 12$ 美元（而非 11 美元），欧式看跌期权的价值 p_0 是多少？它比第 2 题中行权价格为 $K = 11$ 美元时计算的价值是更大还是更小？两者差值 $p_0(K = 12\text{美元}) - p_0(K = 11\text{美元})$ 的正负性与第 7 题中计算的 $\dfrac{\partial p_0}{\partial K}$ 是否一致？

10. 计算第 1 题中看涨期权的 rho 值 ρ^c 和第 2 题中看跌期权的 rho 值 ρ^p。

11. 假设无风险利率为 $r^f = 7\%$（而非 6%），欧式看涨期权的价值 c_0 是多少？它比第 1 题中无风险利率为 $r^f = 6\%$ 时计算的价值是更大还是更小？两者差值 $c_0(r^f = 7\%) - c_0(r^f = 6\%)$ 的正负性与第 10 题中计算的看涨期权 rho 值是否一致？

12. 假设无风险利率为 $r^f = 7\%$（而非 6%），欧式看跌期权的价值 p_0 是多少？它比第 2 题中无风险利率为 $r^f = 6\%$ 时计算的价值是更大还是更小？两者差值 $p_0(r^f = 7\%) - p_0(r^f = 6\%)$ 的正负性与第 10 题中计算的看跌期权 rho 值是否一致？

13. 计算第 1 题中看涨期权的 vega 值和第 2 题中看跌期权的 vega 值。

14. 假设波动率 $\sigma = 60\%$（而非 50%），欧式看涨期权的价值 c_0 是多少？它比第 1 题中波动率为 $\sigma = 50\%$ 时计算的价值是更大还是更小？两者差值 $c_0(\sigma = 60\%) - c_0(\sigma = 50\%)$ 的正负性与第 13 题中计算的看涨期权 vega 值是否一致？

15. 假设波动率为 $\sigma = 60\%$（而非 50%），欧式看跌期权的价值 p_0 是多少？它比第 2 题中波动率为 $\sigma = 50\%$ 时计算的价值是更大还是更小？两者差值 $p_0(\sigma = 60\%) - p_0(\sigma = 50\%)$ 的正负性与第 13 题中计算的看跌期权 vega 值是否一致？

16. 计算第 1 题中看涨期权的 theta 值 Θ^c 和第 2 题中看跌期权的 theta 值 Θ^p。

17. 假设到期期限为 $T = 1$ 年（而非 $\dfrac{1}{2}$ 年），欧式看涨期权的价值 c_0 是多少？它比第 1 题中到期期限为 $T = \dfrac{1}{2}$ 年时计算的价值是更大还是更小？两者差值 $c_0(T = 1) - c_0(T = \dfrac{1}{2})$ 的正负性与第 16 题中计算的看涨期权 theta 值是否一致？

18. 假设到期期限为 $T = 1$ 年（而非 $\dfrac{1}{2}$ 年），欧式看跌期权的价值 p_0 是多少？它比第 2 题中到期期限为 $T = \dfrac{1}{2}$ 年时计算的价值是更大还是更小？两者差值 $p_0(T = 1) - p_0(T = \dfrac{1}{2})$ 的正负性与第 16 题中计算的看跌期权 theta 值是否一致？

章后部分习题答案

第 1 章

1. 对比日期 0 时两个奖励的价值,我们有 PV (奖励 1) = 10 000 美元,及 PV (奖励 2) = $30\,000(1+10\%)^{-10}$ = 11 566 美元。由于 PV (奖励 1) = 10 000 美元 $<$ PV (奖励 2) = 11 566 美元,所以应该选择奖励 2。

2. 对这个问题,我们需要比较项目在同一时间点的成本和收益,例如在日期 0 时,PV (成本) = 10 000 美元,PV (收益) = $\dfrac{5\,000}{(1+10\%)} + \dfrac{6\,000}{(1+10\%)^2}$ = 9 504.13 美元,因此内在价值为 9 504.13 − 10 000 = −496.13 < 0。所以我们应该拒绝该项目。

3. 我们可以令 FV (成本) = $\sum FV$ (收益),即 $10\,000(1+r)^2 = 5\,000(1+r) + 6\,000$。求解 r 可得内部收益率为 $r=6.39\%$。或者我们也可以令 PV (成本) = $\sum PV$ (收益),可以得到同样的答案。

4. 我们需要 T 年的时间以实现 $5\,000(1+8\%)^T = 10\,000$。求解 T 可得 $T = \dfrac{\ln(2)}{\ln(1.08)} \approx 9$ 年。

5. 对于每年 X 美元的年金,其未来值是 $X\dfrac{(1+5\%)^5-1}{5\%} = 10\,000$。求解 X 可得 $X = \dfrac{10\,000 \times 5\%}{(1+5\%)^5 - 1} \approx 1\,809.75$ 美元。

6. 对于成长型年金,内在价值为 $IV_0 = \dfrac{20(1+5\%)}{10\% - 5\%}\left[1 - \left(\dfrac{1+5\%}{1+10\%}\right)^5\right] = 87.16$ 美元。

7. 对于永续年金,$P_0 = 1\,000 = \dfrac{40}{r}$,从而 $r = \dfrac{40}{1\,000} = 4\%$。

8. 对于成长型永续年金,$P_0 = 100 = \dfrac{10(1+g)}{12\% - g}$,从而 $g = \dfrac{12-10}{100+10} \approx 1.8\%$。

第 2 章

1. $HPR = \dfrac{100+5}{95} = \dfrac{105}{95} = 1.11$;$HPr = HPR - 1 = 11\%$。

2. $HPR = \dfrac{100 + 5 \times 3}{98} = \dfrac{115}{98} = 1.17$;$HPr = HPR - 1 = 17\%$。

3. $r_{-2} = \dfrac{25}{20} - 1 = 25\%$;$r_{-1} = \dfrac{10}{25} - 1 = 60\%$;$r_0 = \dfrac{30}{10} - 1 = 200\%$。

4. $AMR = AMr + 1 = \dfrac{25\% + (-60\%) + 200\%}{3} + 1 = 1.55$，因此 $AMr = 55\%$；

$GMr = HPR^{1/T} - 1 = \left(\dfrac{30}{20}\right)^{\frac{1}{3}} - 1 = (1.5)^{\frac{1}{3}} - 1 = 1.14 - 1 = 14\%$。

5. $s^2 = \dfrac{1}{3-1}[(25\% - 55\%)^2 + (-60\% - 55\%)^2 + (200\% - 55\%)^2] = 1.7576$；

$s = \sqrt{s^2} = \sqrt{1.7576} = 132.57\%$。

6. 首先计算出 $AMr^x = \dfrac{(10 - 15 + 20 + 25 - 30 + 20)\%}{6} = 5\%$ 及

$AMr^y = \dfrac{(20 - 20 - 10 + 30 - 20 + 60)\%}{6} = 10\%$。于是我们有下表：

时期	r^x	r^y	$(r^x - AMr^x)$	$(r^y - AMr^y)$
-5	$+10\%$	$+20\%$	$+5\%$	$+10\%$
-4	-15%	-20%	-20%	-30%
-3	$+20\%$	-10%	$+15\%$	-20%
-2	$+25\%$	$+30\%$	$+20\%$	$+20\%$
-1	-30%	-20%	-35%	-30%
0	$+20\%$	$+60\%$	$+15\%$	$+50\%$

根据上表可得：

$s(r^x) = \sqrt{\dfrac{(0.05)^2 + (-0.20)^2 + (0.15)^2 + (0.20)^2 + (-0.35)^2 + (0.15)^2}{6-1}} = \sqrt{0.05} = 0.2236$；

$s(r^y) = \sqrt{\dfrac{(0.10)^2 + (-0.30)^2 + (-0.20)^2 + (0.20)^2 + (-0.30)^2 + (0.50)^2}{6-1}} = \sqrt{0.104} = 0.3225$；

$s^2(r^x, r^y) = \dfrac{\sum_{t=-5}^{0}(r_x - AMr_x)r_y}{6-1}$

$= \dfrac{0.05 \times 0.20 + (-0.20) \times (-0.20) + 0.15 \times (-0.10) + 0.20 \times 0.30 + (-0.35) \times (-0.20) + 0.15 \times 0.60}{6-1}$

$= \dfrac{0.255}{5} = 0.051$；

$r(r^x, r^y) = \dfrac{s^2(r^x, r^y)}{s(r^x)s(r^y)} = \dfrac{0.051}{0.2236 \times 0.3225} = 0.7072$。

7. 首先计算每个资产的价值如下：

年	V^A	V^B	V^C
-2	$2 \times 5 = 10$	$5 \times 1 = 5$	$3 \times 5 = 15$
-1	$2 \times 6 = 12$	$4 \times 1 = 4$	$3 \times 4.33 = 13$
0	$2 \times 7.5 = 15$	$8 \times 1 = 8$	$3 \times 3 = 9$

因此 $V_{-2}^P = V_{-2}^A + V_{-2}^B + V_{-2}^C = 10 + 5 + 15 = 30$，从而 $w_{-2}^A = \dfrac{V_{-2}^A}{V_{-2}^P} = \dfrac{10}{30} = \dfrac{1}{3}$，$w_{-2}^B = \dfrac{V_{-2}^B}{V_{-2}^P} = \dfrac{5}{30} = \dfrac{1}{6}$，

且 $w_{-2}^C = \dfrac{V_{-2}^C}{V_{-2}^P} = \dfrac{15}{30} = \dfrac{1}{2}$。

类似地，$w_{-1}^A = \dfrac{12}{29}$，$w_{-1}^B = \dfrac{4}{29}$，$w_{-1}^C = \dfrac{13}{29}$；$w_0^A = \dfrac{15}{32}$，$w_0^B = \dfrac{1}{4}$，$w_0^C = \dfrac{9}{32}$。

$r_{-1}^A = \dfrac{12 - 10}{10} = 20\%$，$r_{-1}^B = \dfrac{4 - 5}{5} = -20\%$，$r_{-1}^C = \dfrac{13 - 15}{15} = -13.33\%$；

$r_0^A = \dfrac{15-12}{12} = 25\%$, $r_0^B = \dfrac{8-4}{4} = 100\%$, $r_0^C = \dfrac{9-13}{13} = -30.77\%$。

8. $r_{-1}^P = \dfrac{1}{3} \times 20\% + \dfrac{1}{6} \times (-20\%) + \dfrac{1}{2} \times (-13.33\%) = -3.33\%$;

$r_0^P = \dfrac{12}{29} \times 25\% + \dfrac{4}{29} \times 100\% + \dfrac{13}{29} \times (-30.77\%) = 10.34\%$。

9. $GMr^P = \sqrt{HPR^P} - 1 = \sqrt{R_{-1}^P \times R_0^P} - 1 = \sqrt{(1-3.33\%)(1+10.34\%)} - 1 = 3.28\%$。

10. $HPR^P = w_{-2}^A HPR^A + w_{-2}^B HPR^B + w_{-2}^C HPR^C = \dfrac{1}{3} \times \dfrac{15}{10} + \dfrac{1}{6} \times \dfrac{8}{5} + \dfrac{1}{2} \times \dfrac{9}{15} = 1.0667$;

$GMr^P = \sqrt{HPR^P} - 1 = \sqrt{1.0667} - 1 = 3.28\%$。

11. 首先，持有股数及对应的价值如下：

年	sh^A	sh^B	sh^C
-2	$\dfrac{15}{5} = 3$	$\dfrac{20}{4} = 5$	$\dfrac{15}{3} = 5$
-1	$3\left(1+\dfrac{5}{10}\right) = 4.5$	$5\left(1+\dfrac{6}{8}\right) = 8.75$	$5\left(1+\dfrac{1}{2}\right) = 7.5$
0	$4.5\left(1+\dfrac{1}{4}\right) = 5.625$	$8.75\left(1+\dfrac{2}{10}\right) = 10.5$	$7.5\left(1+\dfrac{4}{6}\right) = 12.5$

年	V^A	V^B	V^C	V^P
-2	15	20	15	$15+20+15=50$
-1	$4.5 \times 10 = 45$	$8.75 \times 8 = 70$	$7.5 \times 2 = 15$	$45+70+15=130$
0	$5.625 \times 4 = 22.5$	$10.5 \times 10 = 105$	$12.5 \times 6 = 75$	$22.5+105+75=202.50$

接下来我们可以计算出：

（1）毛收益率：$R_{-1}^A = \dfrac{45}{15} = 3$, $R_0^A = \dfrac{22.5}{45} = 0.5$; $R_{-1}^B = \dfrac{70}{20} = 3.5$, $R_0^B = \dfrac{105}{70} = 1.5$;

$R_{-1}^C = \dfrac{15}{15} = 1$, $R_0^C = \dfrac{75}{15} = 5$; $R_{-1}^P = \dfrac{130}{50} = 2.6$, $R_0^P = \dfrac{202.5}{130} = 1.56$。

（2）HPR 和 HPr：$HPR^A = 3 \times 0.5 = 1.5$, $HPR^B = 3.5 \times 1.5 = 5.25$, $HPR^C = 1 \times 5 = 5$, $HPR^P = \dfrac{202.5}{50} = 4.05$; $HPr^A = 1.5 - 1 = 0.5$, $HPr^B = 5.25 - 1 = 4.25$, $HPr^C = 5 - 1 = 4$, $HPr^P = 4.05 - 1 = 3.05$。

（3）AMR 和 AMr：$AMR^A = \dfrac{3+0.5}{2} = 1.75$, $AMR^B = \dfrac{3.5+1.5}{2} = 2.5$, $AMR^C = \dfrac{1+5}{2} = 3$, $AMR^P = \dfrac{2.6+1.56}{2} = 2.08$; $AMr^A = 1.75 - 1 = 0.75$, $AMr^B = 2.5 - 1 = 1.5$, $AMr^C = 3 - 1 = 2$, $AMr^P = 2.08 - 1 = 1.08$。

（4）GMR 和 GMr：$GMR^A = \sqrt{1.5} = 1.22$, $GMR^B = \sqrt{5.25} = 2.29$, $GMR^C = \sqrt{5} = 2.24$, $GMR^P = \sqrt{4.05} = 2.01$; $GMr^A = 1.22 - 1 = 0.22$, $GMr^B = 2.29 - 1 = 1.29$, $GMr^C = 2.24 - 1 = 1.24$, $GMr^P = 2.01 - 1 = 1.01$。

（5）$s^2(R)$ 和 $s(R)$：$s^2(R^A) = \dfrac{1}{2-1}[(3-1.75)^2 + (0.5-1.75)^2] = 3.125$, $s^2(R^B) = (3.5-2.5)^2 + (1.5-2.5)^2 = 2$, $s^2(R^C) = (1-3)^2 + (5-3)^2 = 8$, $s^2(R^P) = (2.6-2.08)^2 + (1.56-2.08)^2 = 0.54$; $s(R^A) = \sqrt{3.125} = 1.77$, $s(R^B) = \sqrt{2} = 1.41$, $s(R^C) = \sqrt{8} = 2.83$, $s(R^P) = \sqrt{0.5408} = 0.74$。

12. 由于股利不进行再投资，持有股数和我们刚购买股票时的股数一样保持不变，因此持有股数为 $sh^A = 3, sh^B = 5, sh^C = 5$。对于该组合，每个股票的权重如下：

年	w^A	w^B	w^C
-2	$\frac{15}{50} = 0.3$	$\frac{20}{50} = 0.4$	$\frac{15}{50} = 0.3$
-1	$\frac{3 \times 10}{3 \times 10 + 5 \times 8 + 5 \times 2} = \frac{3}{8}$	$\frac{5 \times 8}{3 \times 10 + 5 \times 8 + 5 \times 2} = \frac{4}{8}$	$\frac{5 \times 2}{3 \times 10 + 5 \times 8 + 5 \times 2} = \frac{1}{8}$

接下来我们可以计算出：

(1) 毛收益率：$R_{-1}^A = \frac{10+5}{5} = 3$, $R_0^A = \frac{4+1}{10} = 0.5$；$R_{-1}^B = \frac{8+6}{4} = 3.5$, $R_0^B = \frac{10+2}{8} = 1.5$；$R_{-1}^C = \frac{2+1}{3} = 1$, $R_0^C = \frac{6+4}{2} = 5$；$R_{-1}^P = 0.3 \times 3 + 0.4 \times 3.5 + 0.3 \times 1 = 2.6$, $R_0^P = \frac{3}{8} \times 0.5 + 0.5 \times 1.5 + \frac{1}{8} \times 5 = 1.56$。

(2) HPR 和 HPr：$HPR^A = \frac{4+1+5}{5} = 2$, $HPR^B = \frac{10+2+6}{4} = 4.5$, $HPR^C = \frac{6+4+1}{3} = 3.67$, $HPR^P = 0.3 \times 2 + 0.4 \times 4.5 + 0.3 \times 3.67 = 3.5$；$HPr^A = 2 - 1 = 1$, $HPr^B = 4.5 - 1 = 3.5$, $HPr^C = 3.67 - 1 = 2.67$, $HPr^P = 3.5 - 1 = 2.5$。

(3) AMR 和 AMr：$AMR^A = \frac{3+0.5}{2} = 1.75$, $AMR^B = \frac{3.5+1.5}{2} = 2.5$, $AMR^C = \frac{1+5}{2} = 3$, $AMR^P = \frac{2.6+1.56}{2} = 2.08$；$AMr^A = 1.75 - 1 = 0.75$, $AMr^B = 2.5 - 1 = 1.5$, $AMr^C = 3 - 1 = 2$, $AMr^P = 2.08 - 1 = 1.08$。

(4) GMR 和 GMr：$GMR^A = \sqrt{2} = 1.41$, $GMR^B = \sqrt{4.5} = 2.12$, $GMR^C = \sqrt{3.67} = 1.92$, $GMR^P = \sqrt{3.5} = 1.87$；$GMr^A = 1.41 - 1 = 0.41$, $GMr^B = 2.12 - 1 = 1.12$, $GMr^C = 1.92 - 1 = 0.92$, $GMr^P = 1.87 - 1 = 0.87$。

(5) $s^2(R)$ 和 $s(R)$：$s^2(R^A) = \frac{1}{2-1}[(3-1.75)^2 + (0.5-1.75)^2] = 3.125$, $s^2(R^B) = (3.5-2.5)^2 + (1.5-2.5)^2 = 2$, $s^2(R^C) = (1-3)^2 + (5-3)^2 = 8$, $s^2(R^P) = (2.6-2.08)^2 + (1.56-2.08)^2 = 0.54$；$s(R^A) = \sqrt{3.125} = 1.77$, $s(R^B) = \sqrt{2} = 1.41$, $s(R^C) = \sqrt{8} = 2.83$, $s(R^P) = \sqrt{0.5408} = 0.74$。

第 3 章

1. r^x 的期望和方差分别是：$E[r^x] = \int_1^0 1 z \mathrm{d}z = \frac{1}{2} z^2|_1^0 = \frac{1}{2} \times 1^2 - \frac{1}{2} \times 0^2 = \frac{1}{2}$ 及 $\sigma^2(r^x) = \int_1^0 1(z - \frac{1}{2})^2 \mathrm{d}z = \frac{1}{3}z^3 - \frac{1}{2}z^2 + \frac{1}{4}z|_1^0 = \frac{1}{12}$，因此 $\sigma(r^x) = \sqrt{\sigma^2(r^x)} = \sqrt{\frac{1}{12}}$。

2. r^x 的期望收益和方差分别是：$E[r^x] = -20\% \times 0.2 + 5\% \times 0.5 + 30\% \times 0.3 = 7.5\%$ 及 $\sigma^2(r^x) = 0.2(-20\% - 7.5\%)^2 + 0.5(5\% - 7.5\%)^2 + 0.3(30\% - 7.5\%)^2 = 0.030625$，因此 $\sigma(r^x) = \sqrt{\sigma^2(r^x)} = \sqrt{0.030625} = 0.175 = 17.5\%$。

3. 两个收益变量的联合密度函数为 $f_{xy}(z, v) = f_x(z) f_y(z) = 1$，因此 $E(r^x r^y) = \int_{z=0}^{z=1} \int_{v=0}^{v=1} (1) zv \, \mathrm{d}v \mathrm{d}z = (\int_{z=0}^{z=1} f_x(z) z \mathrm{d}z)(\int_{v=0}^{v=1} f_y(v) v \mathrm{d}v) = (\frac{1}{2})^2 = \frac{1}{4}$。从第 1 题我们知道 $E(r^x) = E(r^y) = \frac{1}{2}$，因此，由 $\sigma^2(r^x, r^y) = E(r^x r^y) - E(r^x) E(r^y)$，我们有 $\sigma^2(r^x, r^y) = E(r^x r^y) - E(r^x) E(r^y) = \frac{1}{4} - \frac{1}{2} \times \frac{1}{2} = 0$。

4. 首先，$E(r^P) = w^x E(r^x) + w^y E(r^y) = 0.5 \times 10\% + 0.5 \times 20\% = 15\%$。其次，对于相关系数为

0 的情况，$\sigma^2(r^P) = (w^x\sigma(r^x))^2 + (w^y\sigma(r^y))^2 = (0.5 \times 0.3)^2 + (0.5 \times 0.6)^2 = 0.1125$，因此 $\sigma(r^P) = \sqrt{\sigma^2(r^P)} = \sqrt{0.1125} = 0.3354$。

5. 由 $\sigma^2(r^P) = (w^x\sigma(r^x) + w^y\sigma(r^y))^2 = (0.5 \times 0.3 + 0.5 \times 0.6)^2 = 0.2025$，可得 $\sigma(r^P) = \sqrt{\sigma^2(r^P)} = \sqrt{0.2025} = 0.45$。

6. 由 $\sigma^2(r^P) = (w^x\sigma(r^x) - w^y\sigma(r^y))^2 = (0.5 \times 0.3 - 0.5 \times 0.6)^2 = 0.0225$，可得 $\sigma(r^P) = \sqrt{\sigma^2(r^P)} = \sqrt{0.0225} = 0.15$。资产组合收益率的标准差随资产收益之间相关系数的增加而增加，即 $0.45 = \sigma(r^P|\rho = +1) > \sigma(r^P|\rho = 0) = 0.34 > \sigma(r^P|\rho = -1) = 0.15$。

7. 首先，$E(r^P) = w^x E(r^x) + w^y E(r^y) + w^z E(r^z) = \frac{1}{3} \times 10\% + \frac{1}{3} \times 20\% + \frac{1}{3} \times 6\% = 12\%$。由于新组合有三个互相独立的资产，其收益率的方差为 $\sigma^2(R^P) = (w^x\sigma(R^x))^2 + (w^y\sigma(R^y))^2 + (w^z\sigma(R^z))^2 = (\frac{1}{3} \times 0.3)^2 + (\frac{1}{3} \times 0.6)^2 + (\frac{1}{3} \times 0)^2 = 0.05$，即 $\sigma(r^P) = \sqrt{\sigma^2(r^P)} = \sqrt{0.05} = 0.2236$。比起第 4 题中两个资产的情形，$\sigma(r^P|3 \text{ 个资产}) = 0.22 < \sigma(r^P|2 \text{ 个资产}) = 0.34$。在资产组合中增加一个与原组合中的两个资产没有相关性的新资产可以帮助降低组合收益的标准差，特别是在给定的新资产 Z 是无风险资产的条件下。

8. 由两个收益完全负相关的资产组成的投资组合的收益方差为 $\sigma^2(r^P) = (\sigma(r^P))^2 = (w^x\sigma(r^x) - w^y\sigma(r^y))^2 \geqslant 0$。为了最小化方差，则 $\frac{\partial \sigma^2(r^P)}{\partial w^y} = \frac{\partial (w^x\sigma(r^x) - w^y\sigma(r^y))^2}{\partial w^y}$。由约束条件 $w^x + w^y = 1$，那么 $\frac{\partial \sigma^2(r^P)}{\partial w^y} = -2\sigma(r^P)[\sigma(r^x) + \sigma(r^y)]$，令该式等于零，可得 $\sigma(r^P) = 0 \to (1-w^y)\sigma^x - w^y\sigma^y = 0$，即 $w^y = \frac{\sigma(r^x)}{\sigma(r^x) + \sigma(r^y)} = \frac{0.1}{0.1 + 0.6} = \frac{1}{7}$，$w^x = 1 - w^y = 1 - \frac{1}{7} = \frac{6}{7}$。由于 $\frac{\partial^2 \sigma^2(r^P)}{(\partial w^y)^2} = +2[\sigma(r^x) + \sigma(r^y)]^2 > 0$，二阶导为正保证了方差达到了最小化。
已知 $w^y = \frac{\sigma(r^x)}{\sigma(r^x) + \sigma(r^y)}$ 和 $w^x = 1 - w^y = \frac{\sigma(r^y)}{\sigma(r^x) + \sigma(r^y)}$，有
$\sigma(r^P) = w^x\sigma(r^x) - w^y\sigma(r^y) = \frac{\sigma(r^y)}{\sigma(r^x) + \sigma(r^y)}\sigma(r^x) - \frac{\sigma(r^x)}{\sigma(r^x) + \sigma(r^y)}\sigma(r^y) = 0$。

9. 已知 $\rho(R^x, R^y) = 0$，由于 $\sigma(R^x) > 0$ 及 $\sigma(R^y) > 0$，则 $\sigma^2(R^P) = (w^x\sigma(R^x))^2 + (w^y\sigma(R^y))^2 > 0$。因为 $\sigma^2(R^P) > 0$，最小的标准差一定是正数。又因为 $w^y = 1 - w^x$，则 $\sigma^2(R^P) = (w^x\sigma(R^x))^2 + [(1-w^x)\sigma(R^y)]^2 = (w^x)^2 0.3^2 + (1-w^x)^2 0.6^2 = 0.45(w^x)^2 - 0.72w^x + 0.36$，得一阶条件为 $0.9w^x - 0.72 = 0$。求解 w^x 可得 $w^x = \frac{72}{90} = \frac{4}{5}$，及 $w^y = 1 - w^x = \frac{1}{5}$。由此可得投资组合新的最小标准差为 $\sigma(R^P) = \sqrt{(w^x\sigma(R^x))^2 + (w^y\sigma(R^y))^2} = \sqrt{(\frac{4}{5} \times 0.3)^2 + (\frac{1}{5} \times 0.6)^2} = 26.83\%$。注意，和第 4 题在 $w^x = w^y = 0.5$ 的条件下得到的结果相比，$26.83\% = \sigma(R^P| \text{ 最小化}) < \sigma(R^P| \text{ 等权重}) = 33.54\%$。当然，降低风险的同时收益也减少了，$E[r^P|w^x = \frac{4}{5}] = 12\% < 15\% = E[r^P|w^x = \frac{1}{2}]$。

虽然由两个完全负相关的充分分散化的组合构成的投资组合（即给定 $\rho(r^x, r^y) = -1$），其最小标准差理论上是 0（见第 8 题），但这里的结果表明，当给定 $\rho(r^x, r^y) = 0$ 时，在每个组合的收益方差均为正数的情况下，$\sigma^2(r^P) = 0$ 是不可能发生的。简单地说，假设权重 $w^x > 0$ 及 $w^y > 0$，那么 $\sigma^2(r^P|\rho(r^x, r^y) = -1) < \sigma^2(r^P|\rho(r^x, r^y) = 0)$，其中 $\sigma^2(r^P|\rho(r^x, r^y) = -1) = 0$ 在给定第 8 题中的权重的条件下是可能的。

第 4 章

1. 给定每个资产的权重 w^x、w^y、w^z 和问题中的其他条件，我们要最大化投资组合的期望收益 ($E[r^P] = \sum_i w^i E[r^i]$)，使得预算约束 ($1 = \sum_i w^i$) 和可接受风险的约束 ($\sigma^P = \{\sum_i (w^i \sigma^i)^2\}^{0.5} \leqslant 0.45$，或 $(\sigma^P)^2 = \sum_i (w^i \sigma^i)^2 \leqslant (0.45)^2$) 得到满足。用拉格朗日方法，$L = [(10\%)w^x + (20\%)w^y + (35\%)w^z] - \lambda[1 - w^x - w^y - w^z] - \mu[(0.45)^2 - (0.3w^x)^2 - (0.5w^y)^2 - (0.7w^z)^2]$。计算一阶导，我们有 $\frac{\partial L}{\partial w^x} = 0.1 + \lambda + 0.6 w^x \mu$，$\frac{\partial L}{\partial w^y} = 0.2 + \lambda + 1 w^y \mu$，及 $\frac{\partial L}{\partial w^z} = 0.35 + \lambda + 1.4 w^z \mu$。令这三个导数等于 0，求同时满足这五个方程（包括预算约束和可接受风险的约束）的解集，我们得到 $w^x = -0.000181, w^y = 0.438978, w^z = 0.561203$。期望收益为 $E[r^P] = 28.419855\%$。验证可得 $\sigma^P = 0.45$。（在平衡解中，$\lambda = -0.100025$，$\mu = -0.227745$。）

2. 现在我们有三个额外的约束 ($w^x \geqslant 0$, $w^y \geqslant 0$, $w^z \geqslant 0$)，拉格朗日方程变为 $L = [(10\%)w^x + (20\%)w^y + (35\%)w^z] - \lambda[1 - w^x - w^y - w^z] - \mu[(0.45)^2 - (0.3w^x)^2 - (0.5w^y)^2 - (0.7w^z)^2] + \lambda^x[w^x] + \lambda^y[w^y] + \lambda^z[w^z]$。计算一阶导，我们有 $\frac{\partial L}{\partial w^x} = 0.1 + \lambda + 0.6 w^x \mu + \lambda^x$，$\frac{\partial L}{\partial w^y} = 0.2 + \lambda + 1 w^y \mu + \lambda^y$，及 $\frac{\partial L}{\partial w^z} = 0.35 + \lambda + 1.4 w^z \mu + \lambda^z$。求解得 $w^x = 0, w^y = 0.438678, w^z = 0.561322$。期望收益为 $E(r^p) = 28.419832\%$。

验证可得 $\sigma^P = \{(0.5 \times 0.438678)^2 + [0.7 \times (1 - 0.438678)]^2\}^{0.5} = 0.45$。

比起不限制卖空的情形（第 1 题），对同样的可接受风险，期望收益下降了，即 $28.419832\% = E[r^P|$ 禁止卖空 $] < E[r^P|$ 允许卖空 $] = 28.419855\%$。

这是很自然的，一个受约束的最优化问题的解不会优于至少放松了其中一个约束的最优化问题的解。

3. 在 σr 空间的等效用线为 $\frac{\mathrm{d}r}{\mathrm{d}\sigma}|u = -\frac{\mathrm{d}u/\mathrm{d}\sigma}{\mathrm{d}u/\mathrm{d}r} = -\frac{-2a\sigma}{1} = +2a\sigma$。在 σr 空间的有效前沿的斜率为 $\frac{\mathrm{d}r}{\mathrm{d}\sigma} = \frac{4b}{2\sqrt{\sigma}} = \frac{2b}{\sqrt{\sigma}}$。令两个斜率相等，即 $2a\sigma^* = \frac{2b}{\sqrt{\sigma^*}}$，可得 $\sigma^* = (\frac{b}{a})^{\frac{2}{3}}$。因此，$E[r] = 4b\sqrt{\sigma} + c = 4b[(\frac{b}{a})^{\frac{2}{3}}]^{0.5} + c = 4a^{-\frac{1}{3}}b^{\frac{4}{3}} + c = 4(\frac{b^4}{a})^{\frac{1}{3}} + c$。

4. 对于参数 a，由于 a、b 和 c 都是正数，因此 $\frac{\partial E[r]}{\partial a} = -\frac{4}{3}(\frac{b}{a})^{\frac{4}{3}} < 0$，从而 $E[r]$ 随着 a 的增加而减小。这是因为投资者厌恶风险的程度越大（即 a 越大），投资者在均衡点接受的风险和期望收益越小。参数 a 可以看作一个人对风险的厌恶程度。a 越大，说明这个人越厌恶风险。由于风险厌恶的人通常倾向于为了实现较低的收益标准差而选择较低期望收益的投资组合，因此 $E[r]$ 随着 a 的增加而减小。

对于参数 b，$\frac{\partial E[r]}{\partial b} = 4(\frac{4}{3})a^{-\frac{1}{3}}b^{\frac{1}{3}} = \frac{16}{3}(\frac{b}{a})^{\frac{1}{3}} > 0$，因此 $E[r]$ 随着 b 的增加而增加。参数 b 可以看作一个人承担风险获得的补偿。这说明如果一个人能够接受更高的风险，那么他会获得更高的期望收益，因此 $E[r]$ 随着 b 的增加而增加。

对于参数 c，$\frac{\partial E[r]}{\partial c} = 1 > 0$，因此 $E[r]$ 随着 c 的增加而增加。参数 c 可以看作不承担风险的情况下可以获得的一种无风险收益率。无风险收益率越高，组合的期望收益也应该越高，因此 $E[r]$ 随着 c 的增加而增加。

第 5 章

1. 市场风险溢价 $= E[r^m] - r^f = 8\% - 4\% = 4\%$。

2. 市场风险价格 $= \dfrac{E[r^m] - r^f}{\sigma(r^m)} = \dfrac{8\% - 4\%}{20\%} = \dfrac{1}{5} = 0.2$。

3. 一个充分分散化的组合没有个体风险，因此包含了一个充分分散化的资产组合和一个无风险资产的投资组合 x 的期望收益为 $E[r^x] = r^f + \dfrac{E[r^m] - r^f}{\sigma(r^m)}\sigma(r^x) = 4\% + 0.2 \times 14\% = 6.8\%$。由于 x 的标准差为 $\sigma(r^x) = [(w^m)^2\sigma^2(r^m) + (1-w^m)^2\sigma^2(r^f) + 2w^m(1-w^m)\sigma^2(r^m, r^f)]^{0.5}$，且已知 $\rho(r^m, r^f) = 0$ 和 $\sigma(r^f) = 0$，则 $\sigma(r^x) = w^m\sigma(r^m) = w^m(20\%) = 14\%$。因此，$w^m = \dfrac{14\%}{20\%} = 0.7$，$w^f = 1 - 0.7 = 0.3$。

4. 资产 x 和市场组合之间的相关系数是 $\rho(r^x, r^m) = \dfrac{\sigma^2(r^x, r^m)}{\sigma(r^x)\sigma(r^m)} = \dfrac{\sigma^2(w^m r^m + w^f r^f, r^m)}{\sigma(w^m r^m + w^f r^f)\sigma(r^m)} = \dfrac{w^m \sigma^2(r^m)}{w^m \sigma^2(r^m)} = 1$。

5. 资产组合 x 的收益对市场组合 m 的收益的回归线的斜率为 $\beta^x = \rho(r^x, r^m)\dfrac{\sigma(r^x)}{\sigma(r^m)} = 1 \times (\dfrac{14\%}{20\%}) = 0.7$。因此 x 的期望收益为 $E[r^x] = r^f + \beta^x[E[r^m] - r^f] = 4\% + 0.7(8\% - 4\%) = 6.8\%$。系统风险为 $\beta^x \sigma(r^m) = 0.7 \times 20\% = 14\%$。

6. 与第 3 题类似，一个充分分散化的组合没有个体风险，因此包含了一个充分分散化的资产组合和一个无风险资产的投资组合 y 的期望收益为 $E[r^y] = r^f + \dfrac{E[r^m] - r^f}{\sigma(r^m)}\sigma(r^y) = 4\% + 0.2 \times 28\% = 9.6\%$。由于 $\rho(r^m, r^f) = 0$，组合 y 的标准差为 $28\% = \sigma(r^y) = [(w^m)^2\sigma^2(r^m) + (1-w^m)^2\sigma^2(r^f) + 2w^m(1-w^m)\sigma^2(r^m, r^f)]^{0.5} = w^m\sigma(r^m) = w^m(20\%)$，因此 $w^m = \dfrac{28\%}{20\%} = 1.4$。

为了获得比 8% 的市场回报率更高的 9.6% 的回报率，我们卖空无风险资产，即我们以无风险利率 4% 借钱，并结合我们拥有的股权以 1.4 > 1 的权重来投资风险资产（市场组合）。因此我们的组合期望收益超过市场组合的收益。

7. 在第 4 题中用 x 代替 y 可得 $\rho(r^x, r^m) = 1$。在资本市场线上的所有投资组合相互之间都是完全正相关的。

8. 与第 5 题类似，$\beta^y = \rho(r^y, r^m)\dfrac{\sigma(r^y)}{\sigma(r^m)} = 1.4$。因此组合 y 的期望收益是 $E[r^y] = r^f + \beta^y[E[r^m] - r^f] = 4\% + 1.4 \times (8\% - 4\%) = 9.6\%$。系统风险为 $\beta^x \sigma(r^m) = 1.4 \times 20\% = 28\%$。

9. $Sharpe^x = \dfrac{E[r^x] - r^f}{\sigma(r^x)} = \dfrac{6.8\% - 4\%}{14\%} = 0.2$；$Sharpe^y = \dfrac{E[r^y] - r^f}{\sigma(r^y)} = \dfrac{9.6\% - 4\%}{28\%} = 0.2$；$Sharpe^m = \dfrac{E[r^m] - r^f}{\sigma(r^m)} = \dfrac{8\% - 4\%}{20\%} = 0.2$。

由于三个由无风险资产和市场组合构成的投资组合都落在资本市场线（CML）上，因此三者的夏普比率是相同的。

10. $Treynor^x = \dfrac{E[r^x] - r^f}{\beta(r^x)} = \dfrac{6.8\% - 4\%}{0.7} = 0.04$；$Treynor^y = \dfrac{E[r^y] - r^f}{\beta(r^y)} = \dfrac{9.6\% - 4\%}{1.4} = 0.04$；$Treynor^m = \dfrac{E[r^m] - r^f}{\beta(r^m)} = \dfrac{8\% - 4\%}{1} = 0.04$。

由于三个由无风险资产和市场组合构成的投资组合都落在证券市场线（SML）上，因此三者的特雷诺比率是相同的。

11. 系统风险为 $\beta^m \sigma(r^m) = 1.0 \times 20\% = 20\%$。

第 6 章

对于第 1 题到第 3 题，有两个系统因子和三个资产，因此本质上投资者不是在优化套利组合，而是简单地求解三个联立方程：两个方程用于消除两个系统风险，一个方程用于确保投资组合是无成本的。

$$z^x \beta_1^x + z^y \beta_1^y + z^z \beta_1^z = 0 \quad (\text{消除系统风险} SRF_1)$$
$$z^x \beta_2^x + z^y \beta_2^y + z^z \beta_2^z = 0 \quad (\text{消除系统风险} SRF_2)$$
$$z^x + z^y + z^z = 0 \quad (\text{无成本})$$

其中 z^x、z^y 和 z^z 是相对资产权重。当 $I = K+1$ 时，解决上述问题的一个简单方法是假设 $|z^x| = 1$（当资产 x 的价值被低估，则这个值为正；当资产 x 的价值被高估，则这个值为负），这将有效地约束 S。之后我们可以求解 z^y 和 z^z（在这个例子中 $z^i = w^i$）。

1. 首先判断组合 x 是被高估还是被低估。组合 x 的期望收益是 $E[r^x] = 5\% + 1.025(2\%) + 1.25(4\%) = 12.05\%$。由于 $IROR^x = 11\% < E(r^x) = 12.05\%$，因此 x 被高估，从而我们可以设定 $z^x = -1$。方程变为

$$1.025 \times (-1) + 2z^y + 0.7z^z = 0 \quad (\text{消除系统风险} SRF_1)$$
$$1.25 \times (-1) + 2z^y + 1z^z = 0 \quad (\text{消除系统风险} SRF_2)$$
$$(-1) + z^y + z^z = 0 \quad (\text{无成本})$$

求解得 $z^y = 0.25$ 及 $z^z = 0.75$。因此，我们在组合 x 投资 -100 美元，在组合 y 投资 25 美元，在组合 z 投资 75 美元。这说明我们将买多 y 和 z，卖空 x。对于投资在 x 中的每 -100 美元，利润为 $100[-1 \times 11\% + 0.25 \times 17\% + 0.75 \times 10.4\%] = 1.05$ 美元。

2. 本题的解题思路与第 1 题一致。组合 x 的期望收益是 $E[r^x] = 5\% + 0.75 \times 2\% + -0.5 \times 4\% = 4.5\%$。由于 $IROR^x = 5\% > E(r^x) = 4.5\%$，因此 x 被低估，从而我们可以设定 $z^x = +1$。方程变为

$$0.75 \times 1 + 1.5z^y + 1z^z = 0 \quad (\text{消除系统风险} SRF_1)$$
$$-0.5 \times 1 - 0.5z^y - 0.5z^z = 0 \quad (\text{消除系统风险} SRF_2)$$
$$1 + z^y + z^z = 0 \quad (\text{无成本})$$

求解得 $z^y = 0.5$ 及 $z^z = -1.5$。因此我们在组合 x 投资 $+100$ 美元，在组合 y 投资 50 美元，在组合 z 投资 -150 美元。这说明我们将买多 x 和 y，卖空 z。对于投资在 x 中的每 100 美元，利润为 $100[(+1) \times (5\%) + 0.5 \times 7\% + (-1.5) \times 4.5\%] = 1.75$ 美元。

3. 本题的解题思路与第 1 题一致。组合 x 的期望收益是 $E[r^x] = 5\% + 2.05 \times 2\% + 2.5 \times 4\% = 19.1\%$。由于 $IROR^x = 18\% < E(r^x) = 19.1\%$，因此 x 被高估，从而我们可以设定 $z^x = -1$。方程变为

$$2.05 \times (-1) + 4z^y + 1.4z^z = 0 \quad (\text{消除系统风险} SRF_1)$$
$$2.5 \times (-1) + 4z^y + 2z^z = 0 \quad (\text{消除系统风险} SRF_2)$$
$$(-1) + z^y + z^z = 0 \quad (\text{无成本})$$

求解得 $z^y = 0.25$ 及 $z^z = 0.75$。因此，我们在组合 x 投资 -100 美元，在组合 y 投资 25 美元，在组合 z 投资 75 美元。这说明我们将买多 y 和 z，卖空 x。对于投资在 x 中的每 -100 美元，利润为 $100[(-1) \times 18\% + 0.25 \times 30\% + 0.75 \times 15.8\%] = 1.35$ 美元。

对于第 4 题和第 5 题，有两个系统因子和四个资产，因此投资者需要最优化套利组合，最优化方程为

$$\max_{z^A, z^B, z^C, z^D} IRR^P = \sum_{i=A,B,C,D} z^i(IRR^i - E[r^i]), \text{使得}$$

$$z^A \beta_1^A + z^B \beta_1^B + z^C \beta_1^C + z^D \beta_1^D = 0 \quad (\text{无}SRF_1)$$

$$z^A \beta_2^A + z^B \beta_2^B + z^C \beta_2^C + z^D \beta_2^D = 0 \quad (\text{无}SRF_2)$$

$$z^A + z^B + z^C + z^D = 0 \quad (\text{无成本})$$

$$z^i \in [-5, +5], \, i \in \{A, B, C, D\} \quad (\text{约束}S)$$

这种有约束最优化问题可以通过拉格朗日方法求解。定义 $Z \equiv \sum_{\text{长头寸}i} z^i = -\sum_{\text{短头寸}i} z^i > 0$，其中等号成立的原因是无成本的约束条件。因此 $w^i = \dfrac{z^i}{Z}, i \in \{x, y, z\}$。对每一个资产 i，$V_0^i = w^i S$。

4. 最优化方程为

$$\max_{z^x, z^y, z^z, z^a} IRR^P = \sum_{i=x,y,z,a} z^i(IRR^i - E[r^i]), \text{使得}$$

$$0.25z^x + 0.75z^y + 0.5z^z + (-0.25)z^a = 0 \quad (\text{无}SRF_1)$$

$$0.5z^x + 1.25z^y + (-0.5)z^z + 0.5z^a = 0 \quad (\text{无}SRF_2)$$

$$z^x + z^y + z^z + z^a = 0 \quad (\text{无成本})$$

$$z^i \in [-5, +5], \, i \in \{x, y, z, a\} \quad (\text{约束}S)$$

在 Excel 中求解可得 $z^x = -5, z^y = 1.6, z^z = 1.2$ 及 $z^a = 2.2$，因此权重为 $w^x = \dfrac{-5}{5} = -1$，$w^y = \dfrac{1.6}{5} = 0.32$，$w^z = \dfrac{1.2}{5} = 0.24$ 及 $w^a = \dfrac{2.2}{5} = 0.44$。因此我们在组合 x 投资 -100 美元，在组合 y 投资 32 美元，在组合 z 投资 24 美元，在组合 a 投资 44 美元。这说明我们将买多 y、z 和 a，卖空 x。对于投资在 x 中的每 -100 美元，利润为 $100[(-1) \times 7\% + 0.32 \times 12\% + 0.24 \times 5\% + 0.44 \times 7\%] = 1.12$ 美元。

5. 本题的解题思路与第 4 题一致。最优化方程为

$$\max_{z^x, z^y, z^z, z^a} IRR^P = \sum_{i=x,y,z,a} z^i(IRR^i - E[r^i]), \text{使得}$$

$$0.25z^x + 0.5z^y + 0.75z^z + 1z^a = 0 \quad (\text{无}SRF_1)$$

$$1z^x + 0.5z^y + 0.25z^z + 1z^a = 0 \quad (\text{无}SRF_2)$$

$$z^x + z^y + z^z + z^a = 0 \quad (\text{无成本})$$

$$z^i \in [-5, +5], \, i \in \{x, y, z, a\} \quad (\text{约束}S)$$

在 Excel 中求解可得 $z^x = -2.22, z^y = 5, z^z = -3.33$ 及 $z^a = 0.56$，因此权重为 $w^x = \dfrac{-2.22}{2.22} = -1$，$w^y = \dfrac{5}{2.22} = 2.25$，$w^z = \dfrac{-3.33}{2.22} = -1.5$ 及 $w^a = \dfrac{0.56}{2.22} = 0.25$。因此我们在组合 x 投资 -100 美元，在组合 y 投资 225 美元，在组合 z 投资 -150 美元，在组合 a 投资 25 美元。这说明我们将买多 y 和 a，卖空 x 和 z。对于投资在 x 中的每 -100 美元，利润为 $100[(-1) \times 9\% + 2.25 \times 9\% + -1.5 \times 7\% + 0.25 \times 11\%] = 3.50$ 美元。

第 7 章

1. 见第 264 页表 7.4。

2. 见第 265 页表 7.5。

3. 2015 年的利润留存率为 $b = \dfrac{NI - 股利}{NI} = \dfrac{20\,000 - 3\,300}{20\,000} = 83.5\%$。

4. 2015 年的股利分配率为 $1 - b = \dfrac{股利}{NI} = \dfrac{3\,300}{20\,000} = 16.5\%$。

5. 见第 266 页表 7.6。

6. 2015 年的自由现金流为 $FCF_{2015} = OCF_{2015} + ICF_{2015} + IE_{2015} \times (1 - T_c) = 18\,400 + (-15\,200) + 2\,000 \times (1 - \dfrac{6\,000}{26\,000}) = 4\,738$ 美元。

7. 2015 年的自由股权现金流为 $FCFE_{2015} = OCF_{2015} + ICF_{2015} + \Delta Debt_{2015-2014} = OCF_{2015} + ICF_{2015} + (\Delta[NP + CMLTD + LTD]) = 18\,400 + (-15\,200) + ([5\,000 - 6\,000] + [2\,000 - 1\,000] + [21\,000 - 16\,000]) = 8\,200$ 美元。

8. 2015 年的全股权现金流为 $TECF_{2015} = Div'd_{2015} + 净股本支出_{2015} = 3\,300 - [(4\,800 + 900 - 5\,000) - (4\,500 + 700 - 4\,800)] = 3\,000$ 美元。验证如下：$TECF_{2015} = FCFE_{2015} - \Delta(cash + MS)_{2015-2014} = 8\,200 - [(2\,500 + 12\,700) - (2\,000 + 8\,000)] = 3\,000$ 美元。

表 7.4 利润表 （单位：美元）

利润表科目	2015
主营业务收入	198 000
业务成本	111 000
毛利润	87 000
销售、一般及管理费用	38 000
广告费用	16 500
折旧与摊销	3 000
维修与维护	2 000
经营利润 (EBIT*)	27 500
其他收入（成本）	
利息收入	500
利息费用	(2 000)
税前利润 (EBT**)	26 000
所得税	6 000
净利润	20 000
基本每股收益	4.17
稀释每股收益	4.11

*EBIT 英文全称为 earnings before interest income (expenses) and taxes。

**EBT 英文全称为 earnings before taxes（在计入利息收入（或费用）后。

2015 年发放了 3 300 美元的现金分红。

表 7.5 资产负债表 （单位：美元）

资产负债表科目	15/12/31	14/12/31
资产		
流动资产		
现金	2 500	2 000
可交易证券	12 700	8 000
应收账款*	8 000	8 000
存货	47 000	36 000
预付款项	500	700
流动资产总计	70 700	54 700
房屋、厂房与设备：固定资产		
土地	800	800
建筑物与租入物维修	18 000	11 000
设备	21 000	13 000
固定资产原值	39 800	24 800
减：累计折旧与摊销	10 000	7 000
固定资产净值	29 800	17 800
其他资产	800	600
总资产	101 300	73 100
负债与所有者权益		
流动资产		
应付账款	14 000	7 000
应付票据	5 000	6 000
一年内到期的长期债券	2 000	1 000
其他应付款	5 000	6 000
流动负债总计	47 800	36 600
递延所得税负债	800	600
长期负债	21 000	16 000
总负债	47 800	36 600
所有者权益		
普通股，面值 1 美元**	4 800	4 500
资本公积	900	700
留存收益	52 800	36 100
减：库存股	5 000	4 800
所有者权益总计	53 500	36 500
负债与所有者权益总计	101 300	73 100

*已减去坏账。

**发行在外 10 000 000 股；2015 年发行 4 800 000 股；2014 年发行 4 500 000 股；2015 年稀释后总股份发行量为 4 867 000 股；2015 年 12 月 31 日的股价为每股 10.00 美元。

表 7.6　现金流量表　　　　　　　　　　　　　　　　　　　　（单位：美元）

现金流量表项目	2015
经营现金流相关活动	
净利润	20 000
净利润的非现金调整项	
折旧与摊销	3 000
递延所得税	200
营运资金提供的现金	
应收账款	(0)
存货	(11 000)
预付款项	200
应付账款	7 000
其他应付款	(1 000)
经营活动现金流	18 400
投资现金流相关活动	
新增固定资产	(15 000)
其他投资活动	(200)
投资现金流	(15 200)
融资现金流相关活动	
发行普通股	300
增加(减少)短期债务*	(0)
增加长期债务	5 000
减少短期债务	(0)
支付股利	(3 300)
融资现金流	2 000
增加(减少)的现金与可交易金融证券	5 200
现金/可交易证券：年初	10 000
现金/可交易证券：年末	15 200

*包括了一年内到期的长期债务和应付票据的变化量，即 $\Delta(CM + NP)$。

第 8 章

本章习题答案以上一章习题为基础，即第 264 页表 7.4 和第 265 页表 7.5。

1. 见第 267 页表 8.13。

2. 见第 267 页表 8.14。

3. 见第 268 页表 8.15。

4. 见第 269 页表 8.16。

5. 见第 270 页表 8.17。

6. 见第 271 页表 8.18。

7. 见第 271 页表 8.19。

8. 可持续增长率为 $g = b(ROE) = 83.5\% \times 44.4\% = 37.1\%$。

9. 已知股价为每股 10.00 美元,则

(a) 市销率 $= \dfrac{P}{S} = \dfrac{10\text{美元/股}}{198\,000\,000\text{美元}/4\,800\,000\text{股}} = 0.24$;

(b) 股价现金流比率 $= \dfrac{P}{FCF} = \dfrac{10\text{美元/股}}{4\,738\,000\text{美元}/4\,800\,000\text{股}} = 10.13$;

(c) 市净率 $= \dfrac{P}{BV} = \dfrac{10\text{美元/股}}{53\,500\,000\text{美元}/4\,800\,000\text{股}} = 0.90$;

(d) 市盈率 $= \dfrac{P}{E} = \dfrac{10\text{美元/股}}{20\,000\,000\text{美元}/4\,800\,000\text{股}} = 2.40$。

表 8.13 同比利润表

利润表科目	2015
销售收入	100.0
生产成本	56.1
毛利润	43.9
销售、一般及行政费用	19.2
广告费用	8.3
折旧与摊销	1.5
维修与维护费用	1.0
经营利润 (EBIT*)	13.9
其他收入(或费用)	
利息收入	0.3
利息费用	(1.0)
税前利润 (EBT**)	13.1
所得税	3.0
净利润	10.1

*EBIT 也叫息税前利润。
**EBT 指税前利润(考虑利息收入(或利息费用)之后)。
2015 年发放了 3 300 美元的现金分红。

表 8.14 同比资产负债表

资产负债表科目	15/12/31	14/12/31
资产		
流动资产		
现金	2.5	2.7
可交易证券	12.5	10.9
应收账款 *	7.9	10.9
存货	46.4	49.2
预付账款	0.5	1.0
流动资产总计	69.8	74.8

续表

资产负债表科目	15/12/31	14/12/31
房屋、厂房与设备：固定资产		
土地	0.8	1.1
建筑物与租入物维修	17.8	15.0
设备	20.7	17.8
固定资产原值	39.3	33.9
减：累计折旧与摊销	9.9	9.6
固定资产净值	29.4	24.4
其他资产	0.8	0.8
总资产	100.0	100.0
负债与所有者权益		
流动负债		
应付账款	13.8	9.6
应付票据	4.9	8.2
一年内到期的长期负债	2.0	1.4
其他应付款	4.9	8.2
流动负债总计	25.7	27.4
递延所得税	0.8	0.8
长期债务	20.7	21.9
负债总计	47.2	50.1
所有者权益		
普通股，面值 1 美元**	4.7	6.2
其他资本公积	0.9	1.0
留存收益	52.1	49.4
减：库存股	4.9	6.6
所有者权益总计	52.8	49.9
负债及所有者权益总计	100.0	100.0

*已减去坏账。

**发行在外 10 000 000 股；2015 年发行 4 800 000 股；2014 年发行 4 500 000 股；2015 年稀释后总股份发行量为 4 867 000 股；2015 年 12 月 31 日的股价为每股 10.00 美元。

表 8.15　内部流动性指标

指标	表达式	计算	结果
流动比率	$\dfrac{CA}{CL}$	$\dfrac{70\ 700}{26\ 000}$	2.72
速动比率*	$\dfrac{\text{现金} + MS + AR}{CL}$	$\dfrac{23\ 200}{26\ 000}$	0.89
现金比率	$\dfrac{\text{现金} + MS}{CL}$	$\dfrac{15\ 200}{26\ 000}$	0.58
现金流流动比率	$\dfrac{\text{现金} + MS + OCF}{CL}$	$\dfrac{33\ 600}{26\ 000}$	1.29

续表

指标	表达式	计算	结果
应收账款周转率($\frac{次}{年}$)	$\frac{NS}{平均应收账款}$	$\frac{198\ 000}{8\ 000}$	24.8
存货周转率($\frac{次}{年}$)	$\frac{COGS}{平均存货}$	$\frac{111\ 000}{41\ 500}$	2.67
应付账款周转率($\frac{次}{年}$)	$\frac{COGS}{平均应付账款}$	$\frac{111\ 000}{10\ 500}$	10.6
应收账款周转天数(DAR)	$\frac{365}{应收账款周转率}$	$\frac{365}{24.8}$	14.7
存货周转天数(DI)	$\frac{365}{存货周转率}$	$\frac{365}{2.67}$	136.7
应付账款周转天数(DAP)	$\frac{365}{应付账款周转率}$	$\frac{365}{10.6}$	34.5
现金循环周期	$DAR+DI-DAP$	$15+137-35$	117

*速动比率也被称为"酸性测试比率"。
CA：流动资产；CL：流动负债；MS：可交易证券；AR：应收账款；OCF：经营性现金流；NS：销售收入；$COGS$：生产成本。

表 8.16 营运指标：营运效率指标和营运利润指标

指标	表达式	计算	结果
营运效率指标			
固定资产周转率	$\frac{NS}{平均NPPE}$	$\frac{198\ 000}{23\ 800}$	8.32
总资产周转率	$\frac{NS}{平均总资产}$	$\frac{198\ 000}{87\ 200}$	2.27
毛固定资产周转率	$\frac{NS}{平均GPPE}$	$\frac{198\ 000}{32\ 300}$	6.13
权益周转率	$\frac{NS}{平均所有者权益}$	$\frac{198\ 000}{45\ 000}$	4.40
营运利润指标			
毛利率	$\frac{GP}{NS}$	$\frac{87\ 000}{198\ 000}$	43.9%
经营利润率	$\frac{OP}{NS}$	$\frac{27\ 500}{198\ 000}$	13.9%
净利率	$\frac{NI}{NS}$	$\frac{20\ 000}{198\ 000}$	10.1%
现金流利润率	$\frac{OCF}{NS}$	$\frac{18\ 400}{198\ 000}$	9.3%
资产收益率	$\frac{NI}{平均总资产}$	$\frac{20\ 000}{87\ 200}$	22.9%
股权收益率	$\frac{NI}{平均所有者权益}$	$\frac{20\ 000}{45\ 000}$	44.4%

续表

指标	表达式	计算	结果
财务杠杆（$\frac{TA}{Eq}$杠杆）	$\frac{\text{平均总资产}}{\text{平均所有者权益}}$	$\frac{87\,200}{45\,000}$	1.94
杜邦股权收益率	$NPM(TATO)\frac{A.TA}{A.Eq}$	$10.1\% \times 2.27 \times 1.9$	44.4%
资产现金流回报率	$\frac{OCF}{\text{平均总资产}}$	$\frac{18\,400}{87\,200}$	21.1%
总资本收益率	$\frac{NI+IE}{\text{平均}(Eq+D^{**})}$	$\frac{22\,000}{70\,500}$	31.2%

NS：销售收入；NI：净利润；GP：毛利润；OP：经营利润；OCF：经营现金流；$NPPE$：固定资产原值；$GPPE$：固定资产原值；OCF：经营现金流；TA：总资产；Eq：所有者权益；$TATO$：总资产周转率；IE：利息费用。
D：债务，包括长期债务和短期债务，即 $D = TD = LTD + (STD) = LTD + (NP + CM)$。

表 8.17　财务风险指标：杠杆风险指标和偿债风险指标

指标	表达式	计算	结果
杠杆财务风险指标			
资产负债比	$\frac{TL}{TL+Eq}$	$\frac{47\,800}{101\,300}$	47.2%
长期负债总资本比	$\frac{LTD}{LTD+Eq}$	$\frac{21\,000}{74\,500}$	28.2%
权益比率	$\frac{TL}{Eq}$	$\frac{47\,800}{53\,500}$	0.89
财务杠杆（$\frac{A}{Eq}$杠杆）	$\frac{TA}{Eq}$	$\frac{101\,300}{53\,500}$	1.89
资产负债率	$\frac{TD}{TA}$	$\frac{28\,000}{101\,300}$	27.6%
偿债财务风险指标			
利息保障倍数	$\frac{EBIT}{IE}$	$\frac{27\,500}{2\,000}$	13.75
现金利息保障倍数	$\frac{OCF+IE+\text{所得税}}{IE}$	$\frac{26\,400}{2\,000}$	13.20
固定费用偿付比率	$\frac{EBIT+\text{租赁费用}}{IE+\text{租赁费用}}$	N/R**	N/R**
现金流量充足率	$\frac{OCF}{CapEx+IE+Div}$	$\frac{18\,400}{20\,300}$	90.6%
现金流覆盖率	$\frac{OCF}{\text{平均总负债}}$	$\frac{18\,400}{25\,500}$	72.2%
调整资产收益率（对财务杠杆系数调整）	$\frac{NI+IE(1-T^C)}{\text{平均总资产}}$	$\frac{21\,538}{87\,200}$	24.7%
财务杠杆系数	$\frac{ROE}{\text{经调整的}ROA}$	$\frac{44.4\%}{24.7\%}$	1.80

指标	表达式	计算	结果
TL: 总负债; LTD: 长期债务; Eq: 所有者权益; TA: 总资产; TD: 总债务; Cap: 总市值; $EBIT$ 也称经营利润（operating profit, OP）; IE: 利息费用; OCF: 经营现金流; $CapEx$: 资本支出，即 $\Delta GPPE$; Div: 支付股利; NI: 净利润; T^C: 税率; ROE: 股权收益率。			

表 8.18 边际贡献利润表

利润表科目	金额（美元）	每单位	金额（美元）	比率	数值
销售收入（NS）	198 000	价格（P）	10.00		100.0%
可变成本（VC）	111 000	单位平均可变成本（UVC）	5.61	可变成本占比（VCR）	56.1%
边际贡献（CM）	87 000	单位边际贡献（UCM）	4.39	边际贡献比（CMR）	43.9%
固定成本（FC）	59 500	单位平均固定成本	3.01	固定成本占比	30.1%
营业毛利（OM）	27 500	单位营利占比（UOM）	1.39	营业毛利占比（OMR）	13.9%

营业毛利＝息税前利润＝经营利润;

销售数量为 $\dfrac{销售收入}{价格} = \dfrac{198\,000\ 美元}{10\ 美元/单位} = 19\,800$ 个。

为了简单起见，假设生产成本是可变成本，其他成本都是固定的。

表 8.19 经营风险指标

指标	表达式	计算	结果
固定成本比率（FCR）	$\dfrac{FC}{TC}$	$\dfrac{130\,000}{170\,500}$	76.3%
经营杠杆水平（DOL）	$\dfrac{NS-VC}{NS-VC-FC}$	$\dfrac{157\,500}{27\,500}$	5.73
经营杠杆水平（DOL）	$1+\dfrac{FC}{EBIT}$	$1+\dfrac{130\,000}{27\,500}$	5.73
经营杠杆水平（DOL）	$\dfrac{CMR}{OMR}$	$\dfrac{79.5\%}{13.9\%}$	5.73
$CV^*(NS)$	$\dfrac{\sigma(NS)^{**}}{\mu(NS)^{**}}$	$\dfrac{32\,670}{198\,000}$	16.5%
经营风险	$\dfrac{CV(EBIT)^{**}}{CV(NS)^{**}}$	$\dfrac{40.4\%}{16.5\%}$	2.45

* CV: 变异系数;

** $\sigma(NS) = 32\,670$ 美元; $\mu(NS) = 198\,000$ 美元;

$\sigma(EBIT) = 11\,100$ 美元; $\mu(EBIT) = 27\,500$ 美元。

第 9 章

1. $WACC = 40\% \times 9\% \times (1-30\%) + 60\% \times 16\% = 12.12\%$。

2. $EV = \dfrac{10}{1.1212} + \dfrac{18}{1.1212^2} + \dfrac{26}{1.1212^3} + \dfrac{34}{1.1212^4} + \dfrac{40}{1.1212^5} + \dfrac{46}{1.1212^6} + \dfrac{52}{1.1212^7} + \dfrac{52 \times (1+4\%)}{12.12\% - 4\%} \times$

$1.1212^{-7} = 431.2973$。

3. $Eq = \dfrac{7}{1.16} + \dfrac{13}{1.16^2} + \dfrac{18}{1.16^3} + \dfrac{23}{1.16^4} + \dfrac{23 \times (1 + 4\%)}{16\% - 4\%} \times 1.16^{-4} = 150.0202$。

4. $Eq = \dfrac{6}{1.16} + \dfrac{12}{1.16^2} + \dfrac{17}{1.16^3} + \dfrac{22}{1.16^4} + \dfrac{26}{1.16^5} + \dfrac{29}{1.16^6} + \dfrac{29 \times (1 + 4\%)}{16\% - 4\%} \times 1.16^{-6} = 164.5715$。

5. $Eq = \dfrac{2 \times (1.08)}{1.12} + \dfrac{2 \times (1.08)^2}{1.12^2} + \dfrac{2 \times (1.08)^3}{1.12^3} + \dfrac{2 \times (1.08)^4}{1.12^4} + \dfrac{2 \times (1.08)^5}{1.12^5} + \dfrac{2 \times (1.08)^5 \times 1.03}{12\% - 3\%} \times 1.12^{-5} = 28.0615$。

6. 7.（略）

第 10 章

1. $ROE_0 = \dfrac{NI_0}{Eq_{-1}} = \dfrac{0.24}{2} = 12\%$。

2. $b = 1 - 60\% = 40\%$。

3. $g = ROE \times b = 12\% \times 40\% = 4.8\%$。

4. 对每一股，$d_0 = NI_0(1 - b) = 0.24 \times 60\% = 0.144$ 美元。

5. 总股本的账面价值 $=$ 每股账面价值 $\times$ 流通股数量 $= Eq_0 \times$ 流通股数 $= Eq_{-1}(1+g) \times$ 流通股数 $= 2 \times 1.048 \times 10 = 20.96$ 美元。

6. $P_0 = \dfrac{d_1}{r^E - g} = \dfrac{d_0(1+g)}{r^E - g} = \dfrac{0.144 \times (1 + 4.8\%)}{9\% - 4.8\%} = 3.5931$ 美元。

7. 由于 3.5931 美元 $>$ 2.096 美元，因此股价高于每股账面价值，这意味着企业为股东创造了价值。与之一致的是，管理者创造了比股东要求的回报率更高的收益，即 $12\% = ROE > r_E = 9\%$。

8. $\dfrac{P_0}{NI_1} = \dfrac{P_0}{NI_0(1+g)} = \dfrac{3.5931}{0.24 \times (1 + 4.8\%)} = 14.2857$。

9. 从昨天开始的五年后：

(a) $d_5 = d_0(1+g)^5 = 0.144 \times (1 + 4.8\%)^5 = 0.182$ 美元；

(b) $Eq_5 = Eq_{-1}(1+g)^6 = 2.00 \times (1 + 4.8\%)^6 = 2.6497$ 美元；

(c) $P_5 = \dfrac{d_6}{r^E - g} = \dfrac{d_0(1+g)^6}{r^E - g} = \dfrac{0.144 \times (1 + 4.8\%)^6}{9\% - 4.8\%} = 4.5424$ 美元；

(d) $\dfrac{P_5}{NI_6} = \dfrac{P_5}{NI_0(1+g)^6} = \dfrac{4.5424}{0.24 \times (1 + 4.8\%)^6} = 14.2857$。

从昨天开始的 10 年后：

(a) $d_{10} = d_0(1+g)^{10} = 0.144 \times (1 + 4.8\%)^{10} = 0.2301$ 美元；

(b) $Eq_{10} = Eq_{-1}(1+g)^{11} = 2.00 \times (1 + 4.8\%)^{11} = 3.3497$ 美元；

(c) $P_{10} = \dfrac{d_{11}}{r^E - g} = \dfrac{d_0(1+g)^{11}}{r^E - g} = \dfrac{0.144 \times (1 + 4.8\%)^{11}}{9\% - 4.8\%} = 5.7423$ 美元；

(d) $\dfrac{P_{10}}{NI_{11}} = \dfrac{P_{10}}{NI_0(1+g)^{11}} = \dfrac{5.7423}{0.24 \times (1 + 4.8\%)^{11}} = 14.2857$，与 $\dfrac{P_0}{NI_1}$ 结果相同。

10. (a) $P_0(r^E = 15\%) = \dfrac{d_1}{r^E - g} = \dfrac{d_0(1+g)}{r^E - g} = \dfrac{0.144(1 + 4.8\%)}{15\% - 4.8\%} = 1.4795$；

(b) $\dfrac{P_0(r^E = 15\%)}{NI_1} = \dfrac{P_0(r^E = 15\%)}{NI_0(1+g)} = \dfrac{1.4795}{0.24(1+4.8\%)} = 5.8824$。在这种情况下，由于 2.096 美元 > 1.4795 美元，因此每股账面价值高于股价，这意味着企业价值遭到了折损。与之一致的是，管理者创造的收益率低于股东的要求回报率，即 $12\% = ROE < r_E = 15\%$。

11. 当 $b^1 = 70\%$ 时：

(a) $g^1 = ROE(b^1) = 12\% \times 70\% = 8.4\%$；

(b) $Eq_1^1 = Eq_0(1+g^1) = 2.096 \times (1+8.4\%) = 2.2721$ 美元；

(c) $P_0^1(b = 70\%) = \dfrac{d^1}{r^E - g^1} = \dfrac{E_1(1-b^1)}{r^E - g^1} = \dfrac{Eq_0(ROE)(1-b^1)}{r^E - g^1} = \dfrac{2.096 \times 12\% \times (1-70\%)}{9\% - 8.4\%}$
$= 12.5760$ 美元；

(d) $\dfrac{P_0^1(b = 70\%)}{NI_1} = \dfrac{1-b^1}{r^E - ROE(b^1)} = \dfrac{1-70\%}{9\% - 12\% \times 70\%} = 50$。

由于 $12\% = ROE > r_E = 9\%$，当利润留存率增加时，股价上升。这是因为企业会为股东创造价值，所以股东认为增加利润留存率是一个好消息，从而导致了股价的上升。

第 11 章

1. $EAR(m=1) = (1+12\%)^1 - 1 = 12\%$，$EAR(m=2) = (1+\dfrac{12\%}{2})^2 - 1 = 12.36\%$，$EAR(m=4) = (1+\dfrac{12\%}{4})^4 - 1 = 12.55\%$，$EAR(m=6) = (1+\dfrac{12\%}{6})^6 - 1 = 12.62\%$，$EAR(m=12) = (1+\dfrac{12\%}{12})^{12} - 1 = 12.68\%$，$EAR(m=24) = (1+\dfrac{12\%}{24})^{24} - 1 = 12.72\%$，$EAR(m=52) = (1+\dfrac{12\%}{52})^{52} - 1 = 12.73\%$，$EAR(m=365) = (1+\dfrac{12\%}{365})^{365} - 1 = 12.747\%$，$EAR(m=+\infty) = e^{12\%} - 1 = 12.750\%$。

2. $P = 1\,000 \times \dfrac{8\%/2}{9\%/2} \times [1 - (1+\dfrac{9\%}{2})^{-2\times 7}] + 1\,000(1+\dfrac{9\%}{2})^{-2\times 7} = 948.89$。由于 $948.89 < 1\,000$，这是一个折价债券。

3. 名义利率即息票率，即 8%。当期收益率为 $\dfrac{\text{年票息}}{\text{价格}} = \dfrac{1\,000 \times 8\%}{948.89} = 8.43\%$。

4. 5. 6. （略）

第 12 章

1. $P(T=14) = 1\,000 \times \dfrac{8\%/2}{4\%/2} \times [1 - (1+\dfrac{4\%}{2})^{-2\times 14}] + 1\,000 \times (1+\dfrac{4\%}{2})^{-2\times 14} = 1425.63$。由于 $1425.63 > 1\,000$，这是一个溢价债券。

2. $P(T=20) = 1\,000 \times \dfrac{8\%/2}{4\%/2} \times [1 - (1+\dfrac{4\%}{2})^{-2\times 20}] + 1\,000 \times (1+\dfrac{4\%}{2})^{-2\times 20} = 1547.11 > 1425.63$。此时价格比第 1 题中更大。对于溢价债券，随着时间逼近到期日（在本题的背景下，到期期限从 20 年减小到 14 年），债券价格逐渐减小，且在到期期限减小到 0 时收敛到面值 F。

3. 4. 5. （略）

6. $P(r^C = 15\%) = 1\,000 \times \dfrac{15\%}{2} \times \dfrac{1-(1+4\%/2)^{-2\times 14}}{4\%/2} + 1\,000 \times (1+\dfrac{4\%}{2})^{-2\times 14} = 2170.47$。由于 $2170.47 > 1\,000$，这是一个溢价债券。

第 13 章

1. $P(4\%) = 100 \times \dfrac{8\%}{2} \times \dfrac{1-(1+4\%/2)^{-2\times 3}}{4\%/2} + 1\,000/(1+\dfrac{4\%}{2})^{-2\times 3} = 1112.0286$。

2. $P(3.99\%) = 40 \times \dfrac{1-(1+3.99\%/2)^{-6}}{3.99\%/2} + 1\,000/(1+\dfrac{3.99\%}{2})^{-6} = 1112.3276$。

$P(4.01\%) = 40 \times \dfrac{1-(1+4.01\%/2)^{-6}}{4.01\%/2} + 1\,000/(1+\dfrac{4.01\%}{2})^{-6} = 1111.7297$。

3. $P(3.99\%)-P(4\%) = 1112.3276-1112.0286 = 0.2990 > 0$，为正数。$P(4.01\%)-P(4\%) = 1111.7297-1112.0286 = -0.2989 < 0$，为负数。由于 $0.2990 > 0.2989$，收益率下降引起价格变化的幅度大于收益率上升的情形。这是因为收益率曲线是凸的，说明当收益率上升（下降）时，债券的绝对价格下降（上升）的速度在下降（上升）。

4. $MaD = [0.5 \times \dfrac{40}{(1+4\%/2)^1} + 1 \times \dfrac{40}{(1+4\%/2)^2} + 1.5 \times \dfrac{40}{(1+4\%/2)^3} + 2 \times \dfrac{40}{(1+4\%/2)^4} + 2.5 \times \dfrac{40}{(1+4\%/2)^5} + 3 \times \dfrac{1040}{(1+4\%/2)^6}] \dfrac{1}{P \times 4\%} = 2.7423$ 年。

5. $MD = \dfrac{MaD}{1+4\%/2} = 2.6886$。

6. $Conv = [0.5 \times (0.5+0.5) \times \dfrac{40}{(1+4\%/2)^1} + 1 \times (1+0.5) \times \dfrac{40}{(1+4\%/2)^2} + 1.5 \times (1.5+0.5) \times \dfrac{40}{(1+4\%/2)^3} + 2 \times (2+0.5) \times \dfrac{40}{(1+4\%/2)^4} + 2.5 \times (2.5+0.5) \times \dfrac{40}{(1+4\%/2)^5} + 3 \times (3+0.5) \times \dfrac{1040}{(1+4\%/2)^6}] \times \dfrac{1}{P \times 4\%} \times \dfrac{1}{(1+4\%/2)^2} = 8.9403$ 年^2。

7. 一阶近似：$P(y_1) = P_0(y_0)[1-(y_1-y_0)MD]$。

(a) $P(3.99\%) = 1112.0286 \times [1-(3.99\%-4\%) \times 2.6886] = 1112.32759284929$；

(b) $P(4.01\%) = 1112.0286 \times [1-(4.01\%-4\%) \times 2.6886] = 1111.72964277832$。

8. （略）

9. 二阶近似：$P(y_1) = P_0(y_0)[1-(y_1-y_0)MD + \dfrac{(y_1-y_0)^2}{2}Conv]$。

(a) $P(3.99\%) = 1112.0286 \times [1-(-0.01\%) \times 2.6886 + \dfrac{(0.01\%)^2}{2} \times 8.9403] = 1112.3276425585$；

(b) $P(4.01\%) = 1112.0286 \times [1-(0.01\%) \times 2.6886 + \dfrac{(0.01\%)^2}{2} \times 8.9403] = 1111.72969248753$。

对于 3.99% 的收益率，一阶近似的误差为 $|1112.32759-1112.3276| = 4.97156E-05$，二阶近似的误差为 $|1112.32764-1112.3276| = 6.39557E-09$，因此和预期一致，二阶近似的误差更小。对于 4.01% 的收益率，一阶近似的误差为 $|1111.7296-1112.3276| = 4.97028E-05$，二阶近似的误差为 $|1111.7297-1112.3276| = 6.39511E-09$。再次和预期一致，二阶近似的误差更小。简单地说，两种情况下二阶近似的误差都更小。只要收益率的变化 $\Delta y = y_1 - y_0$ 是微小的，这种大小关系一般都会成立。

第 14 章

1. $P(f=0) = 40 \times \dfrac{1-(1+4\%/2)^{-28}}{4\%/2} + 1\,000 \times (1+\dfrac{4\%}{2})^{-28} = 1425.63$。由于 $1425.63 > 1\,000$,这是一个溢价债券。

2. 在计算价格之前,我们要知道 f 的值。本题中,$f = \dfrac{3}{6} = 0.5$。因此债券全价为 $P(f=0.5) = (1+\dfrac{4\%}{2})^{0.5} P(0) = 1439.81$;应计利息为 $AI(f=0.5) = 40 \times 0.5 = 20$;债券净价为 $CP(f=0.5) = P(f=0.5) - AI(f=0.5) = 1439.81 - 20 = 1419.81$。

3、4、5、6、7.(略)

第 15 章

1. $SR_{0.5} = 2 \times \left(\dfrac{100}{98.02} - 1\right) = 4.04\%$;$SR_1 = 2 \times \left[\left(\dfrac{100}{95.5}\right)^{\frac{1}{2}} - 1\right] = 4.66\%$;

$SR_{1.5} = 2 \times \left[\left(\dfrac{100 + 100 \times 6\%/2}{101.01 - \dfrac{100 \times 6\%/2}{(1+4.04\%/2)^1} - \dfrac{100 \times 6\%/2}{(1+4.66\%/2)^2}}\right)^{\frac{1}{3}} - 1\right] = 5.32\%$;

$SR_2 = 2 \times \left[\left(\dfrac{100 + 100 \times 9\%/2}{102.31 - \dfrac{100 \times 9\%/2}{(1+4.04\%/2)^1} - \dfrac{100 \times 9\%/2}{(1+4.66\%/2)^2} - \dfrac{100 \times 9\%/2}{(1+5.32\%/2)^3}}\right)^{\frac{1}{4}} - 1\right] = 7.93\%$;

$SR_{2.5} = 2 \left[\left(\dfrac{100 + 100 \times 8\%/2}{100.34 - \dfrac{100 \times 8\%/2}{(1+4.04\%/2)^1} - \dfrac{100 \times 8\%/2}{(1+4.66\%/2)^2} - \dfrac{100 \times 8\%/2}{(1+5.32\%/2)^3} - \dfrac{100 \times 8\%/2}{(1+7.93\%/2)^4}}\right)^{\frac{1}{5}} - 1\right] = 8.00\%$;

$SR_3 = 2 \left[\left(\dfrac{100 + 100 \times 8.5\%/2}{99.34 - \dfrac{100 \times 8.5\%/2}{(1+4.04\%/2)^1} - \dfrac{100 \times 8.5\%/2}{(1+4.66\%/2)^2} - \dfrac{100 \times 8.5\%/2}{(1+5.32\%/2)^3} - \dfrac{100 \times 8.5\%/2}{(1+7.93\%/2)^4} - \dfrac{100 \times 8.5\%/2}{(1+8\%/2)^5}}\right)^{\frac{1}{6}} - 1\right]$
$= 9.00\%$。

2. ${}_0f_{0.5} = SR_{0.5} = 4.04\%$;${}_{0.5}f_1 = 2 \times \left[\dfrac{(1+4.66\%/2)^2}{(1+4.04\%/2)^1} - 1\right] = 5.28\%$;

${}_1f_{1.5} = 2 \times \left[\dfrac{(1+5.32\%/2)^3}{(1+4.66\%/2)^2} - 1\right] = 6.64\%$;${}_{1.5}f_2 = 2 \times \left[\dfrac{(1+7.93\%/2)^4}{(1+5.32\%/2)^3} - 1\right] = 15.99\%$;

${}_2f_{2.5} = 2 \times \left[\dfrac{(1+8.00\%/2)^5}{(1+7.93\%/2)^4} - 1\right] = 8.27\%$;${}_{2.5}f_3 = 2 \times \left[\dfrac{(1+9.00\%/2)^6}{(1+8.00\%/2)^5} - 1\right] = 14.06\%$。

3. ${}_0f_1 = SR_1 = 4.66\%$;${}_{0.5}f_{1.5} = 2 \times \left\{\left[\dfrac{(1+5.32\%/2)^3}{(1+4.04\%/2)^1}\right]^{\frac{1}{2}} - 1\right\} = 5.96\%$;

${}_1f_2 = 2 \times \left\{\left[\dfrac{(1+7.93\%/2)^4}{(1+4.66\%/2)^2}\right]^{\frac{1}{2}} - 1\right\} = 11.26\%$;

${}_{1.5}f_{2.5} = 2 \times \left\{\left[\dfrac{(1+8.00\%/2)^5}{(1+5.32\%/2)^3}\right]^{\frac{1}{2}} - 1\right\} = 12.09\%$;

$$_2f_3 = 2 \times \left\{ \left[\frac{(1+9.00\%/2)^6}{(1+7.93\%/2)^4} \right]^{\frac{1}{2}} - 1 \right\} = 11.15\%。$$

4. 5. （略）

6. 首先，我们要计算在再投资利率 7% 的条件下再投资的息票的未来值，即 $FV_{HP}^C = 1\,000 \times \frac{12\%}{2} \times \frac{(1+7\%/2)^{20 \times 2} - 1}{7\%/2} = 5073.02$ 美元。接下来，我们要计算在新的到期收益率 10% 的条件下债券的售价，即 $SP_{HP} = 1\,000 \times \frac{12\%}{2} \times \frac{1 - (1+10\%/2)^{-2 \times 10}}{10\%/2} + 1\,000 \times \left(1 + \frac{10\%}{2}\right)^{-2 \times 10} = 1124.62$ 美元。因此已实现持有期收益率为 $rhpy = 2 \times \left[\left(\frac{FV_{HP}^C + SP_{HP}}{P_0^B} \right)^{\frac{1}{2 \times 20}} - 1 \right] = 2 \times \left[\left(\frac{5073.02 + 1124.62}{1114.56} \right)^{\frac{1}{40}} - 1 \right] = 8.77\%。$

第 16 章

在以下问题中，所有期权的行权价格为 $K = 30$ 美元，行权日为距今 6 个月的时间点（$T = 0.5$ 年），股票（即所有期权的标的资产）的现价为每股 $S_0 = 29$ 美元。看涨期权和看跌期权的价值分别是 $c_0 = 1.89$ 美元和 $p_0 = 1.43$ 美元。

1. 看涨期权多头的回报和收益展示在第 277 页表 16.4 的第二列和第三列，相应的函数图展示在第 277 页图 16.10。

盈亏平衡点的对应股价为：$0 = S_T^{BE} - K - c_0 = S_T^{BE} - 30$ 美元 $- 1.89$ 美元，即 $S_T^{BE} = 31.89$ 美元。

2. 3. （略）

4. 看跌期权空头的回报和收益展示在第 277 页表 16.4 的最后两列，相应的函数图展示在第 278 页图 16.11。尽管题目没有要求，我们仍然给出盈亏平衡点的对应股价：$0 = K - S_T^{BE} - p_0 = 30$ 美元 $- S_T^{BE} - 1.43$ 美元，即 $S_T^{BE} = 28.57$ 美元。

5. （略）

6. 买多股票卖空看涨期权（即持保看涨期权）的回报和收益展示在第 278 页表 16.5 中，相应的函数图见第 278 页图 16.12。

持保看涨期权的回报为 $[S_T - \max(0, S_T - K)]$，因此收益为 $[S_T - \max(0, S_T - K)] - (S_0 - c_0)$。由于当持保看涨期权达到盈亏平衡点时（即图中的收益函数在股价小于行权价格 $K = 30$ 美元，或者说 $S_T^{BE} < K$ 时与坐标轴相交），看涨期权是价外期权（即看涨期权到期时没有价值），因此 $c_T = \max(0, S_T - K) = 0$。从而持保看涨期权的收益 $[S_T - \max(0, S_T - K)] - (S_0 - c_0)$ 就变成了 $S_T - (S_0 - c_0)$。最后，令这个收益等于零，得到平衡点股价为：$0 = S_T^{BE} - (S_0 - c_0) = S_T^{BE} - (29$ 美元 $- 1.89$ 美元 $) = S_T^{BE} - 27.11$ 美元，即 $S_T^{BE} = 27.11$ 美元。

7. 买多看涨期权和买多看跌期权（即多头跨式期权）的回报和收益展示在第 279 页表 16.6 中，相应的函数图见第 279 页图 16.13。

盈亏平衡点的对应股价为：$0 = \max(0, K - S_T^{BE}) + \max(0, S_T^{BE} - K) - (p_0 + c_0) = \max(0, 30 - S_T^{BE}) + \max(0, S_T^{BE} - 30) - 3.32$，即 $S_T^{BE} = 26.68$ 美元及 $S_T^{BE} = 33.32$ 美元。

8. （略）

9. 买多股票、买多看跌期权和卖空看涨期权（即领子期权）的回报和收益展示在第 280 页表 16.7 中，相应的函数图见第 279 页图 16.14。

我们可以根据买权-卖权等价关系来计算连续复利的无风险利率。由 $S_0 + p_0 = c_0 + Ke^{-r^fT}$，即 $29 + 1.43 = 1.89 + 30e^{-r^f(0.5)}$，可得 $r^f = -2 \times \ln(\frac{29 + 1.43 - 1.89}{30}) = 9.98\%$。

等价地，考察第 280 页表 16.7，考虑在 $t = 0$ 时的一笔初始投资 $S_0 + p_0 - c_0 = (29 美元 + 1.43 美元 - 1.89 美元) = 28.54$ 美元可以换来 $t = 1$ 时的常数值回报 30 美元，因此 30 美元 $= 28.54 e^{r^f(0.5)}$，即 $r^f = 2 \times \ln(\frac{30}{28.54}) = 9.98\%$。

表 16.4　看涨和看跌期权的回报与收益表　　（单位：美元）

股价	看涨期权：第 1、2、6、7、8、9 题				看跌期权：第 3、4、5、7、8、9 题			
	多头		空头		多头		空头	
	回报	收益	回报	收益	回报	收益	回报	收益
S_T	c_T	π^c	$-c_T$	$-\pi^c$	p_T	π^p	$-p_T$	$-\pi^p$
0	0	−1.89	0	1.89	30	28.57	−30	−28.57
5	0	−1.89	0	1.89	25	23.57	−25	−23.57
10	0	−1.89	0	1.89	20	18.57	−20	−18.57
15	0	−1.89	0	1.89	15	13.57	−15	−13.57
20	0	−1.89	0	1.89	10	8.57	−10	−8.57
25	0	−1.89	0	1.89	5	3.57	−5	−3.57
28.57	0	−1.89	0	1.89	1.43	0	−1.43	0
30	0	−1.89	0	1.89	0	−1.43	0	1.43
31.89	1.89	0	−1.89	0	0	−1.43	0	1.43
35	5	3.11	−5	−3.11	0	−1.43	0	1.43
40	10	8.11	−10	−8.11	0	−1.43	0	1.43
45	15	13.11	−15	−13.11	0	−1.43	0	1.43
50	20	18.11	−20	−18.11	0	−1.43	0	1.43
55	25	23.11	−25	−23.11	0	−1.43	0	1.43
60	30	28.11	−30	−28.11	0	−1.43	0	1.43
65	35	33.11	−35	−33.11	0	−1.43	0	1.43
70	40	38.11	−40	−38.11	0	−1.43	0	1.43

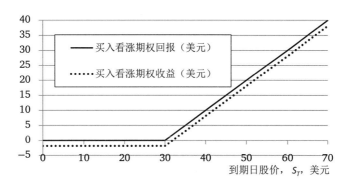

图 16.10　看涨期权多头的回报与收益

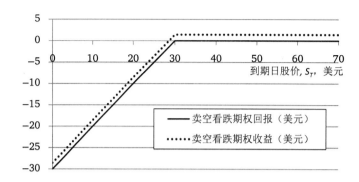

图 16.11 看跌期权空头的回报与收益

表 16.5 持保看涨期权的回报与收益表 （单位：美元）

股价	回报			收益
S_T	S_T	$-c_T$	CC_T	π^{CC}
0	0	0	0	−27.11
5	5	0	5	−22.11
10	10	0	10	−17.11
15	15	0	15	−12.11
20	20	0	20	−7.11
25	25	0	25	−2.11
27.11	27.11	0	27.11	0
30	30	0	30	2.89
35	35	−5	30	2.89
40	40	−10	30	2.89
45	45	−15	30	2.89
50	50	−20	30	2.89
55	55	−25	30	2.89
60	60	−30	30	2.89
65	65	−35	30	2.89
70	70	−40	30	2.89

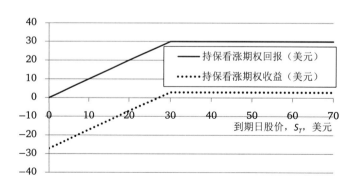

图 16.12 持保看涨期权的回报与收益

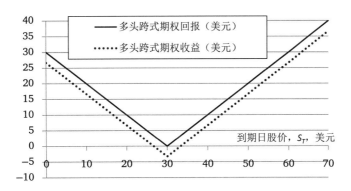

图 16.13 多头跨式期权的回报与收益

表 16.6　多头跨式期权的回报与收益表　　　　　　　　　（单位：美元）

价格	回报			收益
S_T	p_T	c_T	LS_T	π^{LS}
0	30	0	30	26.68
5	25	0	25	21.68
10	20	0	20	16.68
15	15	0	15	11.68
20	10	0	10	6.68
25	5	0	5	1.68
26.68	3.32	0	3.32	0
30	0	0	0	−3.32
33.32	0	3.32	3.32	0
35	0	5	5	1.68
40	0	10	10	6.68
45	0	15	15	11.68
50	0	20	20	16.68
55	0	25	25	21.68
60	0	30	30	26.68
65	0	35	35	31.68
70	0	40	40	36.68

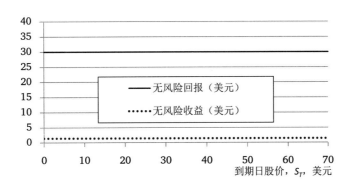

图 16.14 无风险领子期权的回报与收益

表 16.7 无风险领子期权的回报与收益表　　　　　　　　（单位：美元）

价格	回报			收益
S_T	p_T	$-c_T$	co_T	π^{co}
0	30	0	30	1.46
5	25	0	30	1.46
10	20	0	30	1.46
15	15	0	30	1.46
20	10	0	30	1.46
25	5	0	30	1.46
30	0	0	30	1.46
35	0	−5	30	1.46
40	0	−10	30	1.46
45	0	−15	30	1.46
50	0	−20	30	1.46
55	0	−25	30	1.46
60	0	−30	30	1.46
65	0	−35	30	1.46
70	0	−40	30	1.46

第 17 章

1. （a）$S_1^u = S_0(u) = 10 \times 1.25 = 12.5$；（b）$S_1^d = S_0(d) = 10 \times 0.9 = 9$。

2. 风险厌恶的条件下，上升状态的概率为 $\pi^u = \dfrac{S_0 e^{r^E} - S_1^d}{S_1^u S_1^d} = \dfrac{10 e^{0.13} - 9}{12.5 - 9} = 0.6824$。

风险中性的条件下，上升状态的概率为 $pr^u = \dfrac{S_0 e^{r^f} - S_1^d}{S_1^u - S_1^d} = \dfrac{10 e^{0.06} - 9}{12.5 - 9} = 0.4624$。

由于 $\pi^u > pr^u$，在风险厌恶的世界中持有一个给定风险资产的投资者所认为的上升状态的概率大于在风险中性世界中的情况。初始股价不变的条件下，风险厌恶世界中的期望股价一定会更高，也就是说，风险厌恶世界中上升状态的概率 π^u 一定比风险中性世界中上升状态的概率 pr^u 更高。

3. 风险中性的条件下，$E[S_1] = S_0 e^{r^f T} = pr^u S_1^u + pr^d S_1^d = 0.4624 \times 12.5 + 0.5376 \times 9 = 10.6184$。等价地，由于无风险收益率 6% 是连续复利的，因此 $S_0 e^{r^f T} = 10 e^{6\%(1)} = 10.6184$ 美元。

4. 对于看涨期权，(a) $c_1^u = \max(0, S_1^u - K) = \max(0, 12.5 - 11) = 1.5$；
(b) $c_1^d = \max(0, S_1^d - K) = \max(0, 9 - 11) = 0$。
对于看跌期权，(a) $p_1^u = \max(0, K - S_1^u) = \max(0, 11 - 12.5) = 0$；
(b) $p_1^d = \max(0, K - S_1^d) = \max(0, 11 - 9) = 2$。

5. $\Delta^c = \dfrac{S_1^u - K}{S_1^u - S_1^d} = \dfrac{1.5}{3.5} = \dfrac{3}{7}$，$\Delta^p = -\dfrac{K - S_1^d}{S_1^u - S_1^d} = -\dfrac{2}{3.5} = -\dfrac{4}{7}$。$\Delta^c - \Delta^p = \dfrac{3}{7} - (-\dfrac{4}{7}) = 1$。

6. 看涨期权价值为 $c_0 = \dfrac{c_u(pr_u) + c_d(pr_d)}{e^{0.06}} = \dfrac{1.5 \times 0.4624 + 0 \times 0.5376}{e^{0.06}} = 0.6532$，看跌期权价值为 $p_0 = \dfrac{p_u(pr_u) + p_d(pr_d)}{e^{0.06}} = \dfrac{0 \times 0.4624 + 2 \times 0.5376}{e^{0.06}} = 1.0126$。

7. 首先，$p_0 + S_0 = 1.0126 + 10 = 11.0126$，而 $c_0 + K e^{-r^f} = 0.6532 + 11 e^{-0.06} = 11.0126$。两者之间的差值为 0。这个例子展示的是买权–卖权等价关系。由一股股票和一个以该股票为标的的看跌期

权所组成的投资组合，与由一个以该股票为标的的看涨期权和一个回报恰为该看涨期权的行权价格的无风险资产组成的投资组合，它们的价值相同。简单地说，由于两种组合的回报相同，因此它们的成本一定是相同的，即两者在 0 时刻的成本均为 11.0126。

8. 9. 10. 11. 12. 13.（略）

第 18 章

1. 一共有 $n = 2$ 个时期，因此 $\Delta t = \dfrac{T}{n} = \dfrac{0.5}{2} = 0.25$ 年。接下来可以算出，$u|CRR = e^{\sigma\sqrt{\Delta t}} = e^{50\%\sqrt{0.25}} = 1.28403$，$d|CRR = \dfrac{1}{u} = e^{-\sigma\sqrt{\Delta t}} = e^{-50\%\sqrt{0.25}} = 0.77880$，以及 $R = e^{-r^f \Delta t} = e^{-6\%(0.25)} = 1.01511$。第一个时期的价格为 $S_1^u = uS_0 = 10 \times 1.28403 = 12.8403$，及 $S_1^d = dS_0 = 10 \times 0.7788 = 7.7880$。第二个时期的价格为 $S_2^{uu} = u^2 S_0 = 10 \times 1.28403^2 = 16.4872$，$S_2^{ud} = S_2^{du} = udS_0 = duS_0 = 10 \times 1.28403 \times 0.7788 = 10$，及 $S_2^{dd} = d^2 S_0 = 10 \times 0.7788^2 = 6.0653$。

2. 风险厌恶条件下上升状态的概率为 $\pi^u = \dfrac{S_0 e^{r^E \Delta t} - S_1^d}{S_1^u - S_1^d} = \dfrac{10 e^{0.13 \times 0.25} - 7.7880}{12.8403 - 7.7880} = 0.5032$。风险中性条件下上升状态的概率为 $pr^u = \dfrac{R - D}{U - D} = \dfrac{S_0 e^{r^f \Delta t} - S_1^d}{S_1^u - S_1^d} = \dfrac{10 e^{0.06 \times 0.25} - 7.7880}{12.8403 - 7.7880} = 0.4677$。因此如我们所料，$0.5032 = \pi^u > pr^u = 0.4677$。

3. (a) 风险中性的条件下，$E[S_1] = pr^u S_1^u + pr^d S_1^d = 0.4677 \times 12.8403 + 0.5323 \times 7.7880 = 10.1511 = R(S_0) = 1.01511 \times 10$；(b) $E[S_2] = (pr^u)^2 S_2^{uu} + (pr^d)^2 S_2^{dd} + 2 pr^u pr^d S_2^{ud} = 0.4677^2 \times 16.4872 + 0.5323^2 \times 6.0653 + 2 \times 0.4677 \times 0.5323 \times 10 = 10.3045 = R^2(S_0)$。

4. 对于看涨期权：(a) $c_2^{uu} = \max(0, S_2^{uu} - K) = \max(0, 16.4872 - 11) = 5.4872$；(b) $c_2^{ud} = \max(0, S_2^{ud} - K) = \max(0, 10 - 11) = 0$；(c) $c_2^{du} = \max(0, S_2^{du} - K) = \max(0, 10 - 11) = 0$；(d) $c_2^{dd} = \max(0, S_2^{dd} - K) = \max(0, 6.0653 - 11) = 0$。

对于看跌期权：(a) $p_2^{uu} = \max(0, K - S_2^{uu}) = \max(0, 11 - 16.4872) = 0$；(b) $p_2^{ud} = \max(0, K - S_2^{ud}) = \max(0, 11 - 10) = 1$；(c) $p_2^{du} = \max(0, K - S_2^{du}) = \max(0, 11 - 10) = 1$；(d) $p_2^{dd} = \max(0, K - S_2^{dd}) = \max(0, 11 - 6.0653) = 4.9347$。

5. 初始 delta 值为 $\Delta^c = \dfrac{S_1^u - K}{S_1^u - S_1^d} = \dfrac{12.8403 - 11}{12.8403 - 7.7880} = \dfrac{1.8403}{5.0523} = 0.3642$ 及 $\Delta^p = -\dfrac{K - S_1^d}{S_1^u - S_1^d} = -\dfrac{11 - 7.7880}{12.8403 - 7.7880} = -\dfrac{3.212}{5.0523} = -0.6358$。因此 $\Delta^c - \Delta^p = 0.3642 - (-0.6358) = 1$。

一个时期后的 delta 值为：(a) 上升状态：$\Delta^c = \dfrac{S_2^{uu} - K}{S_2^{uu} - S_2^{ud}} = \dfrac{16.4872 - 11}{16.4872 - 10} = \dfrac{5.4872}{6.4872} = 0.8459$ 及 $\Delta^p = -\dfrac{K - S_2^{ud}}{S_2^{uu} - S_2^{ud}} = -\dfrac{11 - 10}{16.4872 - 10} = -\dfrac{1}{6.4872} = -0.1541$。再次，$\Delta^c - \Delta^p = 0.8459 - (-0.1541) = 1$。

(b) 下降状态：$\Delta^c = \dfrac{S_2^{du} - K}{S_2^{du} - S_2^{dd}} = \dfrac{10 - 11}{10 - 6.0653} = \dfrac{-1}{3.9347} = -0.2542$ 及 $\Delta^p = -\dfrac{K - S_2^{du}}{S_2^{du} - S_2^{dd}} = -\dfrac{11 - 6.0653}{10 - 6.0653} = -\dfrac{4.9347}{3.9347} = -1.2542$。我们仍有 $\Delta^c - \Delta^p = -0.2542 - (-1.2542) = 1$。

6. 由于 $c_2^{du} = c_2^{ud} = c_2^{dd} = 0$，因此 $c_0 = \dfrac{(pr^u)^2 c_2^{uu}}{e^{r^f T}} = \dfrac{0.4677^2 \times 5.4872}{e^{6\%(0.5)}} = 1.1650$。由于 $p_2^{uu} = 0$，因此 $p_0 = \dfrac{(pr_d)^2 p_2^{dd} + 2 pr_u pr_d p_2^{ud}}{e^{r^f T}} = \dfrac{0.5323^2 \times 4.9347 + 2 \times 0.4677 \times 0.5323 \times 1}{e^{6\% \times 0.5}} = 1.8399$。

7. 首先，$p_0 + S_0 = 1.8399 + 10 = 11.8399$，$c_0 + Ke^{-r^fT} = 1.1650 + 11e^{-6\%(0.5)} = 11.8399$，两者的差值为 0。这个例子展示的是买权–卖权等价关系。由一个看跌期权和一股股票组成的投资组合与由一个看涨期权和一个无风险资产组成的投资组合在半年的时间里有相同的回报，因此这两种组合今天的成本一定是相同的，即两者在 0 时刻的成本均为 11.8399。

8. 9. 10. 11. 12. 13.（略）

第 19 章

1. 由于美式期权可以在到期日之前被提前行权，因此期权在二叉树每一个结点的回报都可能不一样。解题的第一步是要建立一个新的看涨期权或看跌期权的回报二叉树模型。

对于美式看涨期权的回报：

（a）日期 2：$C_2^{uu} = c_2^{uu} = 5.4872, C_2^{ud} = C_2^{du} = c_2^{ud} = 0, C_2^{dd} = c_2^{dd} = 0$；

（b）日期 1：$C_1^u = \max(S_1^u - K, e^{-r^f \Delta t}(pr^u C_2^{uu} + pr^d C_2^{ud}))$

$= \max(12.8403 - 11, e^{-6\% \times 0.25}(0.4677 \times 5.4872 + 0.5323 \times 0)) = \max(1.8403, 2.5284) = 2.5284$；

$C_1^d = \max(S_1^d - K, e^{-r^f \Delta t}(pr^u C_2^{du} + pr^d C_2^{dd}))$

$= \max(7.7880 - 11, e^{-6\% \times 0.25} \times (0.4677 \times 0 + 0.5323 \times 0)) = 0$；

（c）日期 0：$C_0 = \max(S_0 - K, e^{-r^f \Delta t}(pr^u C_1^u + pr^d C_1^d)) = \max(0, 1.1650) = 1.1650$。

对于美式看跌期权的回报：

（a）日期 2：$P_2^{uu} = p_2^{uu} = 0, P_2^{ud} = P_2^{du} = p_2^{ud} = 1, P_2^{dd} = p_2^{dd} = 4.9347$；

（b）日期 1：$P_1^u = \max(K - S_1^u, e^{-r^f \Delta t}(pr^u P_2^{uu} + pr^d P_2^{ud}))$

$= \max(11 - 12.8403, e^{-6\% \times 0.25}(0.4677 \times 0 + 0.5323 \times 1)) = 0.5243$；

$P_1^d = \max(K - S_1^d, e^{-r^f \Delta t}(pr^u P_2^{du} + pr^d P_2^{dd}))$

$= \max(11 - 7.7880, e^{-6\% \times 0.25}(0.4677 \times 1 + 0.5323 \times 4.9347)) = 3.2120$；

（c）日期 0：$P_0 = \max(K - S_0, e^{-r^f \Delta t}(pr^u P_1^u + pr^d P_1^d)) = \max(1, 1.9258) = 1.9258$。

对于看涨期权，增加值是 $C_0 - c_0 = 0$。对于看跌期权，增加值是 $P_0 - p_0 = 0.0859 > 0$。

2. $P_0 + S_0 = 1.9258 + 10 = 11.9258$，$C_0 + Ke^{-r^fT} = 11.8399$，差值为 $0.0859 > 0$。此时买权–卖权等价关系不成立，因为美式看跌期权在到期日之前被行权，这使得看跌期权的价值更高。买权–卖权等价关系只对欧式期权成立，对美式期权不成立。

3. 4. 5. 6. 7. 8.（略）

第 20 章

1. 根据公式，欧式看涨期权的价值为 $c_0 = S_0 SN(d_1) - Ke^{-r^fT} SN(d_2)$，其中 $d_1 = \dfrac{\ln(\dfrac{S_0}{K}) + T(r^f + \dfrac{\sigma^2}{2})}{\sigma\sqrt{T}}$，$d_2 = d_1 - \sigma\sqrt{T}$。给定题中的条件，我们有：$d_1 = \dfrac{\ln(\dfrac{10}{11}) + 0.5 \times [6\% + \dfrac{(50\%)^2}{2}]}{50\% \times \sqrt{0.5}} = -0.00795$，$d_2 = 0.00795 - 50\% \times \sqrt{0.5} = -0.3615$。因此欧式看涨期权的价值为 $c_0 = 10SN(-0.00795) - 11e^{-6\%(0.5)}SN(-0.3615) = 1.1375$。

2. 欧式看跌期权的价值为 $p_0 = Ke^{-r^fT}SN(-d_2) - S_0SN(-d_1) = 11e^{-6\%(0.5)}SN(0.3615) - 10SN(0.00795) = 1.8124$。

3. $\Delta^c = SN(d_1) = 0.4968$，$\Delta^p = -SN(-d_1) = -0.5032$。一如既往地，$\Delta^c - \Delta^p = 1.0000$。

4. 给定 $S_0 = 11$ 美元，新的参数为 $d_1 = \dfrac{\ln(\frac{11}{11}) + 0.5 \times [6\% + \frac{(50\%)^2}{2}]}{50\% \times \sqrt{0.5}} = 0.26163$，$d_2 = d_1 - \sigma\sqrt{T} = 0.26163 - 50\% \times \sqrt{0.5} = -0.09192$。因此 $c_0(S_0 = 11\text{美元}) = 11SN(0.26163) - 11e^{-6\%(0.5)}SN(-0.09192) = 1.6886$，大于 $c_0(S_0 = 10\text{美元}) = 1.1375$，差值为 $0.5511 > 0$。如我们所料，这个值和 $\Delta^c = 0.4968$ 很接近。(由于 Δ^c 随着 S 增加而增加，即 $\Gamma^c > 0$，当股价由 10 美元变化到 11 美元时，看涨期权的价值增加的数值比用 $\Delta(S_0 = 10\text{美元})$ 估算的数值要稍微大一些，因为 $\Delta(S_0 = 10\text{美元})$ 对应的股价位于价格区间 [10美元, 11美元] 的下限。)

5. 新的欧式看跌期权价值为 $p_0(S_0 = 11\text{美元}) = 11e^{-6\%(0.5)}SN(0.09192) - 11SN(-0.26163) = 1.3635$，小于 $p_0(S_0 = 10\text{美元}) = 1.8124$，差值为 $-0.4489 < 0$。如我们所料，这个值和 $\Delta^p = -0.5032$ 很接近。(由于 $\Delta^p < 0$ 随着 S 增加而增加，即 $\Gamma^p > 0$，当股价由 10 美元变化到 11 美元时，看跌期权的价值减少的数值比用 $\Delta(S_0 = 10\text{美元})$ 估算的数值要稍微小一些，因为 $\Delta(S_0 = 10\text{美元})$ 对应的股价位于价格区间 [10美元, 11美元] 的下限。)

6. 7. 8. 9. 10. 11. 12. 13. 14. 15. 16. 17. 18.（略）

参考文献

Black, Fischer. "How we came up with the option formula". *Journal of Portfolio Management* 15(2) (1989): 4-8.

Black, Fischer, and Myron Scholes. "The pricing of options and corporate liabilities". *The Journal of Political Economy* 81(3) (1973): 637-654.

Bodie, Zvi, Alex Kane, and Alan J. Marcus. *Essentials of Investments*. McGraw-Hill, 2013.

Brown, Keith C. "The benefits of insured stocks for corporate cash management". *Advances in Futures and Options Research* 2 (1987): 243-261.

Brown, Keith C., ed. *Derivative Strategies for Managing Portfolio Risk*: April 13-14, 1993.

Brown, Keith C., Frank K. Reilly. *Analysis of Investments & Management of Portfolios*. South-Western, 2012.

Chance, Don M., and Roberts Brooks. *Introduction to Derivatives and Risk Management*. Cengage Learning, 2015.

Cox, John C., Stephen A. Ross, and Mark Rubinstein. "Option pricing: A simplified approach". *Journal of Financial Economics* 7(3) (1979): 229-263.

Cox, John C., and Mark Rubinstein. *Options Markets*. Prentice Hall, 1985.

Damodaran, Aswath. *Damodaran on Valuation: Security Analysis for Investment and Corporate Finance* 2E., John Wiley & Sons, 2006.

Elton, Edwin J., Martin J. Gruber, Stephen J. Brown, and William N. Goetzmann. *Modern Portfolio Theory and Investment Analysis*. John Wiley & Sons, 2009.

Fabozzi, Frank J. *Fixed Income Mathematics*. 4E. McGraw-Hill, 2005.

Fabozzi, Frank J. *Bond Markets, Analysis and Strategies*. International 6th Edition, Prentice Hall, 2008.

Fabozzi, Frank J., and Steven V. Mann. *The Handbook of Fixed Income Securities*. McGraw-Hill Professional, 2012.

Fama, Eugene F., and Merton H. Miller. *The Theory of Finance*. Vol. 3. Hinsdale, IL: Dryden Press, 1972.

Fraser, Lyn M., and Aileen Ormiston. *Understanding Financial Statements*. Prentice Hall, 1998.

Gordon, Myron J. *The Investment, Financing, and Valuation of the Corporation*. RD Irwin, 1962.

Helfert, Erich A. *Techniques of Financial Analysis: A Guide to Value Creation*. McGraw-Hill Professional, 2002.

Hull, John C. *Options, Futures, and Other Derivatives*. 7E. Prentice Hall, 2009.

Koller, Tim, Marc Goedhart, D. Wessels, and T. E. Copeland. "McKinsey & Company. 2010". *Valuation: Measuring and Managing the Value of Companies*. 5E. Hoboken: John Wiley & Sons.

Lintner, John. "Security prices, risk, and maximal gains from diversification". *The Journal of Finance* 20(4) (1965): 587-615.

Macaulay, Frederick, R., "Some Theoretical Problems Suggested by the Movements of Interest Rates, Bond Yields and Stock Prices in the United States since 1856". New York: NBER, 1938.

Maginn, John L., Donald L. Tuttle, Dennis W. McLeavey, and Jerald E. Pinto, eds. *Managing Investment Portfolios: A Dynamic Process*. Vol. 3. John Wiley & Sons, 2007.

Malkiel, Burton G. "Expectations, bond prices, and the term structure of interest rates". *The Quarterly Journal of Economics* 76(2) (1962): 197-218.

Markowitz, Harry. "Portfolio selection". *The Journal of Finance*, 7(1) (1952): 77-91.

Markowitz, Harry. "Portfolio selection: Efficient diversification of investments". *Cowles Foundation Monograph*, no. 16 (1959).

Merton, Robert C. "The relationship between put and call option prices: Comment". *Journal of Finance* 28(1) (1973): 183-184.

Mossin, Jan. "Equilibrium in a capital asset market". *Econometrica: Journal of the Econometric Society* 34(4) (1966): 768-783.

Navin, Robert L. *The Mathematics of Derivatives: Tools for Designing Numerical Algorithms*. Vol. 373. John Wiley & Sons, 2007.

Pinto, J., E. Henry, T. Robinson, and J. Stowe. *CFA, Equity Asset Valuation*, John Wiley & Sons, 2010.

Reilly, Frank K., and Rupinder S. Sidhu. "The many uses of bond duration". *Financial Analysts Journal* 36(4) (1980): 58-72.

Rendleman, Richard J., and Brit J. Bartter. "Two-state option pricing". *The Journal of Finance* 34(5) (1979): 1093-1110.

Ross, Stephen A. "The arbitrage theory of capital asset pricing". *Journal of Economic Theory* 13(3) (1976): 341-360.

Ross, Stephen A. "Return, risk and arbitrage", in *Risk and Return in Finance* (I. Friend and JL Bicksler, Eds.). Balinger, Cambridge, MA, 1977.

Sharpe, William F. "Capital asset prices: A theory of market equilibrium under conditions of risk". *The Journal of Finance* 19(3) (1964): 425-442.

Sharpe, William F. "Factor models, CAPMs, and the ABT". *The Journal of Portfolio Management* 11(1) (1984): 21-25.

Sharpe, William F. *Investors and Markets: Portfolio Choices, Asset Prices, and Investment Advice.* Princeton University Press, 2011.

Stoll, Hans R. "The relationship between put and call option prices". *The Journal of Finance* 24(5) (1969): 801-824.

Stowe, John D., Thomas R. Robinson, Jerald E. Pinto, and Dennis W. McLeavey. *Analysis of Equity Insvestment: Valuation.* Association for Investment Management and Research, 2002.

Tuckman, Bruce, and Angel Serrat. *Fixed Income Securities: Tools for Today's Markets.* Vol. 626. John Wiley & Sons, 2011.

Williams, John Burr. *The Theory of Investment Value.* Vol. 36. Cambridge, MA: Harvard University Press, 1938.

Yates, James W., and Robert W. Kopprasch. "Writing covered call options: Profits and risks". *The Journal of Portfolio Management* 7(1) (1980): 74-79.

索引

A

绝对估值（absolute valuation），98
应计利息（accrued interest），164，165
累计折旧（accumulated depreciation），67
调整现值法（adjusted present value method），116
年金（annuity）
 增长型年金（growing），7
套利定价模型（APT）
 套利（arbitrage），52
 假设（assumptions），51
 贝塔（beta），52
 无成本（cost-free），53
 无特有风险（idiosyncratic risk-free），52
 载荷（loading），52
 风险溢价（risk premium），52
 无系统风险（systematic risk-free），53
套利（arbitrage），52，200
套利定价模型（arbitrage pricing theory，APT），51
套利者（arbitrageur），52
算术平均收益率（arithmetic mean return），12

B

资产负债表（balance sheet），65，68
资产负债表关联关系（balance sheet relations），103
基础知识（basics），1
贝塔（beta）

套利定价模型（APT），52
债券现金流时间轴（bond cash flow timeline），133
债券（bonds）
 基点（basis point），158
 自举法（bootstrapping），170
 可赎回（callable），180
 凸度（convexity），153
 折价债券（discount bond），138
 美元久期（dollar duration），159
 期望现金流（expected cash flows），135
 固定息票支付（fixed coupon payments），137
 远期利率（forward rates），173
 多期远期利率（forward rates，multi-period），175
 利滚利（interest on interest），135
 到期日影响价格（maturity impacts price），140
 其他收益率指标（other yield metrics），181
 平价债券（par bond），138
 平价（par value），138
 溢价债券（premium bond），138
 价格–收益率曲线（price-yield curve），137
 价格–收益率的估计（price-yield estimate）
  一阶估计（first order），155
  二阶估计（second order），155
 价格–收益率指标（price-yield metrics），159

价格-收益率关系（price-yield relations），151

付息日之间的债券定价（pricing between coupon dates），161

承诺现金流（promised cash flows），135

利率与收益率指标（rate and yield metrics），170

收益来源（sources of return），134

即期利率（spot rates），170

总收益（total return），135

收益率差（yield spread），181

第一赎回日收益率（yield to first call），180

第二赎回日收益率（yield to second call），181

最差收益率（yield to worst），180，181

零波动利差（z-spread），182

自举法（bootstrapping），170

盈亏平衡产量（break-even output），91

商业风险（business risk），92

C

可赎回债券（callable bonds），180

资本资产定价模型（capital asset pricing model, CAPM），45

资本市场线（capital market line, CML），41

现金（cash），65

现金流（cash flow）

    债权现金流（debt），73

    预期现金流（expected），4

    融资现金流（financing），69

    终值（future value），5

    投资现金流（investing），69

    经营现金流（operating），69

    现值（present value），4

    承诺现金流（promised），4

    时间轴（timeline），4

净价（clean price），164，165

变异系数（coefficient of variation），14

同比资产负债表（common size balance sheet），80

同比利润表（common size income statement），79

同比财务报表（common size statements），78

边际贡献（contribution margin），90

边际贡献比（contribution margin ratio），90

凸度（convexity），153

相关系数（correlation coefficient），15

债务成本（cost of debt），112

主营业务成本（cost of goods sold, COGS），65

票面利率（coupon rate），133

协方差（covariance），14，29

偿债风险指标（coverage ratios），88

流动资产（current assets），67

流动负债（current liabilities），67

一年内到期的长期债券（current maturities of LSD），67

当期收益率（current yield），137

D

DCF模型（DCF techniques）

    调整现值法（adjusted present value method），116

    债务税盾（debt tax shield），117

    股利折现模型（dividend discount model），115

    企业价值（enterprise value），114

    股权价值（equity value），114

    股权现金流法（FTE method），114

    Gordon常速增长股利折现模型（Gordon constant growth dividend discount model），115

    加权平均资本成本和自由现金流增长率的影响（impacts of WACC and FCF growth），120

    多阶段股利折现模型（multi-stage dividend discount model），115

    各种现金流折现模型的总结（summary of methods），120

全股权现金流模型（total equity cash flows model），115
无杠杆企业价值（unlevered firm value），117
加权平均资本成本法（WACC method），114
现金流折现法（DCF techniques），114
债权现金流（debt cash flow），73
债券到期日（debt maturity date），133
债务税盾（debt tax shield），88, 117
经营杠杆水平（degree of operating leverage），91
要求收益率（demanded rate of return），54
折旧（depreciation），65
全价（dirty price），162
多样化（diversification），30
分散化组合（diversified portfolio），45
股利折现模型（dividend discount model），115
股利分配率（dividend payout ratio），68
股利再投资（dividend reinvestment），11

E

税前利润（earnings before taxes, EBT），66
盈利乘数模型（earnings multiplier model, EMM），122
盈利收益率（earnings yield），96
盈利（净利润）（earnings, net income），66
息税前利润（EBIT, operating profit），66
税前利润（earnings before taxes, EBT），66
有效凸度（effective convexity），157
有效久期（effective duration），156
有效周期利率（effective periodic rate），131
效率指标（efficiency ratios），84
有效边界（efficient frontier），38
有效组合（efficient portfolio），38
EMM
　　比较静态分析（comparative statics），124
　　股东要求收益率（equity holders' r^E），125
　　初始股权价值（inital equity），125
　　留存率（plowback ratio, b），126
　　股权收益率，125
股利（dividends），123
股权价值（equity value），122
净利润（net income），122
价格（price），123
市盈率（price-to-earnings ratio），123
经验久期（empirical duration），158
企业价值（enterprise value），114
股权估值（equity valuation），63
股权价值（equity value），114
期望收益率（expected rate of return），54
外部流动性指标（external liquidity ratios），93

F

债券的票面价值（face value of debt），133
Fama-French三因子模型（Fama French 3-factor model），51
财务报表（financial accounting statements），65
金融学基础知识（financial basics），3
财务风险指标（financial risk ratios），86
财务报表分析（financial statement analysis），78
融资现金流（financing cash flow），69
公司特有风险（firm-specific risk），31, 44
固定成本（fixed costs），90
股权现金流法（flows-to-equity method），115
流量（flow variables），4, 65
远期合约（forward contract），189
自由现金流（free cash flow），71, 74
自由股权现金流（free cash flows to equity），71
组合的边界（frontier of portfolios），33
基本面风险（fundamental risk），44
终值（future value），5, 7

G

几何平均收益率（geometric mean return），12
全局最小方差组合（global minimum variance portfolio），37
Gordon 常速增长股利折现模型（Gordon constant growth dividend discount model），115
固定资产原值（gross PPE），67
毛利润（gross profit），66
毛收益率（gross return）
　　资产组合毛收益率（portfolio），16
增长型年金（growing annuity）
　　终值（future value），7
增长型永续年金（growing perpetuity），7
增长率（growth rates）
　　绝对增长率（absolute），99
　　相对增长率（relative），99

H

历史收益率（historical returns），10, 11
持有期收益率（holding period return），13

I

特有风险（idiosyncratic risk），31, 44, 46
隐含收益率（implied rate of return），45, 54
利润表（income statement），65
利润表指标（income statement ratios），101
所得税（income taxes），66
利息费用（interest expense），66
息票率（interest coupons），133
内部流动性指标（internal liquidity ratios），81
内在价值（intrinsic value），6, 54
内在价值与价格（intrinsic value vs. price），55
投资现金流（investing cash flow），69
投资机会集（investment opportunity set），33
投资者偏好（investor preferences），38
发票价格（invoice price），162
等效用线（iso-utilities），38

L

大数定律（law of large numbers），31
杠杆（leverage），86
杠杆风险指标（leverage ratios），88
长期负债（long-term debt），67

M

麦考利久期（Macaulay duration），151
马尔基尔结论（Malkiel results）
　　价格的绝对变动（absolute price change），143
　　票面利率（coupon rate），147
　　个体分析（discrete analysis），145
　　价格的相对变动（relative price change），143
　　总结（summary），149
　　到期期限（time to maturity），148
　　到期收益率（yield to maturity），143
到期日收敛（march to maturity），140
市场模型（market model），45
市场组合（market portfolio），43
风险的市场价格（market price of risk），43
市场风险溢价（market risk premium），43
可交易证券（marketable securities），67
马科维茨理论（Markowitz Theory），35
MM第二定理（MM proposition Ⅱ），111
修正久期（modified duration），152
多因子模型（multi-factor model），51
多阶段股利折现模型（multi-stage dividend discount model），115

N

净利润（net income, earnings），66
固定资产净值（net PPE），67
净营运资本（net working capital），81
名义收益率（nominal yield），136
应付票据（notes payable），67

O

经营现金流（operating cash flow），69
营运指标（operating performance ratios），84
息税前利润（operating profit, EBIT），65
经营风险指标（operational risk ratios），89
经营风险（operations risk），92
最优投资机会集（optimal investment opportunity set），38
期权（Options）
    美式期权（American），186, 187
        套利（arbitrage），201, 204
        反证法（contradiction），205
    平价期权（at-the-money），188, 191
    二叉树股权模型（binomial stock price model），185, 206
        美式看涨期权定价（American call valuation），231
        美式期权，提前行权（American option, early exercise），237
        美式期权定价，总结（American option valuation, summary），232
        美式期权定价（American option valuation），237
        美式期权（American options），231
        美式看跌期权，例子（American put, example），232
        美式看跌期权定价（American put valuation），232
        套利（arbitrage），204
        倒推法（backward induction），231, 232
        看涨期权，价值（call option, value），228
        看涨期权费（call premium），188–190
        看涨期权定价（call valuation），215, 231
        比较静态分析（comparative statics），216, 220
        反证法（contradiction），211
        delta 套期保值（delta hedge），207
        看涨期权的 delta（delta of call），208
        看跌期权的 delta（delta of put），210
        下降状态（down-state），206
        多期（multi-period），186
        多期看涨期权（multi-period call），228
        多期模型（multi-period model），224
        多期看跌期权（multi-period put），228
        时期持续时间（period duration），226
        概率（probabilities），215, 227
        提前行权的概率（probability of early exercise），240
        看跌期权费（put premium），206
        看跌期权复制资产组合（put replicating portfolio），213
        看跌期权价值（put value），211
        买权–卖权等价关系（put-call spot parity），200
        再次相接的二叉树（reconnecting tree），224
        复制资产组合（replicating portfolio），210
        无风险利率（risk-free rate），217, 220
        风险中性概率（risk-neutral probabilities），214
        风险中性定价（risk-neutral valuation），214
        股价（stock price），217, 221
        股价二叉树（stock price tree），234
        行权价（strike price），216, 220
        到期时间（time to maturity），219, 222
        两期模型（two-period model），224
        上升状态（up-state），206
        提前行权，价值（value, of early exercise），236
    Black-Scholes 模型（Black-Scholes model），186, 243
        假设（assumptions），243
        看涨期权的价值（call value），244, 245
        比较静态分析（comparative statics），247

连续股利(continuous dividend), 247
delta, 247
delta 套期保值(delta hedge), 244, 245
提前行权(early exercise), 246
欧式看涨期权(European call), 244
gamma, 248
伊藤引理(Itō's Lemma), 243
看跌期权的价值(put value), 245–247
买权–卖权等价关系(put-call spot parity), 246, 247
rho, 248
无风险利率(risk-free return), 244, 245
行权价(strike price), 248
theta, 252
到期时间(time to maturity), 252
vega, 249
波动性(volatility), 249–252
看涨期权(call), 187
看涨期权, 收益(call, profit), 188
领子期权(collar), 198
回报(payoff), 198
收益(profit), 198
持保看涨期权(covered call), 195
回报(payoff), 196
收益(profit), 196
delta 套期保值(delta hedge), 185
欧式看跌期权(European put), 206
边界(bounds), 206
欧式看涨期权(European call), 204, 205
边界(bounds), 206
下边界(lower bound), 204
上边界(upper bound), 205
到期(expiration), 185
到期作废(expire worthless), 187
到期日(expiry, expiration date), 187
价内期权(in-the-money), 188, 191
保险(insurance), 195
折点(kink point), 189, 192
买入看涨期权(long call), 188

回报(payoff), 189
收益(profit), 189
买入看跌期权(long put), 191
回报(payoff), 191
收益(profit), 191
多头跨式期权(long straddle), 196
回报(payoff), 197
收益(profit), 197
交付(make delivery), 187
"裸"看涨期权(naked call), 196
无套利(no arbitrage), 204
价外期权(out-of-the-money), 188, 191
所有者, 买方(owner, buyer), 187
回报(payoffs), 185
资产组合(portfolios of), 194
期权费(premium), 187
看涨期权(call), 188
收益(profits), 185
欧式保护性卖权(protective put), 194
回报(payoff), 195
收益(profit), 195
看跌期权(put option), 188
看跌期权费(put premium), 193
买权–卖权等价关系(put-call spot parity), 185, 200
复制资产组合(replicating portfolio), 185
风险中性定价(risk-neutral valuation), 185
卖方(seller), 187
卖出看涨期权(short call), 190
回报(payoff), 190
收益(profit), 190
卖出看跌期权(short put), 192
回报(payoff), 192
收益(profit), 192
空头跨式期权(short straddle), 197
回报(payoff), 198
收益(profit), 198
行权价格(strike price), 187
接收(take delivery), 187
标的资产(underlying asset), 187
卖方(writer), 185

零和游戏（zero-sum game），188, 190, 193

P

永续年金（perpetuity），7
利润留存率（plowback ratio），68
资产组合（portfolio）
    算术平均收益率（arithmetic mean return），12
    分散化（diversified），45
    有效（efficient），38
    市场（market），43
    两资产（two-asset），31
    方差（variance），17
资产组合持有期收益率（portfolio holding period return），16
最优组合（portfolio optimization），36
资产组合收益率（portfolio returns），15
组合理论（portfolio theory），25, 35
资产组合权重（portfolio weights），15
固定资产原值（PPE, gross），67
固定资产净值（PPE, net），67
现值（present value），4
市净率（price-to-book ratio），95
股价现金流比率（price-to-cash flow ratio），95
市盈率（price-to-earnings ratio），96
市销率（price-to-sales ratio），95
价格–收益率的近似计算（price-yield approximations），155
价格–收益率曲线（price-yield curve），137
预测资产负债表（pro-forma balance sheet），108
预测现金流量表（pro-forma future cash flows），109
预测利润表（pro-forma income statement），107
预测现金流（pro-forma statement of cash flows），110
预测财务报表（pro-forma statements），107
概率（probability）
    密度函数（density function），27
    离散随机变量（discrete random variable），28
    分布函数（distribution function），27
利润指标（profitability ratios），84
承诺现金流（promised cash flows），135
房屋、厂房与设备（property, plant, equipment, PPE），67

Q

报价（quoted price），165

R

收益率（rate of return）
    连续复利（continuously compounded），17
    票面利率（coupon rate），133
    要求收益率（demanded），54
    债权人要求收益率（demanded by debt holders），111
    股东要求收益率（demanded by equity holders），111
    有效年利率（effective annual rate, EAr），131
    期望（expected），54
    远期利率（forward rates），173
    多期远期利率（forward rates, multi-period），175
    历史（historical），11
    隐含（implied），45, 54
    净收益率（net），10
    资产组合（portfolio），15
    已实现持有期收益率（realized holding period yield），177–180
    利率与收益率（spots and yields），170
    方差（variance），14, 28
    到期收益率（yield to maturity），136
    零波动利差（z-spread），182
已实现持有期收益率（realized holding period yield），177–180
相对估值（relative valuation），78, 94
留存收益（retained earnings），67
收益率（returns）

毛收益率（gross），10
历史收益率, 资产组合（historical, portfolio），15
回报（reward），25
风险（risk）
　　特有风险（idiosyncratic），46
　　系统风险（systematic），46
　　总风险（total），46
风险溢价（risk premium），52
风险厌恶（risk aversion），38, 42

S

证券市场线（security market line, SML），45
销售、一般及管理费用（SGA expenses），66
单因子模型（single factor model），52
即期利率（spot rates），170
现金流量表（statement of cash flows），69
所有者权益（stock holders' equity），68
存量（stock variables），4, 65
可持续增长率（sustainable growth），92
系统风险（systematic risk），31, 44, 46
系统风险因子（systematic risk factor, SRF），44, 51

T

时间轴（timeline）
　　债券现金流（bond cash flows），133
　　历史（historical），11
债券总收益（total bond return），135
全股权现金流（total equity cash flow），74
全股权现金流模型（total equity cash flows model），115

总风险（total risk），46
特雷诺比率（Treynor ratio），45
周转率（turnover ratio），82
两资产组合（two-asset portfolio），31

U

单位边际贡献（unit contribution margin），90
单位平均固定成本（unit fixed cost），90
单位平均可变成本（unit variable cost），90
无杠杆企业价值（unlevered firm value），117
效用函数（utility function），38

V

价值可加性（value additivity），6
可变成本（variable costs），90
方差（variance）
　　离散随机变量（discrete random variable），28

W

加权平均资本成本（weighted average cost of capital, WACC），111
权重（weights）
　　资产组合（portfolio），15

Y

到期收益率（yield to maturity），136
最差收益率（yield to worst），180

教师反馈及教辅申请表

北京大学出版社本着"教材优先、学术为本"的出版宗旨,竭诚为广大高等院校师生服务。为更有针对性地提供服务,请您按照以下步骤在微信后台提交教辅申请,我们会在1~2个工作日内将配套教辅资料,发送到您的邮箱。

◎手机扫描下方二维码,或直接微信搜索公众号"北京大学经管书苑",进行关注;

◎点击菜单栏"在线申请"—"教辅申请",出现如右下界面:

◎将表格上的信息填写准确、完整后,点击提交;

◎信息核对无误后,教辅资源会及时发送给您;
如果填写有问题,工作人员会同您联系。

温馨提示:如果您不使用微信,您可以通过下方的联系方式(任选其一),将您的姓名、院校、邮箱及教材使用信息反馈给我们,工作人员会同您进一步联系。

我们的联系方式:

通信地址: 北京大学出版社经济与管理图书事业部北京市海淀区成府路205号,100871
联 系 人: 周莹
电   话: 010-62767312 /62757146
电子邮件: em@pup.cn
Q Q: 5520 63295(推荐使用)
微信: 北京大学经管书苑(pupembook)
网址: www.pup.cn